Nachhaltige Siedlungs- und Infrastrukturentwicklung

Nachhaltige Siedlungs- und Infrastrukturentwicklung
Von der Verwaltung zur aktiven Entwicklung

Programmsynthese des Nationalen Forschungsprogramms 54

Leitungsgruppe des Nationalen Forschungsprogramms 54
«Nachhaltige Siedlungs- und Infrastrukturentwicklung»

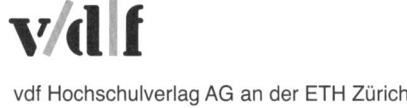

vdf Hochschulverlag AG an der ETH Zürich

Impressum 1

Publiziert mit Unterstützung des Schweizerischen Nationalfonds zur Förderung der wissenschaftlichen Forschung.

Empfohlene Zitierweise
Herausgeber: Leitungsgruppe des NFP 54
Titel: **Nachhaltige Siedlungs- und Infrastrukturentwicklung** – Von der Verwaltung zur aktiven Entwicklung, Programmsynthese des Nationalen Forschungsprogramms 54
Ort: Bern
Jahr: 2011

Bibliografische Information der Deutschen Nationalbibliothek
Die Deutsche Bibliothek verzeichnet diese Publikation in der Deutschen Nationalbibliografie; detaillierte bibliografische Daten sind im Internet über http://dnb.d-nb.de abrufbar.

ISBN: 978-3-7281-3372-4 (Printausgabe)

Download open access:
ISBN 978-3-7281-3448-6 / DOI 10.3218/3448-6
www.vdf.ethz.ch

© 2011, vdf Hochschulverlag AG an der ETH Zürich

Das Werk einschliesslich aller seiner Teile ist urheberrechtlich geschützt. Jede Verwertung ausserhalb der engen Grenzen des Urheberrechtsgesetzes ist ohne Zustimmung des Verlags unzulässig und strafbar. Das gilt besonders für Vervielfältigungen, Übersetzungen, Mikroverfilmungen und die Einspeicherung und Verarbeitung in elektronischen Systemen.

Inhalt

1	Zusammenfassung und übergeordnete Empfehlungen	14
2	Überlegungen zur nachhaltigen Siedlungsentwicklung	28
3	Die schweizerische Siedlungs- und Infrastrukturentwicklung im internationalen Kontext	46
4	Ressourcen für die Siedlungs- und Infrastrukturentwicklung	66
5	Technische Infrastruktur: an den Grenzen der Finanzierbarkeit	96
6	Soziale Nachhaltigkeit und Lebensqualität	122
7	Urbane Qualitäten in der Siedlungsentwicklung	146
8	Governance: zur politischen Steuerung städtischer Verdichtungsräume	182

Impressum 2

Konzept, Redaktion, Realisation
- Urs Steiger, Umsetzungsbeauftragter des NFP 54, Luzern

Autorinnen und Autoren
- Prof. Dr. Paul Brunner, Mitglied der Leitungsgruppe des NFP 54, Technische Universität Wien
- Philippe Cabane, Basel
- Prof. Dr. Adrienne Grêt-Regamey, ETH Zürich
- Prof. Dr. Daniel Kübler, Universität Zürich
- Markus Maibach, INFRAS, Zürich
- Dr. Larissa Plüss, Universität Zürich
- Prof. Dr. Pierre-Alain Rumley, Mitglied der Leitungsgruppe des NFP 54, Universität Neuenburg
- Prof. em. Dr. Hans-Rudolf Schalcher, Mitglied der Leitungsgruppe des NFP 54, ETH Zürich
- Dr. Silvia Tobias, WSL Birmensdorf
- Prof. Dr. Daniel Wachter, Leiter Sektion Nachhaltige Entwicklung, Bundesamt für Raumentwicklung (ARE), Bern

Begleitgruppe zur Programmsynthese
- Dr. Marc Badoux, Directeur, Transport publics de la région lausannois, Lausanne
- Dr. Lukas Bühlmann, Vereinigung für Landesplanung (VLP-APSAN), Bern
- Erik Schmausser, Amstein+Walthert AG, Zürich
- Prof. Dr. Martin Schuler, EPF Lausanne
- Bernhard Staub, Kantonsplaner, Solothurn
- Urs Steiger, Umsetzungsbeauftragter NFP 54, Luzern (Leitung)
- Prof. Dr. Daniel Wachter, Bundesamt für Raumentwicklung (ARE), Bern
- Brigit Wehrli, Stadtentwicklung Zürich, Zürich

Leitungsgruppe des NFP 54
- Prof. Dr. Eugen Brühwiler, EPF Lausanne (Präsident)
- Prof. Dr. Paul Brunner, Technische Universität Wien
- Prof. Dr. François Hainard, Universität Neuenburg
- Michel Kammermann, Bundesamt für Statistik (Beobachter der Bundesverwaltung)
- Rainer Klostermann, dipl. Arch. ETH, Feddersen & Klostermann, Zürich
- Prof. Dr. Simon Marvin, University of Salford, Manchester
- Prof. Dr. Pierre-Alain Rumley, Universität Neuenburg
- Prof. em. Dr. Hans-Rudolf Schalcher, ETH Zürich
- Prof. Dr. Stefan Schaltegger, Universität Lüneburg

Programmkoordinator
- Dr. Stefan Husi, Schweizerischer Nationalfonds, Bern

Layout und Grafik
- Grafikatelier Max Urech, Interlaken

Übersetzung
- Monika Kern, Zürich

Fotos
- Priska Ketterer, Luzern
- S. 37, 38, 40: www.imagepoint.biz
- S. 66/67: 13 Photo AG, Zürich
- S. 77: Projekt BAHNAREALE
- S. 81: Joe Müller, Altdorf, Bundesamt für Strassen ASTRA, Zofingen
- S. 122/123: Amt für Städtebau, Stadt Zürich
- S. 125: Philippe Cabane, Basel
- S. 152: Christoph Graf, SchweizFotos.com
- S. 177 links: primetower.ch
- S. 177 rechts: www.messeturmbasel.ch
- S. 185, 198: Corinne Zeltner, Berufsschule für Gestaltung Zürich
- S. 186: Raphael Bertschinger, Berufsschule für Gestaltung Zürich

Inhaltsverzeichnis

	Inhaltsverzeichnis	7
	Verzeichnis der NFP 54-Forschungsprojekte	10
	Editorial	13
1	Zusammenfassung und übergeordnete Empfehlungen	14
2	Überlegungen zur nachhaltigen Siedlungsentwicklung	28
	Prof. Dr. Pierre-Alain Rumley, Universität Neuenburg	
2.1	Fragestellung der nachhaltigen Entwicklung	30
2.2	Positionierung des NFP 54-Programms und der einzelnen Forscher	37
2.3	Nachhaltige Siedlungsentwicklung	37
2.4	Schlussfolgerung	42
3	Die schweizerische Siedlungs- und Infrastrukturentwicklung im internationalen Kontext	46
	Prof. Dr. Daniel Wachter, Leiter Sektion Nachhaltige Entwicklung, Bundesamt für Raumentwicklung (ARE), Bern	
3.1	Einführung	48
3.2	Leitbilder und Visionen nachhaltiger Siedlungs- und Infrastrukturentwicklung	48
3.3	Prozesse der Siedlungs- und Infrastrukturentwicklung	54
3.4	Wissenschaft und Forschung	60
3.5	Handlungsbedarf in Forschung und Politik	63

4	Ressourcen für die Siedlungs- und Infrastrukturentwicklung	66
	Prof. Dr. Paul Brunner, Technische Universität Wien	
4.1	Einführung	68
4.2	Herausforderungen	73
4.3	Lösungsansätze für die nachhaltige Ressourcenbewirtschaftung	77
4.4	Wissenslücken und Forschungsbedarf	89
4.5	Fazit	90
→	Empfehlungen	93

5	Technische Infrastruktur: an den Grenzen der Finanzierbarkeit	96
	Prof. em. Dr. Hans-Rudolf Schalcher, ETH Zürich	
5.1	Einführung	98
5.2	Wirtschaftliche und gesellschaftliche Bedeutung der Infrastruktur	104
5.3	Verletzlichkeit der Infrastruktur	111
5.4	Vom baulichen Unterhalt zum professionellen Infrastrukturmanagement	112
→	Empfehlungen	120

6	Soziale Nachhaltigkeit und Lebensqualität	122
	Philippe Cabane, Basel	
6.1	Sozial-räumliche Trends in der urbanen Schweiz	124
6.2	Quartierausstattung	135
6.3	Wohnraumproduktion	136
6.4	Partizipation als konkreter Alltag	139
6.5	Synthese: Differenzieller Städtebau	142
→	Empfehlungen	143

7	Urbane Qualitäten in der Siedlungsentwicklung	146
	Markus Maibach, INFRAS, Zürich	
7.1	Urbanität im Kontext neuer Identitäten	148
7.2	Urbanität als Chance für die Siedlungsentwicklung	154
7.3	Postulate für urbane Qualitäten	161
7.4	Urbaner Wandel	170
⟶	Empfehlungen	178

8	Governance: zur politischen Steuerung städtischer Verdichtungsräume	182
	Prof. Dr. Daniel Kübler und Dr. Larissa Plüss, Universität Zürich	
8.1	Einführung	184
8.2	Überlegungen zur politischen Steuerung städtischer Verdichtungsräume	184
8.3	Politische Steuerung der nachhaltigen Siedlungsentwicklung in der Schweiz	191
8.4	Fazit	204
⟶	Empfehlungen	205

	Literaturübersicht der NFP 54-Forschungsprojekte	211
	Begleit-DVD	

Verzeichnis der NFP 54-Forschungsprojekte

In der vorliegenden Programmsynthese werden für Hinweise auf einzelne Projekte die untenstehenden Projektkürzel verwendet. Eine vollständige Literaturübersicht über die einzelnen Projekte findet sich ab Seite 211.

ABWASSERMANAGEMENT
Regionale «Foresight» (RIF) für den Infrastruktursektor – Das Management nachhaltiger Transitionen für den Abwassersektor
Projektleitung: Dr. Bernhard Truffer, EAWAG, Dübendorf

ALTERNDE GESELLSCHAFT
UrbAging: Gestaltung von Siedlungsräumen für eine alternde Gesellschaft
Projektleitung: Prof. Dr. Joseph Acebillio, Università della Svizzera Italiana, Mendrisio

BAHNAREALE
Umnutzung brachliegender Bahnareale
Projektleitung: Prof. Dr. Inès Lamunière, EPF Lausanne; Prof. Jean-Paul Jaccaud, EPF Lausanne

BAUSTOFFZYKLEN
Ganzheitliche Betrachtung der Auswirkungen struktureller Veränderungen in der schweizerischen Bauwirtschaft
Projektleitung: Prof. Dr. Susanne Kytzia, HSR Rapperswil

BIODIVERCITY
BiodiverCity: Ökologische und soziale Werte der städtischen Natur – Identifizierung, Erhalt und Förderung der Biodiversität und ihre Akzeptanz im städtischen Entwicklungsprozess
Projektleitung: Dr. Marco Moretti, WSL, Bellinzona

DEMOGRAFIE
Schweizer Städte im soziodemografischen Wandel
Projektleitung: Dr. Michal Arend, MARS Zollikon

DEZENTRALE ENERGIEVERSORGUNG
Energieversorgung in Wohngebäuden – eine integrative Analyse von Konsumentenpräferenzen, Marketing-Strategien und neuen Geschäftsmodellen
Projektleitung: Prof. Dr. Rolf Wüstenhagen, Universität St. Gallen

EDGE CITY
Edge City x-change: Ausgestaltung und Nachhaltigkeit der Randgebiete moderner Städte
Projektleitung: Prof. Dr. Marc Angélil, ETH Zürich

EINFAMILIENHAUS
Strategien für eine nachhaltige Entwicklung von Einfamilienhaussiedlungen
Projektleitung: Prof. Max Bosshard, ZHAW Winterthur

ENTSCHEIDUNGSLOGIK
Von der Utopie zur Umsetzung. Von der sozialen Erscheinungsweise der Nachhaltigkeit zur konkreten Umsetzung in Planung und Unterhalt der bebauten Umwelt
Projektleitung: Prof. Dr. Christian Suter, Universität Neuenburg

GÜTERVERKEHR
Nachhaltige Güterversorgung und -transporte in Agglomerationen
Projektleitung: Martin Ruesch, Rapp Trans AG, Zürich

IMMOBILIENBEWERTUNG
Erfassung von Ausgrenzungen und Umwelteinflüssen im Immobilienmarkt
Projektleitung: Prof. Dr. Andrea Baranzini, HEG Genève

INSTITUTIONELLE REGIME
Institutionelle Regime für nachhaltige Wohnbaubestände
Projektleitung: Prof. Dr. Peter Knoepfel, IDHEAP, Chavannes-près-Renens

KLIMATISIERUNG
Steigender Energiebedarf für Klimatisierung im Sommer: Perspektiven und Lösungen
Projektleitung: Pierre Renaud, Planair SA, La Sagne

LEBENSSTILE
Investoren bauen Lebensstile: Lebensstilkonzepte von Investoren und Projektentwicklern, ihre Bedeutung bei der Förderung nachhaltiger Stadtentwicklung und Verfahren zur Förderung der Diskussion darüber
Projektleitung: Daniel Wiener, ecos Basel

MOBILITÄTSVERHALTEN
Ein Umzug in Richtung Nachhaltigkeit? Die Auswirkungen von Wohnortswechseln auf Mobilität und Siedlungsentwicklung. Eine Experimentalstudie
Projektleitung: Dr. Ulrich Haefeli, Interface, Luzern

PRIVATINVESTOREN
Privatisierung der Finanzierung und Nachhaltigkeit der städtischen Infrastrukturen
Projektleitung: Prof. Dr. Olivier Crevoisier, Universität Neuenburg

RISIKOMANAGEMENT
Berücksichtigung der Verletzbarkeit im Management schweizerischer Verkehrsinfrastrukturen
Projektleitung: Dr. Rade Hajdin, IMC GmbH, Zürich

SIEDLUNGSENTWICKLUNG
Szenarien nachhaltiger Siedlungs- und Infrastrukturentwicklung in der Schweiz (2005–2030)
Projektleitung: Prof. em. Dr. Willy A. Schmid, ETH Zürich;
Dr. Ulrike Wissen Hayek, ETH Zürich

SOZIALES KAPITAL
Der Nutzen von sozialem Kapital bei der nachhaltigen Quartierentwicklung
Projektleitung: Prof. Dr. Matthias Drilling, FH Nordwestschweiz, Basel

STADTÖKOSYSTEM
Ökosystem-Modellierung des städtischen Metabolismus basierend auf Modellen der Thermodynamik
Projektleitung: Prof. Dr. Jean-Louis Scartezzini, EPF Lausanne

STADTPARK
Nachhaltiges Entwerfen, Bewirtschaften und Aneignen städtischer Parkanlagen
Projektleitung: Dr. Elisabeth Bühler, Universität Zürich

STADTRÜCKKEHRER
Zurück in die Stadt?
Projektleitung: Prof. Dr. Etienne Piguet, Universität Neuenburg

TRANSPORTKORRIDORE
Evaluation der optimalen Widerstandsfähigkeit von verletzbaren Infrastruktursystemen am Beispiel der transalpinen Verkehrskorridore
Projektleitung: Prof. Dr. Rico Maggi, Università della Svizzera Italiana, Lugano

UNTERGRUND
Unterirdische Ressourcen und nachhaltige Entwicklung in Städten
Projektleitung: Prof. Dr. Aurèle Parriaux, EPF Lausanne

URBANES WOHNEN
Nachhaltige Lebensräume für Familien in Städten
Projektleitung: Prof. Dr. Vincent Kaufmann, EPF Lausanne

URBANITÄT
Unser Wohnraum. Erscheinungsbild von Urbanität und Nachhaltigkeit
Projektleitung: Prof. Dr. Jacques Lévy, EPF Lausanne

WÄRMEINSEL
Mehrskalige Modellierung der Interaktionen zwischen Bauwerken und städtischem Raum
Projektleitung: Prof. Dr. Hubert van den Bergh, EPF Lausanne; Dr. Alain Clappier, EPF Lausanne

WISSENSDIFFUSION
Diffusionsdynamik energieeffizienten Bauens (DeeB), Simulation der dynamischen Wechselwirkungen zwischen managementbezogenen Lernprozessen relevanter Akteure, technologischen Innovationen und Politik
Projektleitung: Prof. Dr. Ruth Kaufmann-Hayoz, Universität Bern

WORTGEBRAUCH
Nachhaltiger Wortschatz – wie lässt sich Nachhaltigkeit durch Einigkeit bei der Kategorisierung räumlicher Objekte verbessern?
Projektleitung: Prof. Dr. Bernard Débarbieux, Université de Genève

ZERSIEDELUNG
Landschaftszersiedelung in der Schweiz: Quantitative Analyse 1940–2002 und Folgerungen für die Raumplanung
Projektleitung: Prof. Dr. Felix Kienast, WSL Birmensdorf;
Prof. Dr. Jochen Jaeger, Concordia University, Montréal

Editorial

Das unkontrollierte Ausufern der Siedlungen ist nur ein Anzeichen dafür, dass die Siedlungs-und Infrastrukturentwicklung noch nicht ressourcenschonend betrieben wird. Und dies betrifft längst nicht nur den Flächenverbrauch, sondern ebenso sehr den Energie- und Stoffeinsatz oder die Berücksichtigung sozialer Aspekte. Die starke Konzentration auf die Flächenfrage zeigt aber auch, dass es noch nicht gelungen ist, die verschiedenen Facetten der Siedlungs- und Infrastrukturentwicklung in einen Gesamtzusammenhang zu bringen und integriert zu bearbeiten. Noch immer werden die verschiedenen Aspekte zu häufig für sich alleine optimiert. So erfolgen die aktuellen Anstrengungen zur Gebäudeerneuerung meist ohne wirklichen Bezug zur weiteren Gebäudeumgebung und die Modernisierung der Innenstädte wiederum vernachlässigt oft die sozialen Aspekte. Auch das energieautarke Einfamilienhaus im Grünen ohne Anschluss an den öffentlichen Verkehr steht als Symbol dafür, dass die verschiedenen Disziplinen unabhängig voneinander arbeiten.

Notwendig ist ein grundlegender Wandel hin zur integralen Betrachtung und Bearbeitung unserer Siedlungen und Infrastrukturen in allen ihren Dimensionen. Mit der Programmsynthese zeigt das NFP 54 Handlungsfelder auf, in welchen diese umfassende Planung und Bewirtschaftung Fuss fassen muss. Gefordert ist eine stärkere Berücksichtigung der sozialen Aspekte. Auch die Erhaltung und Verbesserung unserer technischen Infrastruktur muss deutlich mehr Beachtung finden. Dieser Wandel hat dabei auf allen Ebenen zu erfolgen: angefangen auf Bundesebene, wo die zuständigen Infrastrukturämter endlich miteinander ins Gespräch kommen sollten, bis hin zu den Gemeinden, welche die Bewirtschaftung ihrer Siedlungen und Infrastrukturen professioneller angehen müssen. Beim Umbau der bestehenden Siedlungen sind die Gemeinden zudem gehalten, die sozialen Aspekte wie den demografischen Wandel, die Gentrifizierung und die Segregation stärker zu berücksichtigen. Gefordert sind auch Bildung und Wissenschaft, die dafür zu sorgen haben, dass die Wissensressourcen für den notwendigen nachhaltigen Wandel unserer Siedlungen und Infrastrukturen zur Verfügung stehen.

Die Schweiz verfügt sowohl über das Know-how wie auch über die Mittel, ihre Siedlungen und Infrastrukturen nach den Grundsätzen einer nachhaltigen Entwicklung zukunftsfähig zu machen. Es bedarf aber eines weitreichenden Aufbruchs, um diese Aufgabe gemeinsam und mit Bestimmtheit anzupacken.

Prof. Dr. Eugen Brühwiler
Präsident der Leitungsgruppe des NFP 54

Kapitel 1
Zusammenfassung und übergeordnete Empfehlungen

Das Nationale Forschungsprogramm 54 «Nachhaltige Siedlungs- und Infrastrukturentwicklung» befasste sich in 31 Forschungsprojekten und in vier Fokusstudien mit den Fragen, welche Herausforderungen sich für das «Bauwerk Schweiz» für die Zukunft stellen und welche Möglichkeiten sich für eine nachhaltige Entwicklung in diesem Bereich eröffnen. Die vorliegende Programmsynthese gibt einen Überblick über die Problematik und präsentiert zentrale Erkenntnisse der Forschungsprojekte im Gesamtzusammenhang. Die Ergebnisse der 31 Forschungsprojekte sowie der Fokusstudien bilden dabei die Basis der Ausführungen. Sie sind ergänzt mit Wissen aus dem Erfahrungshintergrund der einzelnen Autoren sowie ergänzenden Aufsätzen zur nachhaltigen Raumentwicklung und zur schweizerischen Siedlungs- und Infrastrukturentwicklung im internationalen Kontext. Einzelne Wertungen widerspiegeln dabei die Einschätzungen der Autoren und decken sich nicht zwingend mit der Meinung der Herausgeber.

1 Zusammenfassung und übergeordnete Empfehlungen

Nachhaltige Raumentwicklung erfordert grundlegende Strategieänderungen

Das Konzept der nachhaltigen Entwicklung ist sehr komplex, mehrdeutig und deshalb auch anspruchsvoll. Sowohl in der wissenschaftlichen Analyse als auch in der praktischen Umsetzung erfordert dies ein sehr umsichtiges Vorgehen unter Berücksichtigung aller relevanten Dimensionen. Der Begriff der nachhaltigen Entwicklung wird oft – auch in der Forschung und im Rahmen des NFP 54 – verwendet, ohne dass sein Referenzrahmen durch Zielkriterien, -indikatoren und -werte klar definiert ist. Die Erfahrungen zeigen, dass die Schwierigkeiten zunehmen, je konkreter die Kriterien sind.

Einseitige Gewichtung der Nachhaltigkeitsdimensionen

In der politischen Arbeit stehen die drei Dimensionen der nachhaltigen Entwicklung allzu oft nebeneinander. Häufig, aber nicht immer, gewinnt zudem die Dimension der wirtschaftlichen Leistungsfähigkeit die Oberhand. Dagegen erweist sich die gesellschaftliche Solidarität in der Regel als schwächstes Konzept, obwohl sie a priori als gleichwertig zu betrachten ist.

Überdenken der Wachstumslogik

Echte nachhaltige Entwicklung wird es ohne Gesellschaftswandel kaum geben. Ein solcher kann nur über ein geringeres Wachstum, ein qualitativ hochwertigeres Wachstum, eine andere Form des Wachstums oder gewisse Formen der Wachstumsrücknahme stattfinden. Dazu muss die «Entwicklung» gebremst werden und es müssen Wachstumsformen vermieden werden, die der Umwelt, der Lebensqualität oder dem sozialen Zusammenhalt schaden. So sind etwa Bauvorhaben vor ihrer Realisierung auf ihre grundsätzliche Notwendigkeit zu überprüfen. Sowohl in den Städten als auch in den Dörfern ist der Verdichtungsprozess zu fördern und die Entwicklung der anderen bebauten Gebiete ist auf deren aktuelle Grösse zu begrenzen. Weitere Chancen für die Rücknahme des Wachstums bieten sich im Bereich der Zweitwohnungen oder beim Bau von Grossprojekten wie Vergnügungs- oder Einkaufszentren. Auch die Infrastrukturentwicklung, die derzeit noch der Wachstumslogik folgt, ist insbesondere im Bereich des Strassenbaus, zu überdenken. Im Bereich der Steuern und Bodenpreise sind Massnahmen erforderlich, die den Steuerwettbewerb unter den Kantonen und Gemeinden beschränken bzw. die Überhitzung der Grundstückspreise in gewissen Landesregionen dämpfen.

Die schweizerische Siedlungs- und Infrastrukturentwicklung im internationalen Kontext

Die Schweiz ist bezüglich der Siedlungs- und Infrastrukturentwicklung ein gut integrierter Teil Europas. Bei den normativen Grundlagen besteht grosse Übereinstimmung mit den umliegenden Ländern; bei den realen Prozessen und Problemen bewegt sich die Schweiz in ähnlichen Bahnen. Dank ihrer zentralen Lage in Europa und der hohen Erreichbarkeit ist die Schweiz räumlich gut eingebunden und verfügt im Vergleich mit den europäischen Ländern über eine hohe Siedlungs- und Infrastrukturqualität. Zersiedlung und Bodenverbrauch stellen aber auch in der Schweiz akute Probleme dar. Der energie- und materialbezogene Absenkpfad bewegt sich ähnlich wie im umliegenden Ausland trotz vielfältiger Bemühungen noch nicht auf einem zielkonformen Kurs. Trotz relativ guter Position ist die schweizerische Siedlungs- und Infrastrukturentwicklung damit noch nicht nachhaltig. Die Schweizer Forschung thematisiert Fragestellungen, die auch in Europa grosses Gewicht haben. Wegen der geringen Grösse des Forschungsplatzes Schweiz und der Fragmentierung des vorhandenen Potenzials ist die Forschung in diesem Bereich allerdings als nicht besonders schlagkräftig zu bezeichnen.

Zentrale Bedeutung der Wissensressourcen

Die physischen Ressourcen – Raum, Stoffe, Energieträger – sind notwendige Grundvoraussetzungen für die Funktionsfähigkeit des Stoffhaushaltes von Gesellschaft und Wirtschaft. Ihre Verfügbarkeit muss langfristig gesichert werden. Entscheidend ist dabei die Reduktion des Einsatzes fossiler Energieträger durch verkehrsärmere Siedlungsstrukturen und effizientere Bauwerke sowie die Mehrfachnutzung von Rohstoffen. Gerade in der rohstoffarmen Schweiz sind Wissensressourcen – Technologie, Information, Institutionen – ausschlaggebend für die nachhaltige Nutzung der physischen Rohstoffe. Die Herausforderungen eines nachhaltigen Ressourcenmanagements liegen dabei sowohl auf der Versorgungsseite als auch auf der Entsorgungsseite. Die notwendige Verknüpfung beider Bereiche führt zu wirksameren Entscheidungen hinsichtlich Ressourcenschonung und Umweltschutz. Der grosse Materialbestand im «Bauwerk Schweiz» bietet dabei eine grosse Chance als Rohstofflieferant und leistet einen wichtigen Beitrag zur umweltverträglichen Ressourcenschonung.

Damit Entscheidungen bezüglich Ressourcennutzung rechtzeitig und mit robusten Prioritäten gefällt werden können, bedarf es einer neuen, lebenszyklusorientierten Wissensbasis über Güter- und Stoffflüsse. Notwendig ist ein vertieftes Verständnis des Funktionierens von Siedlungsräumen einschliesslich deren Akteure und Nutzer, deren Bauwerke und Infrastruktur sowie deren wirtschaftlicher und naturräumlicher Gegebenheiten.

Die Fläche – eine Schlüsselressource

Die Fläche stellt eine Schlüsselressource für die Siedlungs- und Infrastrukturentwicklung dar. Nutzt man die Erkenntnisse bezüglich der Bewohnenden und ihrer Wünsche, der Investoren, der öffentlichen Hand und anderer Akteure in einem transdisziplinären Ansatz, ist eine flächenschonende Bauweise möglich. Zudem bestehen innerstädtisch – sowohl über als auch unter der Oberfläche – beträchtliche Nutzungsreserven. Um diese verfügbar zu machen, bedarf es eines hochintegrativen Planungsansatzes.

Bereits eingeleitete Massnahmen im Bauwesen führen dazu, dass die Energienachfrage für die Raumwärme zukünftig stark abnehmen wird. Andererseits nimmt der Energiebedarf im Verkehrsbereich immer noch zu. Ohne entsprechende Massnahmen ist auch bei der Klimatisierung im Sommer mit wachsendem Strombedarf zu rechnen. Obschon entsprechende Technologien am Markt erhältlich sind, werden energiesparende Heizungs-, Lüftungs- und Kühlungssysteme erst vereinzelt eingesetzt. Im Sinne der Nachhaltigkeit ist es wichtig, die Senkenkapazitäten der Ressource «Umwelt» nicht bereits heute auszuschöpfen. In Siedlungsräumen ist die Ressource «Landschaft» sowohl für die Lebensqualität, aber auch für den Wert von Liegenschaften von erheblicher Bedeutung.

Eine optimale Ressourcennutzung ist nur dann gegeben, wenn alle Aspekte, d.h. sowohl technisch-naturwissenschaftliche als auch sozialwissenschaftlich-ökonomische, beachtet werden. In einer auf hohem technischem Stand operierenden Dienstleistungsgesellschaft sind die materiellen, energetischen und räumlichen Rohstoffe gegenüber den Ressourcen zweiter Ordnung (Wissen, Technologie, Institutionen usw.) von untergeordneter Bedeutung. Technisch-naturwissenschaftliche Fragen betreffen vor allem die Gestaltung und Optimierung komplexer Systeme oder die Interaktion der Natur mit der gebauten Umwelt. Wichtiger jedoch sind Fragen der Umsetzung, der Motivation, der Organisation, des Akteurverhaltens, der Finanzierung und der Governance.

Die Verdichtung nach innen muss mit Rücksicht auf die Lebensqualität als Ganzes erfolgen.

Infrastruktur als Ganzheit betrachten und planen

Die technische Infrastruktur bildet den unverzichtbaren Unterbau unserer Gesellschaft und Wirtschaft und eine zwingende Voraussetzung für sozialen und wirtschaftlichen Fortschritt. Mit einem aktuellen Wiederbeschaffungswert von schätzungsweise rund 830 Milliarden Franken stellt sie einen enormen Wert dar. Sie muss laufend unterhalten und an neue Anforderungen angepasst werden. Zurzeit ist nicht absehbar, wie sich die steigenden Unterhaltsaufwendungen von jährlich 18 bis 20 Milliarden Franken und die notwendigen Erweiterungen finanzieren lassen. Die Infrastrukturentwicklung steht dabei in Konkurrenz zu anderen, ebenso wichtigen Generationenaufgaben, wie dem Gesundheitswesen, der Altersvorsorge oder der Bildung und Forschung. Nachhaltige Infrastrukturentwicklung bedeutet deshalb auch, sich auf das zwingend Notwendige zu beschränken, insbesondere bei den Infrastrukturen des öffentlichen Verkehrs und im Strassenbau. Dazu könnte auch eine konsequente Ausrichtung der Siedlungsentwicklung auf die bestehenden Infrastrukturnetze beitragen. Ohne Zweifel sind bei solchen Überlegungen punktuell Kapazitätserweiterungen in Betracht zu ziehen, denen aber andernorts Redimensionierungen oder gar Rückbau gegenüberstehen würden. Professionelles Infrastrukturmanagement und Innovation stellen dabei die relevanten strategischen Erfolgsfaktoren einer nachhaltigen Infrastrukturentwicklung dar.

Dabei gilt es, alle technischen Infrastruktursysteme als Ganzheit und in ihrer Interdependenz zu betrachten – und zwar im nationalen und im internationalen Kontext. Investitionen für die Instandsetzung und die Erweiterung von Infrastruktursystemen sind aufgrund einer Nutzen-Kosten-Betrachtung über den gesamten Lebenszyklus, der gesicherten Finanzierung und der Auswirkungen auf andere Infrastrukturen zu beurteilen. Aus raumplanerischen, ökologischen und ökonomischen Überlegungen kann nicht in allen Gegenden der Schweiz dieselbe Versorgungsdichte und -qualität bereitgestellt werden. Sich daraus ergebende regionale Benachteiligungen können zum Beispiel mit Beiträgen aus einem zu schaffenden Infrastrukturfonds an die soziale Infrastruktur ausgeglichen werden.

Die Schweiz im demografischen Wandel

Globalisierung und Wertewandel werden das soziodemografische Profil der Schweiz in Zukunft stark verändern. Überalterung, Migration, temporäre Bevölkerungen und die Pluralisierung von Lebensstilen sind Entwicklungstrends, an denen sich eine Nachhaltigkeitspolitik für den urbanen Raum der Schweiz in Zukunft beweisen muss. Die Entwicklung des schweizerischen Siedlungsraums ist zurzeit von erheblichen Unterschieden in der Umsetzung der verschiedenen Nachhaltigkeitsdimensionen geprägt.

Gefahr sozialer Entmischung

Die Lebensqualität in den Städten konnte in den vergangenen Jahren stark verbessert werden. Dies betrifft sowohl die Versorgung mit qualitativ hoch stehenden Grün- und Freiflächen als auch die Versorgung mit Wohnungen im mittleren bis oberen Preissegment. Werden aber Aufwertungsmassnahmen im Städtebau, bei der Mobilität sowie bei Grün- und Freiflächen auf allen Ebenen systematisch vorangetrieben, bestehen erhebliche Umsetzungsprobleme, was die soziokulturelle und sozioökonomische Dimension auf der Ebene der Quartiere angeht. Insbesondere der Rolle von durchmischten sozialen Milieus in verdichteten Quartierstrukturen wird von den verschiedenen Akteuren zu wenig Bedeutung beigemessen.

Die für die Stadtentwicklung der 1990er-Jahre bestimmende Diagnose einer Entwicklung zur «A-Stadt» (Arme, Ausländer, Arbeitslose, Auszubildende u.a.m.) kann heute keine Gültigkeit mehr beanspruchen. In den grösseren Städten herrscht ein gegenläufiger Trend zur Gentrifizierung und Verdrängung der «A-Bevölkerung» in die Aussenquartiere oder in die Agglomeration. Um zu verhindern, dass die Probleme räumlich verlagert werden, muss das Risiko der Gentrifizierung als Folge von Aufwertungsmassnahmen reduziert werden. Die strukturelle Zusammensetzung der Grundeigentümer bzw. der Investoren beeinflusst dabei die soziale Struktur des Quartiers hinsichtlich Körnung der Investitionsvolumen, der favorisierten Zielgruppen sowie der Bewirtschaftungskultur nachhaltig.

Lebensqualität in den Agglomerationen steigern

Angesichts der gesellschaftlichen Dynamik einer Differenzierung von Lebensstilen nach Wertvorstellungen bezüglich Wohnung, Wohnumfeldqualität und Konsumbedürfnissen kann Lebensqualität nicht mehr ausschliesslich über klar definierbare Qualitätsstandards erreicht werden. Ein differenzieller Städtebau kann räumliche und institutionelle Anreize schaffen, sodass sich unterschiedliche Lebensstile als klar identifizierbare «Milieus» artikulieren können – sei dies durch Einsatz von sozialem Kapital oder durch lokale gewerbliche Aktivitäten.

Der entscheidende Teil der künftigen urbanen Entwicklung der Schweiz wird sich in den Agglomerationen abspielen. Angesichts dieser neuen Dynamik ist über die Agglomerationen und die Steuerungsmöglichkeiten der Agglomerationsentwicklung noch viel zu wenig bekannt. Der starke Fokus auf bauliche Massnahmen zur Steigerung der Standards im Wohnungsangebot, den Grün- und Freiflächen oder Verkehrsinfrastrukturen in den Agglomerationen kann nur dann sozial nachhaltig sein, wenn alle Bevölkerungskreise daran teilhaben können. Gefragt sind deshalb Nachhaltigkeitskonzepte, die in Bezug auf den gebauten Raum – über die Verbesserung der städtischen Lebensqualität hinaus – noch weitere soziale Nachhaltigkeitskriterien mit einbeziehen.

Urbanität als Chance nachhaltiger Siedlungsentwicklung

Die Schweiz ist weder Stadt noch Land. Das Mittelland ist dabei charakteristisch: Inmitten der Schweiz, die Räume zwischen den Kernstädten Zürich, Luzern, Bern und Basel zusammenfassend, präsentiert es sich als gut erschlossener dynamischer Raum, der sowohl städtische als auch ländliche Elemente enthält. Die simple Trennung zwischen Stadt und Land ist vor diesem Hintergrund kein raumordnungspolitisches Leitsystem mehr. Die jüngste Entwicklung der Siedlungen zeigt sowohl Trends einer verstärkten Zersiedelung als auch neue Urbanisierungstrends. Diese hat seit 1935 in allen Kantonen, Bezirken, Grossräumen und für die Schweiz insgesamt stark zugenommen und nimmt überall weiter zu. Die Schweizer Städte, deren Einwohnerzahlen seit den 1970er-Jahren bis Ende des Jahrhunderts abnahmen, haben in den letzten 10 Jahren wieder an Attraktivität gewonnen und verzeichneten zum Teil einen markanten Aufschwung. Die damit verbundene Wohnbauentwicklung hat zu steigenden Mieten und in einzelnen Quartieren zu einer verstärkten Luxussituation geführt.

Flächenintensive Lebensweise

Die wirtschaftliche und kulturelle Bedeutung der Kernstädte ist in der Schweiz derart überragend, dass den bevölkerungsmässig ungleich wichtigeren suburbanen Räumen in erster Linie eine Ausgleichsfunktion ohne eigene Identität zukommt. Diese Arbeitsteilung erzeugt neben landschaftlichen Eingriffen vor allem Verkehr und führt zu einer einseitigen Belebung der Landschaft. Die hohe Mobilität, auch das subventionierte Pendeln mit dem öffentlichen Verkehr, spielt in diesem Zusammenhang eine zentrale Rolle.

Die aktuelle Debatte zur Zersiedelung und zur Attraktivität der Städte identifiziert die Ursachen für die Siedlungsentwicklung vor allem beim Wohlstandsniveau: Die Schweiz hat sich auf Kosten der Landschaft und des Verzehrs von Rohstoffen eine flächenintensive, ungestörte individuelle Lebensweise geleistet und wird zunehmend zu einem Land der Einfamilienhausbesitzenden. Bereits die Hälfte aller bestehenden Gebäude und knapp drei Viertel der neu erstellten Wohngebäude gehören diesem Typ an. Der Massenbestand an suburbanen Einfamilienhaussiedlungen erschwert aufgrund der Besitzstandsgarantie und der Vielzahl von Akteuren den Siedlungsstrukturwandel, bietet aber auch Chancen für Urbanität.

In der Agglomeration besteht Handlungsbedarf für den urbanen Wandel.

Handlungsbedarf in den Agglomerationen

Durch quantitative Verdichtung sowie durch Steigerung der Siedlungsqualität lassen sich Urbanität fördern und die Nachfrage nach Fläche und damit der Druck zur Ausdehnung der Siedlungsfläche reduzieren. Gleichzeitig steigt damit die Lebensqualität und negative Effekte der Verdichtung werden vermieden. Der Handlungsbedarf liegt dabei insbesondere in den suburbanen Räumen, in bzw. am Rande von Agglomerationen und in den Zentren der periurbanen Räume. Hier sind auch die Chancen für die Schaffung urbaner Qualitäten am grössten. Gleichzeitig ist es nötig, mit Massnahmen der Siedlungsbegrenzung eine weitere Zersiedelung zu unterbinden. Mehr Urbanität ist nicht gleichbedeutend mit einer allgemeinen Verstädterung der funktionalen Teilräume der Schweiz.

Vielmehr ist den jeweiligen Begebenheiten und auch den Befürchtungen Rechnung zu tragen. Es ist zu beachten, dass unterschiedliche Lebensstile unterschiedliche Anforderungen an Urbanität haben. Zuviel Reibung macht insbesondere die gesellschaftlichen Chancen zunichte und erhöht das Risiko unerwünschter Verdrängungsprozesse. Zudem kann eine zu hohe Verdichtung die sozialen Kontakte gefährden und zu viele Immissionen erzeugen. Eine zu gut gemeinte Urbanität kann auch die (alten) Stadtprobleme wieder hervorrufen.

Stakeholder-Management als Erfolgsfaktor

Urbaner Wandel ist ein Wechselspiel zwischen öffentlichen und privaten Investoren, Eigentümern, Anwohnenden und der öffentlichen Hand. Nachhaltiger urbaner Wandel erfordert deshalb ein umfassendes Stakeholder-Management – grossräumig, grosszügig und professionell angelegt. Partizipation ist dabei ebenso relevant wie der Ausgleich der Interessen zwischen Investoren und Eigentümern und eine konsolidierte Haltung der öffentlichen Hand. Die eigentlichen Kunden – die zukünftigen Käuferinnen und Käufer oder Mieterinnen und Mieter – sind in der Regel noch nicht konkret fassbar, sondern Gegenstand von Markteinschätzungen. Zentrale Akteure sind deshalb die Investierenden, von denen eine Investition in

nachhaltige Urbanität, vor allem bezüglich der Postulate der sozialen Nachhaltigkeit nicht per se erwartet werden kann. Entsprechend ist es Aufgabe der öffentlichen Hand, korrigierend zu wirken.

Nachteile kleinräumiger Strukturen überwinden
Um die Siedlungsentwicklung in der Schweiz auf einen nachhaltigeren Pfad zu führen, stehen sich mit «Hierarchie», «Markt» oder «Verhandlung» grundsätzlich drei unterschiedliche Steuerungsansätze gegenüber.

Mit dem bestehenden föderalistischen Mehrebenensystem und den stark verflochtenen Kompetenzen im Politikbereich der Raumplanung sehen sich Politik und Planungsfachleute mit einer komplexen Ausgangslage konfrontiert. Ein grosses Hindernis stellt insbesondere die starke Gemeindeautonomie dar, die einen anhaltenden, unproduktiven Standortwettbewerb unter den Gemeinden möglich macht. Die hohe institutionelle Fragmentierung von funktionalen Räumen erhöht den Steuerungsaufwand zusätzlich. Nötig für eine effektive Steuerung einer nachhaltigen Siedlungsentwicklung ist daher eine verstärkte horizontale und vertikale Koordination im Schweizer Föderalismus. Institutionelle Reformen – Gemeindefusionen und/oder Regionalkonferenzen – können diese Koordination erleichtern, da sie die Anzahl betroffener und beteiligter Akteurinnen und Akteure und somit auch den Koordinationsaufwand reduzieren.

Anreize für gemeindeübergreifende Zusammenarbeit schaffen
Zwar sind Ausmass und Qualität der gemeindeübergreifenden Zusammenarbeit in den letzten Jahren und Jahrzehnten – insbesondere in den Agglomerationsräumen – gestiegen. Gemeinden kooperieren aber erst dann aus freien Stücken, wenn der Problemdruck ausreichend hoch ist. In Bezug auf eine nachhaltige Siedlungsentwicklung ist es dann vermutlich schon zu spät. Daher sind grundsätzliche Steuerungsanreize und -impulse von höherer Ebene gefragt.

Grundsätzlich mangelt es nicht an Instrumenten, die städtebaulichen Qualitäten und die sozialräumlichen Aspekte effektiv lenken zu können. Vielmehr fehlt auf lokaler Ebene oft der politische Wille, dieses Instrumentarium tatsächlich zu nutzen. Eine denkbare Strategie wären finanzielle Anreize des Kantons, die Verdichtung nach innen stets auch unter sozialräumlichen und städtebaulichen Gesichtspunkten voranzutreiben. Notwendig sind vermutlich auch Leitfäden und Informationsmaterial für die Gemeinden, wie sie ihre Siedlungsentwicklung attraktiv und auch ökologisch und sozial nachhaltig gestalten können.

Negativplanung – eine mögliche Alternative
Anstelle einer positiven Flächen- und Standortplanung ist alternativ auch eine negative Planung in Betracht zu ziehen. Der negativplanerische Ansatz setzt nicht auf die Festlegung bestimmter Siedlungsgebiete, sondern auf die Ausscheidung von Grünflächen oder auf die Festlegung eines Mindestflächenanteils von Freihaltezonen. Da die Festlegung und die Freihaltung von Grünräumen politisch einfacher durchzusetzen sind als die Verdichtung und Verstädterung, könnte die Steuerung einer nachhaltigen Siedlungsentwicklung möglicherweise am effektivsten über die Definition von Freihaltezonen zu gewährleisten sein.

Empfehlung 1

Ein nationales Infrastrukturkonzept entwickeln!

Die Schweiz braucht ein integrales, nationales Konzept für die technische Infrastruktur, das auf einem nationalen Raumkonzept und der langfristigen Finanzierbarkeit aufbaut. Dieses Konzept hat für jeden Infrastruktursektor und jede geografische Region unter Berücksichtigung der nationalen und internationalen Vernetzung eine Strategie festzulegen für die Erhaltung und den Ausbau, aber auch für den Rückbau technischer Infrastruktur. Eine daraus resultierende unterdurchschnittliche Versorgung einer Region mit technischer Infrastruktur ist – anstatt durch den Bau neuer Infrastrukturen – mittels fiskalischer Entlastung (z.B. Reduktion der Strassenverkehrssteuer in Gebieten mit schwachem ÖV-Angebot) und/oder mit finanziellen Beiträgen an die soziale Infrastruktur (z.B. Beiträge an kommunale und regionale Einrichtungen für Bildung, Gesundheit und Pflege) zu kompensieren.

Adressaten: Politik (Bund, Kantone, Gemeinden)

Empfehlung 2

Technische Infrastruktur effizienter bewirtschaften!

In vielen Gemeinden und in kleinen Kantonen reichen die vorhandenen Strukturen und Ressourcen für die Erhaltung und den Ausbau der technischen Infrastruktursysteme nicht aus. Diese Situation ruft nach neuen Organisations- und Finanzierungsformen. Im Vordergrund stehen dabei die Effizienzsteigerung und die gesicherte Finanzierung des Infrastrukturmanagements, auch auf der Basis einer langfristig angelegten Zusammenarbeit zwischen der öffentlichen Hand und der Privatwirtschaft, wie zum Beispiel «Public Private Financing» oder «Public Private Partnership».

Adressaten: Behörden (Kantone, Gemeinden), öffentliche und private Infrastrukturbetreiber, Investoren

Empfehlung 3

Ressourcen schonen und schadstoffarme Kreisläufe etablieren!

Die haushälterische Nutzung von Ressourcen lohnt sich und muss konsequent weiterverfolgt werden. Sie verringert die Abhängigkeit von unsicher verfügbaren Rohstoffen und entlastet die Umwelt stark – insbesondere in den Herstellungsländern. Prioritäten liegen bei der Reduktion des Einsatzes fossiler Brennstoffe, bei der Mehrfachnutzung von in Bauwerken enthaltenen Materialien sowie bei der gezielten Ausschleusung von Schadstoffen aus Stoffkreisläufen und deren sicheren Ablagerung in umweltverträglichen letzten Senken. Um die Wirksamkeit von Massnahmen zu Ressourcenschonung und Umweltschutz zu erhöhen, ist es notwendig, bestehende Wissensbasen zu ergänzen und zusammenzuführen.

Adressaten: Politik (Bund), Produzierende, Planende

Empfehlung 4

Dem demografischen und sozialen Wandel verstärkt Beachtung schenken!

Der demografische und soziale Wandel und sein Einfluss auf die Entwicklung der Städte und Gemeinden wird auf lokaler Ebene zu wenig berücksichtigt. Es fehlen die notwendigen Informationen und Bewertungen, und die sektorielle Arbeitsweise der Verwaltung verhindert eine integrale Betrachtung. Auf kommunaler Ebene ist die Integration der sozialen Aspekte in die Planung sicherzustellen. Dazu bedarf es departementsübergreifender Organisationsformen.
Adressaten: Kommunale Behörden, Planende

Empfehlung 5

Das Handeln in funktionalen Räumen gewährleisten!

Eine nachhaltige Siedlungs- und Infrastrukturentwicklung erfordert ein Denken und Handeln über die administrativen Grenzen hinaus und eine stärkere Orientierung an funktionalen Räumen, die der jeweiligen Thematik entsprechen. Sowohl Fusionen als auch die grenzüberschreitende Zusammenarbeit können sinnvolle Lösungen darstellen. Von entscheidender Bedeutung ist dabei die Entwicklung von Ausgleichsmechanismen für die Abgeltung von Standortnachteilen oder den Verzicht auf die Realisierung von Entwicklungspotenzialen. Im Vordergrund stehen dabei Instrumente wie gemeinsame Steuerhoheiten, Finanzausgleich oder Instrumente zum klein- und grossräumigen Abtausch von Bauzonen.
Adressaten: Politik und Behörden (Kantone, Gemeinden)

Empfehlung 6

Den Wandel zur integralen Planungskultur verstärken!

Die integrale Behandlung von Siedlung, Verkehr, Infrastruktur und Landschaft unter Berücksichtigung der Ressourcen erfolgt erst zaghaft und unvollständig. Selbst unter den einzelnen Infrastrukturbereichen ist die übergreifende Zusammenarbeit und Koordination wenig entwickelt. Gleichzeitig mangelt es an Zusammenarbeit über administrative Grenzen und Ebenen hinweg. Dieser Mangel beeinträchtigt die Siedlungsqualität, verbraucht unnötig Ressourcen und verursacht zu hohe Kosten. Die Anstrengungen zur Integration der verschiedenen Bereiche sind auf allen Ebenen zu verstärken, insbesondere in der Agglomerationspolitik, in der Richtplanung sowie in der kommunalen Nutzungs- und Quartierplanung. In den Verwaltungen aller Ebenen sind dazu departementsübergreifend formelle oder informelle Organisationen zu schaffen, die den notwendigen Austausch ermöglichen und gezielt fördern.
Adressaten: Behörden (Bund, Kantone, Gemeinden), Planende

Empfehlung 7

Die Siedlungsplanung aktiv und flexibel gestalten!

Die heutigen Siedlungsplanungsprozesse sind kein Garant für eine nachhaltige Entwicklung: Die Planungsansätze sind zu sektoriell, die Planungsprozesse dauern zu lange und die lange Realisationsphase wird zu wenig berücksichtigt. Zudem ist die Mitwirkung der Nutzerinnen und Nutzer nur ungenügend gewährleistet. Um in Zukunft mehr Nachhaltigkeit zu garantieren, ist die Partizipation systematisch in die Planungsprozesse einzugliedern. Zudem sind Siedlungen so zu gestalten, dass sie während der ganzen Realisationsphase über genügend Flexibilität verfügen.

Adressaten: Behörden (Gemeinden), Planende

Empfehlung 8

Urbane Entwicklungspotenziale sorgfältig nutzen!

Für die angestrebte Verdichtung der bestehenden Siedlungen eröffnen sich mit der Umnutzung von brachliegenden Industrie- und Bahnarealen sowie mit der Nutzung des Untergrundes erhebliche Entwicklungspotenziale. Die öffentliche Hand hat diese Potenziale zu identifizieren und deren Planung eng zu begleiten. Der öffentlichen Hand – insbesondere dem Eidgenössischen Departement für Verteidigung, Bevölkerungsschutz und Sport sowie den ehemaligen Regiebetrieben des Bundes als teilweise marktbestimmende Liegenschaftsbesitzer – kommt dabei eine besondere Verantwortung zu. Die Nutzungspotenziale im Untergrund lassen sich aber nur dann wirklich ausschöpfen, wenn die divergierenden Interessen an den unterirdischen Ressourcen planerisch abgestimmt werden. Dazu sind rasch die entsprechenden regulatorischen Vorgaben zu schaffen.

Adressaten: Politik (Bund), Behörden (Kanton, Gemeinden), Planende

Empfehlung 9

Die Umsetzung von Siedlungsplanungen begleiten!

Die Realisation einer geplanten Siedlung kann sich über Jahrzehnte erstrecken, in denen die Akteure, die Planungsabsichten oder die Rahmenbedingungen ändern. Um die mit einer auf nachhaltige Entwicklung ausgerichteten Planung angestrebten Ziele tatsächlich zu erreichen, ist seitens der kommunalen Behörden eine aktive Begleitung während der Realisation geplanter Siedlungen erforderlich. Diese motiviert und begleitet Investoren und stellt sicher, dass die angestrebten Ziele nicht aus den Augen verlorengehen. Die aktive Begleitung gewährleistet, dass alle drei Dimensionen der nachhaltigen Entwicklung sowohl bei der Realisation als auch im Betrieb berücksichtigt werden.

Adressaten: Behörden (Gemeinden)

Empfehlung 10

Eine aktive Wohnbaupolitik betreiben!

Um die erforderlichen Wohneinheiten im günstigen Preissegment zu erhalten, ist eine aktive Wohnbaupolitik durch die öffentliche Hand, insbesondere der Gemeinden, unabdingbar. Dies kann auf Basis der Nutzungsplanung, aktivem Anwerben und Begleiten von Investoren, aber auch durch die Unterstützung des genossenschaftlichen Wohnungsbaus erfolgen. Zur Finanzierung sind auch Mittel aus der Mehrwertabschöpfung von Planungsgewinnen einzusetzen.

Adressaten: Politik und Behörden (Gemeinden)

Empfehlung 11

Wachstumsstrategie ändern!

Eine Wirtschaft, die auf einem anhaltend wachsenden Ressourcenverbrauch aufbaut, ist mit einer nachhaltigen Entwicklung nicht kompatibel. Es gilt, den Wachstumsansatz und die darauf aufbauende Strategie zu hinterfragen und zu ändern. Insbesondere ist das Bruttoinlandsprodukt (BIP) als Indikator für die Lebensqualität zu ersetzen. Zudem ist sowohl eine relative als auch eine absolute Entkoppelung des Wachstums vom Verbrauch nichterneuerbarer Ressourcen anzustreben.

Adressaten: Politik (Bund, Kanton, Gemeinden), Investoren

Empfehlung 12

Fachleute ausbilden und «nachhaltige Entwicklung» in den Unterricht integrieren!

Eine informierte und sensibilisierte Bevölkerung ist eine wichtige Voraussetzung für eine nachhaltige Entwicklung der bebauten Umwelt. Nur eine Gesellschaft, die eine eigentliche «Kultur der Nachhaltigkeit» pflegt, wird diese auch umsetzen. Gerade die junge Generation ist deshalb bereits auf Stufe Volksschule für die Thematik der nachhaltigen Entwicklung des Lebensraums und im speziellen der bebauten Umwelt zu sensibilisieren und entsprechend auszubilden.

An den Hochschulen ist – vor allem in Studiengängen, die sich mit der bebauten Umwelt befassen – die Ausbildung über Aspekte der nachhaltigen Entwicklung zu verstärken. Aktuell herrscht ein Mangel an Fachleuten für die Bewirtschaftung der Infrastrukturen und der langfristigen Begleitung der Siedlungsentwicklung. Das Weiterbildungsangebot der Fachvereine und Hochschulen ist in diesen Bereichen zu erweitern.

Diese Aus- und Weiterbildungsoffensive ist mit einer entsprechenden Forschungsinitiative zu begleiten, die die Disziplinen «Raumplanung, «Städtebau» und «Bauingenieurwesen» (Haus- und Energietechnik), «Wirtschaftsgeografie», «Stadtsoziologie» und «Regionalökonomie» integral einbezieht.

Adressaten: Schulen, Hochschulen, Wissenschaft

Empfehlung 13

Die Wissensbasis für nachhaltige Siedlungs- und Infrastrukturentwicklung gezielt verbessern!

Die nachhaltige Siedlungs- und Infrastrukturentwicklung erfordert zusätzliche Informationen um eine auf den Bedarf der Entscheidungsträger zugeschnittene Wissensbasis: Datensätze sind zu aktualisieren, zu ergänzen und zusammenzuführen. Von zentraler Bedeutung sind raum- und ressourcenbezogene sowie sozioökonomische Daten in genügend hoher Auflösung, die eine standardisierte oder nach ausgewählten Kriterien definierte Aggregation und Auswertung zulassen.

Aufbauend auf dem Netzwerk bestehender Datensätze ist eine Wissensplattform zu schaffen, die den Informationsbedarf der verschiedenen Akteure ermittelt und das Wissen den Bedürfnissen entsprechend bereitstellt. Als Grundlage für ein wirksames Management der technischen Infrastruktur ist eine schweizerische Datenbank mit standardisierten Angaben über Funktion, Zustand, Auslastung, Geschichte und Kosten der relevanten Anlagen aufzubauen.

Adressaten: Behörden (Bund, Kantone, Gemeinden), Behörden (Kanton, Gemeinden), Planende

Kapitel 2
Überlegungen zur nachhaltigen Siedlungsentwicklung

Prof. Dr. Pierre-Alain Rumley, Universität Neuenburg, Mitglied der Leitungsgruppe des NFP 54
(Originaltext verfasst in Französisch)

Das Konzept der nachhaltigen Entwicklung ist äusserst komplex. Für einige Autoren ist die nachhaltige Entwicklung ein Widerspruch in sich selbst: Aufgrund der Tatsache, dass die Ressourcen auf der Erde endlich sind, kann Entwicklung nicht nachhaltig sein. Nicht zuletzt wegen seiner vagen Definition ist das Konzept erfolgreich geworden, gleichzeitig erklären sich daraus die Schwierigkeiten in der Umsetzung. Wachstum und nachhaltige Entwicklung lassen sich nicht vollständig miteinander vereinbaren. Denn allgemeines Wirtschaftswachstum kann nicht zu nachhaltiger Entwicklung führen. So müssen Formen der Wachstumsrücknahme ernsthaft angegangen werden. In Bezug auf die Raumentwicklung reicht es nicht aus, die diversen Pläne zu verbessern und die sektorspezifische Politik besser zu koordinieren. Das politische Regelungssystem muss geändert, institutionelle Reformen müssen eingeführt und es muss von der Wachstumslogik Abschied genommen werden. Insbesondere erfordert dies eine Änderung von Art. 15 des Bundesgesetzes über die Raumplanung, welcher die fortlaufende Ausweitung des Baugebietes ermöglicht.

2 Überlegungen zur nachhaltigen Siedlungsentwicklung

2.1 Fragestellung der nachhaltigen Entwicklung

Das Konzept der nachhaltigen Entwicklung wurde in seinem Grundgedanken zwar bereits vor vielen Jahren zum ersten Mal verwendet – in Bezug auf die Forstwirtschaft etwa von Karl Albrecht Kasthofer im Jahr 1818. Der Begriff selber existierte damals allerdings noch nicht. Erst in den Jahren nach 1970 tauchte er zuerst in der Wissenschaft und danach auch in der Politik auf. Im Folgenden werden einige Aspekte im Zusammenhang mit dem Konzept der nachhaltigen Entwicklung aus einem theoretischen Blickwinkel untersucht und anschliessend der Gebrauch des Begriffs in der Politik betrachtet.

Entwicklung eines Begriffs

Nach Bürgenmeier[1] «… ist das Konzept der (nachhaltigen) Entwicklung das Resultat mehrerer internationaler Verbindungen. Es ist im Rahmen eines mehrstufigen Verhandlungsprozesses entstanden.» Es entwickelte sich das Bewusstsein, dass die Vorräte verschiedener Rohstoffe zur Neige gehen und dass dies schwerwiegende Auswirkungen auf das Wirtschaftswachstum haben wird. Die bekannteste und mit Sicherheit auch wichtigste Publikation in diesem Zusammenhang ist der vom Club of Rome in Auftrag gegebene Bericht «Die Grenzen des Wachstums»[2]. Dort werden die wichtigsten Fragen gestellt[3], die auch heute noch gelten und hier diskutiert werden:
- Lässt sich die Entwicklung der Gesellschaft kontrollieren?
- Reichen Detailkorrekturen aus?
- Liegt die Lösung in der Technik?
- Ist ein neuer Denkansatz vonnöten, um das Gleichgewicht wieder herzustellen?

In der Tradition von Thomas Robert Malthus (1766–1834) stützt sich der Bericht «Die Grenzen des Wachstums» auf den Zusammenhang zwischen Bevölkerungswachstum und Nutzung der Ressourcen. In der Diskussion um eine nachhaltige Entwicklung steht diese Frage jedoch – weder wissenschaftlich noch politisch – nicht im Zentrum. Insbesondere in einem Land wie der Schweiz, wo die Bevölkerung in den kommenden Jahrzehnten nur mässig wachsen wird, besteht ein entsprechender Zusammenhang nämlich nicht, auch wenn es in jüngerer Zeit politische Vorstösse gegeben hat, wonach die Einwanderung zum Schutz der Umwelt begrenzt werden solle. 1972 fand in Stockholm die Konferenz der Vereinten Nationen über die Umwelt des Menschen statt, wo «… über den Zusammenhang zwischen Umwelt und Entwicklung reflektiert und die Bedeutung des Umweltschutzes für die wirtschaftliche Entwicklung der Dritten Welt unterstrichen wurde … Diese Konferenz hat die nachfolgende Arbeit innerhalb der UNO entscheidend beeinflusst, indem die Weltkommission für Umwelt und Entwicklung den Auftrag erhielt, die in Stockholm behandelten Themen zu vertiefen.»[4]

Bekanntermassen mündete diese Arbeit 1987 in den «Brundtland-Bericht» und in die Definition der nachhaltigen Entwicklung, die gewährleistet, «dass die Bedürfnisse der heutigen Generation befriedigt werden, ohne die Möglichkeiten künftiger Generationen zur Befriedigung ihrer eigenen Bedürfnisse zu beeinträchtigen». Der Begriff der nachhaltigen Entwicklung wurde bereits Ende der 1970er-Jahre verwendet.[5] Wie gelungen die Definition des Brundtland-Berichtes ist, ist bekannt. Gewiss deckt sie die wesentlichen Fragen ab, doch muss sie kritisch hinterfragt werden. Für Gilbert Rist «ist dieser grundlegende Passus ein Armutszeugnis sondergleichen …».[6]

Zusammenfassend zeigt sich:
- Das Konzept der nachhaltigen Entwicklung gründet – historisch betrachtet – auf dem Anliegen, die Umwelt schützen zu wollen. Dies erklärt auch, weshalb die verschie-

denen Akteure – Medien, aber auch Umweltschutzorganisationen – den Begriff anstelle des früher üblichen Begriffs Umweltschutz verwenden.
- Das Konzept der nachhaltigen Entwicklung ist zudem in Verbindung mit der wirtschaftlichen Entwicklung der Dritten Welt entstanden. Die Erklärung dafür ist einfach: Mit der Globalisierung der Probleme – Klima usw. – sind auch die Umweltanliegen globalisiert worden. In den südlichen Ländern konnte dieser Anspruch kaum angegangen werden, ohne auch die sozialen und wirtschaftlichen Fortschritte anzusprechen.

Wenden wir uns folgenden Fragen zu:
- Ist der Begriff nachhaltige Entwicklung zweckmässig oder ist er ein Widerspruch in sich selbst (Oxymoron)?
- An welche Definition soll man sich halten?
- Soll das Konzept nutzbar gemacht werden?
- Sind die drei Dimensionen – sozial, ökologisch, wirtschaftlich – gemäss dem klassischen Ansatz gleichwertig?
- Lässt sich nachhaltige Entwicklung mit wirtschaftlichem Wachstum vereinbaren?

Ein Widerspruch in sich selbst?

Wie vorgängig bei Rist gezeigt, ist der Begriff der nachhaltigen Entwicklung kritisch zu hinterfragen. Auch andere Autoren stossen in diese Richtung. So zum Beispiel Cluzet[7], der zum Thema der Entwicklung von einem «neuen Einheitsdenken» spricht. Das Projekt ENTSCHEIDUNGSLOGIK bezeichnet die nachhaltige Entwicklung als utopisch. Für die Verfechter der Wachstumsrücknahme (Décroissance; vgl. unten) bedeutet Wachstum «mehr produzieren», Entwicklung «anders produzieren».[8]

Damit der Begriff der nachhaltigen Entwicklung in der politischen Arbeit verwendet werden kann, wäre es wichtig, eine eindeutige Definition zu finden, was bisher leider nicht der Fall ist. Ganz allgemein wird zugestanden, dass der Begriff nachhaltige Entwicklung nicht genau definiert werden kann und er sich ständig verändert. Den kritischsten Stimmen gemäss ist er ein Oxymoron – ein Widerspruch in sich selbst.[9] Für Rist «... hat der Ausdruck ‹nachhaltige Entwicklung› seinen Erfolg seiner Mehrdeutigkeit zu verdanken. Für die Umweltschützer ist die Interpretation klar: ‹sustainable development› bedeutet, dass das Produktionsvolumen für das Ökosystem verträglich und deshalb auch langfristig vertretbar ist. ... Die vorherrschende Interpretation lautet aber ganz anders. Sie erachtet ‹nachhaltige Entwicklung› als Aufforderung, die Entwicklung weltweit hochzuhalten (und da ihr sowieso niemand entkommt, muss sie auf immer und ewig anhalten).»[10]

Dank seiner Mehrdeutigkeit hat das Konzept vielleicht eine Chance, doch genau deswegen ist es auch so schwierig umsetzbar. Es ist problematisch, eine nicht oder nur abstrakt definierte Richtung einzuschlagen. Eine «saubere» Umweltpolitik ist fassbarer. Das Gleiche gilt für eine Wirtschaftswachstumspolitik, die anhand bestimmter Indikatoren gemessen werden kann. Die Schwierigkeit einer nachhaltigen Entwicklung liegt genau darin, dass alle drei Dimensionen berücksichtigt werden müssen – und zwar als Gesamtes und nicht nur getrennt voneinander.

Dies lässt sich anhand der Energiepolitik veranschaulichen: Niemand wird behaupten, dass der momentane Energieverbrauch nachhaltig ist. Die Geister werden sich aber schon daran scheiden, ob Kernenergie nachhaltig ist oder nicht, da sie zwar im Kernspaltungsprozess kein CO_2 produziert, jedoch auf ein nicht erneuerbares Brennmaterial angewiesen ist. Ausserdem birgt sie hohe Risiken und hinterlässt radioaktiven Abfall, dessen langfristige Lagerungsproblematik nicht gelöst ist. Viele sind der Ansicht, dass die 2000-Watt-Gesellschaft nachhaltig ist, weil sie unter Erhaltung des Lebensstandards praktisch nur noch erneuerbare Energien nutzt. Ohne den Nutzen des Projektes «2000-Watt-Gesellschaft» anzuzweifeln, ist es aber tatsächlich mehr als wahrscheinlich, dass eine 2000-Watt-Gesellschaft nicht nachhaltig ist: Weder löst sie die Probleme des Nord-Süd-Gefälles, noch jene der sozialen Ungleichgewichte, der Mobilität, der schwindenden Artenvielfalt, der Entwaldung oder von Stress usw.

Allerdings besteht kein Grund, den mittlerweile allgemein bekannten Begriff der nachhaltigen Entwicklung nicht auch künftig zu verwenden – jedoch immer im Wissen, dass es ein mehrdeutiges und schwieriges Konzept ist.

Starke oder schwache Nachhaltigkeit?

Beim Thema der «starken und schwachen Nachhaltigkeit» ist es ebenfalls wichtig die Definition zu kennen, die dem Begriff zugrunde liegt. Die Theorie basiert auf dem von der Weltbank in den 1990er-Jahren entwickelten Kapitalstockmodell, wonach es drei Kapitalstöcke gibt: Umwelt, Wirtschaft und Gesellschaft.[11] Das Nachhaltigkeitskapital bildet sich danach aus der Summe der drei Kapitalstöcke.

> **Kapitalstockmodell**
> *K Nachhaltigkeit = K Umwelt + K Wirtschaft + K Gesellschaft*

«Starke Nachhaltigkeit» verlangt, dass die einzelnen Kapitalstöcke nur reduziert werden dürfen und entsprechend kein Austausch zwischen den einzelnen Kapitalstöcken erlaubt ist, falls dies zu Lasten einer Dimension erfolgt. «Schwache Nachhaltigkeit» erlaubt diesen Austausch unter gewissen Bedingungen. So gilt beispielsweise der Unterhalt der Waldflächen, wie er in der Schweiz seit über hundert Jahren gepflegt wird, als starke Nachhaltigkeit, weil damit ein bestehender Kapitalstock aufrechterhalten wird. Tatsächlich wird dieser Kapitalstock aber nicht bewahrt, weil der Wald altert und die Artenvielfalt abnimmt. Ausserdem wird der Wald sektoriell behandelt, ohne andere räumliche oder biologische Fragen anzuschauen.

An diesem «einfachen» Beispiel werden die Fragen offenkundig, die das Konzept der «starken Nachhaltigkeit» aufwirft. Anderseits lässt die «schwache Nachhaltigkeit» zu viel Raum für Kompromisse. Aufgrund dessen wurde zusätzlich das Konzept der «schwachen Nachhaltigkeit plus» entwickelt, wonach eine begrenzte Substitution zwischen den Kapitalstöcken unter bestimmten Bedingungen möglich ist (Grad der Umkehrbarkeit). In seiner «Strategie Nachhaltige Entwicklung» weist der Schweizerische Bundesrat auf genau dieses Konzept: «… der Bundesrat (vertritt) eine Mittelposition zwischen starker und schwacher Nachhaltigkeit, die im englischsprachigen Fachdiskurs als ‹sensible sustainability› und im schweizerischen als ‹schwache Nachhaltigkeit plus› bezeichnet wird. Dieser Ansatz folgt der Überlegung, dass einzelne Elemente der Kapitalstöcke ersetzt werden können. Deshalb ist eine begrenzte Substitution zwischen den Kapitalstöcken zulässig, sofern in den Abwägungsprozessen sichergestellt wird, dass diese transparent erfolgen, nicht systematisch zulasten der gleichen Nachhaltigkeitsdimension gehen und dass insgesamt die Belastbarkeit der Biosphäre respektiert wird.»[12]

Lässt sich das Nachhaltigkeitskonzept umsetzen?

Nachhaltige Entwicklung wird häufig als praktischer Slogan verwendet, mit dem auch ein Projekt verkauft werden kann, für das nicht wirklich bewiesen ist, dass es mit den Prinzipien der nachhaltigen Entwicklung vereinbar ist. Schlimmstenfalls ist jedes Wirtschaftsprojekt per Definition nachhaltig, da die Wirtschaft eine der drei Nachhaltigkeitsdimensionen bildet. Der zu verfolgende Ansatz muss viel strikter sein, nämlich: Definition der Zielkriterien, -indikatoren und -werte.

Der Bundesrat hat in den Strategien 2002 und 2008 relativ abstrakt seinen Referenzrahmen aufgezeigt und die zugrunde liegenden Kriterien definiert.[13] Im Aktionsplan 2008–2011 be-

Hohe gestalterische Qualität, Grün- und Freiflächen steigern die Lebensqualität.

zieht sich der Bundesrat auf Indikatoren bzw. Trendbewertungen in Bezug auf deren gewünschte Entwicklungsrichtung.

Das in der Schweiz entwickelte Indikatorensystem MONET ist ein gutes Beispiel dafür, wie das Nachhaltigkeitskonzept nutzbar gemacht werden kann. Seine Stärke besteht im riesigen Aufwand, der für seine Entwicklung betrieben worden ist. Seine Schwäche liegt in der grossen Anzahl Kriterien und Indikatoren sowie deren schwieriger Interpretation. Ideal wäre ein solches System in einfacherer Form, wobei sich dann die Frage stellt, welche Indikatoren besonders aussagekräftig sind.

Anhand von zwei Indikatoren – die Zahl der Patentanmeldungen und der Anteil der Ausgebildeten und Beschäftigen in Wissenschaft und Technologie – soll verdeutlicht werden, wie schwierig eine Interpretation der nachhaltigen Entwicklung ist. Das Wachstum dieser beiden Indikatoren wurde von den für das MONET-System zuständigen Bundesämtern positiv bewertet.[14] Es liegt auf der Hand, dass bei einer vorbehaltlosen Sicht der Welt die Entwicklung dieser Indikatoren so interpretiert wird. Doch eigentlich können sich jene Patente und Arbeitsplätze mit den Nachhaltigkeitsprinzipien vertragen, die zum Schutz der Umwelt beitragen.

In der politischen Arbeit muss man entweder jegliche Ambitionen aufgeben, das Konzept der nachhaltigen Entwicklung umzusetzen, und weiterhin bei eher schwammigen Definitionen bleiben, oder man geht wie dargestellt zu Werke und gerät in Konfliktsituationen, sobald man versucht, die Kriterien zu bewerten.

Trotz allem und ungeachtet der damit verbundenen Schwierigkeiten gilt es, das Konzept der nachhaltigen Entwicklung umzusetzen. Die Erfahrungen haben aber gezeigt, dass die Schwierigkeiten zunehmen, je konkreter die Kriterien sind.

Würdigung der Nachhaltigkeitsdimensionen

Im klassischen Darstellungsmodell gelten alle drei Nachhaltigkeitsdimensionen als gleichwertig. Auch der Bundesrat vertritt in seiner «Strategie Nachhaltige Entwicklung» diese Ansicht und spricht von einer «ausgewogenen Berücksichtigung der drei Zieldimensionen».[15] Trotzdem darf die Frage gestellt werden, ob es bei den drei Dimensionen nicht doch eine Hierarchie gibt, und, wenn ja, welche denn die wichtigste wäre.

In der politischen Realität gewinnt häufig die Dimension der wirtschaftlichen Leistungsfähigkeit die Oberhand – allerdings nicht immer. Es ist ein Leichtes, Gründe dafür zu finden, warum die ökologische Verantwortung – der Mensch kommt von der Erde und geht zu ihr zurück – oder die gesellschaftliche Solidarität – der soziale Zusammenhalt ist entscheidend – als wichtigste Dimension gelten sollen.

Es ist zu bedauern, dass die gesellschaftliche Solidarität in der Regel das schwächste Konzept ist, obwohl sie a priori als gleichwertig zu betrachten ist. Ebenso ist zu bedauern, dass in der politischen Arbeit die drei Dimensionen nebeneinander stehen, anstatt integriert zu werden. Es ist nicht das Ziel der nachhaltigen Entwicklung, einem dieser Dimensionen höchste Priorität zu geben, sondern es geht im Kern genau darum, die drei Dimensionen zu integrieren und zu harmonisieren. Damit ist es auch klar, dass es bei einer Bewertung nicht darum gehen kann, die positiven und negativen Kriterien zu zählen und bei einem positiven Ergebnis automatisch auf Nachhaltigkeit zu schliessen.

Wachstum oder Wachstumsrücknahme?

«Wachstumsrücknahme» (frz. décroissance) ist speziell in der Schweiz kein gern gehörtes Wort – weder Politikerinnen und Politiker noch Arbeitgebende oder Gewerkschaften wollen Äusserungen dieser Art hören. Dennoch ist eine klare Stellungnahme zu dieser Frage für jegliche Forschung oder Politik zum Thema der nachhaltigen Entwicklung unabdingbar.

Obwohl heute neue Wachstumstheorien verfügbar sind,[16] dient seit Adam Smith (1776) und David Riccardo (1819) Wachstum – gemessen am Bruttoinlandsprodukt (BIP) – als Grundlage der Wirtschaftswissenschaft. Kaum ein Wirtschaftswissenschaftler hat sich gegen diese Wirtschaftstheorien ausgesprochen. Der bekannteste, der es getan hat, ist der Rumäne Nicholas Georgescu-Roegen. Er stützt seine Theorie auf das Entropiegesetz[17] und «... beweist auf einfache Weise, dass wir jedes Mal, wenn wir unser natürliches Kapital angreifen, die Überlebenschancen unserer Nachkommen mit einer Hypothek belasten».[18]

In den Diskussionen zum Thema nachhaltige Entwicklung fallen die Reaktionen auf das Vorstehende unterschiedlich aus:
- Zunächst wird das BIP als Hauptindikator zur Wohlstandsmessung eines Landes infrage gestellt. Es werden andere Indikatoren gesucht, so zum Beispiel der Index der menschlichen Entwicklung (HDI) des UNO-Entwicklungsprogramms UNDP. Dieser berücksichtigt die drei Kriterien: Gesundheit/Lebenserwartung, Bildungsniveau und Lebensstandard.
- Im Weiteren wird die Entkoppelungstheorie aufgestellt, wonach «Wirtschaftswachstum mit geringerem Materialdurchfluss erzielt wird».[19]
- Schliesslich gibt es die Überlegungen zum Thema «Wachstumsrücknahme».

Keine Kritik wird gegen die Suche nach einem neuen Indikator vorgebracht, obwohl sich kein Indikator wirklich aufdrängt. Umstritten sind dagegen die beiden anderen Optionen:

- **Entkoppelung – ein Mythos?**
Die Entkoppelung wird auch schon mal als Mythos bezeichnet.[20] Und wenn überhaupt, muss unterschieden werden zwischen relativer und absoluter Entkoppelung. Dabei bedeutet relative Entkoppelung eine Abnahme der ökologischen Intensität pro Mehrwerteinheit, während von absoluter Entkoppelung dann die Sprache ist, wenn die Auswirkungen auf die Ressourcen – absolut gesehen – zurückgehen. Kann die relative Entkoppelung als reale Tatsache betrachtet werden, ist dies für die absolute nicht der Fall. Offen bleibt die Frage, ob sie auf globaler Ebene und für alle Ressourcen möglich ist.

- **Wachstumsrücknahme – eine Grundhaltung**
Auch die Wachstumsrücknahme ist sehr umstritten. In der Schlussdeklaration der «Première conférence internationale sur la décroissance économique pour la soutenabilité écologique et l'équité sociale (2008)» wird die Wachstumsrücknahme wie folgt definiert: «Generell kennzeichnet sich der Prozess der Wachstumsrücknahme wie folgt:
- Lebensqualität steht vor Konsumquantität,
- Befriedigung der menschlichen Bedürfnisse für alle,

- Veränderung in der Gesellschaft mit Hilfe von individuellen und kollektiven Massnahmen und Politiken,
- spürbar mehr Unabhängigkeit von Wirtschaftsaktivitäten und mehr Freizeit, unbezahlte Aktivitäten, Geselligkeit, Gemeinschaftssinn sowie individuelle und kollektive Gesundheit,
- Förderung von Selbstreflektion, Ausgeglichenheit, Kreativität, Flexibilität, Vielfalt, Bürgersinn, Grosszügigkeit und Nichtmaterialismus,
- Einhaltung der Prinzipien von Recht und Billigkeit, von partizipativer Demokratie, der Achtung der Menschenrechte und Respektierung der kulturellen Unterschiede.»

Dennoch ist Wachstumsrücknahme mehr Haltung denn Theorie, auch wenn man sich in verschiedenen Wirtschaftsmodellen damit beschäftigt hat. Analog zum A-theismus würde Serge Latouche ohnehin lieber von «a-croissance» als von «décroissance» sprechen.[21]

Verschiedene Umweltorganisationen haben das Thema der Wachstumsrücknahme mehr oder weniger explizit in ihren politischen Diskurs aufgenommen. Trotzdem haben die «Grünen», insbesondere in der Schweiz, daraus kein Kampagnenthema gemacht; vermutlich weil es zu unpopulär ist. Es ist in zahlreichen Interventionen aus diesen Kreisen unterschwellig enthalten. In Frankreich – wie auch in anderen Ländern – ist die «Décroissance»-Bewegung unter all jenen sehr beliebt, die «ihr Leben ändern wollen». Es wird sogar eine «Décroissance»-Zeitung publiziert, und es gibt zahlreiche sogenannte «objecteurs de croissance» (Wachstumsverweigerer). Es finden sich auch Autoren, die aus eigener Erfahrung aufzeigen, dass Entwicklung nicht zwingend zu einer ausgeglichenen Gesellschaft führt, sondern sogar Armut verursachen kann.[22]

Von offizieller Seite gilt Wachstum immer noch als wünschenswert und unabdingbar. Wirtschaftliche Entwicklung ist notwendig, um Reichtum zu schaffen, der wiederum Vollbeschäftigung aufrechterhält oder bewirkt und die Mittel für den Umweltschutz bereitstellt. So wird allen drei Nachhaltigkeitsdimensionen Rechnung getragen. Der Bundesrat verfolgt eine Wachstumspolitik, die in periodischen Publikationen des SECO kommentiert wird. Der Wachstumsbericht von 2002 enthält Vorschläge für die verbesserte quantitative Entwicklung eines Landes mit «Wachstumsschwäche».[23]

Beat Bürgenmeier vertritt eine Position, die irgendwo dazwischen liegt. Er sieht zwar einen gewissen Konsens zugunsten des Wachstums, doch stellt er auch fest, dass es diesbezüglich viele Kontroversen gibt[24], nämlich:
- Grösstmögliches Wirtschaftswachstum wird gelegentlich als Zielbestimmung angesehen.
- Wachstum berücksichtigt nur die expliziten Kosten. Die externen Kosten werden nicht bilanziert.
- Wachstum berücksichtigt nichtmonetäre Aktivitäten wie Freiwilligenarbeit oder Freizeit nicht.
- Die natürliche Umwelt ist ein Produktionsfaktor, wird aber nicht entsprechend berücksichtigt.

Herman E. Daly äusserte sich dazu wie folgt: «Wir können nicht weiterwachsen, während das sogenannte «wirtschaftliche» Wachstum schon unwirtschaftlich geworden ist. Die Wachstumswirtschaft scheitert. Mit anderen Worten, durch die quantitative Expansion des Wirtschaftssystems wachsen Umwelt- und Sozialkosten schneller als die Vorteile aus der Produktion – wir werden ärmer anstatt reicher, insbesondere in Ländern mit hohem Konsum.»[25]

Mit dem Thema «Wachstum» beschäftigen sich verschiedene Schulen: Neben den Verfechtern der Wachstumsrücknahme gibt es die Anhänger des qualitativen Wachstums, des moderaten Wachstums, des Nullwachstums usw. In seinem Buch «Eco-Economy, Building an Economy for the Earth» dokumentiert der Wirtschaftswissenschaftler Lester R. Brown die Unterschiede zwischen Wirtschaft und Umwelt: «Diese Unterschiede zwischen Ökologie und Ökonomie sind grundlegend. Zum Beispiel sorgen sich Ökologen um Grenzen, während Ökonomen solche Einschränkungen in der Regel nicht erkennen.»[26] Anschliessend schreibt er über die selbstzerstörerische Wirkung der Wirtschaft: «Während das 21. Jahrhundert eingeläutet wird, zerstört unsere Wirtschaft langsam ihre eigenen Lebenserhaltungssysteme, verbraucht das ihr geschenkte natürliche Kapital.» Er führt den Verlust von Mutterboden an, die Probleme beim Weideland, die Wasserknappheit, die Wälder und Ozeane, die Artenvielfalt usw. Schliesslich zeigt er mithilfe von Beispielen auf, wie eine Öko-Ökonomie aussehen könnte.

Fazit

- Der Begriff nachhaltige Entwicklung sollte nur in einem klar umrissenen Referenzrahmen verwendet werden. Man muss sich bewusst sein, dass der Begriff mehrdeutig ist, nicht abschliessend definiert werden kann und sich ständig verändert.
- Es ist wichtig, dass klar definiert ist, ob von «starker», «schwacher» Nachhaltigkeit oder von «schwacher Nachhaltigkeit plus» die Rede ist.
- Das Konzept der nachhaltigen Entwicklung wird mittels Kriterien und Indikatoren umgesetzt.
- Der Kern der nachhaltigen Entwicklung liegt in der Integration und Harmonisierung der drei Nachhaltigkeitsdimensionen. Im Prinzip kann jeder seine eigene Meinung zur Frage vertreten, ob die drei Dimensionen gleichwertig sind oder nicht. Die meisten Forscher gehen vom Prinzip aus, dass sie es sind.
- Eine Positionierung im Zusammenhang mit dem Begriff Wirtschaftswachstum erscheint notwendig.

Wie ausgeführt, ist dieser letzte Punkt umstritten. Für die einen ist Wirtschaftswachstum vereinbar mit nachhaltiger Entwicklung, unter der Bedingung, dass das Wachstum einhergeht mit einem geringeren Verbrauch von nicht erneuerbaren Ressourcen (Entkoppelung). Dies scheint im Bereich Energietechnik dank höherer Energieintensität und einem steigenden Verbrauch erneuerbarer Ressourcen zwar möglich zu sein. Doch ist schwer nachvollziehbar, wie ein weltweiter Anstieg des Lebensstandards zu weniger oder wenigstens zu einem annehmbaren Druck auf die Natur, die Küstengebiete oder Gewässer oder zu einer sinkenden Verkehrsnachfrage führen soll. Eigentlich wird allgemein zugegeben, dass der westliche Lebensstil nicht auf den gesamten Planeten ausgeweitet werden kann, wie dies der Indikator des «ökologischen Fussabdrucks» unmissverständlich zum Ausdruck bringt. Wie etwa die Klimakonferenz 2009 in Kopenhagen gezeigt hat, fällt es den Ländern jedoch schwer, die Konsequenzen aus dieser Feststellung zu ziehen. Liegt die Lösung in einer allgemeinen Wachstumsrücknahme – für südliche Länder nicht vertretbar –, in einer Wachstumsrücknahme in den Industrieländern – auch wenn bekannt ist, dass dies die Probleme der Erde nicht lösen würde –, in neuen Wachstumsmodellen – wieder dieses «Einheitsdenken» –, einem neuen Lebensstil – aber welchem, und wo?

Nachhaltige Entwicklung scheint nicht wirklich mit allgemeinem Wirtschaftswachstum vereinbar zu sein. Selbst mit einem «ökologischen Wachstum», beispielsweise über die Schaffung von Arbeitsplätzen in Verbindung mit Energiesparen bleiben wir beim gleichen Gesellschaftsmodell.

In der «Revue durable» heisst es: «Neben der bestehenden Wirtschaft, die auf einem unendlichen Wachstum in einer endlichen Welt basiert, braucht es notwendigerweise die Entfaltung anderer Wirtschaftsformen, die grundlegend demokratisch und ökologisch und damit sehr viel dauerhafter und eher an die Welt der Zukunft angepasst sind. Entscheidend für die Nachhaltigkeit der zukünftigen Welt wird die Fähigkeit der Hauptsysteme sein zu akzeptieren, dass andere Wirtschaftsformen neben ihnen bestehen werden. Dabei hofft man, dass die dauerhaftesten Formen immer mehr Unterstützung erfahren werden.»[27]

Bei einer Wachstumsrücknahme liegt das Problem darin, dass niemand weiss, wie man sie organisieren könnte, auf welchem Territorium und für welche Art von Bevölkerung. Wohl oder übel bleibt man also beim Wachstum. Dies gibt ein sicheres Gefühl und man weiss mehr oder weniger, wie es zu organisieren ist. Aus diesem Grund ist auch der Begriff «a-croissance» zu bevorzugen – als grundsätzliche Haltung, die je nach Weltregion und dem entsprechenden Entwicklungsstand unterschiedlich angewendet werden kann.

Die urbane Entwicklung prägt auch die Ränder der Agglomerationen.

2.2 Positionierung des NFP 54-Programms und der einzelnen Forschungsprojekte

Es ist interessant zu sehen, welche Position das NFP 54 und die verschiedenen Forschungsprojekte zum Thema der nachhaltigen Entwicklung eingenommen haben.

Das Programm selber hat zum Thema «Nachhaltige Siedlungs- und Infrastrukturentwicklung» keinen präzisen Referenzrahmen festgelegt. Es hat sich insbesondere weder zum Ziel einer schwachen oder starken nachhaltigen Entwicklung geäussert noch zur Vereinbarkeit von Wirtschaftswachstum und nachhaltiger Entwicklung. Es erwähnt zwar «Prinzipien der nachhaltigen Entwicklung», präzisiert aber nicht, welcher Art diese Prinzipien sind, sondern hebt die Bedeutung der drei Dimensionen hervor.[28] Die Positionierung zu den oben stehenden Fragen wurde den Forschungsprojekten überlassen.

Interessanterweise bezieht zum Forschungsende nur das Projekt ENTSCHEIDUNGSLOGIK eine klare Position gegenüber dem Konzept der nachhaltigen Entwicklung. Es unterstreicht die Tatsache, dass die Akteure die nachhaltige Entwicklung pragmatisch und flexibel neu interpretieren und zwar über offene, interaktive und ausgehandelte Prozesse: «Dank der Flexibilität, mit der man sich nachhaltige Entwicklung kollektiv als operatives Konzept aneignet und neu interpretiert, können Projekte aufgestellt werden, in welchen Nachhaltigkeit tatsächlich realisiert wird.» Die Umsetzung konkreter Projekte bringt ausserdem eine positive Dynamik in Gang; sozusagen mithilfe des Schneeballeffektes werden andere Projekte angestossen.

Alle übrigen NFP 54-Projekte sind anders konzipiert. Sie erbringen neue Kenntnisse und Massnahmenvorschläge zu einer Reihe von Fragen, die für die nachhaltige Entwicklung von Bedeutung sind. Zuweilen enthalten sie einen klaren Referenzrahmen, aber nur selten ein klare ideologische Positionierung.

2.3 Nachhaltige Siedlungsentwicklung

Wenden wir uns nun dem Thema der nachhaltigen Raumentwicklung zu, insbesondere der Siedlungsentwicklung, und stellen die vorgängig formulierten Fragen. Mit der Fokussierung auf die Siedlungsentwicklung wird den Möglichkeiten des vorliegenden Berichts Rechnung getragen. Zudem sind

Das stark zersiedelte Mitteland verfügt noch immer über hohe landschaftliche Qualitäten.

die Fragen zur Siedlungsentwicklung sowohl für die Haushalte wie auch für die Unternehmen von zentraler Bedeutung und werden in der Forschung am häufigsten behandelt.

Referenzrahmen der nachhaltigen Raumentwicklung

Sind sich Wissenschaft und Politik darüber einig, was nachhaltige Raumentwicklung – als Referenzrahmen – bedeutet? In der Raumplanung und in der Wissenschaft besteht weitgehend Einigkeit. In den verschiedenen Chartas[29, 30] und zahlreichen Dokumenten der europäischen Institutionen[31, 32, 33] sowie des Bundes[34] findet sich ein mehr oder weniger identischer Referenzrahmen. Auch wenn all diese Dokumente interessante Referenzwerke sind, bleiben sie doch sehr abstrakt und sind somit in der Praxis der Raumplanung von geringem Nutzen.

In der wissenschaftlichen Literatur[35] finden sich wesentlich handlichere Referenzrahmen. Die Wissenschaftler schlagen für jede Phase eines Planungsprojektes Bewertungstabellen vor, die selbstverständlich das Drei-Dimensionen-Konzept enthalten. Es geht also darum, auf jeder Interventionsstufe die Prinzipien der nachhaltigen Entwicklung zu berücksichtigen – mit dem Resultat, dass sich nachhaltige Quartiere in nachhaltige Städte und schliesslich in einen nachhaltigen Raum entwickeln.

Vom nachhaltigen Quartier zum nachhaltigen Raum
In der Literatur werden nachhaltige Quartiere und nachhaltige Städte häufiger genannt als nachhaltige Räume. Die Gründe dafür – Problematik der verschiedenen Räume, insbesondere Stadt und Land – werden im Folgenden dargelegt. Um einen Raum nachhaltig auszurichten, reicht es auf jeden Fall nicht aus, nachhaltige Quartiere zu schaffen – auch wenn das schon einen Fortschritt darstellt. In der Tat ist es so, dass «… man nicht sicher sein kann, dass sich das Konzept der neuen Quartiere (Ökoquartiere) weiter verbreitet, da es sehr introvertiert ist und allzu oft noch die Ausnahme darstellt».[36]

Was die Bedeutung der Stadt und damit der Stadtplanung generell für eine nachhaltige Entwicklung betrifft, ist sich die Wissenschaft weitgehend einig. «Rund zwei Drittel der Treibhausgase entstehen im Zusammenhang mit der Siedlungsentwicklung, sei dies durch Wohnungen, Büro- und Gewerbegebäude oder den Agglomerationsverkehr.»[37] Werden zuerst die Städte entwickelt, kann die Zersiedelung und damit auch der Verbrauch nicht erneuerbarer Ressourcen – insbesondere Boden, aber auch Energie – eingedämmt werden. Es können wirtschaftliche Aktivitäten aufgebaut werden, die vom Ideenaustausch in einem urbanen Umfeld profitieren, und die sozialen Interaktionen werden erleichtert. Praktisch alle Wissenschaftlerinnen und Wissenschaftler vertreten die Ansicht, dass eine auf Nachhaltigkeit aufbauende Raumpolitik die Städte in den Vordergrund stellen muss. Themen wie Verdichtung, brachliegende Industrie- und Bahnareale sowie Stadtsanierung treten in den Vordergrund.

Einfamilienhäuser – Antithese der Stadtplanung
Das beste Mittel gegen die Zersiedelung ist der «Kampf» gegen Einfamilienhäuser. Auch hier sind sich Wissenschaft und Stadtplanung einig. Das Einfamilienhaus gilt als «Antithese» der Stadtplanung.[38] Allerdings gibt es einige wenige Stim-

men, die sich wenigstens teilweise dagegen stellen. Thomas Sieverts sieht in den Einfamilienhauszonen ein grosses Potenzial zur ökologischen Kompensierung auf einer Parzelle und ist der Ansicht, dass für die Arbeits- und Zirkulationsflächen ein grosses Bodensparpotenzial besteht.[39] Für Henri Raymond et al. «... ist das Häuschen keine architektonische Antwort, es ist eine soziale Antwort».[40] Olivier Mongin geht in dieselbe Richtung: «Für diese Bevölkerung, die keine Vermittlerrolle mehr hat, ist der Umzug in die Vorortsgemeinden immer weniger eine freiwillige Wahl, sondern eine Notwendigkeit, da die Grundstückspreise sie in die Randbezirke drängen.»[41] Diese Wahlunmöglichkeit könnte sich für die schwächsten Haushalte als fatal erweisen, sobald die Mobilität – besonders die individuelle –, insbesondere da, wo der öffentliche Verkehr nur unzureichend ausgebaut oder gar nicht vorhanden ist, teurer wird.

Zwischen Stadt und Land

Der Konsens gerät ins Wanken bei der Betrachtung der politischen Diskussion. Zwar wird – nach langem Ringen – allgemein zugestanden, dass die Schweiz verstädtert ist und es deshalb eine Agglomerationspolitik braucht. Doch gibt es nach wie vor zahlreiche Stimmen, die eine gleichartige Entwicklung der verschiedenen Schweizer Räume verlangen. In einem Land wie der Schweiz ist der Wunsch, dass ländliche Räume auch mit urbanen Aktivitäten ausgestattet werden und sich nicht alles auf die Städte konzentriert, noch immer stark. In Frankreich herrscht eine ähnliche Debatte. Die «Agence d'urbanisme de la région grenobloise» skizziert die Zukunft wie folgt: «Das Revival des ‹Small Is Beautiful›, der neue Trend des ‹Slow Food›, die immer beliebteren Gärten und andere Bewegungen könnten bald noch populärer werden. Möglicherweise erleben wir bald eine Umkehr der Werte ... Holt sich das Dorf seine Quartiere aus der Stadt oder erobert die Stadt erneut das Land, so dass es verschwindet?»[42] Das Thema der Dörfer wird besonders von den Verfechtern der Wachstumsrücknahme angeführt, wenn auch mehr politisch als wissenschaftlich. So möchte Serge Latouche «Jobs umsiedeln» oder «Städte aufspalten».

Einfamilienhäuser sind die vorherrschende Siedlungsform der letzten Jahrzehnte.

Für andere gibt es die ländlichen Räume in einer Gesellschaft, die ganz und gar urban geworden ist, nicht mehr. Olivier Mongin sieht räumliche Kontinuität: «Die logische Folge dieser räumlichen, geografischen Kontinuität, gemäss der die Stadt überall ist, ist der Wegfall der Unterscheidung zwischen Stadt und Nicht-Stadt, die lange zu Unrecht durch das Land symbolisiert wurde.»[43] Und Alain Cluzet meint: «Die Gleichheit der Bürger entspricht nicht der Gleichheit der Räume.»[44]

Die Frage «Stadt versus Land» steht nicht nur im Zentrum der Debatten über die nachhaltige Raumentwicklung, sondern auch der Meinungsverschiedenheiten in Bezug auf den Referenzrahmen, und zwar in der Politik mehr als in der Wissenschaft – zumindest im Moment. Ganz allgemein stellt sich die Frage, welche Funktionen den verschiedenen Räumen zugeordnet werden soll – «nicht überall alles» –, eine Aufgabe, die mit den Instrumenten der Raumplanung schwierig umsetzbar ist. Die Meinungsverschiedenheiten zu diesem Thema erklären die Tatsache, dass es dazu nur wenige überzeugende Studien gibt. In Studien zur nachhaltigen Stadt gelten die ländlichen Räume als Kompensationsgebiete – hauptsächlich für die Nutzung durch Land- und Forstwirtschaft, als Erholungs-

In den bestehenden Siedlungen bieten sich noch erhebliche Nutzungspotenziale.

räume oder für den ökologischen Ausgleich. Nur zu gerne würde man diesen Räumen die obgenannten Funktionen zuweisen, wenn man sie aus dem Nichts gestalten könnte. Die Schwierigkeit besteht darin, dass diese Räume heute anders aussehen und in der Schweiz zwei Millionen Einwohnerinnen und Einwohnern und einer Million Arbeitsplätzen Platz bieten. Zudem versuchen die allermeisten Gemeinden die Ressourcen, die sich ihnen in diesen Räume vermeintlich anbieten, anderweitig zu nutzen.

Fazit

Wie sich zeigt, erweist sich der Referenzrahmen für die nachhaltige Raumentwicklung als äusserst komplexe Fragestellung, die ernster genommen werden muss, als dies heute der Fall ist. Der Begriff nachhaltige Raumentwicklung ist genauso vieldeutig wie der Begriff nachhaltige Entwicklung im Allgemeinen. Der wissenschaftliche Konsens bedarf einer Konsolidierung von Themen wie der Entwicklung der echten oder vermeintlich ländlichen Räume, Dörfer oder auch Einfamilienhäuser. Mit den derzeit empfohlenen Massnahmen wird bestimmt keine nachhaltige Entwicklung erreicht werden. Dieses Thema wird in den Schlussfolgerungen nochmals aufgegriffen.

Wachstum oder Wachstumsrücknahme?

Wachstum und Wachstumsrücknahme liegen eigentlich im Kern der Problematik um die Raumentwicklung, wie sie in der Schweiz verstanden wird; allerdings praktisch nie ausdrücklich, was einerseits daran liegt, dass es in der Raumpanlung an «Kultur» mit diesem Thema mangelt. Anderseits wird der Begriff der Wachstumsrücknahme – wie erwähnt – in der Schweiz nicht gerne gehört – und zwar so ausgeprägt, dass weder Behördenmitglieder noch Vertreterinnen und Vertreter der Privatwirtschaft risikolos darüber sprechen können. Auch in der Wissenschaft wird der Begriff selten verwendet. Gemäss Thomas Sieverts «ist aus regionaler und ökonomischer Sicht global gesehen bereits viel zu viel gebaut worden».[45] Das ist nah an der Thematik der Wachstumsrücknahme. Für Cluzet gilt zum Thema der Wachstumsrücknahme: «die Dringlichkeit verlangt nach Pragmatismus»[46], doch ist er der Meinung, das Thema müsse angesprochen werden.

In der Stadt-Land-Debatte geht es unmittelbar auch um das Thema Wachstum. Unsere räumlichen Probleme stammen teilweise daher, dass sich alle Körperschaften des öffentlichen Rechts der Wachstumslogik verschrieben haben.

Unbegrenztes Wachstum?

Obwohl das schweizerische Raumplanungsgesetz (RPG) von 1979 Themenbereiche wie Soziales, Wirtschaft und Umwelt anspricht – es ist allerdings keineswegs schon von nachhaltiger Entwicklung die Rede –, ist Wachstum das klare Ziel, insbesondere im legendären Bauzonen-Artikel 15, und dies, obschon eine kontrollierte Siedlungsentwicklung vertreten wird. In Artikel 15 werden die Bauzonen so definiert, dass sie bebaubare Grundstücke enthalten, die «den voraussichtlichen Bedarf für die nächsten fünfzehn Jahre abdecken ...». Die Art von Bedarf wird nicht näher definiert und der Gesetzgeber ist von einem scheinbar unbegrenzten Wachstum ausgegangen, da der Bedarf alle fünfzehn Jahre neu definiert werden kann und sogar muss.

Gibt es für die Raumplanung in der Praxis irgendwelche Formen der Wachstumsrücknahme, d.h., gibt es Restriktionen, die das Wachstum drosseln? Es sind kaum welche auszumachen, auch wenn es sich von selber versteht, dass nicht alle Wirtschaftsprojekte entsprechend den geltenden Plänen umgesetzt werden können. Gleichzeitig können auch kaum alle Infrastrukturvorhaben innerhalb der bestehenden Budgets realisiert werden. Die einzige Massnahme, die im Hinblick auf eine Wachstumsrücknahme Wirksamkeit verspricht, sind Einschränkungen bei Zweitwohnsitzen. Wenn solche kontingentiert oder die Zahl der Wohnungen, die an Ausländer verkauft werden können («Lex Koller»), beschränkt werden, kann von einer Art Wachstumsrücknahmepolitik gesprochen werden. Dagegen ist es dem Wachstum zuträglich, wenn der Schweizer Bundesrat die «Lex Koller» abschaffen möchte, was jedoch im Widerspruch zu seiner sonstigen Politik der nachhaltigen Entwicklung steht.

Starke oder schwache Nachhaltigkeit?

Wie gesehen, handelt es sich bei der Frage nach starker oder schwacher Nachhaltigkeit um eine Grundsatzfrage. Wie steht es damit in Bezug auf die Raumordnung?

Was den verfügbaren Raum betrifft, so ist unübersehbar und mittels Areal- und Verbrauchsstatistiken[47] nachgewiesen, dass wir das Kapital «Boden» seit mehreren Jahrzehnten mit über einem Quadratmeter pro Sekunde angreifen. Angesichts steigender Bevölkerungszahlen und des immer höheren Lebensstandards konnte das Kapital gar nicht unangetastet bleiben. Doch wäre man etwas sparsamer mit dem Boden umgegangen, hätte man das Kapital weniger stark angreifen müssen. Anderseits hat das gesamte Raumkapital ohne Zweifel sowohl wirtschaftlich (Wert verbauten Kapitals) als auch sozial (z.B. bessere Befriedigung von Wohnbedürfnissen) zugenommen, sodass man die Raumentwicklung in der Schweiz über die letzten Jahrzehnte als nachhaltig bezeichnen könnte. Dem ist natürlich keineswegs so, wie der Raumentwicklungsbericht 2005[48] des Bundesamtes für Raumentwicklung (ARE) deutlich gemacht hat. Die vom ARE durchgeführten Studien bestätigen nur, was andere schweizerische und ausländische Studien schon dargelegt haben. Verschiedene Projekte des NFP 54 weisen in dieselbe Richtung (z.B. Projekt ZERSIEDELUNG).

Ist die ungebremste Siedlungsentwicklung, wie sie in den vergangenen Jahrzehnten in der Schweiz stattgefunden hat, umkehrbar? Man ist versucht, diese Frage zu verneinen, obwohl in der gesamten Geschichte der Menschheit immer wieder ganze Städte untergegangen sind – allerdings zu Zeiten, in denen die Bevölkerungszahl viel geringer war – und obwohl eine Studie[49] aus den 1990er-Jahren das Gegenteil bewiesen hat, dass nämlich die Siedlungsfläche über einen Zeitraum von 50 Jahren nicht nur nicht mehr wachsen, sondern sogar zurückgehen könne.

Eine «starke Nachhaltigkeit» scheint in der Raumentwicklung unwahrscheinlich, da es unmöglich ist, das Naturkapital nicht anzugreifen. Anderseits schützt eine «schwache Nachhaltigkeit» das Naturkapital auch nur ungenügend, da sie mit wirtschaftlicher oder sozialer Entwicklung kompensiert werden kann. Mangels einer besseren Lösung muss man sich demnach auf eine «schwache Nachhaltigkeit plus» berufen.

Man wird also versuchen, die drei Dimensionen in Einklang zu bringen. Geht man davon aus, dass die Reduktion des natürlichen Kapitals begrenzt wird und man versuchen wird, das

Sozialkapital zu erhöhen oder zumindest zu optimieren, bedeutet das eine Optimierung und nicht eine Maximierung des Wirtschaftskapitals. Und welche Art des Wachstums oder welche Formen der Wachstumsrücknahme stehen in diesem Fall an? – Womit wir wieder mitten in der gleichen Debatte landen.

2.4 Schlussfolgerung

Mit diesem Beitrag wird aufzeigt, dass das Konzept der nachhaltigen Entwicklung eine Geschichte hat und äusserst komplex und mehrdeutig ist. Es wird auch dargestellt, wie falsch der Begriff – insbesondere in der Politik – derzeit gebraucht wird. Selbst die Forschenden des NFP 54 haben es – mit einer Ausnahme – nicht für notwendig erachtet, zu einer Reihe von Fragen Stellung zu beziehen. Man bezieht sich auf die Prinzipien der nachhaltigen Entwicklung, ohne jedoch deren Art und Weise zu präzisieren. So haben einige der Forschenden zwar einen Referenzrahmen definiert, aber zu den hier aufgeworfenen Fragen keine Stellung bezogen.

Um echte Nachhaltigkeit zu erreichen, ist Folgendes vonnöten:
- «Theoretiker» der nachhaltigen Entwicklung, d.h. Persönlichkeiten, denen es wichtig ist, die nachhaltige Entwicklung in ihrer ganzen Komplexität bzw. Vielschichtigkeit und ihrer Gesamtheit zu betrachten. Dazu zählen wir vor allem Wissenschaftlerinnen und Wissenschaftler aus dem Bereich der nachhaltigen Entwicklung. Für die Raumentwicklung kämen auch bestimmte «aufgeklärte» Raumplanerinnen und Raumplaner infrage. Die Rolle dieser Persönlichkeiten besteht darin, die wissenschaftlichen Erkenntnisse in Bezug auf den Gebrauch des Begriffs voranzutreiben. Wir brauchen mehr Leute vom Schlag eines Gilbert Rist, Tim Jackson oder Serge Latouche.
- «Pragmatiker», die eine Politik der kleinen Schritte betreiben, wie dies beispielsweise das Projekt ENTSCHEIDUNGSLOGIK aufzeigt. Es sind dies Persönlichkeiten, die Projekte in Bereichen wie Energie, Artenvielfalt, Bau, Integration usw. entwickeln oder umsetzen. Die globalen Aspekte sind ihnen zwar weniger wichtig, doch sie sind sich – wenn möglich – der Konsequenzen ihrer Handlungen bewusst.

Das ergänzende Zusammenspiel der beiden Kategorien von Persönlichkeiten sollte die Gesellschaft einen grossen Schritt hin zu mehr Nachhaltigkeit führen. Allerdings dürfte dies nicht ausreichen, um die Probleme der Erde oder der Schweiz zu lösen, die weit über die Klimaveränderungen hinausgehen, die derzeit im Zentrum der Aufmerksamkeit stehen. Auch Themen wie der Verlust von Anbauflächen, Desertifikation, Wassermangel, Nord-Süd-Gefälle usw. bedürfen vermehrter Aufmerksamkeit. Eine politische Regelung auf globaler Ebene ist nicht unbedingt erforderlich. Jedes Land kann im Rahmen seiner Raumentwicklungspolitik im weitesten Sinne Massnahmen ergreifen.

In Bezug auf das Vorstehende wird hier nicht für eine globale Politik der Wachstumsrücknahme das Wort gesprochen. Die eingangs gestellten Fragen lassen sich wie folgt beantworten:
- Es wäre hilfreich, Mittel zu finden, mit denen die Entwicklung der Gesellschaft gesteuert werden kann. Der demokratische Rahmen soll dabei nicht gesprengt werden, was allerdings nicht heisst, dass dieser Rahmen unbedingt liberal sein muss.
- Die Detailkorrekturen, wie sie heute durchgeführt werden, reichen zur Problemlösung nicht aus.
- Die Lösung liegt nicht ausschliesslich in der Technik.
- Notwendig sind auch andere Denk- und Handlungsweisen.

Ohne Gesellschaftswandel keine nachhaltige Entwicklung

Ohne einen Gesellschaftswandel kann es keine echte nachhaltige Entwicklung geben. Das Gegenteil zu behaupten, wäre gelogen. Ein solcher Gesellschaftswandel kann nur über eine «a-croissance-Einstellung», ein geringeres Wachstum, ein qualitativ hochwertigeres Wachstum, eine andere Form des Wachstums oder gewisse Formen der Wachstumsrücknahme stattfinden. Die «Entwicklung» muss gebremst werden und Wachstumsformen, die der Umwelt, der Lebensqualität oder dem sozialen Zusammenhalt schaden, müssen vermieden werden. Es braucht den Mut, in gewissen Bereichen zu einer Gesellschaft zurückzukehren, wie sie vor rund 50 Jahren bestand, ohne gleichzeitig auf gewisse Errungenschaften verzichten zu müssen. Die Gesellschaft der 1960er-Jahre war in vielen Bereichen, insbesondere die Raumordnung betreffend, wesentlich nachhaltiger als die heutige.

Grundsatzfrage stellen!

Bevor ein Bauvorhaben gemäss den Prinzipien der nachhaltigen Entwicklung entworfen wird, in dem beispielsweise dem Energieverbrauch besondere Aufmerksamkeit zukommt, muss man sich fragen, ob das Vorhaben an sich überhaupt umgesetzt werden soll. In der Zeitschrift ARCH 153 vom November 2009 heisst es in einem Artikel: «Das Maiensäss-Resort ‹Aclas Heinzenberg› wirbt mit den Schlagworten ‹autofrei›, ‹umweltverträglich› und ‹familienfreundlich›.» Dieses Beispiel verdeutlicht in typischer Weise eine völlig falsche Sicht der Dinge unter dem Deckmantel der Nachhaltigkeit. Auf dem Foto zu diesem Artikel ist klar zu erkennen, dass sich dieser Weiler in einer kleinen Bauzone befindet, die nie hätte bewilligt werden dürfen. Es wird nicht gezeigt, dass die Autos wahrscheinlich einfach etwas weiter unten am Hang stehen. Das raumplanerische Konzept überzeugt in keiner Weise. Nachhaltig wäre es gewesen, dieses Vorhaben gar nicht zu realisieren. Um nachhaltig zu sein, reicht es nicht, mit Holz und energiesparend zu bauen.

Stadt oder Land?

Lebt eine veränderte Gesellschaft eher in der Stadt oder eher im Dorf? Müsste die Raumentwicklungspolitik die Entwicklung von Städten fördern oder aber der Dörfer, wie dies einige Verfechterinnen und Verfechter der Wachstumsrücknahme fordern? Zwar verfügen Dörfer über Vorteile wie kurze Wege, reduzierte Mobilität, Naturnähe, Gärten usw. Doch können auch Städte, solange sie nicht überdimensioniert sind, solche Qualitäten bieten. Auf jeden Fall ist kompaktes Bauen gefragt: So wird sowohl in den Städten als auch in den Dörfern der Verdichtungsprozess gefördert und das architektonische Erbe genutzt.

Polyzentrismus – in der Schweiz also das Netz von Städten und Kleinstädten – ist wohl am ehesten geeignet, um das Prinzip der nachhaltigen Entwicklung umzusetzen: Möglichkeiten, um neue Arbeitsplätze zu schaffen, die Nähe von Wohn- und Arbeitsort, kurze Wege, niedrige Siedlungsentwicklungskosten usw. (vgl. Projekt SIEDLUNGSENTWICKLUNG). Zugegeben: Das ist nicht neu, muss aber immer wieder gesagt werden, denn mit der Umsetzung hapert es noch. Die Entwicklung der übrigen bebauten Gebiete wie Dörfer und Weiler muss auf deren aktuelle Grösse begrenzt bleiben. Bauzonenreserven dürfen – von berechtigten Ausnahmen abgesehen – nicht nutzlos erhalten bleiben; Einheimische sollen die Möglichkeit haben, dort zu bleiben, wo sie aufgewachsen sind, wenn sie dies wünschen.

Möglichkeiten zur Wachstumsrücknahme

Welche Formen der Wachstumsrücknahme sind in der Raumentwicklung denkbar, um in Richtung einer «schwachen Nachhaltigkeit plus» zu gehen?

- Das Wachstum der Siedlungsfläche wird gestoppt. Die Siedlungsfläche kann sogar reduziert werden, wie dies Baccini & Oswald gezeigt haben.
- Die Entwicklung im Bereich Zweitwohnungen kann man in den Griff bekommen. Sogar die Plafonierung des Zweitwohnungsanteils auf 20 Prozent pro Gemeinde, wie dies eine Volksinitiative verlangt, hätte keine nachteiligen Folgen auf die wirtschaftliche Entwicklung.[50]
- Auf den Bau gewisser grosser Projekte wie Vergnügungs- oder Einkaufszentren, bei denen man sich ohnehin fragt, ob sie überhaupt einem lebenswichtigen Bedürfnis entsprechen, kann verzichtet werden.
- Die Infrastrukturentwicklungsprogramme, insbesondere im Bereich Strassen- und Autobahnbau, werden überdacht. Neue Infrastrukturen haben oftmals einen unerwünschten Nebeneffekt auf die Siedlungsentwicklung. Die Infrastrukturentwicklung folgt derzeit noch der Wachstumslogik, was zu ändern ist. Es soll nicht mehr von nachhaltiger Mobilität die Rede sein. Die Reisegeschwindigkeit sollte nicht überall verbessert werden.
- Es kann auch eine geringere Zunahme der Schweizer Bevölkerung angestrebt werden, was allerdings nicht zu empfehlen ist.

Regulierung grundsätzlich überarbeiten

Für eine Umsetzung der aufgeführten Massnahmen ist natürlich eine Minirevolution in der Raumplanung des Landes notwendig. Es reicht nicht aus, einfach die bestehenden Pläne aufzuwerten oder mehr Ökoquartiere zu schaffen.

- Es ist notwendig, das politische Regelungssystem der Schweiz von Grund auf zu überarbeiten, nicht um den Bund mit allen Kompetenzen auszustatten, sondern um – ähnlich der Tripartiten Agglomerationskonferenz (TAK) – eine neue Art der Partnerschaft zwischen Bund, Kantonen, Städten und anderen Gemeinden zu entwickeln. Auf jeden Fall sollten aber mit Ausnahme der bürgernahen Aufgaben die Kompetenzen der Gemeinden in der Raumplanung begrenzt werden – zumindest der heutigen, viel zu zahlreichen Gemeinden.
- Für eine rationellere Siedlungsentwicklung sind zudem institutionelle Änderungen hin zu weniger Kantonen und Gemeinden notwendig.[51]
- Mit einer Sperre zur Erweiterung der Bauzonen ist der Weg aus der Wachstumslogik der Siedlungsentwicklung herauszufinden.
- Auch in den Bereichen Steuern und Grundstückspreise müssen Massnahmen getroffen werden. Was die Steuern betrifft, so muss der Steuerwettbewerb unter den Kantonen und Gemeinden beschränkt werden. Bei den Grundstückspreisen geht es darum, gegen deren Überhitzung in gewissen Landesregionen anzukämpfen, welche die bekannten Folgen haben: Viele Haushalte verfügen nicht über die notwendigen Mittel und werden so an die Randgebiete verdrängt. Ausserdem muss die Baulandhortung verhindert werden.

Gewiss wären noch weitere Massnahmen notwendig, sie sind aber in Bezug auf das Vorstehende zweitrangig. Abschliessend ist nochmals zu betonen, dass es für eine nachhaltige Raumentwicklung mehr braucht, als ein paar legislatorische Löcher zu stopfen. Zur Lösung der Probleme muss ein neuer Weg beschritten werden. Es braucht etwas von der «a-croissance-Einstellung» sowie Massnahmen im Bereich der Steuern und Grundstücke.

Literatur

Ein umfassendes Literaturverzeichnis der einzelnen NFP 54-Projekte finden Sie ab Seite 211 sowie auf der beigelegten DVD.

Zusätzliche Literatur zu Kapitel 2:

1. Bürgenmeier, Beat, 2005; Economie du développement durable, De Boeck Université, Bruxelles, S. 41.
2. Club of Rome, 1972; Die Grenzen des Wachstums, Reinbek.
3. ebd., Kommentare S. 289 ff.
4. Bürgenmeier, Beat, 2005; Economie du développement durable, De Boeck Université, Bruxelles, S. 41–42.
5. Rist, Gilbert, 2007; Le développement, Histoire d'une croyance occidentale, 3ème éd., Presses de la Fondation nationale des sciences politiques, Fussnote S. 316.
6. ebd., S. 217.
7. Cluzet, Alain, 2007; Ville libérale, ville durable ? Aube, S. 26 ff.
8. Bernard, Michel, Cheynet, Vincent & Clementin, Bruno (sous la coordination de), 2003: Objectif décroissance, Vers une société harmonieuse, Le Silence, Lyon.
9. ebd., S. 19.
10. Rist, Gilbert, 2007; Le développement, Histoire d'une croyance occidentale, 3ème éd., Presses de la Fondation nationale des sciences politiques, S. 337.
11. Wachter, Daniel, 2009; Nachhaltige Entwicklung. Das Konzept und seine Umsetzung in der Schweiz, 2. Ausgabe, Rüegger, Zürich-Chur.
12. Schweizer Bundesrat, 2008; Strategie Nachhaltige Entwicklung: Leitlinien und Aktionsplan 2008–2011, Bern, S. 10.
13. ebd., S. 9.
14. Bundesamt für Statistik, 2009; Nachhaltige Entwicklung. Taschenstatistik 2009, Neuenburg.
15. Schweizer Bundesrat, 2008; Strategie Nachhaltige Entwicklung: Leitlinien und Aktionsplan 2008–2011, Bern, S. 8.
16. Guellec, Dominique & Ralle, Pierre, 1995; Les Nouvelles Théories de la Croissance, Collection. Repères, La Découverte, Paris.
17. Georgescu-Roegen, Nicholas, 1995; La décroissance. Entropie-Ecologie-Economie, Sang de la Terre, Paris.

18 Bernard, Michel, Cheynet, Vincent & Clementin, Bruno (sous la coordination de), 2003; Objectif décroissance, Vers une société harmonieuse, Le Silence, Lyon, S. 11.

19 Jackson, Tim, 2009; Prosperity Without Growth, Sustainable Development Commission, United Kingdom, zitiert in: Revue durable, Nr. 36, Dezember 2009/Januar 2010.

20 Jackson, Tim, 2009; Prosperity Without Growth, Sustainable Development Commission, United Kingdom.

21 Latouche, Serge, 2006; Le pari de la décroissance, Fayard, Paris.

22 Norberg-Hodge, Helena, 2002: Quand le développement crée la pauvreté. L'exemple du Ladakh, Fayard.

23 Staatssekretariat für Wirtschaft (SECO), 2002; Wachstumsbericht, Bern.

24 Bürgenmeier, Beat, 2005; Economie du développement durable, De Boeck Université, Bruxelles, S. 14–15.

25 Daly, Herman E., 2008; A Steady-State Economy, Sustainable Development Commission.

26 Brown, Lester R., 2003: Eco-Economy: Building an Economy for the Earth., W. W. Norton & Company, New York, S. 15.

27 Revue Durable, 2009; Une économie plurielle pour stabiliser le climat, No. 35, Fribourg, S. 55.

28 Schweiz. Nationalfonds, 2004; Nachhaltige Siedlungs- und Infrastrukturentwicklung, Ausführungsplan des NFP 54, Bern.

29 Charta von Aalborg, 1998; Charta der Europäischen Städte und Gemeinden auf dem Weg zur Zukunftsbeständigkeit.

30 Europäischer Rat der Stadtplaner, 2003; Neue Charta von Athen 2003 – Vision für die Städte des 21. Jahrhunderts.

31 Europäische Kommission, 1999; Europäisches Raumentwicklungskonzept (EUREK) – Auf dem Wege zu einer räumlich ausgewogenen und nachhaltigen Entwicklung der Europäischen Union, Brüssel.

32 Europäische Raumordnungsministerkonferenz (CEMAT), 2000; Leitlinien für eine nachhaltige räumliche Entwicklung auf dem europäischen Kontinent, Hannover.

33 Europäische Union, 2007; Territoriale Agenda der Europäischen Union – für ein wettbewerbsfähiges nachhaltiges Europa der vielfältigen Regionen, Leipzig.

34 Schweiz. Bundesrat, 1996; Grundzüge der Raumordnung Schweiz, Bern.

35 Charlot-Valdieu, Catherine & Outrequin, Philippe, 2009; L'urbanisme durable. Concevoir un écoquartier, Le Moniteur Editions.

36 Cluzet, Alain, 2007; Ville libérale, ville durable ? Aube, S. 107.

37 Clerc, Denis et al., 2008; Pour un nouvel urbanisme. La ville au cœur du développement durable, Éditions Yves Michel, Gap, S. 76.

38 Clerc, Denis et al., 2008; Pour un nouvel urbanisme. La ville au cœur du développement durable, Éditions Yves Michel, Gap, S. 76.

39 Sieverts, Thomas, 1998; Zwischenstadt, Vieweg, Braunschweig/Wiesbaden, S. 42–43.

40 Raymond, Henri et al., 2001; L'habitat pavillonnaire. L'Harmattan, Paris.

41 Mongin, Olivier, 2005; La condition urbaine, Seuil, Paris, S. 206–207.

42 Agence d'urbanisme de la région grenobloise, 2009; Villages cherchent visages, Les dossiers de demain, Grenoble.

43 Mongin, Olivier, 2005; La condition urbaine, Seuil, Paris.

44 Cluzet, Alain, 2007; Ville libérale, ville durable ? Aube, S. 180.

45 Sieverts, Thomas, 1998; Zwischenstadt, Vieweg, Braunschweig/Wiesbaden, S. 21.

46 Cluzet, Alain, 2007; Ville libérale, ville durable ? Aube, S. 89.

47 Bundesamt für Statistik, 2001; Bodennutzung im Wandel. Arealstatistik Schweiz, Neuenburg.

48 Bundesamt für Raumentwicklung, 2005; Raumentwicklungsbericht 2005, Bern.

49 Baccini, Peter & Oswald, Franz, 1998; Netzstadt. Transdisziplinäre Methoden zum Umbau urbaner Systeme, Zürich.

50 Rütter-Fischbacher, Ursula, Rütter, Heinz & Wegmann, Armida, 2008; Wirkung der Eidgenössischen Volksinitiative «Schluss mit uferlosem Bau von Zweitwohnungen», Rüschlikon.

51 Rumley, Pierre-Alain, 2010; La Suisse demain. De nouveaux territoires romands, un nouveau canton du Jura. Utopie ou réalité ? Presses du Belvédère.

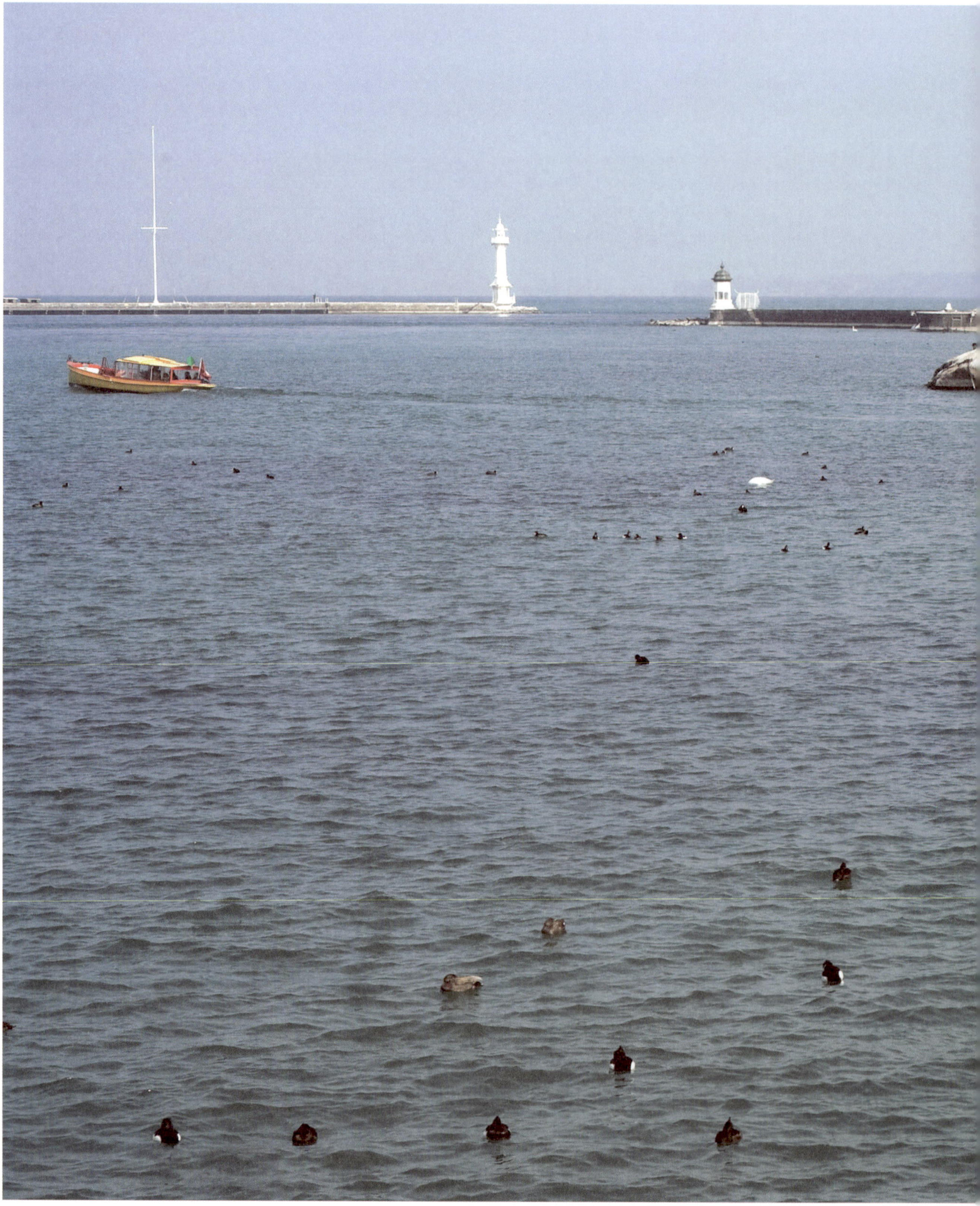

Prof. Dr. Daniel Wachter, Leiter Sektion Nachhaltige Entwicklung, Bundesamt für Raumentwicklung (ARE), Bern

Kapitel 3
Die schweizerische Siedlungs- und Infrastrukturentwicklung im internationalen Kontext

Bei den normativen Grundlagen einer nachhaltigen Siedlungs- und Infrastrukturentwicklung besteht zwischen der Schweiz und dem europäischen Ausland grosse Übereinstimmung. Auch sind in der Schweiz ähnliche Tendenzen wie Metropolisierung und Zersiedelung festzustellen. Im Einklang mit ihrer volkswirtschaftlichen Spitzenposition weist die Schweiz jedoch eine vergleichsweise hohe Qualität von Siedlungen und Infrastrukturen auf. Trotzdem ist sie insbesondere bezüglich Energie- und Bodenverbrauch weit von einer nachhaltigen Siedlungs- und Infrastrukturentwicklung entfernt. Während die Forschung zur Siedlungs- und Infrastrukturentwicklung im Ausland teilweise sehr systematisch betrieben wird, ist sie in der Schweiz stark fragmentiert. Die integrale Betrachtung von Raum und Siedlung, Infrastrukturen, Materialien und Energie ist künftig sowohl in der Forschung als auch in der Politik zu vertiefen, z.B. durch vermehrte Förderung des nachhaltigen Bauens mit Mitteln der Raumplanung.

3 Die schweizerische Siedlungs- und Infrastrukturentwicklung im internationalen Kontext

3.1 Einführung

Siedlungs- und Infrastrukturentwicklung ist international nicht einheitlich definiert und stellt keine klar verfasste Sektorpolitik dar. Soll die Schweiz gegenüber dem Ausland positioniert werden, ist ein Raster dafür notwendig, welche Aspekte verglichen werden sollen. Im Folgenden wird analysiert, wie die Schweiz bezüglich der drei wechselseitig verwobenen Bereiche «Raum und Siedlung», «Infrastrukturen» sowie «Materialien und Energie» im Vergleich zum Ausland einzuschätzen ist. Die Analyse bezieht sich dabei auf die normativen Grundlagen, die realen Entwicklungen und Probleme sowie auf Wissenschaft und Forschung. Hinsichtlich des räumlichen Betrachtungsperimeters interessiert in erster Linie das europäische Ausland. Sie kann sich nur bedingt auf Studien des NFP 54 abstützen, da diese in der Regel nicht auf einen internationalen Vergleich hin ausgelegt wurden. Entsprechend wurden zusätzliche Quellen beigezogen. Zudem gilt es generell zu betonen, dass die Siedlungs- und Infrastrukturentwicklung von einer Vielzahl von Determinanten beeinflusst wird, die – wie die institutionellen Rahmenbedingungen oder die spezifischen Kompetenzzuweisungen in relevanten Politikbereichen – zwischen Staaten nur annäherungsweise und höchstens in qualitativer Form vergleichbar sind.

3.2 Leitbilder und Visionen nachhaltiger Siedlungs- und Infrastrukturentwicklung

Internationaler Referenzrahmen

Europäisches Raumentwicklungskonzept und Leitlinien des Europarates

Als Referenzrahmen für die Raum- und Siedlungsentwicklung sind vorab die Schlüsseldokumente der europäischen Raumordnungspolitik heranzuziehen. Das durch die Raumordnungsminister der Mitgliedstaaten der Europäischen Union 1999 beschlossene «Europäische Raumentwicklungskonzept EUREK»[1], dessen Folgedokument «Territoriale Agenda»[2] von 2007 sowie die «Leitlinien für eine nachhaltige räumliche Entwicklung auf dem europäischen Kontinent»[3] des Europarates (CEMAT-Leitlinien) von 2000 weisen eine grosse Übereinstimmung in Bezug auf die Merkmale einer nachhaltigen Raumentwicklung auf:

- polyzentrische Raumentwicklung durch eine ausgewogene sozioökonomische Entwicklung der Regionen und Verbesserung ihrer Wettbewerbsfähigkeit,
- territorialer Zusammenhalt durch gute Stadt-Land-Beziehungen, ausgewogene Erreichbarkeitsbedingungen und gleichwertigen Zugang zu Information und Wissen,
- Siedlungen mit hoher Lebensqualität, einschliesslich sozialer Zusammenhalt und Vermeidung übermässiger funktionaler und sozialer Entmischung,
- verantwortlicher Umgang mit natürlichen Lebensgrundlagen, sparsamer Flächenverbrauch und Bodenschutz, Schutz der Umwelt sowie vor Naturgefahren,
- Erhaltung und sorgsame Nutzung des baulichen und landschaftlichen Kulturerbes.

«Weissbuch» der europäischen Verkehrspolitik

Stellvertretend für den Infrastrukturbereich bildet das Weissbuch der Europäischen Kommission «Die Europäische Verkehrspolitik bis 2001: Weichenstellungen für die Zukunft»[4/5] ein wegweisendes Dokument. Es nimmt explizit Bezug auf die «Strategie für eine nachhaltige Entwicklung»[6], die der Europäische Rat von Göteborg 2001 festgelegt hatte. Als grundlegende Herausforderungen nennt das Weissbuch ein ungleiches Wachstum der verschiedenen Verkehrsträger, die Überlastung bestimmter Hauptverkehrsachsen, die notwendige Einbindung des Verkehrs in die nachhaltige Entwicklung und die Notwendigkeit einer über die europäische Verkehrspolitik hinausgehenden Gesamtstrategie. Auf der Massnahmenebene finden sich die folgenden grundlegenden Stossrichtungen:

- ausreichende Finanzmittel für Infrastrukturen, insbesondere im Schienenverkehr für den Abbau von Engpässen und zur Anbindung der Randregionen an das Zentrum der Gemeinschaft,
- Schaffung eines regulierten Wettbewerbs mit Rahmenbedingungen, welche die Chancen der Eisenbahn im Güterverkehr erhöhen,
- Erhöhung der Energieeffizienz und des Einsatzes alternativer Treibstoffe,
- Entkoppelung von Verkehrszunahme und Wirtschaftswachstum, z.B. über Internalisierung der externen Kosten des Verkehrs,
- wirtschaftspolitische Massnahmen und Änderungen der Produktionsweise, um die Verkehrsnachfrage zu bremsen,
- raum- und stadtentwicklungspolitische Massnahmen, um eine unnötige Steigerung des Mobilitätsbedarfs zu vermeiden,
- neue Nahverkehrskonzepte auf lokaler Ebene, um die Nutzung von Privatautos auf eine rationellere Grundlage zu stellen,
- finanzpolitische Massnahmen, um die Internalisierung der externen Kosten, vor allem der Umweltkosten, und die Fertigstellung des transeuropäischen Netzes zu erreichen.

Das 2011 veröffentlichte Nachfolgedokument zum Weissbuch von 2010, die «Roadmap to a Single European Transport Area»[7], verfolgt grundsätzlich die gleichen Stossrichtungen, auch wenn es inhaltlich einen grösseren Schwerpunkt bei den transeuropäischen Netzen legt.

Ein weiteres wichtiges Referenzdokument ist die Nachhaltigkeitsstrategie der Europäischen Union[8] in deren aktuellstem Stand von 2006. Raum- und Siedlungsentwicklung sind darin nicht direkt thematisiert, weil die EU auf diesem Gebiet keine Kompetenzen besitzt. Grossen Raum nimmt hingegen – aus dem grösseren Feld der Infrastrukturen – der Verkehr ein, der eine von sieben so genannten Schlüsselherausforderungen darstellt. Als Oberziel wird dabei formuliert, dass die Transportsysteme die ökonomischen, sozialen und ökologischen Bedürfnisse der Gesellschaft befriedigen und gleichzeitig unerwünschte Auswirkungen auf Wirtschaft, Gesellschaft und Umwelt minimieren sollen. Im Weiteren werden als Ziele formuliert:

- Entkoppelung von Verkehrs- und Wirtschaftswachstum sowie von Verkehrswachstum und Umweltbeeinträchtigung,
- nachhaltige Energienutzung im Transportsektor und Verminderung der Treibhausgasemissionen,
- Verminderung von Schadstoffemissionen auf ein für die menschliche Gesundheit und die Umwelt ungefährliches Niveau,
- Veränderung des Modalsplits hin zu umweltfreundlichen Verkehrsträgern,
- Halbierung der Zahl der Verkehrstoten bis 2010 verglichen mit 2001.

In der Schweiz sind ähnliche Tendenzen wie Metropolisierung und Zersiedelung festzustellen wie im europäischen Ausland.

Die ergänzend aufgeführten Massnahmenvorschläge entsprechen weitgehend jenen des Weissbuchs von 2001. Allerdings fällt auf, dass die EU-Nachhaltigkeitsstrategie in Bezug auf die Planung und den Bau von Infrastrukturen vage bleibt und den Schwerpunkt vor allem auf Aspekte des Betriebs legt.

Sustainable Buildings and Construction Initiative

Bezüglich «Materialien und Energie» kann auf keine dem Verkehrs-Weissbuch vergleichbare, politisch validierte Vision in Europa verwiesen werden. Die 2006 gegründete «Sustainable Buildings and Construction Initiative» der Vereinten Nationen (UN SBCI) erfüllt aber eine ähnliche Funktion. Sie bietet eine internationale Diskussionsplattform, definiert global anerkannte Grundsätze des nachhaltigen Bauens basierend auf dem Lebenszyklusansatz und entwickelt Werkzeuge und Strategien für das nachhaltige Bauen. Die SBCI begründet ihre Existenz mit dem Verweis auf den Anteil des Bauwesens an wichtigen Kenngrössen des globalen Ressourcenverbrauchs (40% des Energieverbrauchs und der CO_2-Emissionen, 30% des Materialverbrauchs und der festen Abfälle, 20% des Wasserverbrauchs) und orientiert sich an den Zielen der UNO-Klimapolitik, wonach bis 2050 eine globale Reduktion der Treibhausgasemissionen um 50% verglichen mit 1990 notwendig ist. Damit sollen der weltweite Temperaturanstieg auf +2°C beschränkt und katastrophale Auswirkungen des Klimawandels vermieden werden.

Schweizer Referenzrahmen

Von den «Grundzügen der Raumordnung Schweiz» zum «Raumkonzept Schweiz»

Das heute noch gültige, von der Landesregierung verantwortete Konzept für die Raumentwicklung der Schweiz stammt aus dem Jahr 1996. Die «Grundzüge der Raumordnung Schweiz»[9] formulierten die Leitidee eines vernetzten Systems von städtischen und ländlichen Räumen. Die «Grundzüge» enthalten unter dem allgemeinen Oberziel, eine nachhaltige Entwicklung des Landes sicherzustellen, vier Hauptstossrichtungen:

- Die städtischen Räume sollen optimal miteinander und mit den ländlichen Räumen vernetzt werden. Ferner werden angesichts des teilweise ungeordneten Wachstums der Agglomerationen und des grossen anstehenden Erneuerungsbedarfs an Gebäuden und Infrastrukturen Ordnungs- und Erneuerungsstrategien dargelegt.
- Die ländlichen Räume sollen in ihrer Funktion als Wirtschafts- und Lebensraum für die ansässige Bevölkerung

gestärkt werden. Es sollen daher Rahmenbedingungen geschaffen werden, die es den ländlichen Räumen erlauben, ihre eigenen Potenziale besser zu nutzen. Wichtig sei aber auch eine verbesserte Vernetzung mit den städtischen Räumen.
- Der Natur- und Landschaftsraum soll geschont werden und ökologische Leitplanken für die wirtschaftliche Entwicklung setzen.
- Die Schweiz soll räumlich und verkehrlich besser in Europa, z.B. beim Hochgeschwindigkeits-Eisenbahnnetz, eingebunden werden.

Zusammen mit Kantonen und Gemeinden hat das Bundesamt für Raumentwicklung im Auftrag des Bundesrates das «Raumkonzept Schweiz»[10] erarbeitet, das ab etwa 2012 die «Grundzüge der Raumordnung» ersetzen soll. Das «Raumkonzept» ist den gleichen Prinzipien wie die «Grundzüge» verpflichtet, wird aber mit einer umfassenden Aktualisierung und Modernisierung einhergehen. So bildet die «Siedlungsentwicklung nach innen» weiterhin einen wichtigen Grundsatz, gleichzeitig anerkennt das «Raumkonzept» als Realität, dass sich in den vergangenen Jahrzehnten ausschweifende Metropolitanräume mit einer wenig koordinierten Siedlungsentwicklung ausgebildet haben. Als Oberziel soll eine vielfältige, solidarische und wettbewerbsfähige Schweiz gefördert werden, was die Teilziele einschliesst, die räumlichen Qualitäten zu fördern, natürliche Ressourcen zu schonen, die Mobilität zu steuern, die Wettbewerbsfähigkeit des Wirtschaftsstandortes Schweiz zu stärken und die Solidarität unter den Regionen zu leben. Das «Raumkonzept» formuliert im Entwurf vom Januar 2011 folgende Strategien:
- Zusammenarbeit und Partnerschaften pflegen,
- mit einer polyzentrischen Raumentwicklung wettbewerbsfähig bleiben,
- Siedlungen nachhaltig weiterentwickeln,
- Vielfalt der Landschaften erhalten und daraus Nutzen ziehen,
- Verkehrsinfrastruktur und Raumentwicklung aufeinander abstimmen,
- Energieversorgung und Raumentwicklung aufeinander abstimmen,
- das Raumkonzept mit den europäischen Entwicklungsvorstellungen abstimmen.

Leitlinien zur Infrastrukturpolitik
Im Bereich der Infrastrukturen verfügt die Schweiz insbesondere über zwei normative Grundlagen mit hoher Legitimation. Die Departementsstrategie des Eidgenössischen Departements für Umwelt, Verkehr, Energie und Kommunikation[11] ist unter die Leitidee der nachhaltigen Entwicklung gestellt und will in allen Bereichen des Departements einen Ausgleich zwischen ökologischen, wirtschaftlichen und gesellschaftlichen Anliegen erreichen. Mit dem Bericht zur «Zukunft der nationalen Infrastrukturnetze in der Schweiz»[12] veröffentlichte der Bundesrat im Herbst 2010 «Die Leitlinien zur Infrastrukturpolitik» im Sinne einer Infrastrukturstrategie. Diese versteht sich als Ergänzung zur Strategie nachhaltige Entwicklung des Bundesrates.[13] Auf die nationalen Infrastrukturnetze gemünzt, lauten ihre Ziele:
- **Wirtschaftliche Nachhaltigkeit**
  Die nationalen Infrastrukturnetze sollen wirtschaftliches Wachstum dauerhaft ermöglichen und die internationale Wettbewerbsfähigkeit des Standorts Schweiz stärken, ohne die öffentlichen Haushalte übermässig zu belasten; die Lebenszykluskosten aller Infrastrukturprojekte müssen in einem angemessenen Verhältnis zu ihrem gesamtwirtschaftlichen Nutzen stehen.
- **Ökologische Nachhaltigkeit**
  Die von den nationalen Infrastrukturnetzen ausgehende Belastung von Mensch und Umwelt durch Lärm, Schadstoffe und Strahlung ist auf ein langfristig vertretbares Mass zu begrenzen; bisher wenig berührte Natur- und Landschaftsräume sind zu schonen; die Infrastrukturnetze selbst sind hinreichend vor Naturgefahren zu schützen.
- **Gesellschaftliche Nachhaltigkeit**
  Die nationalen Infrastrukturnetze sollen die Daseinsvorsorge in allen Regionen gewährleisten und den Zusammenhalt des Landes stärken, indem sie eine ausreichende Grundversorgung aller Bevölkerungsgruppen in sämtlichen Landesteilen ermöglichen; der Sicherheit (safety/security) ist ein hoher Stellenwert einzuräumen.

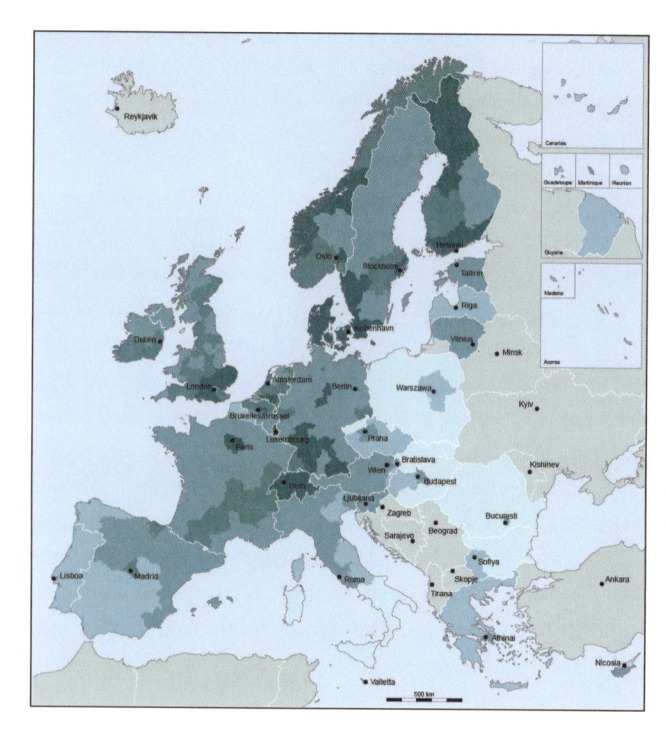

Wirtschaftliche Leistungsfähigkeit (regionalised Lisbon performance), aggregiert aus 5 Indikatoren:

- Produktivität (BIP pro Beschäftigte, 2002)
- Beschäftigungsrate (Anzahl Beschäftigte/Bevölkerung 15–64, 2003)
- Ausgaben für Forschung und Entwicklung (Ausgaben für F&E/BIP, 2001)
- F&E-Sektor (im F&E-Sektor Beschäftigte pro 1000 Beschäftigte, 2001)
- Bevölkerung mit höherer Schulbildung
  (Anteil Gutgebildeter am Total der Ausgebildeten, 2002)

- Unterdurchschnittlich
- Leicht unterdurchschnittlich
- Durchschnittlich
- Leicht überdurchschnittlich
- Überdurchschnittlich

Abbildung 3-1: Wirtschaftliche Leistungsfähigkeit in Europa
Quelle: ESPON[14]

Nach einer Analyse der spezifischen Herausforderungen in den Bereichen Strasse, Schiene, Luftfahrt, Strom, Gas und Telekommunikation werden 18 detaillierte Leitsätze abgeleitet, die nach fünf Stossrichtungen gruppiert sind:

1. Leistungsfähigkeit der nationalen Infrastrukturnetze sicherstellen,
2. Schutz von Mensch, Umwelt und Infrastrukturen gewährleisten,
3. Rahmenbedingungen für die Infrastruktursektoren optimieren,
4. Wirtschaftlichkeit der staatlichen Infrastrukturnetze steigern,
5. Finanzierung der staatlichen Infrastrukturnetze langfristig sichern.

Energie- und Klimaziele

In Bezug auf «Materialien und Energie» besteht in der Schweiz noch keine auf höchster politischer Ebene verankerte Vision, Leitbild oder Strategie. Jedoch ist das «nachhaltige Bauen» in der Nachhaltigkeitsstrategie des Bundesrates verankert, und bei Bund, Kantonen und Gemeinden sind zahlreiche Aktivitäten in Gang. Einzelne Städte, wie Basel, Winterthur und Zürich, richten sich auf das Konzept einer 2000-Watt-Gesellschaft aus, die langfristig eine Absenkung des Energieleistungsbedarfs auf rund einen Drittel des heutigen voraussetzt und ambitiöse Ziele im Bereich von Siedlung und Infrastruktur verlangt. Während diese Städte das Konzept der 2000-Watt-Gesellschaft teilweise verbindlich verankerten, wird es in der nationalen Nachhaltigkeitsstrategie nur unverbindlich als langfristige Vision bezeichnet. Allerdings bekennt sich der Bundesrat in der gleichen Strategie zum bereits erwähnten klimapolitischen Ziel der Beschränkung des weltweiten Temperaturanstiegs auf +2°C, was für hoch entwickelte Industrienationen wie die Schweiz eine Reduktion der Treibhausgasemissionen um bis zu 80% bis 2050 erfordert – Anstrengungen also in ähnlicher Grössenordnung wie bei der 2000-Watt-Gesellschaft.

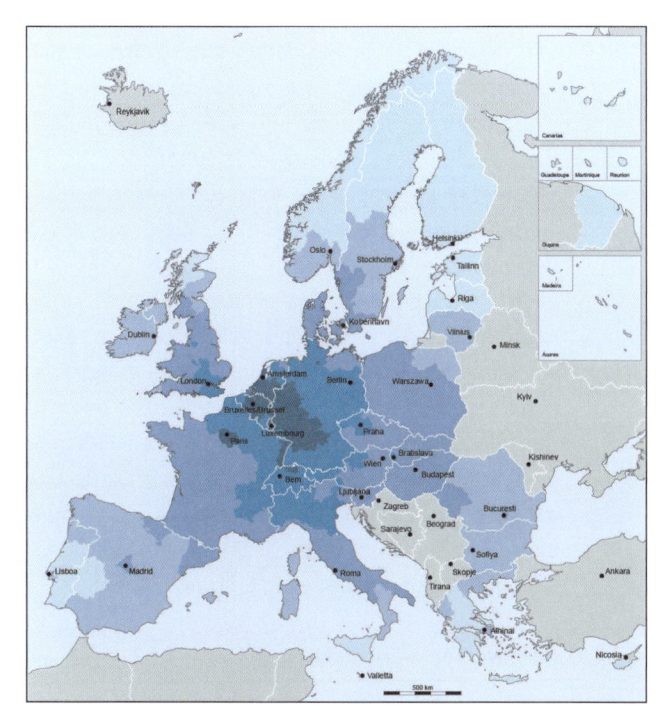

Erreichbarkeitspotenzial, aggregiert aus 5 Indikatoren:

- Erreichbarkeit auf der Strasse
- Erreichbarkeit per Bahn
- Erreichbarkeit per Luftverkehr
- Marktnähe (meso-skalig)
  (Erreichbarkeit auf der Strasse und per Bahn, bevölkerungsgewichtet)
- Marktnähe (makro-skalig)
  (Erreichbarkeit auf der Strasse und per Bahn, bevölkerungsgewichtet)

- Unterdurchschnittlich
- Leicht unterdurchschnittlich
- Durchschnittlich
- Leicht überdurchschnittlich
- Überdurchschnittlich

Abbildung 3-2: Erreichbarkeit in Europa
Quelle: ESPON[15]

Folgerungen

Aus diesen Visionen und Leitbildern leitet sich ein relativ einheitliches Bild davon ab, was unter nachhaltiger Siedlungs- und Infrastrukturentwicklung zu verstehen ist. Problemsicht, Ziele, Handlungsansätze und Strategien in den zitierten Schlüsseldokumenten des Auslandes und der Schweiz stimmen weitgehend überein. Nachhaltige Siedlungs- und Infrastrukturentwicklung soll demnach folgende Ziele verfolgen (vgl. CSCE[15]):

Raum und Siedlung

- Eine polyzentrische Raumentwicklung mit in der Ausdehnung eingegrenzten, bodensparenden, aber über das ganze Territorium verteilten Siedlungsschwerpunkten fördern.
- Verdichtung der Siedlungsentwicklung entlang bestehender Achsen und eine Bündelung der raumwirksamen Infrastrukturnetze in dafür reservierten Korridoren anstreben.
- Hohe Siedlungsqualität in architektonischer, baulicher, aber auch gesellschaftlicher Hinsicht (gesellschaftlicher Zusammenhalt und Nutzungsmischung) sicherstellen.
- Natur und Landschaft schonen und erhalten, die Umweltqualität fördern und das Kulturerbe pflegen.

Infrastrukturen

- Die Entwicklung der Infrastrukturnetze im Einklang mit den raumpolitischen Zielen integral planen.
- Substanzerhaltung, langfristiger Werterhaltung, Qualitätssicherung und Erneuerung Priorität einräumen gegenüber Ausbauten und Kapazitätserweiterungen.
- Vor dem Neubau von Infrastrukturen brachliegende Kapazitätsreserven durch effizienteres betriebliches Management oder durch marktgerechte Beeinflussung der Nachfrage mobilisieren. Ausbauten nur gezielt zur Beseitigung systemgefährdender Kapazitätsengpässe vornehmen.
- Finanzierungsmodelle einsetzen, die dem langfristigen Lebenszyklusdenken folgen, auch die Folgekosten von Investitionen für Unterhalt und Substanzerhaltung be-

Die hohe Erreichbarkeit im Raum des Flughafens Zürich hat erhebliche Konsequenzen für die Siedlungs- und Infrastrukturentwicklung.

rücksichtigen sowie finanzielle Anreize für eine effiziente Nutzung vermitteln, dies sowohl mit einem Finanzierungsziel (Mittelbeschaffung) als auch einem Lenkungsziel (Nachfragesteuerung über Preissignale).

Materialien und Energie
- Den Energie- und Materialaufwand von Siedlungen und Infrastrukturen absenken.
- Bezüglich Energie die klimawissenschaftlich und -politisch mittlerweile breit akzeptierten Reduktionsziele für die Treibhausgasemissionen verfolgen – weltweit minus 50% und für hoch entwickelte Industrieländer wie die Schweiz minus 80% bis 2050 im Vergleich zu 1990. Angesichts des grossen Anteils von Siedlungen und Infrastrukturen müssen diese herausragende Beiträge zur Zielerreichung leisten.

3.3 Prozesse der Siedlungs- und Infrastrukturentwicklung

Hinsichtlich der realen Entwicklungen in den Bereichen «Raum und Siedlung», «Infrastrukturen» sowie «Materialien und Energie» wird im Folgenden abgeschätzt, ob sich im Ausland vergleichbare oder abweichende Entwicklungen manifestieren und worin gegebenenfalls die Gründe liegen. Vorweg ist zu betonen, dass die Schweiz eine europäische Region höchster Wettbewerbsfähigkeit, Erreichbarkeit, Bevölkerungsdichte und höchsten Wohlstandsniveaus bildet, was sich auch in der Siedlungs- und Infrastrukturentwicklung manifestiert. Abbildung 3-1 beleuchtet die volkswirtschaftlich vorteilhaften Rahmenbedingungen anhand des «Lisbon Performance Indicators», der zentrale Elemente der vom Europäischen Rat in Lissabon im Jahr 2000 beschlossenen Strategie zur Förderung des Wirtschaftswachstums in Europa zusammenfasst. Abbildung 3-2 verdeutlicht sie anhand der Erreichbarkeitsbedingungen in Europa.

Internationale Entwicklung

Uneinheitliche Entwicklung der Polyzentrizität

Zur Raum- und Siedlungsentwicklung stellte das «European Spatial Planning Observation Network» (ESPON) fest, dass das europäische Städtesystem zwar polyzentrisch ausgestaltet ist, die Polyzentrizität aber nicht überall gleichmässig ausgeprägt ist. Durch den Aufholprozess grosser Städte in den mittel- und osteuropäischen Staaten hat sich die Polyzentrizität in der Vergangenheit auf gesamteuropäischer Ebene erhöht. Die Polyzentrizität der nationalen Städtenetze in Europa hat sich infolge des starken Wachstums der grossen Metropolitanräume aber verringert.[16] In einzelnen Gebieten – z.B. im östlichen Teil Deutschlands oder in peripheren ländlichen Räumen zahlreicher Staaten – stellt das Negativwachstum von Bevölkerung oder Wirtschaftsleistung ein brisantes Thema dar.

Anhaltendes Siedlungsflächenwachstum in Europa

Die Europäische Umweltagentur (EEA) zeigt, dass in den letzten Jahrzehnten Agrarland und semi-natürliche Landschaften zugunsten von Siedlungen, Infrastrukturen und Wald zurückgedrängt worden sind.[17/18] Die Siedlungsfläche ist zudem stärker gewachsen als die Bevölkerung Europas, was mit einer wachsenden Raumbeanspruchung pro Person gleichzusetzen ist. In der Folge sind natürliche Habitate nicht nur in der Fläche zurückgegangen, sondern auch zunehmend fragmentiert worden, was deren Anfälligkeit und Verletzlichkeit gegenüber externen Einflüssen stark erhöht hat. Gemäss EEA ist nicht mehr das Bevölkerungswachstum der Haupteinflussfaktor wie noch in den 1950er- und 1960er-Jahren, sondern eine Reihe weiterer Faktoren wie die Präferenz für individuelles Wohnen im Einfamilienhaus, steigende Mobilität, unternehmerische Investitionsentscheide für die Ansiedlung von Wohn-, Gewerbe- oder Dienstleistungsgebäuden und die Effektivität der Raumplanungspolitiken auf allen Ebenen.

Siedlungsqualität im europäischen Vergleich

Mit dem 1998 lancierten «Urban Audit» steht im Rahmen der Regional- und Kohäsionspolitik der Europäischen Union ein Instrument zur Verfügung, um die Qualität der Siedlungen in Europa – darunter seit 2006 auch ausgewählter Schweizer Städte – zu vergleichen. Das Urban Audit vergleicht dabei rund 30 Indikatoren aus den Bereichen Demografie, soziale Aspekte, wirtschaftliche Aspekte, Teilnahme am demokratischen Leben, Bildung und Erziehung, Umwelt, Mobilität und Verkehr, Informationsgesellschaft sowie Kultur und Freizeit. Diese Indikatoren sind nicht explizit aus dem Nachhaltigkeitskonzept abgeleitet, decken aber etliche Elemente daraus ab. Aus dem Datenkranz sind vielfältige Muster zur Siedlungsqualität in Europa abzulesen, die stark mit den regionalen wirtschaftlichen Disparitäten in Europa einhergehen. Städte in wirtschaftlich prosperierenden Regionen Europas wie in Skandinavien, Süddeutschland oder der Schweiz (dunkle Gebiete in Abbildung 3-1) sind geprägt durch relativ tiefe soziale Probleme (z.B. Arbeitslosigkeit, Kriminalität), hohe Umweltqualität (z.B. Luftqualität) und hohe wirtschaftliche Leistungsfähigkeit (z.B. Qualifikationsniveau der Bevölkerung, Erwerbsquoten). Über alles betrachtet weisen die Schweizer Städte im Quervergleich sehr gute Werte auf. Im Gegensatz dazu zeichnen sich Städte in peripheren Lagen oder in Südeuropa durch weniger gute Indikatorenwerte aus. Ein ähnliches Muster zeigen die

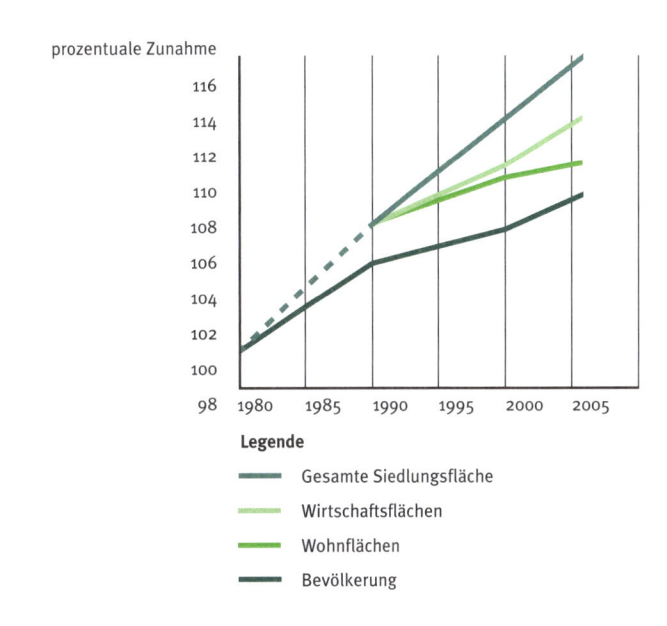

Abbildung 3-3: Entwicklung von Siedlungsfläche und Bevölkerung in ausgewählten europäischen Staaten

Quelle: Europäische Umweltagentur[18], S. 20; Daten: CORINE Land Cover Survey (CLC)

Rankings des International Institute for Management Development (IMD) zur Qualität der Infrastrukturen und des World Economic Forum (WEF) zur Wettbewerbsfähigkeit von Ländern.

Engagement für Klimapolitik und nachhaltiges Bauen

Bezüglich «Materialien und Energie» soll die klimapolitische Kompatibilität des Siedlungs- und Infrastrukturwesens angesprochen werden. Gesamteuropäisch erfüllt die EU heute die Ziele des bis 2012 geltenden Kyotoprotokolls – allerdings auch «dank» dem Zusammenbruch alter Industrien nach 1990 – und setzte sich als Region im Vergleich zu anderen Weltregionen ambitiöse Ziele für die Zeit nach 2012 – minus 20 % bis 2020 verglichen mit 1990. Die Schweiz hat sich diesem Zielwert angeschlossen. Zahlreiche europäische Länder fördern heute aktiv das nachhaltige Bauen und haben auch Labels entwickelt, z.B. «Deutsches Gütesiegel für nachhaltiges Bauen» (DGNB), «Haute qualité environnementale» (HQE) in Frankreich oder «Building Research Establishment Environmental Assessment Method» (BREEAM) in Grossbritannien. Wichtige Impulse gibt die «Lead Market Initiative Sustainable Construction» der Europäischen Kommission, die 2008 ihre Tätigkeit aufgenommen hat und vorerst bis 2011 dauern soll. Mittels Regulierungen, öffentlicher Beschaffung, Standardisierung und weiteren unterstützenden Aktivitäten sollen Hindernisse für neue Produkte und Dienstleistungen abgebaut werden.

Schweizerische Entwicklungen

Metropolisierung in der Schweiz
Auch die Schweizer Raum- und Siedlungsentwicklung ist geprägt durch das Phänomen der Metropolisierung mit einer wachsenden Dominanz weniger Grosszentren, funktionalen Spezialisierungen und Konzentrationen, einer dispersen Siedlungsentwicklung und immer weiter ausgreifenden Pendlerströmen. Das in Teilen Europas wichtige Thema der «Schrumpfung» beschränkt sich in der Schweiz bislang auf wenige Räume wie das Einzugsgebiet des Gotthardpasses im Schnittfeld der Kantone Uri, Graubünden, Tessin und Wallis. Das Thema ist hierzulande nicht so virulent, weil die Schweizer Wohnbevölkerung migrationsbedingt insgesamt wächst und weil die Schweiz über ein sehr dezentrales Siedlungssystem mit über das ganze Land verteilten Arbeitsplatzschwerpunkten verfügt. Gemäss Arealstatistik nahm die Siedlungsfläche zwischen Mitte der Achtziger- und Mitte der Neunzigerjahre mit 13,3 % stärker zu als die Bevölkerung (+ 8,8 %). Die Landschaftsveränderungen lassen die landschaftliche Vielfalt und die Biodiversität abnehmen. Diese gesamtschweizerischen Zahlen und Trends wurden im NFP 54 durch eine Vielzahl von Studien bestätigt, präzisiert oder in instrumenteller/methodischer Hinsicht ergänzt. Speziell zu erwähnen sind die Projekte EINFAMILIENHAUS (vgl. Kap. 4, S. 78), ZERSIEDELUNG (vgl. Kap. 7, S. 155/156), STADTÖKOSYSTEM (vgl. Kap. 4, S. 80) und SIEDLUNGSENTWICKLUNG. Zwar sind die schweizerischen Datengrundlagen, insbesondere die Arealstatistik, nicht direkt mit den Datengrundlagen der EEA-Studie[18] (vgl. Abb. 3-3) vergleichbar. Dennoch lässt sich ablesen, dass in der Schweiz grundsätzlich die gleichen Entwicklungen wie europaweit festzustellen sind. Angesichts der Kleinräumigkeit und hohen Bevölkerungsdichte des schweizerischen Lebens- und Siedlungsraumes ist diese Entwicklung in der Schweiz als besonders bedenklich einzustufen.

Hohe Siedlungsqualität in der Schweiz
Zur Siedlungsqualität ist aus dem «Urban Audit» für die Schweiz eine hohe Siedlungsqualität abzulesen. Im NFP 54 haben sich verschiedene Projekte mit Aspekten der Siedlungsqualität befasst (z.B. STADTPARK, vgl. Kap. 4, S. 85; SOZIALES KAPITAL, vgl. Kap. 4, S. 87; STADTRÜCKKEHRER, vgl. Kap. 6, S. 127), ohne dass aus ihnen allerdings eine internationale Positionierung der Schweiz abgeleitet werden könnte. Hinweise können internationale Städterankings geben. Die jährlich durchgeführte weltweite Städtestudie des Consulting-Unternehmens Mercer, die über 215 Grossstädte untersucht, beinhaltet 39 Schlüsselmerkmale für die Qualität des Stadtlebens zu den Dimensionen politische und soziale Umgebung, ökonomische Aspekte, Soziokulturelles, Gesundheitswesen, Schulen und Bildung, öffentliche Dienstleistungen, Erholungswert, Versorgung mit Konsumgütern, Wohnungssituation und Ökologie. Diese Schlüsselmerkmale sind wie beim «Urban Audit» nicht explizit aus dem Nachhaltigkeitskonzept hergeleitet, decken aber einige wichtige Aspekte davon ab. Zürich, Genf und Bern rangieren regelmässig unter den «Top ten». Zürich – in der Erhebung von 2010 auf Platz 2 – führte die Rangliste sogar sieben Jahre an. Ein ähnliches Ranking der englischen Zeitschrift «Economist» setzt sich aus über 30 qualitativen und quantitativen Faktoren aus vergleichbaren Untersuchungsbereichen zusammen. Insgesamt werden 140 Städte untersucht. Auch hier befinden sich Zürich und Genf unter den zehn am besten platzierten Städten. Zu den in diesen Rankings betrachteten Merkmalen trägt die Qualität der Siedlungen und Infrastrukturen direkt oder indirekt nicht unwesentlich bei. Wenngleich solche Rankings mit Vorsicht zu geniessen sind, kann daraus doch indirekt – wie schon aus dem «Urban Audit» – gefolgert werden, dass die Siedlungen in der Schweiz im weltweiten Vergleich eine hohe Qualität besitzen.

Spitzenposition bei der Infrastrukturqualität

Auch im Bereich «Infrastrukturen» wird die im internationalen Vergleich hohe schweizerische Qualität in Ratings und Benchmark-Studien immer wieder hervorgehoben, die sich allerdings nicht ausdrücklich auf Nachhaltigkeitskriterien abstützen. So belegt die Schweiz im «World Competitiveness Yearbook 2008» des International Institute for Management Development (IMD) bezüglich Qualität der Infrastruktur Rang 2, im «Global Competitiveness Index 2009–2010» des World Economic Forum (WEF) Rang 5. Ähnliches gilt für den engeren Bereich der Verkehrsinfrastruktur. Das WEF setzt die Schweiz im «Global Competitiveness Report 2009–2010» unter 133 bewerteten Staaten auf Rang 1 bei der Schiene, auf Rang 4 bei der Strasse und auf Rang 5 bei der Luftfahrt. Gemäss dem Berliner Institut für Mobilitätsforschung[19] verfügt die Schweiz im europäischen Vergleich über eines der besten Verkehrssysteme, insbesondere hinsichtlich Netzdichte, Staufreiheit und Sicherheit der Strassen, hinsichtlich Netz- und Bahnhofsdichte, Pünktlichkeit und Sicherheit der Bahn sowie hinsichtlich Flughafendichte und Kapazität des Luftverkehrs.[20]

Vor- und Nachteile der föderalen Fragmentierung

Eine internationale Positionierung der schweizerischen Siedlungs- und Infrastrukturentwicklung in einem umfassenden Sinn lässt sich auch aus einer 2006 durchgeführten Beurteilung der schweizerischen Raumentwicklung durch internationale Experten herauslesen.[21] Sie befassten sich mit dem schweizerischen politischen System mit seiner im internationalen Vergleich ausgeprägten föderalen Fragmentierung der Macht und einer hohen Autonomie der Kantone und Gemeinden. Für die Siedlungs- und Infrastrukturentwicklung ist dies mit Risiken und Chancen verbunden. Auf der positiven Seite erlaubt es, massgeschneiderte, bürgernahe Konzepte für Siedlungen und Infrastrukturen zu entwickeln. Die Konkurrenz zwischen Gemeinden und Kantonen ist ein belebendes Element und kann auf Dauer robuste, gegenüber Fehlentwicklungen resistentere Lösungen fördern. Andererseits erschwert es kohärente Strategien, insbesondere aufgrund der – gemessen an den funktionalen Beziehungen (z.B. Pendlerräume) – sehr kleinen schweizerischen Gebietskörperschaften. In der Gesamtbetrachtung überwiegen für die internationalen Experten die positiven Aspekte. Die vergleichsweise günstige makroökonomisch-volkswirtschaftliche Situation der Schweiz schafft zudem gute Finanzierungsvoraussetzungen für Siedlungen und Infrastrukturen, die dadurch ein hohes Niveau erreichen. Generell schliessen die internationalen Experten, dass die Schweiz im Vergleich mit anderen Ländern qualitativ gute Raumstrukturen besitzt.

Damit stimmen sie mit der OECD[22] überein, die in ihrem Prüfbericht zur Raumentwicklung der Schweiz eine starke institutionelle Fragmentierung und ein Auseinanderklaffen von institutionellen und funktionalen Räumen feststellt. Wie die internationalen Experten kommt sie zum Schluss, dass dadurch das Dienstleistungsniveau nicht etwa leidet – keine Nivellierung nach unten –, sondern dass tendenziell vielmehr eine bedarfsgerechte Ausstattung gefördert wird. Auch «verletzliche» Zweige unter den öffentlichen Diensten wie die Sozialhilfe werden dadurch nicht geschwächt. Andererseits besteht durchaus die Gefahr, dass der erforderliche überörtliche, insbesondere stadtregionale Zusammenhang geschwächt wird. Gerade aufgrund der Fiskalkonkurrenz und des Kampfs um ansiedlungswillige Unternehmen und gute Steuerzahler wird beispielsweise eine koordinierte Bodenpolitik stark erschwert. In ähnlicher Weise wirkt auch die ungenügende Kongruenz von Entscheidstrukturen und Nutzung von Verkehrsinfrastrukturen verzerrend und fördert tendenziell Überinvestitionen im Verkehrsbereich.[23] Trotz der insgesamt wohlwollenden Beurteilung formulieren sowohl die internationalen Experten als auch die OECD zahlreiche Empfehlungen und Verbesserungsvorschläge, etwa zur Verstärkung der überörtlichen, gemeinde- und kantonsübergreifenden Zusammenarbeit und Planung in Funktionsräumen, zur besseren Integration von Siedlung, Landschaft und Infrastrukturen, zur grenzüberschreitenden Raumentwicklung oder zur Weiterentwicklung von Instrumenten wie dem kantonalen Richtplan.

Handlungsbedarf in der Klimapolitik

Im Bereich «Materialien und Energie» ist der notwendige energetische Absenkpfad auf ein klimaverträgliches Niveau zu betrachten. Das CO_2-Gesetz legt dazu Ziele für den Gebäudebereich und für die Mobilität fest, was annäherungsweise das Siedlungs- und Infrastrukturwesen abdeckt. Die offiziellen Datenerhebungen zeigen, dass der Gebäudebereich sich einigermassen auf dem vom Gesetz vorgegebenen Zielpfad bewegt, nicht jedoch die Mobilität. Im Gebäudebereich sind zahlreiche Aktivitäten und Programme im Gang, so das 2010 gestartete, aus der CO_2-Abgabe auf Brennstoffen finanzierte «Gebäudeprogramm» zur Steigerung der Energieeffizienz im Gebäudebereich oder die Aktivitäten des Vereins MINERGIE, der energieeffizientes Bauen und dessen Auszeichnung durch Label fördert. Insgesamt gehört die Schweiz international zu den führenden Ländern, was Bauqualitätsstandards, insbesondere auch im Energiebereich betrifft. Dies wurde vor einigen Jahren durch das Interface-Institut für Politikstudien und das Fraunhofer-Institut für Systemtechnik[24] belegt. Inzwischen sind die Vorschriften der Kantone gesamtschweizerisch weiter verschärft worden, sodass die Aussage auch heute noch Gültigkeit beanspruchen kann. Um die klimapolitischen Sollwerte für 2050 zu erreichen, die von Ländern wie der Schweiz eine Verminderung der Treibhausgasemissionen um bis zu 80 % verlangen, reicht allerdings der bisherige Pfad und auch der Erneuerungsrhythmus der Gebäude von heute ca. 1 % pro Jahr nicht aus. Um ein klimapolitisch nachhaltiges Siedlungs- und Infrastrukturwesen zu erlangen, müssten die Anstrengungen auch in der Schweiz wesentlich intensiviert werden.

Ambivalenz in Bezug auf die Nachhaltigkeit der Entwicklung

Grundsätzlich laufen im Siedlungs- und Infrastrukturbereich in der Schweiz und im europäischen Ausland tendenziell vergleichbare Entwicklungen ab. Der Metropolisierungsprozess, der die polyzentrische Entwicklung zunehmend infrage stellt und mit Zersiedelung und hohem Bodenverbrauch einhergeht, scheint in ganz Europa voranzuschreiten. Bemühungen zur Absenkung des Energie- und Materialbedarfs werden in vielen europäischen Ländern forciert, ohne dass aber eine den klimapolitischen Zielen genügende Trendumkehr eingetreten wäre. Im Rahmen dieses allgemeinen Trends liefern die erwähnten Studien aber Indizien, dass die Schweiz im Vergleich zu vielen anderen Ländern qualitativ hochstehende Siedlungen und Infrastrukturen aufweist, obwohl Unzulänglichkeiten bei der Infrastruktur- und insbesondere der Verkehrsfinanzierung nicht von der Hand zu weisen sind. Der eingeschlagene Weg zur Förderung des nachhaltigen Bauens zielt zwar in die richtige Richtung, ist aber als noch nicht ausreichend einzustufen, insbesondere was die Erneuerung der bestehenden Bausubstanz betrifft. Ein klarer Schwachpunkt liegt im Bereich «Bodenverbrauch und Zersiedelung», was angesichts des eng begrenzten Lebensraumes und der hohen Bevölkerungsdichte als besonders problematisch einzustufen ist.[25]

Insgesamt präsentiert sich zur Nachhaltigkeit der Siedlungs- und Infrastrukturentwicklung der Schweiz ein ähnliches Bild wie zur nachhaltigen Entwicklung der Schweiz generell.[26/27]

- Danach sind in den meisten Lebensbereichen Ansätze zu nachhaltiger Entwicklung vorhanden, gleichzeitig aber auch gegenläufige Trends festzustellen.
- Eine zweite Ambivalenz liegt darin, dass die Schweiz in Bezug auf national relevante Aspekte tendenziell auf dem nachhaltigen Weg ist, während sie sich bei global bedeutsamen Aspekten nicht nachhaltig verhält: Schweizweit geniesst die Bevölkerung immer bessere Luft und saubereres Wasser, während der für das globale Klimasystem bedeutsame CO_2-Ausstoss erst stabilisiert ist.
- Eine dritte Erkenntnis betrifft die Fairness zwischen den Generationen. Es deutet vieles darauf hin, dass die relativ positive Beurteilung der aktuellen Lage auf Kosten künftiger Generationen zustande kommt. Die hohe Zufriedenheit der Schweizer Bevölkerung mit der Wohnumgebung und die zunehmende Wohnfläche pro Person werden mit einem Siedlungsflächenzuwachs von 0,86 m² pro Sekunde erkauft, der grösstenteils auf Kosten von wertvollem Kulturland geht.

Internationale nachhaltigkeitsbezogene Länderrankings wie der «Environmental Performance Index» (EPI) der Yale University zeigen zwar, dass sich die Schweiz im internationalen Vergleich meist auf Spitzenrängen befindet. Doch dürfen die Augen nicht vor der Tatsache verschlossen werden, dass die

Schweiz, wie die Aussagen zu Energie, Klima und Materialverbrauch zeigten, in absoluter Hinsicht weit von einem nachhaltigen Zustand entfernt ist. Zudem sind die rasch wachsenden Ansprüche in den Ländern des Südens und vor allem in den Schwellenländern zu bedenken, sodass sich die Anspruchskonflikte um Umweltgüter und Ressourcen verschärfen und die Notwendigkeit einer Verbrauchsreduktion durch Länder wie die Schweiz weiter ansteigt. Auch Bodenverbrauch und Zersiedelung dürfen immer weniger als lokales Problem betrachtet werden. Vor dem Hintergrund weltweiter Entwicklungen wie Klimawandel, Bodendegradation und Bevölkerungswachstum auf 9 Milliarden Menschen bis 2050 muss auch die Bodenpolitik eines hoch entwickelten Industrielandes wie der Schweiz vermehrt in einer globalen Perspektive definiert werden und dem Schutz der Böden weit grösseres Gewicht beimessen.[28] Angesichts der quantitativen Bedeutung von Siedlungen und Infrastrukturen hat dieser Bereich eine besondere Verantwortung auch im Hinblick auf die Lösung globaler Nachhaltigkeitsherausforderungen zu übernehmen.

Welche Begründungen lassen sich für die vergleichsweise gute, aber dennoch mit Defiziten versehene Situation der Schweiz anführen? Die Siedlungs- und Infrastrukturentwicklung wird durch eine Vielzahl von Determinanten beeinflusst. Die Frage der Qualität einer Stadt, Gemeinde oder Siedlung ist oft auch eine Frage der gesamtstaatlichen Ausgangslage und Politik. Dazu zählen die grossräumige Lage in Europa, Bevölkerungsdichte, Bevölkerungsdynamik, wirtschaftliche Dynamik und die nationale Politik, konkret z.B. die Qualität der Arbeitsmarkt- und der Sozialpolitik, welche die Entwicklung der Arbeitslosigkeit – und damit auch die soziale Situation in Städten – mitprägt. Oder von der nationalen Energie- und Klimapolitik hängt ganz wesentlich ab, inwieweit der energetische Absenkpfad gelingt. Ebenso ist aber die Qualität des Zusammenspiels der verschiedenen Politikebenen (lokale, regionale, nationale Politik) von ausschlaggebender Bedeutung. Innerhalb vergleichsweise guter gesamtstaatlicher Rahmenbedingungen haben die Städte in der

Die Lebensqualität einer Stadt ist auch eine Frage der gesamtstaatlichen Ausgangslage.

Schweiz dank der dezentralen Staatsorganisation die Möglichkeit, ihr Schicksal selbst in die Hand zu nehmen und ihre Entwicklung massgeblich mitzugestalten, was beispielsweise hinsichtlich der Bedarfsgerechtigkeit der Infrastrukturausstattung oder auch in der Sozialpolitik von Vorteil ist. Allerdings können die gleichen Strukturen auf anderen Feldern auch hinderlich sein, beispielsweise in der Bodenpolitik. Merkmale, die die Schweiz somit positiv vom Ausland abheben, sind die vergleichsweise bedarfsgerechte Infrastrukturpolitik mit guter Finanzierungsbasis, die dank guter Sozial-, Arbeitsmarkt- und Integrationspolitik geringeren sozialen Probleme in den städtischen Räumen und hohe Bauqualitätsstandards. Negativ wirken die noch nicht genügend nachhaltigen Politiken im Zusammenhang mit natürlichen Ressourcen, wie z.B. die Energie-, die Umweltpolitik oder die Raumplanung. In institutioneller Hinsicht erschwert in diesen Handlungsfeldern der kleinräumige Föderalismus, einschliesslich der Fiskalkonkurrenz, der auf anderen Feldern durchaus positiv einzuschätzen ist, oft nachhaltige Lösungen. Dies gilt speziell für die Raumplanung. Die fehlende Kongruenz von Finanzierung und Nutzung fördert aber auch im Verkehrsbereich tendenziell ein Überangebot an Verkehrsinfrastrukturleistungen.

3.4 Wissenschaft und Forschung

Internationale Forschungsanstrengungen

«Siedlungs- und Infrastrukturentwicklung» stellt international kein klar definiertes Forschungsgebiet dar, sondern verteilt sich auf zahlreiche Forschungsgebiete und Disziplinen wie Raumplanung, Städtebau, Bauingenieurwesen, Soziologie, Sozialarbeit, Umweltwissenschaften oder Politologie. Einen umfassenden Überblick über die Situation in Europa zu vermitteln, ist deshalb kaum möglich. Zu berücksichtigen ist zudem, dass Wissenschaft und Forschung zur Siedlungs- und Infrastrukturentwicklung – weit stärker als etwa die Naturwissenschaften – von den institutionellen und politischen Kontexten der einzelnen Länder mitgeprägt werden, indem beispielsweise die Planungssysteme oder die Kompetenzverteilung zwischen den Staatsebenen in der Raum-, Siedlungs- oder Infrastrukturplanung auch die Wissenschaft auf diesen Gebieten beeinflussen. Somit können lediglich einige Schlaglichter auf die Forschung im Ausland geworfen werden. Die folgenden Beispiele zeugen aber davon, dass in vielen europäischen Ländern die Siedlungs- und Infrastrukturentwicklung zum Teil sehr systematisch erforscht wird.

- **Deutschland**

In Deutschland berät das «Bundesinstitut für Bau-, Stadt- und Raumforschung» (BBSR) im «Bundesamt für Bauwesen und Raumordnung» (BBR) die Bundesregierung bei Aufgaben der Stadt- und Raumentwicklung sowie des Wohnungs-, Immobilien- und Bauwesens. Es führt Forschungen und Forschungsprogramme durch in den Bereichen Raumentwicklung, Stadtentwicklung, Wohnen und Immobilien, Flächennutzung und -bewirtschaftung, Bauwesen, Verkehr und Mobilität, Landschaft, Energie und Umwelt, Bauwirtschaft, Baustoffe, nachhaltiges Bauen, Bewältigung negativen Bevölkerungswachstums usw. Zahlreiche akademische Forschungseinrichtungen befassen sich mit den hier interessierenden Themen, beispielsweise das «Institut für Landes- und Stadtentwicklungsforschung» (ILS) in Dortmund, das «Leibniz-Institut für ökologische Raumentwicklung» (IÖR) in Dresden und die «Akademie für Raumforschung und Landesplanung» (ARL) in Hannover.

- **Frankreich**

In Frankreich befasst sich insbesondere das «Ministère de l'écologie, de l'énergie, du développement durable et de la mer» mit Fragen des Wohnungswesens, der nachhaltigen Raumplanung, des nachhaltigen Bauens und der nachhaltigen Stadtentwicklung. Ihm sind Forschungsinstitutionen wie das «Centre scientifique et technique du bâtiment» (CSTB) oder das «Centre d'études sur les réseaux, les transports, l'urbanisme et les constructions publiques» (CERTU) angegliedert, die die genannten Themenfelder beforschen. Als Dienst des Premierministers besteht seit den 1960er-Jahren die «Délégation interministérielle à l'aménagement du territoire et à l'attractivité régionale» (DATAR). Sie wurde zu Beginn des 21. Jahrhunderts neu orientiert und umbenannt, 2009 aber wieder unter der alten Bezeichnung eingerichtet. Die DATAR koordiniert und fördert die Politik der Raumplanung und begleitet den ökonomischen Strukturwandel der Regionen. Forschung, Raumbeobachtung und Evaluationen/Perspektivstudien nehmen dabei einen grossen Raum ein. In Frankreich findet auch eine rege Debatte zur Urbanität statt, beispielsweise die seit 2004 in Bordeaux durchgeführte «Agora, biennale d'architecture, d'urbanisme et du design».

- **Grossbritannien**

Im Vereinigten Königreich ist Forschung zur Siedlungs- und Infrastrukturentwicklung fest etabliert. So gibt es an zahlreichen Universitäten «Schools of the Built Environment», «Schools of the Natural and Built Environment», «Centres for Research in the Built Environment», «Centres for Energy and the Built Environment» oder weitere ähnlich bezeichnete Forschungseinrichtungen. Die 2005 von der Bauwirtschaft gegründete «UK National Platform for the Built Environment» hat sich zudem zum Ziel gesetzt, angewandte Forschung zum Siedlungs- und Infrastrukturwesen zu fördern, eine strategische Forschungsagenda zu erarbeiten und auf diesem Weg auch die staatliche Regulierung mitzugestalten.

- **Niederlande**

In den Niederlanden arbeiten mehrere Forschungseinrichtungen zu Siedlungs- und Infrastrukturfragen, so das an der Technischen Universität Delft angesiedelte «OTB Research Institute for Housing, Urban and Mobility Studies». Die «Netherlands Organisation for Applied Scientific Research» (TNO) hat ein Programm zu «Built Environment and Geosciences» eingerichtet. Forschungsthemen sind die Nutzung des Untergrunds, Mobilität, Infrastrukturen, die Erneuerung von Innenstädten, die Bildung von Städtenetzen, Regionenbildung, Nutzung erneuerbarer Energien und Energieeffizienz.

- **Österreich**

Das «Österreichische Institut für Raumplanung» (ÖIR) berät, unterstützt und begleitet öffentliche und private Stellen. Das Aufgabenfeld reicht von europäischen Forschungsprojekten bis zur praktischen Anwendung in Projektentwicklung, Wirkungsanalysen und Kommunikationsprozessen auf lokaler Ebene und soll dazu beitragen, die ökonomische und soziale Entfaltung der Gesellschaft umwelt- und energieschonend, respektvoll gegenüber kulturellen Grundlagen, offen für neue Entwicklungen und sensibel für soziale Wirkungen zu gestalten.

- **Europäische Union**

Auf der EU-Ebene ist im 7. Forschungsrahmenprogramm die Thematik der nachhaltigen Siedlungs- und Infrastrukturentwicklung nicht sehr stark verankert. Unter den elf thematischen Programmen gibt es jedoch bei denjenigen zu «Energie», «Umwelt» und «Verkehr» einige Anknüpfungspunkte. Ein interessantes Beispiel ist das – allerdings noch im 6. Programm finanzierte – URBAN-NET, in dem zwischen 2006 und 2010 die städtische Nachhaltigkeit umfassend erforscht und 16 Forschungsinstitutionen aus 13 Ländern vernetzt wurden. Das zweite wichtige Standbein der europäischen Forschungspolitik ist das COST-Programm (European Cooperation in Science and Technology), das der Koordination der national finanzierten Forschung dient. Darin ist «Transport and Urban Development» als eines von neun Schlüsselthemen definiert. Über das COST-Programm soll die internationale Vernetzung der Forschung zu Verkehrssystemen, Infrastrukturen, städtischer Landnutzung und Entwicklung, Architektur und Design sowie Bauingenieurwesen gefördert werden. Darin sind zahlreiche Forschungsvorhaben in demselben thematischen Zielbereich zu finden, den auch das NFP 54 abdeckt.

Schliesslich ist auch auf viele Projekte und Aktivitäten zu verweisen, die formell nicht in den Bereich der EU-Forschungsförderung, sondern in sektoralpolitische Kontexte fallen. Nur beispielhaft seien aus verschiedenen Bereichen und von unterschiedlichen Ebenen erwähnt:

- die Aktivitäten der Europäischen Kommission zur Entwicklung neuer Messinstrumente im Sinne der nachhaltigen Entwicklung, wie insbesondere Nachhaltigkeitsindikatorensysteme oder Alternativen zum Bruttoinlandsprodukt als Schlüsselindikator für den wirtschaftlichen Erfolg («Beyond GDP»),
- das über den EU-Regionalentwicklungsfonds finanzierte europäische Austausch- und Lernprogramm URBACT zur nachhaltigen Stadtentwicklung, an dem 255 Städte aus 29 Ländern – darunter auch Basel und Zürich – teilnehmen,
- das im INTERREG-Programm Frankreich-Schweiz 2009 lancierte «Observatoire transfrontalier des écoquartiers» (Eco-OBS); damit werden u.a. ein Werkzeug zur Beobachtung und Evaluation nachhaltiger Quartiere, Aus- und Weiterbildungs- sowie Diffusionsaktivitäten entwickelt und umgesetzt.

Mit Blick auf zukünftige Forschungsagenden gilt, dass in der Forschung zur Siedlungs- und Infrastrukturentwicklung generell eine immer stärkere Integration der Nachhaltigkeitsprinzipien[26] und eine Orientierung an mittel- und längerfristigen nachhaltigkeitsrelevanten Megatrends wie Globalisierung, Klimawandel, Gefährdung des gesellschaftlichen Zusammenhalts, demografischer Wandel und ökonomische Veränderungen erkennbar sind. Ein Beispiel dafür ist der Orientierungsrahmen 2010–2020 der deutschen Akademie für Raumforschung und Landesplanung (ARL). Sie leitet von diesen Herausforderungen ein differenziertes Arbeitsprogramm ab, das nach den folgenden Forschungsfeldern gegliedert ist:

- Bevölkerung, Sozialstruktur, Siedlungsstruktur
- Wirtschaft, Technik, Infrastruktur
- Natürliche Ressourcen, Umwelt, Ökologie
- Räumliche Planung, raumbezogene Politik

Die Infrastruktur der Schweiz erreicht Spitzenqualität.

Forschungssituation in der Schweiz

In der Schweiz hat der Nationalfonds immer wieder Programme durchgeführt, die in einer gewissen thematischen Nähe zum NFP 54 stehen. Speziell hervorzuheben sind das NFP «Stadt und Verkehr» (NFP 25), das NFP «Verkehr und Umwelt» (NFP 41) und das NFP «Neue urbane Qualität» (NFP 65). Diese wertvollen, zeitlich befristeten Forschungsprogramme können nicht darüber hinwegtäuschen, dass die Forschung zur Siedlungs- und Infrastrukturentwicklung in der Schweiz stark fragmentiert ist. Es existieren keine breit aufgebauten Forschungseinrichtungen, die, wie das Bundesinstitut für Bau-, Stadt- und Raumforschung (BBSR) oder die Akademie für Raumforschung und Landesplanung (ARL) in Deutschland, die Siedlungs- und Infrastrukturentwicklung umfassend bearbeiten. In der Schweiz, die aufgrund der geringen Grösse des hiesigen Forschungsplatzes nicht direkt mit einem Land wie Deutschland verglichen werden darf, bearbeiten mehrere Forschungseinrichtungen (Eidgenössische Technische Hochschulen und Forschungsanstalten, kantonale Universitäten, Fachhochschulen, private Beratungsunternehmen) thematische Einzelaspekte wie das nachhaltige Bauen, die Raumplanung oder das Verkehrswesen.

Das NFP 54 hatte vor diesem Hintergrund die wichtige Funktion, die Forschung zu Siedlungs- und Infrastrukturfragen zu bündeln und über Forschungseinrichtungen und Disziplinen hinweg zu integrieren. Über diesen Vernetzungseffekt hinaus haben die einzelnen Forschungsprojekte selbstverständlich auch konkreten Nutzen gebracht. Auf einer generellen Ebene liegt der Nutzen des NFP 54 vor allem darin, den wissenschaftlichen und politischen Diskurs zu Siedlungs- und Infrastrukturfragen modernisiert und an die Bedingungen des 21. Jahrhunderts herangeführt zu haben. Wie sich zeigt, besteht in der Schweiz und in Europa ein breit akzeptierter normativer Rahmen darüber, welche Ziele die Siedlungs- und Infrastrukturpolitik verfolgen sollte. Das NFP 54 hat diesen Rahmen nicht infrage gestellt. Allerdings stammt dieser aus dem letzten Jahrhundert und trägt den in der Zwischenzeit eingetretenen faktischen Entwicklungen nicht immer genügend Rechnung. Das NFP 54 liefert nun viele wertvolle und aktuelle Erkenntnisse, Hinweise und Empfehlungen, wie den spezifischen Herausforderungen des 21. Jahrhunderts zu begegnen ist, seien es die Alterung der Bevölkerung (z.B. NFP 54-Projekte ALTERNDE GESELLSCHAFT, DEMOGRAFIE), gesellschaftliche Veränderungen (Projekte URBANES WOHNEN, LEBENSSTILE), neue Investitions- und Entscheidungslogiken (Projekte PRIVATINVESTOREN, ENTSCHEIDUNGSLOGIK), der sinnvolle Umgang mit nicht nachhaltigen Folgen der Entwicklung der Vergangenheit (Projekte EDGE CITY, EINFAMILIENHAUS, ZERSIEDELUNG) oder neue ökologische Rahmenbedingungen (Projekte BAUSTOFFZYKLEN, BIODIVERCITY, STADTÖKOSYSTEM, DEZENTRALE ENERGIEVERSORGUNG).

Forschungsimpulse auf nationaler und internationaler Ebene

Siedlungs- und Infrastrukturentwicklung ist gesamteuropäisch ein anerkanntes Forschungsthema, wobei einige Länder – beispielsweise Deutschland – dieses ausgesprochen systematisch behandeln. Gleichwohl ist die Zersplitterung unverkennbar, indem die Diskurse stark national geprägt sind und dieses breite Themenfeld in der Regel in thematisch verschieden fokussierte Einzelaspekte aufgeteilt ist. Die grosse Innovation des NFP 54 in der Schweiz liegt darin, dass «Raum und Siedlung», «Infrastrukturen» sowie «Materialien und Energie» erstmals integral, über zahlreiche Forschungsdisziplinen hinweg und unter den Bedingungen des 21. Jahrhunderts beforscht wurden. Damit hat es nicht nur in der Schweiz, sondern auch international einen wichtigen Impuls gegeben.

3.5 Handlungsbedarf in Forschung und Politik

Wie sich zeigt, ist die Schweiz in der Siedlungs- und Infrastrukturentwicklung ein gut integrierter Teil Europas: Bei den normativen Grundlagen besteht grosse Übereinstimmung, bei den realen Prozessen und Problemen bewegt sich die Schweiz in ähnlichen Bahnen. Dank zentraler Lage und hoher Erreichbarkeit ist die Schweiz räumlich gut eingebunden und verfügt im Vergleich über gute Siedlungen und Infrastrukturen. Zersiedlung und Bodenverbrauch stellen aber auch in der Schweiz akute Probleme dar. Der energie- und materialbezogene Absenkpfad befindet sich – ähnlich wie im umliegenden Ausland – trotz vielfältiger Bemühungen noch nicht auf einem zielkonformen Kurs. Trotz relativ guter Position ist die schweizerische Siedlungs- und Infrastrukturentwicklung in absoluter Hinsicht nicht nachhaltig. Die Schweizer Forschung und namentlich auch das NFP 54 thematisieren Fragestellungen, die auch in Europa grosses Gewicht haben. Die Forschung ist allerdings wegen der geringen Grösse des Forschungsplatzes Schweiz und der Fragmentierung des vorhandenen Potenzials als nicht besonders schlagkräftig zu bezeichnen.

Angesichts der herausragenden Bedeutung des Siedlungs- und Infrastrukturwesens für die nachhaltige Entwicklung ist zu hoffen, dass das NFP 54 einen möglichst lang anhaltenden Impuls geleistet hat, um den Stellenwert dieses Themenkomplexes in Wissenschaft und Politik zu stärken und die Zersplitterung zu überwinden.

- In der Forschung sollten nun Anstrengungen unternommen werden, die an der Siedlungs- und Infrastrukturentwicklung interessierten Disziplinen weiter und stärker zu vernetzen, die länderübergreifende Zusammenarbeit durch Austausch- und Diskussionsforen oder gemeinsame Forschungsvorhaben zu intensivieren oder Publikations- und Qualifizierungsmöglichkeiten zu verbessern (Journals, Doktorandenkollegien u. dgl.).
- Die Politik ist aufgerufen, die Siedlungs-, Raumentwicklungs-, Infrastruktur-, Ressourcenpolitiken stärker zu integrieren. Die Abstimmung zwischen Siedlung und Verkehr und die Ausrichtung der Infrastrukturpolitik auf die raumpolitischen Ziele müssen weiter verbessert werden. Die Raumplanung ist aufgerufen, eine systematische räumliche Energieplanung zu entwickeln, um auf allen staatlichen Ebenen (Bundessachplanung, kantonale Richtplanung, kommunale Nutzungsplanung) das Potenzial zur Unterstützung der Energiewende – starke Steigerung der Energieeffizienz und Ausbau der erneuerbaren Energien – optimal zu nutzen.

Literatur

Ein umfassendes Literaturverzeichnis der einzelnen NFP 54-Projekte finden Sie ab Seite 211 sowie auf der beigelegten DVD.

Zusätzliche Literatur zu Kapitel 3:

1 Europäische Kommission (Ed.), 1999; EUREK Europäisches Raumentwicklungskonzept – auf dem Weg zu einer räumlich ausgewogenen und nachhaltigen Entwicklung der Europäischen Union; angenommen beim Informellen Rat der für Raumordnung zuständigen Minister in Potsdam am 10./11. Mai 1999.
2 Europäische Kommission (Ed.), 2007; Territoriale Agenda der Europäischen Union – für ein wettbewerbsfähigeres nachhaltiges Europa der vielfältigen Regionen; angenommen anlässlich des Informellen Ministertreffens zur Stadtentwicklung und zum territorialen Zusammenhalt in Leipzig am 24./25. Mai 2007.
3 Europäische Raumordnungsministerkonferenz (CEMAT), 2000; Leitlinien für eine nachhaltige räumliche Entwicklung

auf dem europäischen Kontinent; verabschiedet auf der 12. Europäischen Raumordnungsministerkonferenz in Hannover am 7./8. September 2000.

4   Europäische Kommission, 2001; Weissbuch – Die europäische Verkehrspolitik bis 2010: Weichenstellungen für die Zukunft; Amt für amtliche Veröffentlichungen der Europäischen Gemeinschaften, Luxemburg.

5   Europäische Kommission, 2006; Für ein mobiles Europa – Nachhaltige Mobilität für unseren Kontinent, Halbzeitbilanz zum Verkehrsweissbuch der Europäischen Kommission von 2001; Mitteilung 314 der Kommission an den Rat und an das europäische Parlament, Europäische Kommission, Brüssel.

6   Europäische Kommission, 2001; Sustainable Development Strategy; Europäische Kommission, Brüssel.

7   Europäische Kommission, 2011; White Paper, Roadmap to a Single European Transport Area, Towards a Competitive and Resource Efficient Transport System; Europäische Kommission, Brüssel.

8   Europäische Kommission, 2006; Renewed EU Sustainable Development Strategy; Europäische Kommission, Brüssel.

9   Schweizerischer Bundesrat, 1996; Bericht vom 22. Mai 1996 über die Grundzüge der Raumordnung Schweiz; ARE, Bern.

10 Eidgenössisches Departement für Umwelt, Verkehr, Energie und Kommunikation (UVEK), Bundesamt für Raumentwicklung (ARE), Konferenz der Kantonsregierungen (KdK), Schweizerische Bau-, Planungs- und Umweltdirektoren-Konferenz (BPUK), Schweizerischer Städteverband (SSV), Schweizerischer Gemeindeverband (SGV) (Hrsg.), 2011; Raumkonzept Schweiz; Entwurf für die tripartite Konsultation, ARE, Bern.

11 Eidgenössisches Departement für Umwelt, Verkehr, Energie und Kommunikation (UVEK), 2001; Departementsstrategie UVEK; UVEK, Bern.

12 Schweizerischer Bundesrat, 2010; Bericht zur Zukunft der nationalen Infrastrukturnetze in der Schweiz; UVEK, Bern.

13 Schweizerischer Bundesrat, 2008; Strategie Nachhaltige Entwicklung: Leitlinien und Aktionsplan 2008–2011; Bericht des Schweizerischen Bundesrates vom 16. April 2008, ARE, Bern.

14 European Spatial Planning Observation Network ESPON, 2005; In Search of Territorial Potentials; Midterm Results by Spring 2005, ESPON, Luxembourg.

15 The Canadian Society for Civil Engineering (CSCE), 2007; CSCE Guidelines for Sustainable Development; CSCE, Montreal.

16 Keiner, M., 2005: Die Schweiz im «European Spatial Planning Observation Network» (ESPON), wichtigste Erkenntnisse und erste Folgerungen für die Raumordnungspolitik; ARE, Bern.

17 European Environment Agency (EEA), 2006; Urban Sprawl in Europe – The Ignored Challenge; EEA Report no. 10/2006, EEA, Copenhagen.

18 European Environment Agency (EEA), 2010; The European Environment, State and Outlook 2010, Land Use; EEA, Copenhagen.

19 Institut für Mobilitätsforschung (IFMO, Ed.), 2007; Verkehrsinfrastruktur Benchmarking Europa – Verkehrsinfrastrukturausstattung und verkehrspolitische Rahmenbedingungen in ausgewählten europäischen Staaten; IFMO, Berlin.

20 Schweizerischer Bundesrat, 2010; Bericht zur Zukunft der nationalen Infrastrukturnetze in der Schweiz; UVEK, Bern.

21 Institut für Raum- und Landschaftsentwicklung der ETH Zürich (ETH-IRL), (2006); Raumplanung und Raumentwicklung in der Schweiz, Beobachtungen und Anregungen der internationalen Expertengruppe; ETH-IRL, Zürich.

22 Organization for Economic Co-operation and Development (OECD), 2002; OECD Prüfbericht Raumentwicklung Schweiz; S. 12–15, OECD, Paris.

23 Maggi, R., Geninazzi, A., 2010; Plädoyer für eine nachhaltige Verkehrspolitik; Verlag Neue Zürcher Zeitung, Zürich.

24 Interface Institut für Politikstudien, Fraunhofer-Institut Systemtechnik, 2005; Internationaler Vergleich von Energiestandards im Baubereich; BFE, Bern.

25 Bundesamt für Raumentwicklung (ARE), 2005; Raumentwicklungsbericht 2005; S. 66, ARE, Bern.

26 Monitoring der nachhaltigen Entwicklung der Schweiz MONET; www.monet.admin.ch.

27 Wachter, D., 2009; Nachhaltige Entwicklung: Das Konzept und seine Umsetzung in der Schweiz; 2. aktualisierte Auflage, S. 149 f., Rüegger, Zürich/Chur.

28 Wachter, D., Angst, D., 2010; Boden und nachhaltige Entwicklung – Schweizer Bodenpolitik im Kontext globaler Makrotrends; in: Core-Themes of Land Use Politics: Sustainability and Balance of Interests/Kernthemen der Bodenpolitik: Nachhaltige Entwicklung und Interessenausgleich, Publications of the European Faculty of Land Use and Development, vdf Hochschulverlag, Zürich.

Kapitel 4
Ressourcen für die Siedlungs- und Infrastrukturentwicklung

Prof. Dr. Paul Brunner, Technische Universität Wien, Mitglied der Leitungsgruppe des NFP 54

Die physischen Ressourcen – Raum, Stoffe, Energieträger – sind notwendige Grundvoraussetzungen für die Funktionsfähigkeit des Stoffhaushaltes von Gesellschaft und Wirtschaft. Ihre Verfügbarkeit muss langfristig gesichert werden. Entscheidend ist dabei die Reduktion des Einsatzes fossiler Energieträger durch verkehrsärmere Siedlungsstrukturen und effizientere Bauwerke sowie die Mehrfachnutzung von Rohstoffen. Gerade in der rohstoffarmen Schweiz sind Wissensressourcen – Technologie, Information, Institutionen – ausschlaggebend für die nachhaltige Nutzung der physischen Rohstoffe. Die Herausforderungen eines nachhaltigen Ressourcenmanagements liegen sowohl auf der Versorgungsseite als auch auf der Entsorgungsseite. Die notwendige Verknüpfung beider Bereiche führt zu wirksameren Entscheidungen hinsichtlich Ressourcenschonung und Umweltschutz. Der grosse Materialbestand im Bauwerk Schweiz bietet dabei eine grosse Chance als zukünftiger Rohstofflieferant und leistet einen wichtigen Beitrag zur umweltverträglichen Ressourcenschonung. Damit Entscheidungen bezüglich Ressourcennutzung rechtzeitig und mit robusten Prioritäten gefällt werden können, bedarf es einer neuen, lebenszyklusorientierten Wissensbasis über Güter- und Stoffflüsse.

4 Ressourcen für die Siedlungs- und Infrastrukturentwicklung

4.1 Einführung

Die Schweiz ist reich an einigen wichtigen Ressourcen 1. Ordnung (vgl. S.69): Es herrscht kein physischer Mangel an Kies, Sand und Steinen. Sie besitzt eine diversifizierte und reichhaltige Landschaft und verfügt als alpines Land über grosse Mengen an Wasser in Form von Niederschlägen und Speichern (Gletscher, Seen, Grundwasser). Abgesehen davon – und einigen wenigen kleineren Erzadern – ist sie aber relativ arm an Ressourcen 1. Ordnung. Angesichts dieser Knappheit ist für die Schweiz die Entwicklung der Ressourcen 2. Ordnung wie Wissenschaft, Forschung und Dienstleistung von essenzieller Bedeutung: Durch die Entwicklung rohstoffschonender und umweltverträglicher Technologien und Systeme lässt sich der Verbrauch physischer Ressourcen einschränken. Wenig verfügbare Ressourcen können durch andere, die in grösserem Ausmasse vorhanden sind, ersetzt werden.

Verbrauch an primären Ressourcen in der Schweiz

Die mengenmässig wichtigsten Rohstoffe der Schweiz sind Wasser und Luft, gefolgt von Mineralien (Kies, Sand, Steine), Biomasse, fossilen Energieträgern, Metallen und weiteren Produkten (Abb. 4-1). Abgesehen von Wasser und Luft werden 45% dieser Rohstoffe importiert, sodass die Schweiz, insbesondere bezüglich fossiler Energieträger und Metalle, stark vom Ausland abhängig ist. Der Anteil an Endprodukten an den Gesamtimporten nahm von 1990 bis 2006 von 25 auf 40% zu, worin sich die Entwicklung von der Industrie- zur Dienstleistungsgesellschaft widerspiegelt. Güter werden immer mehr im kostengünstigeren Ausland produziert. Der Umsatz an Energie beträgt rund 130 Gigajoule pro Einwohner und Jahr (GJ/E*a), die aus unterschiedlichen Quellen (Erdölprodukte,

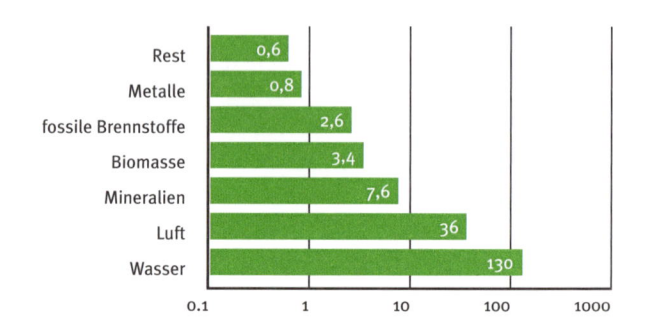

Abbildung 4-1: Ressourcenverbrauch in der Schweiz 2006, in Tonnen je Einwohner und Jahr Quelle: BFS[1]

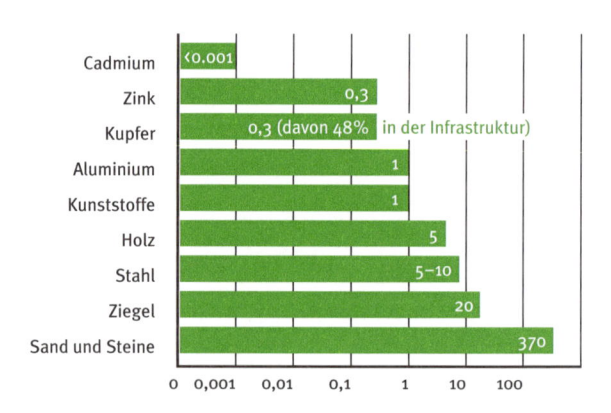

Abbildung 4-2: Bestand an ausgewählten Materialien im anthropogenen Lager der Schweiz, in Tonnen je Einwohner Quelle: nach Wittmer[2]

Gas, Kernbrennstoffe, Wasserkraft) gewonnen werden. Der Gebrauch an Siedlungsfläche beläuft sich auf 400 Quadratmeter pro Einwohner, jährlich kommen 10 Quadratmeter pro Einwohner hinzu. Dies entspricht einem Wachstum der Siedlungsfläche von über einem Quadratmeter je Sekunde.

Ressourcen 1. und 2. Ordnung

Ressourcen 2. Ordnung

Kultur und Gesellschaft
- Wissenschaft
- Technologie
- Wirtschaft
- Politik
- Recht (Institutionen)
- Soziales Kapital

Ressourcen 1. Ordnung

Primäre Ressourcen

Geosphäre:
- Rohstoffe und Energie
- Wasser
- Boden / Raum / Landschaft
- Luft

Biosphäre:
- Arten
- Artenvielfalt

Sekundäre Ressourcen

Anthropogene Materiallager in:
- Infrastruktur
- Immobilien
- Mobilien

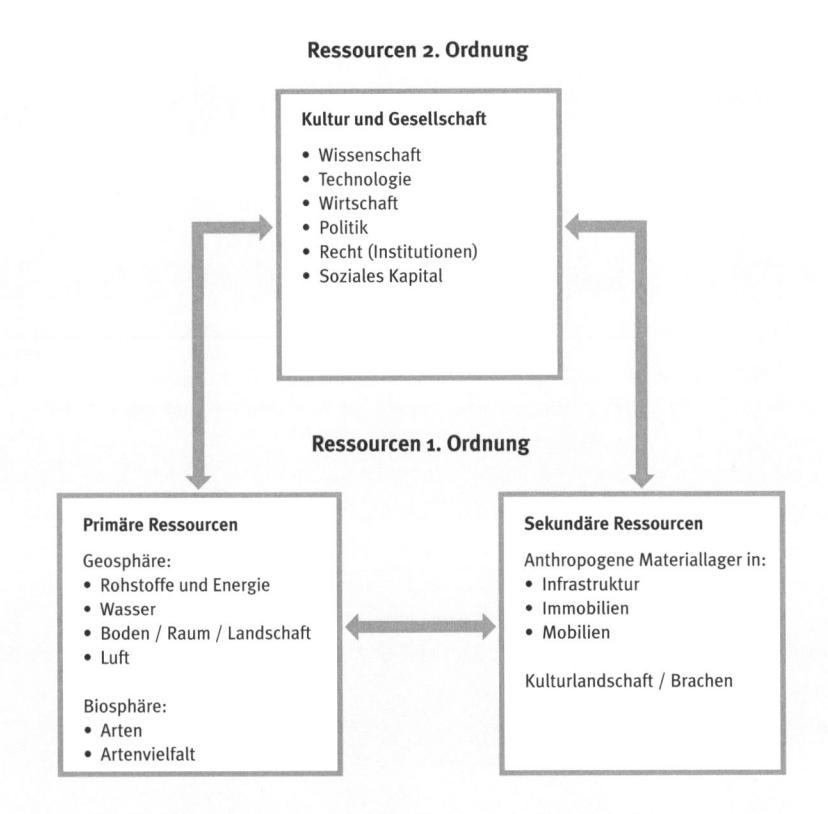

Kulturlandschaft / Brachen

Abbildung 4-3: **Strukturierung der Ressourcen**

Ressourcen sind Grundlagen für menschliche Aktivitäten: Sie umfassen sowohl physische Materialien, Raum, Energie und die Biosphäre (Ressourcen 1. Ordnung, vgl. Abbildung) als auch immaterielle, kulturell und gesellschaftlich erarbeitete Ressourcen wie Wissenschaft, Technologie, Institutionen usw. (Ressourcen 2. Ordnung).

Physische Ressourcen 1. Ordnung allein lassen sich noch nicht nutzen. Notwendig sind Ressourcen 2. Ordnung wie Wissen, Information und Technologie, die eine Vorbedingung für den Gebrauch physischer Ressourcen darstellen: Eisen in Erzlagerstätten wird nur dann zu einem wertvollen, nützlichen Material, wenn entsprechende Kenntnisse und Fähigkeiten vorhanden sind, um dieses Eisen zu finden, zu gewinnen und als Werk- und Wirkstoff (Baustahl, Medikamente) einzusetzen. Die Entwicklung der Menschheitsgeschichte mit den Übergängen von einer historischen Epoche zur nächsten (von der Steinzeit zur Bronzezeit, von der Industriegesellschaft zur Dienstleistungsgesellschaft) ist gekennzeichnet durch entsprechende Technologieentwicklungen und eine geänderte Nutzung von Ressourcen. Am Übergang von der Steinzeit zur Bronzezeit steht die Entdeckung, wie mittels metallurgischer Prozesse aus Erzen Metalle gewonnen und verarbeitet werden können. Ob ein Element der Geosphäre respektive der Biosphäre für den Menschen eine Ressource darstellt, wird kulturell über die anthropogenen Aktivitäten definiert. Eine der zurzeit wichtigsten Ressourcengruppen – die fossilen Energieträger – hat allein deshalb eine grosse Bedeutung erlangt, weil die Aktivitäten «Wohnen und Arbeiten» sowie «Transport und Kommunikation» derzeit auf Technologien basieren, die auf der Oxidation von Kohlenstoff zur Energiegewinnung beruhen.

Sowohl die Nutzung der primären, natürlichen Ressourcen wie auch der vom Menschen geschaffenen, sekundären Ressourcen ist nur möglich dank der Ressourcen 2. Ordnung (Wissen, Technologie usw.). Zwischen den beiden Kategorien bestehen Wechselwirkungen. Je nach Entwicklungsstufe einer Volkswirtschaft können primäre durch sekundäre Ressourcen ersetzt werden und solche erster Ordnung durch Ressourcen 2. Ordnung, z.B. lässt sich der Verbrauch fossiler Brenn- und Treibstoffe durch zielorientierte, nachhaltige Infrastruktur- und Siedlungsplanung vermindern oder der Landschaftsverbrauch durch die Nutzung von Brachen.

Grosser Lagerbestand und lange Lebensdauer
Ressourcen sind nicht nur als Fluss von Materialien, sondern auch als Bestand von Bedeutung: Insbesondere in den Gebäuden und der Infrastruktur lagern sehr grosse Mengen an verarbeiteten Rohstoffen, die am Ende ihrer Lebensdauer im Sinne eines «Urban Mining» wiedergewonnen, aufbereitet und genutzt werden können (sekundäre Ressourcen). Anders als bei rasch fliessenden Konsumgütern für Ernährung, Bekleidung und Unterhaltung zeichnen sich Materialien in Gebäuden und Infrastruktur durch eine lange Lebensdauer von 50 bis 100 Jahren aus, in Extremfällen – bei Deponien oder Kulturgütern wie Kirchen – auch Jahrhunderten. Dies bedingt oft einen hohen materiellen und energetischen Aufwand für Betrieb, Kontrolle, Unterhalt und Erneuerung. Ressourcen – die eigentlichen Bausteine des volkswirtschaftlichen Stoffwechsels – sind in ihrer Verfügbarkeit, manche auch hinsichtlich ihrer Umweltverträglichkeit, limitiert. Um den zukünftigen Ressourcenbedarf zu minimieren und die Umweltverträglichkeit der Ressourcennutzung gewährleisten zu können, ist es notwendig, den anthropogenen Stoffwechsel im Sinne eines Lebenszyklusansatzes von «von der Quelle bis zur Senke» zu kennen, zu bewerten und zu bewirtschaften.

Abbildung 4-4: Zu- und Abflüsse des Materiallagers in der Schweiz 2002–2007
Der Materialbestand – zu 90% aus Baustoffen bestehend – nimmt jährlich um rund 7 Tonnen pro Einwohner zu. Das grosse und wachsende Materiallager stellt eine zukünftige Rohstoffquelle dar. Da nicht alle Bestandteile dieses Lagers mehrfach genutzt werden können, bedeutet es auch, dass die Mengen an zukünftig zu entsorgenden Abfällen zunehmen werden. Quelle: BFS[3]

Charakteristika des modernen anthropogenen Stoffwechsels

- **Wachstum**
  Die Güterflüsse und -lager nehmen immer noch zu, wenn auch nicht mehr so rasant wie in der zweiten Hälfte des 20. Jahrhunderts. Zeigt dies bei kurzlebigen Gütern unmittelbare Auswirkungen auf die Abfallwirtschaft durch wachsende Abfallmengen, so dauert dies bei langlebigen Gütern der Infrastruktur wesentlich länger: Die grossen Mengen an Baumaterialien, die in der zweiten Hälfte des 20. Jahrhunderts in der Infrastruktur der Schweiz eingesetzt wurden, gelangen erst jetzt und – infolge der langen Lebensdauer – vermehrt noch in Zukunft in die Abfallwirtschaft. Sie stellen zum einen ein grosses, zukünftig zu nutzendes Potenzial an Sekundärressourcen dar. Zum andern bergen sie ein erhebliches Schadstoffpotenzial, da in der Vergangenheit Stoffe eingesetzt wurden, die heute nicht mehr zugelassen sind, beispielsweise polychlorierte Biphenyle (PCB) und halogenierte Kohlenwasserstoffe (FCKW) in Baumaterialien, Cadmium und bromhaltige Flammschutzmittel in Kunststoffen.

- **Lagerbildung**
  Die Menge an importierten Gütern überwiegt die Menge an Exporten bei Weitem. Dies trifft nicht nur für die Schweiz als Ganzes, sondern auch für die meisten dienstleistungsorientierten Regionen und Städte zu. Ausnahmen sind lokale Besonderheiten wie Steinbrüche, Kiesgruben und Zementwerke, die über eigene Rohstoffe verfügen, die regional abgebaut und ausserhalb der Region eingesetzt werden. Das Resultat des Ungleichgewichtes zwischen Input und Output sind wachsende Materialbestände in privaten Haushaltungen, Unternehmen und öffentlichen Infrastruktur. Es gibt Hinweise darauf,

dass für einzelne Stoffe – beispielsweise Kupfer – diese anthropogenen Lager bereits eine Grössenordnung erreicht haben, die vergleichbar ist mit natürlichen Stofflagern, die sich mit der heute verwendeten Technologie wirtschaftlich abbauen lassen. Dies unterstreicht die Bedeutung dieser anthropogenen Lager als sekundäre Ressourcen der Zukunft. Gleichzeitig wird die Konkurrenz zwischen den beiden Ressourcenkategorien sichtbar: Der Entscheid, ob die primären (geogenen) oder sekundären (anthropogenen) Ressourcen genutzt werden, wird schlussendlich durch deren Verfügbarkeit sowie durch die Technologie und Wirtschaftlichkeit der Exploration, Gewinnung und Aufarbeitung, einschliesslich der Umweltverträglichkeit dieser Prozesse, bestimmt. Weil mit der Nutzung sekundärer Ressourcen wesentlich geringere Umweltbelastungen (Verbrauch an Landschaft, Artenvielfalt, Energie und Materialien) verbunden sind als beim Abbau und der Aufarbeitung primärer Rohstoffe, ist diese für eine nachhaltige Entwicklung von entscheidender Bedeutung. Zusätzlich werden dank der Verwertung die natürlichen Vorräte an Ressourcen geschont.

- **Linearer Stofffluss**
Obschon die Verwertung von Gütern in den letzten Jahrzehnten grosse Fortschritte gemacht haben und heute beispielsweise bereits drei Viertel der Baumaterialien und mehr als die Hälfte des Kupfers aus Sekundärressourcen gewonnen werden, wird ein erheblicher Teil des gesamten Stoffumsatzes noch nicht im Kreis geführt. Für einige Güter kann der lineare Stofffluss sowohl ökonomisch wie auch ökologisch sinnvoll sein. Beispielsweise ist für ein Land, das über reiche Wasserressourcen verfügt, die Kreislaufführung desselben in vielen Fällen nicht notwendig. Für andere Materialien dagegen kann sie essenziell sein: Dank Recycling von Metallen können nicht nur grosse Energie- und Stoffumsätze bei der Primärproduktion vermieden werden. Es ergeben sich auch insgesamt wesentlich geringere Umweltbelastungen als bei einer linearen Stoffnutzung; es fallen der «Landschaftsverbrauch» beim Bergbau, die Bergbauabfälle wie auch die Emissionen der Erzaufbereitung im sogenannten «Hinterland» weg.

- **Komplexität**
Der rasche technologische Fortschritt der letzten 100 Jahre wurde vor allem auch durch neue Werk- und Wirkstoffe ermöglicht. Derzeit sind rund fünfzig Millionen chemische Verbindungen bekannt, jährlich kommen mehr als eine Million neue hinzu. Zehntausend Substanzen werden in Mengen von über 10 Tonnen pro Jahr in Verkehr gesetzt. Eine Folge dieser beispiellosen Entwicklung ist die hohe Komplexität moderner Güter und Systeme: Sie bestehen aus einer hohen und zunehmenden Anzahl an Bestandteilen, von denen jeder eine grosse und zunehmende Anzahl von Stoffen enthält. Daraus ergibt sich sowohl für die Gewinnung von sekundären Ressourcen durch Recycling als auch hinsichtlich der Umweltverträglichkeit ein zunehmendes Problem: In weiten Bereichen stehen weder Informationen noch Technologien zur Verfügung, um diese komplexen Stoffgemische zielorientiert, umweltverträglich und kostengünstig zu bewirtschaften. Dies betrifft vor allem auch die grossen Infrastruktursysteme. Bestanden diese früher aus einer relativ kleinen Palette von Materialien, werden sie heute aus Zehntausenden unterschiedlicher Komponenten zusammengebaut.

Konsum als wachsende Hauptbelastung

Zu Beginn des industriellen Zeitalters waren technische Verfahren gekennzeichnet durch niedrige Wirkungsgrade sowie hohe Abfallmengen und Produktionsemissionen. Die Folge waren teils massive Beeinträchtigungen von Wasser, Boden und Luft. Als Konsequenz entwickelte sich eine Umweltschutzgesetzgebung, die in der Lage war, industrielle Emissionen auf ein umweltverträgliches Mass zu reduzieren. Unterstützt wurde sie dabei durch Wirkungsgrade, die aus wirtschaftlichen Gründen und durch eine erfolgreiche Entwicklung von Umweltschutztechnologien verbessert wurden. Heute präsentiert sich die Problematik völlig anders: Nicht mehr Abfälle und Emissionen aus Produktionsprozessen stehen im Vordergrund, sondern diejenigen des Konsums (Abb. 4-5). Durch die stark gestiegene Menge an Verbrauchs- und Investitionsgütern, die in Verkehr gesetzt werden, hat auch die Menge an Stoffen zugenommen, die entweder bestim-

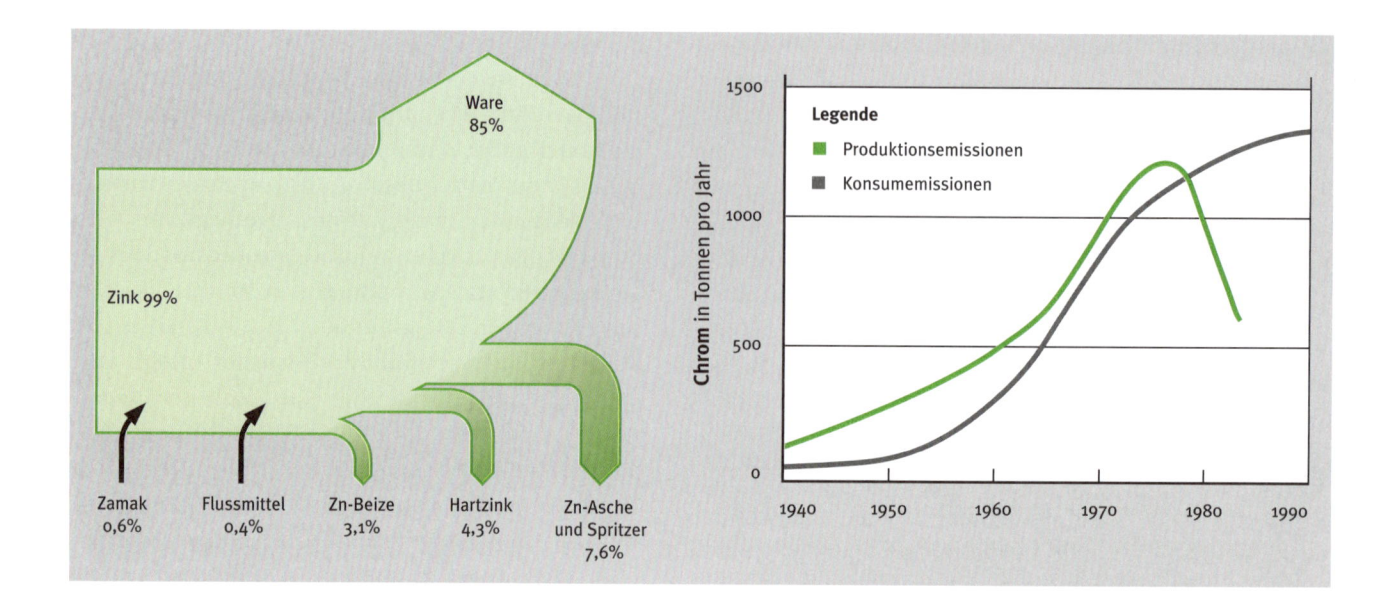

Abbildung 4-5: Produktions- und Konsumemissionen bei Zink (Zn) und Chrom (CR)

Emissionen und Abfälle aus dem Konsum überwiegen diejenigen der Produktion: a) Eine moderne Verzinkerei gibt praktisch keine Zink-Abfälle und -Emissionen an die Umwelt ab. Im Gegensatz zu früher werden die Abfallprodukte Zn-Beize, Hartzink und Zn-Asche heute grossteils rezykliert. 85% des verarbeiteten Zinks ist im Produkt (verzinktes Eisen) enthalten. Es wird während der Nutzungsdauer des Eisens infolge Korrosion langsam an die Umwelt abgegeben. Es geht damit als Ressource verloren und belastet Wasser und Boden. b) Schwedische Untersuchungen belegen, wie die Produktionsemissionen dank Umweltschutzbemühungen bereits Ende der 1970er-Jahre so stark zurückgingen, dass sie gegenüber den wachsenden Konsumemissionen an Bedeutung verloren. Als Konsequenzen müssen künftige Umweltschutzstrategien vermehrt auf die diffusen, langsamen Konsumemissionen fokussiert werden und Massnahmen zur Ressourcenbewirtschaftung auch auf die dissipativen Verluste von Stoffen durch Korrosion, Abrieb und Verwitterung ausgerichtet werden.
Quelle: Enökl[4] und Bergbäck[5]

mungsgemäss als Produkt beziehungsweise als Nebenprodukt als Ressource verlorengeht und in die Umwelt gelangt. Fossile Brennstoffe führen in aller Regel zu CO_2-Emissionen, Nahrungsmittel zu Stickstoff und Phosphor im Abwasser, korrosionsgeschützte verzinkte Oberflächen zu Zink im Abwasser und im Klärschlamm und mit Flammhemmern versehene Kunststoffe zu organischen Verunreinigungen in der Innenluft wie auch in Recyclingprodukten. Die produktionsspezifischen Emissionen werden auch künftig abnehmen. Zudem werden in Dienstleistungsregionen wie der Schweiz weiterhin industrielle Prozesse durch Industrieregionen im Ausland übernommen. Infolge des steigenden Umsatzes an Verbrauchs- und Gebrauchsgütern wie auch wegen der nach wie vor zunehmenden Bevölkerung werden hingegen die Konsumemissionen auch in Zukunft eher zunehmen.

Anthropogene Stoffflüsse übersteigen geogene Stoffflüsse

Der starke Anstieg der Ausbeutung von Bodenschätzen hat nicht nur im lokalen, sondern auch im globalen Massstab zur Folge, dass der durch den Menschen verursachte Umsatz einiger Stoffe grösser ist als der natürliche, durch geogene Prozesse induzierte. Dies stellt ein neues, im globalen Massstab bisher nie dagewesenes Phänomen dar. So beträgt das Verhältnis von anthropogenen zu geogenen Flüssen für die Metalle Chrom 140:1, Quecksilber 20:1, Eisen 9:1 und Kupfer 6:1.[6] Aus Entropiegründen lassen sich Stoffkreisläufe nie vollständig schliessen. Entsprechend besteht bei diesen Elementen die Gefahr, dass sie durch die Inverkehrsetzung, den Gebrauch und die Entsorgung so stark verteilt werden, dass sich in einzelnen Umweltmedien mittel- bis langfristig neue Stoffkonzentrationen einstellen. Das Beispiel «Kohlenstoff» zeigt mit der Treibhausgasproblematik in diese Richtung, obschon hier der anthropogene Beitrag zu den natürlichen Stoffflüssen noch relativ klein ist (Verhältnis anthropogen zu geogen kleiner 1). Für die Elemente mit einem hohen anthropogenen Anteil an den globalen Stoffflüssen ist es wichtig, sichere, langfristig umweltverträgliche Senken zur Verfügung zu haben, in denen derjenige Anteil, der nicht wirtschaftlich verwertet werden kann, abgelagert respektive dissipiert werden kann.

4.2 Herausforderungen

Eine nachhaltige Siedlungs- und Infrastrukturentwicklung setzt in Bezug auf die Ressourcen mindestens folgende drei Aspekte voraus:

Verfügbarkeit von Ressourcen und Senken
Die physischen Ressourcen, die für den Aufbau, den Betrieb und Unterhalt sowie den Ersatz der Infrastrukturen notwendig sind, müssen in ausreichender Menge verfügbar sein. Diese Bedingung ist für die Schweiz derzeit im Wesentlichen erfüllt. Allerdings treten – historisch gesehen selten und punktuell – immer wieder Zeitabschnitte auf, die durch ausgesprochene Schwankungen der Rohstoffpreise und damit auch durch temporäre Knappheiten sowie Verteuerungen einzelner Rohstoffe (Erdöl, Stahl, Kupfer u.a.) gekennzeichnet sind. Die Ursache dieser Engpässe sind meist politische oder kriegerische Auseinandersetzungen jenseits der Schweizer Grenze (Weltkriege, Suezkrise, Auseinandersetzungen im Nahen Osten). Sie waren bisher noch nicht durch physische Verknappung der Erzlagerstätten bedingt. Voraussagen, dass in absehbarer Zukunft –

im Zeithorizont von Jahrzehnten – Verknappungen zunehmen werden, sind zahlreich. Herrscht bezüglich der unsicheren Verfügbarkeit und der hohen Volatilität der Preise für fossile Energieträger Einigkeit, so sind die Prognosen zur Knappheit mit Unsicherheit behaftet. Sie stehen anderen Ansichten entgegen, die – basierend auf historischen Erfahrungen und ökonomischen Modellen – weniger von einer echten, physischen Verknappung ausgehen. Inwiefern langfristig – mit einem Zeithorizont von mehr als 100 Jahren – mit einer wirklichen Verknappung von Rohstoffen zu rechnen ist, lässt sich nicht mit Sicherheit prognostizieren. Eine zuverlässige Voraussage bedingte im Minimum Wissen über künftig verfügbare Technologien, über die wirtschaftliche Entwicklung, insbesondere in den aufstrebenden Volkswirtschaften, und über die soziokulturelle Entfaltung der Gesellschaften (Wird in der postdienstleistungsorientierten Gesellschaft die «Materialisierung» menschlicher Bedürfnisse durch immaterielle Werte abgelöst?). Ein Blick zurück auf Vorhersagen, die vor hundert Jahren getroffen wurden, bestätigt die grossen Schwierigkeiten, die mit Prognosen über derart lange Zeiträume verbunden sind.

Der «World Energy Outlook 2009»[7] der Internationalen Energieagentur (IEA) prognostiziert für die kommenden 20 Jahre eine Zunahme des Energiebedarfs um 40 %. Nach IEA wird dies zum einen hohe Ölpreise zur Folge haben und kann die Stabilität der Weltwirtschaft ernsthaft gefährden. Zum andern wird dadurch der anthropogen bedingte Klimawandel beschleunigt. Um sowohl den Klimawandel wie auch die unsichere Verfügbarkeit von fossilen Energieträgern zu bekämpfen, schlägt die IEA einen anspruchsvollen Transformationspfad vor, bestehend aus Erhöhung der Energieeffizienz, Low-carbon-Technologien und einem Übergang zu neuen Fahrzeugtechnologien.

Aus Sicht einer nachhaltigen Entwicklung ist es unabdingbar, dass der Einsatz von fossilen Brennstoffen eingeschränkt wird, da für den anthropogen bedingten Ausstoss an Treibhausgasen eine «letzte Senke» fehlt und damit die Klimaänderung beschleunigt wird. Das Beispiel der IEA zeigt, dass im Bewusstsein vieler Akteure ein Wechsel bezüglich der Begrenztheit von Ressourcen eingetreten ist: Zusätzlich zu den «vorderen» Grenzen in der Versorgung aufgrund mangelnder Verfügbarkeit werden Grenzen am hinteren Ende der Stoffnutzung, bei der Entsorgung von Stoffen in «letzten Senken» erkannt und in Entscheidungsprozessen bezüglich Ressourcenmanagement berücksichtigt. «Senken» werden damit zu eigentlichen Ressourcen, die für die wirtschaftliche Entwicklung ähnlich einschränkend sein können wie klassische Rohstoffe. Neben dem Problembereich «fossile Energieträger/Klimawandel» existieren weitere Beispiele, die zeigen, wie die Inverkehrssetzung von Stoffen durch fehlende letzte Senken begrenzt sein kann: Verschiedene synthetisch hergestellte – und damit fast in beliebiger Menge verfügbare – Stoffe wie DDT, polychlorierte Biphenyle (PCB) und halogenierte Kohlenwasserstoffe (FCKWs) wurden mangels umweltverträglicher natürlicher Senken bereits aus dem Verkehr gezogen. Neuerdings wird auch Quecksilber zu diesen Stoffen gezählt, die wegen der Dissipation in der Umwelt einzuschränken sind.[8]

Umweltverträglichkeit
Die Siedlungs- und Infrastrukturentwicklung darf die Umweltschutzziele nicht verletzen, wie sie Artikel 1 des Schweizerischen Umweltschutzgesetzes (USG) formuliert: «... soll Menschen, Tiere und Pflanzen, ihre Lebensgemeinschaften und Lebensräume gegen schädliche oder lästige Einwirkungen schützen sowie die natürlichen Lebensgrundlagen, insbesondere die biologische Vielfalt und die Fruchtbarkeit des Bodens, dauerhaft erhalten.»[9] Dabei verlangt der Gesetzgeber, anders als etwa in den USA, die Beachtung des Vorsorgeprinzips und ordnet das Verursacherprinzip an.

Die ressourcenbezogenen Hauptfragen zur Umweltverträglichkeit der Siedlungs- und Infrastrukturentwicklung betreffen «Boden», «Landschaft» und «Biodiversität», «Energie» und «Klimawandel», «Spurenstoffe» (z.B. Schwermetalle, persistente organische Verbindungen und Nanomaterialien) sowie «letzte Senken». Solange Siedlungs- und Infrastrukturentwicklung auf Kosten von natürlichen oder landwirtschaftlich genutzten Böden vor sich gehen und nicht beispielsweise durch Nutzung von Industriebrachen, werden natürliche Lebensgrundlagen verändert und wird Boden «verbraucht». Solange Primärbaustoffe Verwendung finden, werden Landschaft, Böden und Biodiversität durch den Abbau von Kies, Sand, Steinen und Ton verändert. Diese Veränderungen – wie alle primären Eingriffe wie z.B. Erzabbau und Landwirtschaft – haben in der Regel massivste Eingriffe in Ökosysteme zur Folge. Sie müssen jedoch nicht nur negative Auswirkungen haben: Durch Siedlungsentwicklung kann eine Landschaft durchaus auch reichhaltiger und die Artenvielfalt vergrössert werden. Die Herausforderung besteht darin, mittels entsprechender Governance den Interessensausgleich zwischen den verschiedenen Ansprüchen so zu gestalten, dass bei der Entwicklung von Siedlungen und Infrastruktur die Ziele des Umweltschutzes wie auch diejenigen der Ressourcennutzung bestmöglich erreicht werden.

Für eine nachhaltige Entwicklung ist auch der Interessensausgleich zwischen dem Hinterland und dem Siedlungsgebiet notwendig. Die schweizerischen Dienstleistungsregionen profitieren davon, dass die von ihnen benötigten Ressourcen meist nicht bei ihnen, sondern in ihrem (globalen) Hinterland gewonnen werden. Die dabei entstehenden Emissionen, aber auch die beträchtlichen Eingriffe in Landschaften fallen ebenfalls im Hinterland an. Insofern gilt es einen globalen Ansatz für die Ressourcennutzung zu finden, der die insgesamt ressourcenschonendste und umweltverträglichste Lösung gewährleistet.

Bezüglich dem Verbrauch an Energieträgern und entsprechendem Ausstoss von Treibhausgasen nimmt die Siedlungsentwicklung eine zentrale Bedeutung ein: Die Siedlungsstruktur beeinflusst die Verkehrswege der Bewohnerinnen und Bewohner und damit auch den CO_2-Ausstoss. Die Bauweise und Isolierung der Gebäude entscheidet über den Bedarf an Wärme respektive Kühlung und – zusammen mit der Art der Energieversorgung – die CO_2-Emissionen bei der Nutzung von Bauwerken. Die räumliche Anordnung, die Struktur und die Oberfläche der Gebäude sind entscheidend für die Ausprägung der städtischen Wärmeinsel («Heat Island Effect») und damit auch für das Bedürfnis nach Klimatisierung im Sommer. Eine spezielle Herausforderung stellt das Nutzerverhalten dar: Die Zunahme an technisch verfügbaren und wirtschaftlich erschwinglichen Klimageräten führt bei-

Grün- und Freiflächen erfüllen nicht nur Ansprüche der Bevölkerung, sondern auch jene der städtischen Tier- und Pflanzenbestände. Zudem dämpfen sie den Stadtklimaeffekt.

spielsweise dazu, dass die Nutzerinnen und Nutzer, die in ihren Automobilen die Vorteile der Kühlung erfahren haben, Klimaanlagen auch für den stationären Bereich (Dienstleistungs- und Wohngebäude) fordern. Innenräume werden vermehrt gekühlt und damit steigen der Energieverbrauch und der CO_2-Ausstoss im Sommer weiter an.

Bezüglich Spurenstoffe stehen nicht mehr die Produktionsemissionen im Vordergrund, sondern die Konsumemissionen, die aus der Nutzung und dem Verbrauch von Gütern stammen. Sie entstehen meist flächenhaft und diffus. Es handelt sich um kleine Stoffflüsse und um langfristige Akkumulationen, die – wenn überhaupt – erst nach Jahren bis Jahrzehnten Wirkung in der Umwelt entfalten. Damit erweist sich die Beobachtung, die Beurteilung der Wirkung und die Regelung schwieriger, als dies bei punktförmigen, starken Emissionen aus industriellen Prozessen der Fall war. In Siedlungen treten Konsumemissionen relativ konzentriert auf und können dort lokal über längere Zeiträume relevante Konzentrationen annehmen. Beispiele sind Substanzen wie Kupfer und Zink, die aus Oberflächen von Bauwerken (Dachabdeckungen, Dachentwässerung) oder bei der Nutzung von Verkehrssystemen (Pneuabrieb) emittiert werden.

Bauwerke sind aber nicht nur Quellen von Schadstoffen, sie können auch die Funktion von Senken erfüllen. Da der Umsatz an Baumaterialien – mit Ausnahme von Wasser und Luft – alle weiteren anthropogenen Stoffflüsse bei Weitem übersteigt, bieten sie ein begrenztes Aufnahmepotenzial für Stoffe, die nicht in Wasser, Boden oder Luft emittiert werden sollen. Die Frage lautet, welche Wirkungen Schadstoffe in Baumaterialien auf die Umwelt ausüben können, wie gross das Aufnahmepotenzial der Baumaterialien ist und welche Bedeutung dies im Zusammenhang mit der regionalen Ressourcennutzung für Mensch und Umwelt hat.

«Senken» werden künftig eine grössere Bedeutung erlangen. In den Siedlungen sind grosse Mengen an Stoffen enthalten, die aus technischen und wirtschaftlichen Gründen nicht rezirkuliert werden können und deshalb entsorgt werden müssen. In mittlerer Zukunft – bis allenfalls Regelungen ihre derzeit noch wenig abschätzbare Wirkung voll entfalten – werden wesentlich grössere Mengen an problematischen Stoffen in Senken unterzubringen sein als heute. Der Grund liegt in der langen Verweilzeit im Lagerbestand: Die in den 1970er- und 1980er-Jahren eingebauten grossen Mengen an heute teilweise bereits nicht mehr verwendeten Schadstoffen werden erst in den nächsten Jahren voll in der Abfallwirtschaft eintreffen. Dies erfordert, dass Anlagen bereitzustellen sind, um Stoffe in einen inerten Zustand überzuführen, und Deponien, um diese aufzunehmen. Zudem ist nach wie vor eine Überwachung (Monitoring) der Schadstoffbelastung von Wasser, Boden und Luft notwendig. Dabei stehen nicht nur klassische analytische Ansätze, sondern auch stoffstrombasierte Methoden zur Früherkennung der Akkumulation gefährlicher Stoffe im Vordergrund.

Wissensbasis

Eine spezielle Herausforderung stellt die Beschaffung, Verwaltung und Nutzung von Informationen über Ressourcen im regionalen Massstab dar. Dieses Wissen ist essenziell, um den Energie- und Stoffwechsel von Siedlungen und deren Infrastrukturen mit dem Zweck einer nachhaltigen Entwicklung zu verstehen. Derzeit sind die Kenntnisse über natürliche und anthropogene Stoffflüsse und -lager limitiert und segmentiert. Punktuell existieren für einzelne Bereiche nationaler Güterflüsse[10/11] oder regionaler Stoffflüsse[12/13] zwar gute Daten, von einer ressourcenorientierten Wissensbasis ist man jedoch weit entfernt. Nicht nur werden Daten von unterschiedlichen Stellen erhoben und verwaltet, auch die Art der gesammelten Daten ist noch nicht auf die spezifischen Bedürfnisse einer nachhaltigen Siedlungs- und Infrastrukturentwicklung ausgerichtet. Obschon die Entwicklung von Wissensbasen auf allen Ebenen gefordert wird, ist noch kein kohärentes, auf sauberen methodischen und nutzerorientierten Grundlagen bestehendes Gerüst verfügbar. Zudem bestehen Befürchtungen, dass die Transaktionskosten für die Beschaffung und Verwaltung von Informationen über langfristige Güter der Infrastruktur durch den Nutzen dieser Informationen in ferner Zukunft nicht kompensiert werden können.

Um den Zusammenhang zwischen Ressourceneinsatz und Umweltwirkungen darstellen zu können, fordert die Europäische Kommission in ihrer «Thematischen Strategie für die nachhaltige Nutzung natürlicher Ressourcen»[14] eine neue Wissensbasis. Diese Wissensbasis sieht sie als Grundlage, um künftige umweltpolitische Prioritäten zu setzen respektive vorhandene Prioritäten kritisch zu überprüfen. Auch braucht sie diese Wissensbasis für die Politikbewertung, um Auswirkungen von Massnahmen in der Energiepolitik, Verkehrspolitik, Finanzwirtschaft, Raumplanung usw. auf Ressourcennutzung und Umwelt abschätzen zu können. Anhand der Wissensbasis und der Politikbewertung sieht die Europäische Kommission eine Möglichkeit, jene Massnahmen zu identifizieren, die das grösste Potenzial für eine umweltschonende Ressourcennutzung versprechen.

Im Zusammenhang mit der Wissensbasis ist auch das Thema «Unsicherheit» zu erwähnen: Jede Information hat eine bestimmte Genauigkeit. Gerade bei realen Systemen wie Siedlungsstruktur, Infrastrukturteilen und Umweltkompartimenten ist diese Genauigkeit oft gering. Es ist wichtig, das Thema «Unsicherheit» beim Entwickeln von Wissensbasen zu berücksichtigen, da Unsicherheiten Entscheidungen und Entscheidungsträger wesentlich beeinflussen können: Wird die Frage der Unsicherheit nicht thematisiert, fällt eine Entscheidung über die Auswahl von Technologien häufig zugunsten neuer, noch wenig bekannter Verfahren aus. Wird dagegen fehlendes Wissen berücksichtigt, haben auch bewährte Verfahren – trotz ihrer bekannten Nachteile – eine Chance.

Weitere wichtige Fragen zur Ressourcenbewirtschaftung betreffen die Landschaft, die Zersiedelung, die Biodiversität, den demografischen Wandel sowie die Governance, d.h. die aktive Beeinflussung der Ressourcenbewirtschaftung durch Entscheidungsträger und Akteure der verschiedenen Ebenen.

Die zentrale Herausforderung bezüglich Ressourcennutzung und Siedlungsentwicklung lautet zusammenfassend: Die Mengen an Energie, Rohstoffen, Raum, Landschaft und Artenvielfalt sind endlich. Bei ihrer Gewinnung, Nutzung und Entsorgung entstehen Umweltbelastungen. Wie können bei den sich dauernd ändernden sozio-ökonomischen und technischen Randbedingungen Entscheidungen getroffen werden, die auch langfristig ein wirtschaftliches und ökologisches Optimum darstellen?

4.3 Lösungsansätze für die nachhaltige Ressourcenbewirtschaftung

Derzeit bestehen keine fertig ausformulierten theoretischen Ansätze, um einen ressourcenschonenden und umweltverträglichen Stoffhaushalt im regionalen Massstab zu fördern. Diesem Ziel am nächsten kommen die Arbeiten SYNOIKOS von Baccini & Oswald[15], in denen eine transdisziplinäre Methode entwickelt wurde, um am Beispiel «Kreuzung Schweizer Mittelland» morphologische Ansprüche («Steigerung der Lebensqualität durch urbane Gestaltung») mit physiologischen Ansprüchen («nachhaltige Ressourcennutzung») innerhalb von zwei Generationen in Übereinstimmung zu bringen. In Ermangelung des theoretischen Unterbaus ist ein heuristischer Ansatz zweckmässig, bei dem neue Erkenntnisse mithilfe der Erfahrung, hier speziell der Forschungsprojekte des NFP 54, gewonnen werden.

Das generelle Ziel einer nachhaltigen Ressourcenbewirtschaftung in Siedlungen ist die Gewährleistung der langfristigen Aufrechterhaltung der menschlichen Aktivitäten wie Ernähren, Wohnen, Arbeiten, Transport, Kommunikation u.a. Um dieses Ziel zu erreichen, bedarf es einer genügenden Versorgung mit Rohstoffen, Raum und Energie sowie Senken, die in der Lage sind, die Abfallstoffe des anthropogenen Stoffwechsels ohne Beeinträchtigung der Umwelt aufzunehmen. Da sich sowohl die menschlichen Bedürfnisse wie auch die Technologie der Ver- und Entsorgung mit Gütern und Stoffen ständig weiterentwickeln, ändert sich auch die dafür benötigte Art und Menge an Ressourcen. Ausserdem unterliegt die gebaute Umwelt – genauso wie die natürliche – einem fortwährenden Abbau durch Alterung, Verwitterung, Korrosion und Erosion, was wiederum neuer Ressourcen zum Ersatz bedarf. Die NFP 54-Projekte zeigen beispielhaft, wie sich Ressourcen (Materialien, Flächen) besser nutzen lassen, und wie in Zukunft primäre, geogene (natürliche) Ressourcen vermehrt durch sekundäre, anthropogene Ressourcen ersetzt werden können respektive diese ergänzen.

In der Schweiz existieren etwa 200 ungenutzte Bahnareale mit einer Fläche von rund 2,8 Millionen Quadratmetern.

Dieser zu entwickelnde «Neue Metabolismus» umfasst:
- den Ersatz von natürlichen Rohstoffen durch Recyclingstoffe aus langlebigen urbanen Lagern («Bauwerke als Ressourcenquelle», «urban mining»),
- die Umweltentlastung durch verstärkte Kreislaufführung von Gebrauchs- und Verbrauchsgütern, mit den Zielen «saubere Kreisläufe» und «sichere letzte Senken»,
- die Reduktion von CO_2-Emissionen durch Massnahmen bezüglich Siedlungsentwicklung und Infrastruktur,
- den sparsamen Umgang mit der Fläche u.a.m.

Generell gilt für die Schweiz die Erkenntnis, dass die Fläche die kritischste Ressource darstellt. Der beschränkte Raum steht im Vordergrund des Interesses nicht nur der Bevölkerung, sondern auch der Wissenschaft, noch vor Fragen der Knappheit von Materialien, Energie oder von CO_2-Senken. Auffallend ist auch, dass – mit Ausnahme der Fläche – Ressourcen 1. Ordnung weniger stark im Fokus stehen als solche zweiter Ordnung: Aspekte wie optimale Nutzung dank effektiverem Management, auf Nachhaltigkeit ausgerichtete Governance, akteursbezogene Einflussmöglichkeiten der Ressourcennutzung sowie steuerungsorientierte Wissensbasis stehen klar im Vordergrund.

Erkenntnisse aus NFP 54-Projekten

Das Projekt ZERSIEDELUNG entwickelte die drei Messgrössen «urbane Durchdringung», «Dispersion» und «Durchsiedlung pro Einwohner», mit denen sich die Zersiedelung quantitativ darstellen lässt. Mithilfe dieser Messgrössen analysierte das Projekt die Zersiedelung im Zeitraum 1935–2002 und erstellte Szenarien für die Entwicklung bis 2050.

Das Projekt EINFAMILIENHAUS analysierte die Entwicklung von Einfamilienhaussiedlungen im Zürcher Oberland und zeigt Möglichkeiten auf für die Weiterentwicklung einzelner Bauten beziehungsweise für die Umstrukturierung ganzer Siedlungen. Solche Siedlungen werden als genügend flexibel beurteilt, um sich kontinuierlich an wechselnde Bedürfnisse anzupassen. Es bietet sich damit die Chance, die Forderung nach höherer Dichte mittels innovativer Formen der Erschliessung und Abparzellierung, gemischter Bautypologien oder einem neuen Verständnis des privaten Aussenraums zu erfüllen.

Das Projekt URBANES WOHNEN analysierte die Präferenzen von Familien bei der Wahl des Wohnumfeldes in städtischen Aussenquartieren. Es zeigt, dass die Lebensformen für die Wahl des Lebensumfeldes entscheidend sind. Allerdings spielt für die meisten Lebensformen der Zugang zu Grün- und Freiflächen eine sehr wichtige Rolle, weshalb für die Hälfte der Bevölkerung das Einfamilienhaus die präferierte Wohnform darstellt.

Die Fläche als Ressource

Die «kompakte Stadt» gilt aus der Sicht der Ressource «Fläche» sowie der Erhaltung der offenen Landschaft als Modell für eine ressourcenschonende, nachhaltige Siedlungsentwicklung. Die aktuelle Entwicklung strebt jedoch in eine andere Richtung: Nimmt im Schweizerischen Mittelland die Bevölkerung weiter zu, beobachtete man in den letzten 30 Jahren in Schweizer Städten einen anhaltenden Bevölkerungsrückgang, mit einer Abnahme der durchschnittlichen Haushaltsgrösse und einem steigenden Wohnraumverbrauch pro Person. So überrascht es nicht, dass sich rund ein Drittel aller Projekte des NFP 54 mit der Fläche und deren nachhaltiger Bewirtschaftung befasste.

Verdichtung reduziert Ressourcenbedarf

Eine Grundbedingung für den nachhaltigen Umgang mit der Fläche liegt vor allem in der verdichteten Nutzung: Damit sinkt der Bedarf an zusätzlichen Flächen und es bleibt mehr offene Landschaft erhalten. Da die Ver- und Entsorgungsnetze dichter und effizienter gestaltet werden können, fällt aber auch der Pro-Kopf-Stoff- und Energieumsatz geringer aus. Von der Ressource Kupfer beispielsweise, die etwa zur Hälfte in der Infrastruktur eingebaut ist, wird umso weniger gebraucht, je kürzer und dichter die Verbindungen für die Übertragung von Strom und Information vom Produzenten über den Verteiler zum Konsumenten sind. Analoges gilt auch für andere Materialien, die für Versorgung und Entsorgung aufgewendet werden müssen – wie Kies, Sand und Steine, Metalle, Kunststoffe oder Energieträger. Um das Ziel kompakte, wenig zersiedelte Städte mit hoher Ressourceneffizienz (Dienstleistungseinheit pro Ressourcenumsatz) zu erreichen, wurden im NFP 54 neue Methoden zur Charakterisierung der Zersiedelung entwickelt, die Einflussfaktoren und die Motive der Bevölkerung für die Wahl ihres Wohnsitzes untersucht, die Verwertung von alten Bahnhofs- und Industriebrachen geprüft sowie die Vermehrung der Ressource «Fläche» durch die intensivere Nutzung des Untergrunds vorgeschlagen.

Um Urbanisierung und die Zersiedelung der Fläche zu verstehen und die Distanz zwischen den Wünschen der Bevölkerung und den Anforderungen einer nachhaltigen Siedlungsentwicklung zu verkleinern, sind neue Messmethoden notwendig. In einer der Nachhaltigkeit dienenden Metrik sind Angaben zur Siedlungsfläche als alleiniges Messobjekt unzureichend. Auch die räumliche Verteilung der Flächen sowie die Einwohnerdichten müssen berücksichtigt werden. Die drei Grössen «urbane Durchdringung», «Dispersion» und «Durchsiedlung pro Einwohner» aus dem Projekt Zersiedelung machen die starke Zersiedelung der Schweizerischen Siedlungsfläche seit 1935 sichtbar. Eine nachhaltige Siedlungsentwicklung erfordert in erster Linie einen Stopp des Siedlungsflächenwachstums durch Verdichtung bestehender Siedlungsräume sowie einen Rückbau bestehender Siedlungsflächen in agrarisch oder ökologisch wertvolle Bereiche. Als weitere Massnahme bietet sich die «zentrale Konzentration» an. Auch ist die Tendenz zu einer stark gestreuten Entwicklung und Suburbanisierung zu vermeiden. Die klare Begrenzung der Bauzonen hat dabei eine erstrangige Bedeutung, da sie das verstreute Bauen konsequent unterbinden kann.

Individuelle Präferenzen beeinflussen Siedlungsentwicklung

Entscheidend für die Phänomene «dichte Stadt» und «urban sprawl» ist das Verständnis der individuellen Erwartungshaltung und des Verhaltens der Bewohnerinnen und Bewohner. Individuelle Ziele und Wunschvorstellungen von Familien resultieren oft in lockeren Einfamilienhaussiedlungen im periurbanen Bereich, die den Zielen der Raumplanung diametral gegenüberstehen. Der Entscheid für eine Stadtwohnung hängt unter anderem von der Ausstattung der Wohnungen, der Nähe zur städtischen Infrastruktur sowie der Vielfalt des kulturellen Angebots ab. Die Wohnattraktivität vieler Schweizer Städte hat in den letzten zehn Jahren zugenommen, ohne dass die gleichzeitig verlaufende Siedlungsdispersion dadurch gestoppt worden wäre. Die beobachteten Veränderungen in Schweizer Städten zeigen, dass ökologische und soziale Nachhaltigkeit nicht von selbst miteinander einhergehen. Die Beeinflussung der Nutzung der Ressource «Raum» hinsichtlich einer nachhaltigen Wirtschaftsweise ist ein komplexes Unterfangen. Für eine ressourcenschonende Raumplanung ist ein vertieftes Verständnis für die Entwicklung der Vorstellungen der Nutzer bezüglich ihrer präferenziellen Wohnform notwendig. Faktoren, die Entscheidungen zu einem Wohnortwechsel berücksichtigen, sind nicht nur Preise und Wohnungsgrösse, sondern auch Lebensqualität, Architektur und soziale Faktoren am Standort (Projekt URBANES WOHNEN). Die Lebensqualität eines gegebenen Standortes hängt von den drei Bereichen emotionale Dimension des Wohnens, soziale Dimension der Begegnung und funktionale Dimension des Nutzens ab. Der Wert der Ressource «Fläche» ist damit von höchst unterschiedlichen Parametern abhängig und kann für unterschiedliche Nutzertypen verschieden sein.

Erkenntnisse aus NFP 54-Projekten

Das Projekt BAHNAREALE untersuchte die Umnutzungspotenziale von brachliegenden Bahnarealen. Es zeigte sich, dass die Governance, also die Art und Weise, wie das Projekt durch die relevanten Akteure gelenkt und gesteuert wird, eine entscheidende Rolle für den Erfolg entsprechender Projekte spielt. Der Organisationsstruktur auf strategischer und operationeller Ebene, der Kontinuität und den Brüchen im Prozessablauf sowie spezifischen Themen jeder Ablaufphase ist bei der Planung und Realisierung von Umnutzungsprojekten urbaner Brachen besondere Aufmerksamkeit zu schenken. Das Projekt schlägt vor, die Attraktivität von Bahnhofsbrachen über den Weg der Initiierung und nicht der Normierung zu erhöhen: Durch neue Initiativen zur Anpassung von gesetzlichen Regulativen, durch die Zunahme der Flächennutzung, durch neue Finanzinstrumente können brachliegende Ressourcen weit besser genutzt werden als durch eine standardisierte Vorgangsweise.

Das Projekt PRIVATINVESTOREN identifizierte Verdichtungspotenziale bei Infrastrukturprojekten, die mithilfe von Privatinvestoren realisiert werden. Allerdings sind die öffentlichen Partner mit der Führung entsprechender Public-Privat-Partnership-Projekte stark gefordert. Inzwischen besteht ein leistungsfähiges Netzwerk von Generalunternehmern und institutionellen Investoren, die in der Lage sind, Grossprojekte zu realisieren.

Das Projekt UNTERGRUND analysierte die Nutzungspotenziale des Untergrundes und entwickelte eine Methodologie, um die Untergrundressourcen in die Raumnutzung zu integrieren. Bauen im Untergrund hat zwar meist höhere Baukosten zur Folge, die aber durch zusätzliche Nutzungen oder geringere Energiekosten kompensiert werden.

⋯⋯⟶ Erkenntnisse aus NFP 54-Projekten

Das Projekt BAUSTOFFZYKLEN analysierte die Zement- und Betonflüsse und -lager in der Schweiz im Jahr 2005 und die damit verbundenen Schwermetallflüsse. Aufgrund der Alterung des Gebäudebestandes wird die Materialproduktivität in den kommenden Jahrzehnten abnehmen. Verbesserungen im Ressourcenmanagement der Zement- und Betonindustrie werden behindert durch die begrenzte Verfügbarkeit von Sekundärmaterialien zu konkurrenzfähigen Preisen.

Das Projekt STADTÖKOSYSTEM entwickelte ein Rechnungsmodell zur Erfassung des urbanen Stoffwechsels. Eine Fallstudie dieses Modells in Basel zeigte unter anderem, dass sich der Energieverbrauch im Wohnbereich aufgrund bereits eingeleiteter Massnahmen bis 2050 halbieren wird, die Ziele einer 2000-Watt-Gesellschaft damit aber noch nicht erreicht werden.

Die Kleinfamilie als klassische Klientel des Einfamilienhaushalts wird in Zukunft zugunsten neuer Haushaltsformen an Bedeutung verlieren. Der sich abzeichnende Auszug der ersten Bewohnergeneration und der Erneuerungsbedarf des Einfamilienhausbestandes aus den Jahren der Hochkonjunktur wird eine Neubestimmung der Bewohner-, Gebäude- und Quartierstruktur zur Folge haben. In den nächsten Jahrzehnten eröffnen sich deshalb Handlungsspielräume für die Nutzung der Siedlungsfläche. Dies bietet, wie das Projekt EINFAMILIENHAUS zeigt, eine Chance für eine evolutionäre Entwicklung bestehender Einfamilienhaussiedlungen mit ihrer kleinteiligen Eigentumsstruktur, die von einer Vielzahl von Akteuren vorangetrieben wird.

Demografischer Wandel verlangt flexible Lösungen

Ein zentraler Faktor für den künftigen Bedarf an Infrastruktur und damit für den Ressourcenbedarf insgesamt und den Flächenbedarf im Besonderen ist auch die demografische Entwicklung: Zum einen nimmt die Bevölkerung und damit die Nachfrage nach Materialien, Flächen und Energie immer noch zu. Zum anderen wird im Jahre 2040 ein Viertel der Schweizer Bevölkerung älter als 65 Jahre sein. Die Verschiebungen in der Alterspyramide hat Änderungen bei der Nachfrage – der Menge und der Art der Produkte – zur Folge, die sich derzeit noch nicht quantitativ abschätzen lassen. Die klassische Wohnform der Kleinfamilie beispielsweise wird durch tief greifende, demografische und ökonomische Veränderungen stark beeinflusst, mit Konsequenzen für den Wohnbau und dadurch für den Ressourcenbedarf. Bereits kleine Interventionen wie bessere Zugänglichkeit und Verbindungen auf öffentlichen Flächen können die Lebensqualität der sich ändernden Bevölkerung beeinflussen. Für die Bewirtschaftung der Ressourcen bedeutet die kontinuierliche Änderung der Bevölkerungsstruktur, dass flexible Lösungen, die an neue Gegebenheiten adaptierbar sind, Vorteile mit sich bringen. Kann die gebaute Infrastruktur über ihre Lebensdauer den sich verändernden demografischen Gegebenheiten angepasst werden, werden weniger Ressourcen verbraucht, als wenn ein völliger Umbau notwendig würde.

Nutzungspotenziale in städtischen Räumen

Eine besondere Chance zur besseren Flächennutzung stellen Industrie- und Bahnhofsbrachen in zentralen Lagen dar. Einerseits stehen sie tatsächlich für eine neue Verwertung und Gestaltung zur Verfügung, andererseits eignen sie sich sehr gut für eine verdichtete, multifunktionale Bauweise und sind dank ihrer zentralen Lage verkehrsmässig meist gut erschlossen. Wie das Projekt BAHNAREALE zeigt, sind für eine optimale Nutzung dieser Areale viele Hürden und Widerstände zu überwinden – nicht zuletzt bezüglich der positiven Wahrnehmung dieser oft als wenig attraktiv empfundenen Flächen.

Bei grösseren Infrastrukturvorhaben kann eine bessere Raum- und Ressourcennutzung auch durch das Zusammenspiel von öffentlicher und privater Finanzierung erreicht werden (Projekt PRIVATINVESTOREN). Insbesondere durch die Verdichtung und Erhöhung der Komplexität neuer Infrastrukturbauten sowie der Möglichkeit, einzelnen Infrastrukturteilen mehrere Funktionen und Aktivitäten zuzuordnen, kann der Zersiedelung entgegengewirkt und die Verdichtung gefördert werden. Durch einen übergeordneten globalen Gestaltungsprozess

Noch sind die finanziellen Anreize, primäre Ressourcen durch Recyclingmaterialien zu ersetzen, zu gering.

durch Generalunternehmer unter Teilnahme öffentlicher und privater Bauträger können die Bereiche Verkehrs- und Energiewirtschaft optimal berücksichtigt werden. Auf diese Art neu gebaute, dichte Infrastruktur ermöglicht optimale Dienstleistungen für die Nutzerinnen und Nutzer, bietet hochwertigen Raum für wirtschaftliche Tätigkeiten und stellt für den Investor eine wertvolle Anlage dar.

Die Ressource «Fläche» kann auch besser genutzt werden, indem sie nicht nur als zweidimensionales Objekt, sondern als räumliches Gebilde betrachtet wird. Dichtere Siedlungen können nicht nur durch zunehmende Dichte und Höhe der Bauwerke erreicht werden, auch der Untergrund bietet ein grosses Potenzial zur Verdichtung und dadurch zur nachhaltigen Ressourcennutzung. Allerdings können sich bei der Nutzung des Untergrunds Konflikte zwischen den verschiedenen Akteuren ergeben: Anspruch auf den Gebrauch des Untergrundes stellen Unternehmen der Rohstoffgewinnung (Ton-, Sand- und Kieswerke), der Ver- und Entsorgung (Quellen und Netzwerke für Energie, Wasser und Abwasser, Information), des Transportwesens (Strassen- und Bahnverkehr), aber auch private und öffentliche Bauherren des Hochbaus. Im Projekt UNTERGRUND wird vorgeschlagen, für eine nachhaltige Nutzung des Untergrundes Entscheidungen von Fall zu Fall und nicht sektoriell zu treffen. Um potenzielle Nutzungskonflikte zu erkennen und zu lösen, gilt es, bereits im Vorfeld der Erschliessung alle relevanten wie auch übergeordneten Aspekte des Potenzials der Ressource «Untergrund» umfassend zu beurteilen. Allerdings braucht dies eine neue Wissensbasis: Es ist notwendig, die an verschiedenen Orten bestehenden unterschiedlichsten Informationen (Geologie, Hydrologie, Infrastruktur, Verwaltung) zu erheben, zu verknüpfen und auszuwerten. Synergien und Konflikte zwischen den unterschiedlichen Nutzungen können im Voraus erkannt werden, und der Untergrund kann aus mehrdimensionaler Sicht auch langfristig optimal genutzt werden. Die Höhe von Bauwerken ist meist gesetzlich limitiert, die Bautiefe dagegen durch höhere Kosten. Diese können zum Teil durch tiefere Energiekosten für Heizung und Kühlung kompensiert werden, was aus Gründen der Ressourcenschonung wiederum für den intensiveren Gebrauch der Ressource «Untergrund» spricht. Es ist deshalb wichtig, dass die Revision des Raumplanungsgesetzes auch den Untergrund und dessen Nutzung berücksichtigt und regelt.

Materialien und Energie als Ressource

Siedlungen besitzen einen Stoffwechsel, der mit demjenigen von biologischen Organismen verglichen werden kann. Als solche sind sie auf die externe Versorgung mit Materialien und Energie wie auch auf Möglichkeiten angewiesen, Abstoffe und Energie wieder exportieren zu können. Die wichtigsten «Gerüstmaterialien» des anthropogenen Stoffwechsels stellen Baustoffe dar (Abb. 4-1 und 4-2): Sie überwiegen sowohl bei den Stoffflüssen wie auch bei den Lagern alle anderen Materialien und Energieträger – mit Ausnahme von Wasser und Luft – bei Weitem. Für den Bau, die Erweiterung und Erneuerung der Siedlungsinfrastruktur ist deshalb entscheidend, ob eine genügende Menge und Qualität an Baustoffen verfügbar ist. Da bereits ein grosser Bestand an Materialien verbaut ist und diese Stoffe in Zukunft nach Ablauf der wirtschaftlich-technisch bedingten Nutzungsdauer wieder als Rohstoffe eingesetzt werden können, stellt sich diese Frage nicht nur für primäre, sondern auch für die sekundären (Recycling-)Rohstoffe.

Die derzeit anfallenden Baurestmassen stammen aus Bautätigkeiten der letzten 30 bis 100 Jahre. Aufgrund des gegenüber heute geringen Bauvolumens der Vergangenheit können die heute entstehenden Baurestmassen nur einen kleinen Anteil des heutigen Marktes abdecken. So werden heute etwa 80% der Bauabfälle rezykliert. Doch entspricht dies bloss 10–12% des in der Schweiz abgebauten Kieses. Je weniger die schweizerische Bausubstanz zunimmt und je mehr sie sich einem Gleichgewichtszustand «Input gleich Output» nähert, desto bedeutender werden die Baurestmassen für die Versorgung des Bauwesens. Baurestmassen sind ein Mischprodukt, das aus zahlreichen Stoffen zum einen beim Bauprozess und zum andern bei der Nutzung und Entsorgung entsteht. Entsprechend sind die bautechnischen und ökologischen Eigenschaften von Baurestmassen nicht dieselben wie die primärer Baustoffe. Ein den Prinzipien der Nachhaltigkeit genügendes Ressourcenmanagement muss diese mengenmässigen und qualitativen Aspekte berücksichtigen.

Fehlanreize beim Ressourceneinsatz

Die Materialproduktivität des «Bauwerks Schweiz» – definiert als Einheit Bruttoinlandsprodukt je Einheit Ressourcenverbrauch – hat in der Vergangenheit ständig zugenommen. Aufgrund der Alterung des Gebäudebestands wird dies in Zukunft nicht mehr der Fall sein. Das Projekt BAUSTOFFZYKLEN geht davon aus, dass der notwendige Ersatzneubau zu zunehmendem Materialverbrauch bei nur noch gering steigenden Einnahmen führt und deshalb die Materialproduktivität in den kommenden Jahrzehnten abnehmen wird. Dieser nicht nachhaltigen Entwicklung kann nur durch eine erhöhte Effizienz bei Bau und Nutzung des «Bauwerks Schweiz» begegnet werden, beispielsweise durch vermehrtes Recycling und Verwerten.

Da Primärkies zu relativ günstigen Preisen zur Verfügung steht, bestehen heute kaum finanzielle Anreize für die Betonindustrie, primäre Ressourcen durch Betonabbruchgranulat zu ersetzen. Anreize fehlen auch deshalb, weil durch die Deponierung von Inertstoffen in leeren Kiesgruben zusätzliche Einnahmen generiert werden können. Es ist anzunehmen, dass bei wachsendem Aufkommen an Abbruchmaterialien der umweltpolitische Druck zur Verwertung zunimmt. Die Abfallpolitik ist daher gefordert, die Anreize zum Einsatz von Baurestmassen in der Bauwirtschaft durch wirksame Massnahmen zu erhöhen. Nur dadurch können geogene Ressourcen geschont und bereits verbaute anthropogene Ressourcen in mehrmaligen Kreisläufen besser genutzt werden.

Einen Beitrag zu Ressourcenschonung und Umweltschutz kann auch der Einsatz von Sekundärbrennstoffen in der Zement- und Betonindustrie liefern. Die Verwertung von wenig mit Schadstoffen belasteten Abfällen als Ersatzbrennstoffe erweist sich in nachhaltiger Hinsicht von Vorteil: Einerseits können fossile Brennstoffe mit ihren treibhauswirksamen Kohlendioxidemissionen vermieden und klimaneutrale Abfallbrennstoffe verwertet werden. Andererseits ist beim Einsatz wenig belasteter Abfallbrennstoffe das Risiko für die Umwelt infolge der Auswaschung von Schadstoffen aus Zement und Beton gering. Politiken zum Ressourcenmanagement in der Bauwirtschaft sollten deshalb sowohl die Abfallverwertung in der Zementindustrie unterstützen, als auch die ökologische Verträglichkeit der Verwertung von Abfallbrennstoffen sicherstellen.

Herausforderung Klimawandel

Die Energieträger sind nebst den Baustoffen die wichtigsten Elemente eines urbanen Stoffwechsels. Es besteht eine enge Wechselwirkung zwischen den beiden: Je nach Ausgestaltung der Bauwerke wird mehr oder weniger Energie für die Errichtung und den Unterhalt benötigt. Derzeit findet ein Umbau des schweizerischen Baubestandes statt mit dem Ziel, den Energiebedarf im Hochbau zu reduzieren. Anhand von Modellen und Simulationen lässt sich die zukünftige Wirkung von Entscheidungen abschätzen. Das Projekt STADTÖKOSYSTEM kommt am Beispiel der Stadt Basel zum Schluss: Werden die bereits eingeleiteten Massnahmen konsequent weitergeführt – d.h. ohne zusätzliche Massnahmen, sondern allein aufgrund der normalen baulichen Tätigkeiten wie Abbruch, Renovation und Neubau –, wird sich der Energiebedarf im Wohnbereich bis 2050 um die Hälfte verringern. Um das Ziel einer 2000-Watt-Gesellschaft zu erreichen, sind allerdings zusätzliche Massnahmen wie höhere Renovationsraten, Energieversorgungssysteme mit höheren Wirkungsgraden und energiesparendere Materialien notwendig.

Andere Trends wie die Klimatisierung von Innenräumen stellen die bereits eingeleitete Entwicklung zur Verringerung der Energienachfrage aber wieder infrage: Initiiert durch die Entwicklung in Dienstleistungsgebäuden und im Verkehrswesen, wo die Klimaanlage seit rund zehn Jahren zur Standardausrüstung eines Pkw gehört, nimmt der Energiebedarf für die Raumkühlung auch im Wohnbereich in den letzten Jahren stark zu. Das sich abzeichnende Nutzerverhalten und die zu erwartende globale Erwärmung verstärken diesen Trend. Als Reaktion auf diese Entwicklung begrenzte das Bundesamt für Energie den Anstieg des Stromverbrauchs der Schweiz infolge der Klimatisierung auf 5% (Referenzjahre 2000 bis 2010). Das Projekt KLIMATISIERUNG zeigt auf, dass dieses Ziel nur mithilfe einer Reihe von Massnahmen in den Bereichen «Bewusstseinsbildung», «Information», «Organisation», «Technologie» und «Gesetzgebung» zu erreichen ist: Reduktion der

Erkenntnisse aus NFP 54-Projekten

Analysen des Projekts KLIMATISIERUNG zeigen, dass sich der Stromverbrauch für Klimaanlagen zwischen 1990 und 2005 verdoppelt hat. 2005 wurden 2,8% des in der Schweiz verbrauchten Stroms und die Hälfte der Stromproduktion des Atomkraftwerks Mühleberg zu diesem Zweck verwendet. Um diesen Trend zu brechen, ist eine Kombination von technischen, organisatorischen und Informationsmassnahmen erforderlich.

Das Projekt WÄRMEINSEL entwickelte ein mehrstufiges Klimamodell, das die Vorhersage des Stadtklimas in Abhängigkeit der städtischen Geometrie sowie der grossräumigen Strukturen erlaubt. Die Wärmeinsel der Stadt Basel von 5–6°C liesse sich mit Gebäudehüllen mit veränderten thermophysikalischen Eigenschaften um 0,5–2°C vermindern, durch die Änderung der Reflexionseigenschaften der Gebäudeoberflächen um 0,5°C.

Das Projekt DEZENTRALE ENERGIEVERSORGUNG untersuchte die Marktchancen alternativer Heizsysteme. Um das vorhandene Potenzial zu nutzen, brauchte es unter anderem langfristige, konsistente Informations- und Motivationskampagnen, aber auch geeignete Finanzierungssysteme, um die hohen Initialkosten neuer Energiesysteme zu senken.

Das Projekt WISSENSDIFFUSION identifizierte eine zentrale Bedeutung von Information und Beratung für die Förderung der Energieeffizienz. Es schlägt ein vierteiliges, intensives Informationsmanagement vor, bestehend aus neutraler Vermarktung energieeffizienter Konzepte, Beratung zur Steigerung der Energieeffizienz, Verpflichtung zu beruflichen Weiterbildungen sowie eine Kommunikationsstrategie.

Erkenntnisse aus NFP 54-Projekten

Das Projekt MOBILITÄTSVERHALTEN untersuchte die Möglichkeiten, wie die individuellen Mobilitätsentscheide in der Situation des Wohnortswechsels beeinflusst werden können. Das Projekt konnte nachweisen, dass mittels geeigneter Inventionen ein beschränktes Potenzial besteht, das Mobilitätsverhalten zu beeinflussen.

Das Projekt GÜTERVERKEHR befasst sich mit der Situation des städtischen Güterverkehrs und entwickelte Massnahmenpläne, wie die Effizienz und die Qualität der Güterversorgung verbessert werden kann. Unter anderem durch die «Atomisierung» der Transporte – häufigere, aber kleinere Transportmengen – hat der Strassengüterverkehr in den letzten Jahrzehnten in Agglomerationen dramatisch zugenommen und Prognosen deuten an, dass diese Entwicklung weitergeht. Bislang haben sich aber weder die Raumplanung noch die Verkehrspolitik diesem Verkehr angenommen. Massnahmen sind aber auf unterschiedlichsten Ebenen notwendig.

Das Projekt RISIKOMANAGEMENT entwickelte anhand des Nord-Süd-Strassenkorridors ein Bewertungsinstrument, mit welchem Investitionen zum Schutz von Verkehrswegen vor Naturgefahren sowohl aufgrund erdwissenschaftlicher wie ökonomischer Gesichtspunkte geplant werden können.

---

rauminternen Wärmebelastung, Kontrolle der individuellen Notwendigkeit von Raumkühlung, Optimierung bestehender Installationen, Nutzung von fotovoltaisch erzeugtem Strom zum Betrieb der Kühlaggregate, Integration der SIA Norm 180 in eine gesetzliche Regelung u.a.

Auch die Optimierung von Gebäuden und städtebauliche Massnahmen können zur Verringerung des Energieverbrauchs im Sommer beitragen: So wie sich die Oberfläche des Siedlungsraums von jener einer nativen Vegetation im ländlichen Raum meist stark unterscheidet, so verschieden sind auch die Wechselwirkungen mit der Sonneneinstrahlung und der Atmosphäre. Als Folge davon bilden sich urbane Wärmeinseln, sogenannte «Heat Islands». Die Temperaturunterschiede zwischen dem städtischen Siedlungsraum und dem ländlichen Umland können dabei mehrere Grad Celsius betragen. Die vom Projekt WÄRMEINSEL entwickelten Modelle zeigen, dass es auf unterschiedlichen Skalen Möglichkeiten zur Verringerung von Wärmeinseln gibt, etwa durch den Einsatz anderer Baustoffe mit vorteilhaften thermophysikalischen Eigenschaften oder durch eine alternative Gestaltung der Gebäudehüllen mit entsprechenden Eigenschaften zur Reflexion der Sonnenstrahlung.

Verbreitung neuer Technologien

Die Beispiele «Raumkühlung» und «Wärmeinsel» zeigen, dass sowohl kurzfristig wie auch langfristig Lösungen aus den Bereichen «Klimatechnologie», «Gebäudehüllen», «Architektur», «Städtebau» u.a. verfügbar sind, um die Energieeffizienz von Siedlungen zu erhöhen. Eine zentrale Frage bei neuen Technologien zur Ressourcenschonung spielt jedoch die Umsetzung: Erst der breite Einsatz dieser Technologien gewährleistet, dass tatsächlich Ressourcen eingespart werden können. Es ist deshalb von zentraler Bedeutung, die Mechanismen zu verstehen, wie sich das Wissen über neu zur Verfügung stehende Technologien verbreitet. Wie und wie rasch setzt sich eine neue Generation von Verfahren, Geräten und Anwendungen durch? Diese unter anderem im Projekt DEZENTRALE ENERGIEVERSORGUNG untersuchte Frage ist vor allem für das wachsende Segment der alternativen Energiesysteme im Wohnbaubereich (Kraft-Wärmekopplung, Erdwärme, thermische und fotovoltaische Sonnenenergie) interessant. Entscheidungen über ein Heizsystem fallen meist entweder bei einem Neubau oder beim Ausfall einer bestehenden alten Heizung. Im letzteren Fall sind die Akteure gezwungen, rasch zu handeln, die Zeit für eine Auseinandersetzung mit neuen Technologien fehlt, und die Wahl fällt auf ein bewährtes, aber weniger nachhaltiges Gerät. Im Gegensatz dazu sind der Neubau-Markt und der «bewusste» Ersatzmarkt Hoffnungsträger; Akteure nehmen sich auf diesen Märkten mehr Zeit für die Suche nach optimalen Heizsystemen, und Argumente zur Ressourcenschonung finden bei dieser Suche mehr Gehör.

Neue, innovative Geschäftsmodelle in Partnerschaft mit Finanzinstituten können ebenfalls dazu beitragen, die Marktdurchdringung zu fördern. Sie dämpfen die anfänglichen höheren Kosten und zeigen anhand der Lebenszykluskosten die langfristigen Vorteile auf. Anreize der öffentlichen Hand können Entscheidungen der Konsumenten ebenfalls stark beeinflussen, wie die Erfolge der Nutzung der Sonnenenergie in Deutschland und Österreich zeigen. Dazu braucht es eine langfristige, konsistente Strategie und geeignete strukturelle Rahmenbedingungen: Neben finanziellen Anreizen sind auch die Vereinfachung des Genehmigungsprozesses, die Bereitstellung von unabhängiger Information und Beratung, Bewusstseinsbildung und Ausbildung sowie die Vorbildwirkung der öffentlichen Hand bei neuen Bauwerken wichtig. Die zentrale Bedeutung von Information und Beratung für die Förderung der Energieeffizienz unterstreicht auch das Projekt WISSENSDIFFUSION, welches ein intensives vierteiliges Informationsmanagement vorschlägt.

Verkehr und Ressourcen

Der Bedarf an den Ressourcen «fossile Brennstoffe» und «Mineralien» wird zu einem erheblichen Anteil durch den Verkehr geprägt, der seinerseits in enger Wechselwirkung mit der Siedlungsstruktur steht. Der Umzug in zentral gelegene Wohnstandorte bedeutet deshalb aus Sicht der Mobilität ein Umzug in Richtung Nachhaltigkeit. Eine wichtige, im Projekt MOBILITÄTSVERHALTEN untersuchte Frage war, inwiefern und mit welchen Eingriffen das Mobilitätsverhalten beeinflusst werden kann. Aufgrund der ausgeprägten Routine im Mobilitätsverhalten besteht oft nur eine geringe Bereitschaft für Veränderungen. Biografische Bruchstellen – die Gründung einer Familie, neue Partnerschaften, aber auch Veränderungen des Wohn- oder Arbeitsortes – bieten Chancen, diese Routine aufzubrechen und einen Wandel im Verkehrsverhalten zu induzieren. Ein auf Nachhaltigkeit ausgerichtetes, umfassendes Mobilitätsmanagement muss diesen Bruchstellen vermehrt Aufmerksamkeit schenken, z.B. durch Interventionen bei Neuzuzügern, durch Konzepte zur Ansprache von Personen mit einer latenten Bereitschaft zu einer Verhaltensänderung – möglichst bereits vor dem Wohnortswechsel und

Erkenntnisse aus NFP 54-Projekten

Das Projekt IMMOBILIENBEWERTUNG analysierte mit hedonistischen Methoden den Einfluss von Umweltparametern auf die Mietzinse. So bewirkt beispielsweise eine im Jahresdurchschnitt um 10 Dezibel höhere Lärmbelastung um 1,5 bis 3,5% tiefere Mieten. Einen starken Einfluss auf die Mietzinsen hat auch die freie Aussicht, insbesondere jene auf Gewässer. Der Mietpreis einer Wohnung mit Blick auf einen See kann im Vergleich zu einer Wohnung ohne Seeblick um fast die Hälfte höher liegen.

Das Projekt BIODIVERCITY wies in den Städten Zürich, Luzern und Lugano eine mit dem ländlichen Umland vergleichbare Artenvielfalt nach. Der soziologische Studienteil zeigte, dass die landschaftlichen Präferenzen der Stadtbewohnerinnen und -bewohner – Komplexität an Strukturen und Vegetation – mit denen der städtischen Umwelt weitgehend übereinstimmen. Mittels Informationen zur ökologischen Relevanz lässt sich die Präferenz zugunsten bestimmter Lebensräume zudem erhöhen.

Das Projekt STADTPARK untersuchte, inwiefern öffentliche Parks in der Stadt Zürich die soziale Nachhaltigkeit in städtischen Siedlungen unterstützen. Die allgemeine Zugänglichkeit dieser öffentlichen Freiräume kommt in der Vielfalt der beobachteten Nutzungsgruppen zum Ausdruck. Mit Ausnahme der Kinder werden jedoch selten direkte Kontakte zwischen Unbekannten geknüpft. Die Begegnungen der übrigen Nutzerinnen und Nutzer können als tolerantes «leben und leben lassen» bezeichnet werden. Entscheidend für die insgesamt positive Beurteilung ist auch das hohe und professionelle Commitment der öffentlichen Hand in der Planung, Gestaltung und Regulierung öffentlicher Grünräume.

Städtebauliche Massnahmen tragen zur Verminderung des Stadtklimaeffekts bei.

durch Aufzeigen der Vorteile des Umziehens in zentrale Lagen: Wie viel Zeit und Geld kann der Einzelne mit kürzeren Wegen sparen, und wie viel höher dürfen die Mieten demzufolge an zentralen Lagen sein, welche Gesundheitseffekte können mit kürzeren Wegen verbunden sein, welche Ressourcen werden eingespart usw.

Im Zentrum des Verkehrsinteresses steht auch der Strassengüterverkehr. Dieser nimmt sowohl insgesamt wie auch anteilsmässig am gesamten Verkehrsaufkommen stark zu, mit negativen Folgen wie Stau, Lärm, Schadstoffemissionen und Unfällen. Aus der Sicht einer nachhaltigen Ressourcennutzung ist es notwendig, die Effizienz und Qualität der Güterversorgung sicherzustellen und zu steigern. Mittel dazu umfassen gemäss dem Projekt GÜTERVERKEHR die Verbesserung der Erreichbarkeit güterverkehrsintensiver Nutzungen einschliesslich der Schaffung raumplanerischer und verwaltungstechnischer Voraussetzungen, die Minimierung negativer Auswirkungen des Güterverkehrs auf Mensch und Umwelt sowie die Förderung von Sensibilisierung, Ausbildung und Innovationen im Bereich Güterverkehr. Generell ist die Wissensbasis wie auch die Zusammenarbeit aller Akteure zu verbessern. Der grösste Anteil der genutzten Ressourcen ist in der Verkehrsinfrastruktur verbaut. Dieser ist durch vielerlei Einflüsse gefährdet: Nicht nur unterliegt er technischen Alterungsprozessen und unerwarteten menschlichen Eingriffen, sondern er wird auch durch Naturgefahren wie Steinschlag, Lawinen, Hochwasser und Erdbeben bedroht. Da für Güter einer bestimmten Funktion die Ressourceneffizienz von der Lebensdauer abhängig ist, sind aus Sicht der nachhaltigen Ressourcenbewirtschaftung Prozesse vorteilhaft, die die Lebensdauer von Infrastruktur verlängern können. Massnahmen wie systematische Unterhaltsarbeiten, Früherkennung von Überbelastungen und Schäden, Gestaltung von Systemen nach den Gesichtspunkten der langfristigen Lebensdauer bekommen damit einen wichtigen Stellenwert in der Schonung von Ressourcen. Im Projekt RISIKOMANAGEMENT wird vorgeschlagen, Managementmethoden und Wissensbasen für die Vorhersage, Beurteilung und Bewältigung solcher sich plötzlich und unerwartet manifestierenden Ereignisse zu entwickeln. Die Entscheidungsträger benötigen Instrumente, um zu beurteilen, ob aus wirtschaftlichen Gründen Präventionsmassnahmen wie die Investition in Schutzbauten gerechtfertigt sind. Solche Instrumente erlauben nicht nur eine objektive Güterabwägung, sondern tragen durch die Verlängerung der Lebensdauer auch zu einer besseren Nutzung primärer Ressourcen bei.

Umwelt als Ressource

Der Wert, der durch den Einsatz physischer Ressourcen entsteht, wird nicht allein durch das die Ressourcen enthaltende Objekt bestimmt. Massgebend ist stets auch der Bezug zu weiteren Objekten und zur Umwelt. Deshalb kann der Wert von Objekten, die aus denselben Ressourcen bestehen, variieren. Dieser qualitative Aspekt der Ressourcennutzung ist vor allem im urbanen Kontext wichtig: Das Projekt IMMOBILIENBEWERTUNG bestätigt einen klaren Zusammenhang zwischen dem Preis von Immobilien respektive von Mieten und der Qualität des Umfelds. Zusätzlich zu den objektimmanenten Eigenschaften wie Grundfläche, Ausbaustandard usw. werden auch externe Aspekte wie Lärm, Aussicht und Umweltbedingungen direkt über Preise abgebildet. Teilweise können diese Einflüsse sehr gross sein: Eine aussergewöhnliche Aussicht kann den Preis einer Miete beinahe verdoppeln. Die verbauten natürlichen Ressourcen können somit, je nachdem in welchem Umfeld sie eingesetzt werden, zu einer ganz unterschiedlichen Wertschöpfung führen. Die Umwelt wird somit – mindestens teilweise – zu einer monetär bewertbaren Ressource, die den Bewohnerinnen und Bewohnern von Siedlungen wertvolle Dienste leisten kann.

Wichtige Ressourcen stellen dabei natürliche Lebensräume und ihre Artenvielfalt dar. In Städten unterliegen diese vielen Einflüssen, die teils hemmend, teils fördernd wirken können, und in den Projekten BIODIVERCITY und STADTPARK untersucht wurden. Die Einstellung von Bewohnerinnen und Bewohner zur Biodiversität kann durch das Vermitteln von Informationen über die ökologische Qualität der Landschaft – z.B. anhand von Indikatorarten – beeinflusst werden. Haben Bewohnerinnen und Bewohner Zugang zu Naturräumen und können diese nutzen, so trägt dies messbar zur Lebensqualität bei. Durch zurückhaltende Pflegemassnahmen und eine mosaikartige Anordnung verschiedener Lebensraumelemente, die sich in Bezug auf Grösse, Form und Unterhaltsregime unterscheiden, wird auch im urbanen Raum eine Artenvielfalt erreicht, und die natürlichen Ressourcen an Biodiversität bleiben weitgehend erhalten. Öffentliche Grünanlagen fördern nicht nur die Lebensqualität, sondern auch die «soziale Nachhaltigkeit», insbesondere dann, wenn sie als gesellschaftlich integrierende Räume wirken. Dazu sind konkrete, zielgerichtete Massnahmen der Planung, Gestaltung und Regulierung von öffentlichen Parks notwendig.

Ressourcen 2. Ordnung

Die Nutzung der physischen Ressourcen 1. Ordnung wird erst durch das im Laufe der Menschheitsgeschichte erarbeitete Wissen (Ressourcen 2. Ordnung) ermöglicht und in ihrer Effizienz bestimmt (vgl. Kap. 4.1). Für eine hochentwickelte Dienstleistungsgesellschaft wie die Schweiz sind Ressourcen 2. Ordnung von weit grösserer Bedeutung. Im Hinblick auf eine nachhaltige Entwicklung sind vor allem sie weiterzuent-

Erkenntnisse aus NFP 54-Projekten

Das Projekt SOZIALES KAPITAL untersuchte den Zusammenhang zwischen sozialem Kapital und nachhaltiger Quartierentwicklung am Beispiel von sechs Quartieren in den Städten Basel, Luzern und Genf. Um dem Anspruch nachhaltiger Quartierentwicklung gerecht zu werden, bedarf es eines netzwerkorientierten statt hierarchisch-bürokratischen Planungsverständnisses. Je nach Ausprägung dieses Planungsverständnisses ergeben sich «Regime nachhaltiger Quartierentwicklung», in denen sich die Art und Struktur der Zusammenarbeit mit Wirtschaft, Umweltverbänden und Zivilgesellschaft ausdrücken. Diese Regime können integrierenden, lobbyierenden oder situativ-partizipativen Charakter haben. Je nach Regimetyp wird soziales Kapital in anderen Formen und Intensitäten erschlossen.

Das Projekt ABWASSERMANAGEMENT entwickelte eine strategische Planungsmethode für Infrastruktursektoren und testete sie an drei Beispielen aus dem Schweizerischen Abwassersektor. Die Anwendung der Methode erlaubt es, eine breite Reihe von Kontextentwicklungen, Systemalternativen und Interessenpositionen in der Entscheidung zu berücksichtigen. Durch die transparente Reflektion all dieser Aspekte können potenziell nachhaltigere Alternativen identifiziert und umfassend bewertet werden als mit konventionellen Planungsansätzen.

Das Projekt LEBENSSTILE befasste sich mit der Frage, wie der frühzeitige Einbezug von Lebensstil-Konzepten durch Investoren die Planung und Realisierung auf Nachhaltigkeit ausgerichtete Wohnbauprojekte begünstigen. Die Ergebnisse zeigen, dass das Wissen über Nachhaltigkeitsaspekte bei kommerziellen Investoren noch limitiert ist und ihre Strategien stark durch konservative Haltungen geprägt sind.

Bildung spielt bei der effizienten Nutzung und Bewirtschaftung der Ressourcen eine entscheidende Rolle.

wickeln. Sie sind Grundvoraussetzung für eine Wirtschaftsweise, die mit weniger Ressourcen 1. Ordnung auskommt – höhere Ressourcenproduktivität – und weniger lokale wie globale Umweltbelastungen verursacht. Zum Kernbereich dieser Kategorie gehört das «soziale Kapital», verstanden als an Personen und Gruppen gebundene Fähigkeiten und Kenntnisse. Investieren unterschiedliche Akteure ihr soziales Kapital wie Kontakte, Wissen und Zugänge im Rahmen eines netzwerkorientierten Planungsprozesses in die gemeinsame Zielsetzung «nachhaltige Quartierentwicklung», können die physischen Ressourcen wesentlich besser genutzt werden. Bestandteile dieses im Projekt SOZIALES KAPITAL untersuchten Prozesses sind die Entwicklung eines gemeinsamen Verständnisses von nachhaltiger Stadt- und Quartierentwicklung sowie eine strategische Planung der Kooperation von Wirtschaft, Zivilgesellschaft und Umweltverbänden. Daraus entstehen kreative Milieus, in denen sich Lösungsszenarien im Umgang mit Umwelt, Lebensqualität und Wirtschaftsweisen entwickeln lassen, die rein fachlichen oder ehrenamtlichen Arrangements, wie die Verwaltung oder Vereine sie bieten, überlegen sind.

Wissenstransfer durch Dialogprozesse

Da sich die Ressourcen 2.Ordnung wie Wissen, Technologie, Governance – im Gegensatz zu Ressourcen 1. Ordnung – rasch weiterentwickeln, stellt sich die Frage, wie sie zeitgerecht für Planung, Bau und Betrieb langfristiger Infrastruktursysteme genutzt werden können. Besonders aktuell ist das Thema der Interdependenzen zwischen institutionellen und materiellen Strukturen bei der strategischen Planung der Siedlungsentwässerung, weil einige Systemkomponenten der Abwasserinfrastruktur am Ende des Lebenszyklus angekommen sind und Entscheide über künftige Investitionen anstehen. Da sich sowohl Rahmenbedingungen wie auch Beurteilungskriterien kontinuierlich ändern, muss periodisch geprüft werden, ob früher als optimal bewertete Lösungen immer noch vorteilhaft sind oder ob die Ziele durch neue technische und organisatorische Alternativen effektiver erreicht werden können. Neue, auf Erkenntnissen der Transitionsforschung, partizipatorischer Planungsmethoden und technologischer Vorausschau beruhende Ansätze fördern den regionalen Kompetenzaufbau und soziales Lernen. Sie führen gemäss Projekt ABWASSERMANAGEMENT letztlich zu umfassenderen, besser akzeptierten und reibungsloseren Entscheidungsprozessen über langfristige Investitionen im Infrastrukturbereich.

Träger der Ressourcen 2. Ordnung – «Wissensträger» – sind alle beteiligten Akteure. Ihr Wissen respektive Unwissen über nachhaltige Wirtschaftsweisen bestimmt den Fortschritt in Richtung nachhaltiger Siedlungsentwicklung. Wie das Projekt LEBENSSTILE zeigt, trifft dies insbesondere für Investoren und Projektentwickler zu, die aufgrund ihres traditionsbewussten Weltbildes nur selten eine avantgardistische Haltung einnehmen und Umwelt und Nachhaltigkeit vorwiegend als Kostenfaktoren wahrnehmen. Es ist notwendig, dass Investoren und Projektentwickler in einem strukturierten Dialogprozess die Notwendigkeiten, Bedürfnisse und Herausforderungen einer nachhaltigen Siedlungsentwicklung kennenlernen. Ein solcher, sorgfältig zu planender Prozess schliesst auch weitere, nichtkommerzielle Partner wie NGOs und den öffentlichen Sektor mit ein, die oft eine andere Sichtweise von Nachhaltigkeit einbringen. Um den Konflikt zwischen kommerziellen und nichtkommerziellen Interessensgruppen zu lösen, ist es wichtig, die Struktur von Siedlungen, Bedürfnisse nach behutsamer Aufwertung sowie den möglichen Gewinn aus einer nachhaltigen Entwicklung zu berücksichtigen. Der Schlüssel zum Erfolg besteht darin, dass alle Teilnehmenden den Inhalt, die Ziele und das Vorgehen, ihre Rollen und Kompetenzen, die Verwendung der Resultate sowie die Verantwortlichen für die Umsetzung kennen und gutheissen. Für den schonenden und umweltverträglichen Einsatz von Ressourcen wie Fläche, Energie und Baumaterialien kann ein solcher, erfolgreicher Dialog entscheidend sein.

4.4 Wissenslücken und Forschungsbedarf

Das NFP 54 hat das Thema «Ressourcen» nicht flächendeckend, sondern nur punktuell untersucht. Nur wenige Projekte haben sich ausschliesslich und direkt mit physischen Ressourcen 1. Ordnung befasst. Indem sie neues Wissen schaffen, tragen viele Forschende jedoch dazu bei, dass Ressourcen indirekt geschont werden: Wenn durch kluge Bewirtschaftung die Lebensdauer von Infrastrukturen verlängert werden kann, dann hat dies einen verminderten Bedarf an Ressourcen 1. Ordnung zur Folge. Kann dank neuen Erkenntnissen über die Motive der Bewohnerinnen und Bewohner zur Wahl ihres Wohnraums eine dichtere Bauweise erreicht werden, dann spart dies nicht nur Siedlungsfläche, sondern auch materielle und energetische Ressourcen.

Fehlende Datenbasis

Angesichts der Abhängigkeit der Schweiz von Rohstoffimporten ist das Wissen über die künftige Verfügbarkeit relevanter Rohstoffe verhältnismässig gering. Zurzeit anstehende, volkswirtschaftlich wichtige Entscheidungen, beispielsweise bezüglich der Verwertung des Phosphors im Klärschlamm, stützen sich auf Angaben über künftige Rohstoffverknappungen, die mit hoher Unsicherheit behaftet sind. Wie ausgeführt kann aus Gründen des Umweltschutzes ganz klar für eine Recyclingstrategie plädiert werden, doch ist es für Entscheidungen bezüglich eines effizienten Ressourcenmanagements unabdingbar, eine bessere, unabhängige und robuste Datenbasis mit bekannter Unsicherheit zur Verfügung zu haben.

Für ein zielorientiertes Ressourcenmanagement fehlt derzeit eine Wissensbasis auf regionaler wie nationaler Ebene: Es sind zwar Statistiken und Zeitreihen über Material- und Energieimporte, -exporte, -lager und den Inlandsumsatz verfügbar, doch ist das Wissen über das Angebot und den sektoriellen Bedarf an Rohstoffen und Senken sowie über einzelne relevante Wert- und Schadstoffe im Sinne einer Lebenszyklusanalyse nicht vorhanden. Damit ist auch die Frage nach der Integration der Abfallwirtschaft in ein Ressourcenmanagement nur schwer zu beantworten. Der Ersatz der primären Ressourcen durch sekundäre Ressourcen erfolgt eher spontan zufällig als langfristig systematisch. Die aktuelle Ressourcen- und Umweltpolitik favorisiert das quantitative vor dem qualitativen Recycling: Viele potenzielle Schadstoffe werden im Kreis geführt. Dies widerspricht einer langfristig nachhaltigen Strategie, da dadurch die Probleme nur in die Zukunft verschoben werden. Eine Wissensbasis muss deshalb dazu dienen:
- die Ressourcenqualität nachhaltig auf möglichst hohem Niveau zu halten,
- die Umwelt kurz-, mittel- und langfristig zu entlasten,
- die Schadstoffe gezielt in eine geeignete letzte Senke zu führen.

Dies bedingt die Entwicklung neuer Indikatoren, die unterscheiden können zwischen dem Anteil an Schadstoffen, die in geeignete respektive ungeeignete Senken fliessen. Eine besondere Herausforderung stellt sich auch in der Integration stofflicher Informationen mit solchen aus den Bereichen Landschaft und Artenvielfalt, die ebenfalls Bestandteile einer umfassenden Wissensbasis sein müssen.

Lebenszyklusinformationen für relevante Roh- und Schadstoffe

Eine grosse Wissenslücke besteht auf dem Gebiet der Stoffe: Für einzelne Substanzen existieren Informationen über ihren Stoffpfad von der Quelle bis zur Senke. Doch fehlt eine nach Gesichtspunkten der Ressourcenschonung und des Umweltschutzes erstellte Wissensbasis für ausgewählte Stoffe, die für die Schweiz wichtig sind. Dies ist deshalb von Relevanz, weil das 20. und 21. Jahrhundert als «Stoffjahrhunderte» gelten können: Wurden über Jahrtausende lediglich wenige Mineralien, Metalle und Naturstoffe verwendet, explodierte der Stoffmarkt seit dem späten 19. Jahrhundert. Heute gibt es mehr als 50 Millionen beschriebene Stoffe, und jährlich kommen mehr als eine Million neue hinzu. Zudem sind Stoffe wie Nanopartikel mit völlig neuen Eigenschaften auf dem Markt, deren Pfade und Wirkungen in der Umwelt erst abgeklärt werden müssen. Mindestens für die in der Schweiz wichtigsten Rohstoffe wie auch für relevante und indikative Schadstoffe sollte eine Wissensbasis über den gesamten Lebenszyklus geschaffen werden. Dies ist aus folgenden Gründen notwendig:

- **Früherkennung**
  Wie gross ist der Ressourcenbedarf, und welche primären und sekundären Ressourcen stehen der Schweiz in Zukunft zur Verfügung?
- **Umweltschutz**
  Welche Schadstoffe werden in Zukunft zu entsorgen sein respektive dissipativ in die Umwelt gelangen? Welcher Deponieraum respektive welche Senkenkapazitäten in der Umwelt sind erforderlich? Dabei bleibt zu berücksichtigen, dass die Aufnahmefähigkeit für Stoffe in Wasser, Boden und Luft beschränkt ist und die dissipativen Verluste mittelfristig zunehmen werden.

- **Bewertung**
  Wo sind die grössten Mengen an sekundären Rohstoffen und an Schadstoffen: In Bauwerken, in Verkehrsmitteln, in Ver- und Entsorgungsnetzwerken, in der Landwirtschaft? Welche sind prioritär zu bewirtschaften und allenfalls zu regeln?

Das Thema «Stoffsenken» steht derzeit nicht im Fokus der fachlichen und gesellschaftlichen Diskussion, obschon der Stoffwechsel von Siedlungen auf Senken angewiesen ist. Bereits heute besteht in Teilbereichen eine Knappheit an ökologisch zuverlässigen «letzten Senken». Konsum- wie auch Dienstleistungsgesellschaften implizieren in aller Regel viel Transport, Energieumsatz, Abfall sowie Bedarf nach «letzten Senken» für Abstoffe. Ein grosser Teil der Stoffe akkumuliert aber derzeit im anthropogenen Bestand. Falls sie nicht in sauberen Kreisläufen untergebracht werden können, ist daher künftig mit einem weiter steigenden Bedarf an Senken zu rechnen.

4.5 Fazit

Die Gestaltung und Bewirtschaftung der Siedlungen und Infrastruktur nach den Prinzipien der Nachhaltigkeit stellt ein ambitioniertes Ziel dar. Es verlangt ehrgeizige Visionen auf politischer Ebene und intensive Anstrengungen auf fachlicher Ebene.

1. Ziele

Eine nachhaltige Ressourcenpolitik ist einerseits darauf ausgerichtet, durch optimale, mehrfache Nutzung der in den Bauwerken und der Infrastruktur vorhandenen Materialien den Bedarf an Ressourcen so niedrig wie möglich zu halten und den Energieverbrauch zu senken. Dadurch verringert sich die Abhängigkeit von schlecht verfügbaren, volatilen Rohstoffen. Gleichzeitig wird die Umwelt im «Hinterland» entlastet, also in jenen Regionen, in denen die Primärressourcen gewonnen werden. Nationale Ressourcenpolitik wird damit zur internationalen Umweltpolitik. Hohe Umweltstandards sollen andererseits gewährleisten, dass bei der Nutzung von Raum, Materialien und Energieträger die Verluste an die Umwelt möglichst gering und Umweltqualitäten, Landschaften und Artenvielfalt erhalten bleiben.

2. Integration von Ressourcen- und Umweltpolitik
Ressourcenpolitik und Umweltpolitik gehen Hand in Hand: Die Verwertung von Sekundärmaterialien und Brachen schont Umwelt und Landschaft – aber nur, wenn saubere Kreisläufe etabliert werden. Alle Stoffe, die als Ressourcen genutzt werden, brauchen letztlich eine Stoffsenke in der Umwelt. Für viele Stoffe – dies zeigt das Beispiel Kohlenstoff in fossilen Brennstoffen und in Treibhausgasen – ist langfristig eine gemeinsame, lebenszyklusorientierte Bewirtschaftung notwendig.

3. Heuristischer Ansatz für Effizienzgewinn
Auf methodischer Ebene ist ein heuristischer Ansatz, wie er im NFP 54 gewählt wurde, geeignet für Effizienzgewinne beim Gebrauch von Raum, Energie und Rohstoffen. Er führt zu mehr Wissen, Orientierung und Transparenz. Notwendig ist ein vertieftes Verständnis zur Funktionsweise von Siedlungsräumen einschliesslich der Akteure, Nutzerinnen und Nutzer, der Bauwerke und Infrastruktur sowie der wirtschaftlichen und naturräumlichen Gegebenheiten. Eine optimale Ressourcennutzung ist allgemein nur dann gegeben, wenn alle Aspekte, d.h. sowohl technisch-naturwissenschaftliche als auch sozialwissenschaftlich-ökonomische, beachtet werden.

4. Zunehmende Bedeutung der Ressourcen 2. Ordnung
In einer auf hohem technischen Stand operierenden Dienstleistungsgesellschaft sind die materiellen, energetischen und räumlichen Rohstoffe zwar nach wie vor Voraussetzung, um den Stoffwechsel dauerhaft aufrechtzuhalten. Sie sind jedoch gegenüber den Ressourcen 2. Ordnung – Wissen, Technologie, Institutionen usw. – von untergeordneter Bedeutung. Technisch-naturwissenschaftliche Fragen betreffen vor allem die Gestaltung und Optimierung komplexer Systeme oder die Interaktion der Natur mit der gebauten Umwelt. Entscheidend sind allerdings Fragen der Umsetzung, der Motivation, der Organisation, des Akteursverhaltens, der Finanzierung und der Governance. Auf diesen Gebieten wurden dank NFP 54 grosse Fortschritte erzielt: Über die Motive und das Verhalten unterschiedlicher Stakeholder, die für die Siedlungsentwicklung und den Flächenverbrauch mitverantwortlich sind, ist heute wesentlich mehr Wissen vorhanden. Die Projekte weisen nicht nur darauf hin, dass eine verdichtete Bauweise einer nachhaltigen Wirtschaftsweise näher kommt als der «urban sprawl». Sie zeigen auch, wie und mit welchen Mitteln man Ressourcen wie die Fläche besser nutzt. Dasselbe gilt auch für stoffliche und energetische Ressourcen, zu denen neue Erkenntnisse gewonnen wurden, wie sie ressourcenschonender und umweltverträglicher bewirtschaftet werden können. Von Bedeutung ist auch das Wissen darüber, wie neue Technologien umgesetzt und wie ihnen zum raschen Durchbruch verholfen werden kann: Die richtige Information und Beratung zur richtigen Zeit von der richtigen, vertrauenswürdigen Stelle; Förderung und vorbildliches Beispiel durch die öffentliche Hand; neue innovative Finanzierungsmodelle; Weiterbildung und Standardisierung durch Berufsorganisationen. In einer ambitionierten Ressourcenpolitik gilt es, diese Erkenntnisse anzuwenden.

5. Fläche als zentrale Ressource
Ein Schlüsselthema bezüglich Ressourcen ist die «Fläche». Die Resultate des NFP 54 zeigen, dass es durchaus Möglichkeiten gibt, die Ziele der Flächenschonung und des Landschaftserhalts durch die «kompakte Stadt» zu erreichen. Nutzt man die neuen Erkenntnisse bezüglich der Bewohnerinnen und Bewohner und ihrer Wünsche, der Investoren, der öffentlichen Hand und anderer Akteure in einem transdisziplinären Ansatz geschickt aus, ist eine flächenschonende Bauweise möglich. Zudem verweisen die Resultate auf die grossen Chancen, die in Industriebrachen und ungenutzten Bahnhofsarealen liegen, und wie man diese Areale einer Nutzung zuführen kann. Für die Zukunft ist auch die verstärkte Nutzung des Untergrunds von Bedeutung, die mithelfen kann, den oberirdischen Flächenverbrauch zu reduzieren. Der bisherige sektorielle Ansatz muss dabei durch einen inter- und transdisziplinären Ansatz ersetzt werden. Auch bezüglich des Untergrunds ist eine neue Wissensbasis notwendig, die alle Nutzerbedürfnisse umfasst. Um Nutzungskonflikte zu vermei-

Mit einer dichten Bauweise lassen sich die Ziele der Flächenschonung erreichen.

den, ist es entscheidend, dass diese Wissensbasis zur Verfügung steht und die Planung der Nutzung des Untergrundes erfolgt, bevor Installationen einzelner Akteure die ressourcenschonende Gesamtnutzung verunmöglichen.

6. Reduktion des Energiebedarfs

Hinsichtlich des Energiebedarfs sind unterschiedliche Trends erkennbar, die von einer aktiven Ressourcenpolitik gefördert respektive in die richtige Richtung gelenkt werden können: Bereits eingeleitete Massnahmen im Bauwesen führen dazu, dass – dank dem Ersatz und der Erneuerung von Bauwerken mit hohem Energiebedarf – die Energienachfrage für Raumwärme stark abnehmen wird. Im Verkehrsbereich dagegen nimmt der Energiebedarf – vor allem als Folge der der Zersiedelung und der Verkehr induzierenden Siedlungsstruktur – weiter zu. Ohne entsprechende Steuerung führen neue Nutzerwünsche wie die Klimatisierung zu einem wachsenden Strombedarf. Der Einsatz energiesparender Heizungs-, Lüftungs- und Kühlungssysteme setzt sich noch nicht flächendeckend durch: Obschon entsprechende Technologien am Markt erhältlich sind, werden sie nur vereinzelt eingesetzt. Eine anspruchsvolle Ressourcenpolitik ist gefordert, die die im NFP 54 skizzierten Steuerungsmöglichkeiten wie Bewusstseinsbildung, Information, neue Finanzierungsmodelle, legalistische Mittel bis hin zu Vorschriften zum Einsatz fotovoltaischer Stromerzeugung für die Kühlung zugunsten der Ressourcenschonung umzusetzen. Die rasante Entwicklung der Fotovoltaik und der thermischen Sonnenenergienutzung in Deutschland und Österreich zeigt, dass die politisch unterstütze Förderung ressourcenschonender Technologien Erfolg versprechend ist.

7. Fehlende Wissensbasis

Bezüglich stofflicher Ressourcen fehlt eine flächendeckende, zielorientierte Wissensbasis, auf die bei Entscheidungen zugegriffen werden kann. Während auf Ebene der Wirtschaftsgüter statistische Daten verfügbar sind, ist das Wissen bezüglich einzelner Stoffe nur punktuell vorhanden und teilweise gering. So ist es noch nicht möglich, Stoffe im Sinne einer «Cradle to Grave»-Analyse derart zu bewirtschaften, dass ihr Nutzen optimal und die Umweltauswirkungen vorhersehbar und verträglich sind. Eine stoffbezogene, neue Wissensbasis würde eine bessere Ressourcenbewirtschaftung ermöglichen: Erst die Kenntnis über Menge, Art und Verortung der Stoffe erlaubt es, Materialien wirtschaftlich wiederzugewinnen. Ähnlich wie heute die geologische Prospektion auf gute petrographisch-geochemische Karten und Informationen angewiesen ist, wird morgen die nachhaltige Nutzung der sekundären Ressourcen aus Bauwerken und Infrastruktur nur dank ähnlich aufgebauten Ressourcenkatastern wirtschaftlich darstellbar sein. Für eine auf Lebenszyklen ausgerichtete Datenbasis auf stofflicher Ebene ist vorerst eine Machbarkeitsstudie erforderlich, die aufzeigt, welche Ziele mit der Datenbasis erreicht werden sollen und können, welche Stoffe bzw. Stoffgruppen prioritär einzubeziehen sind, wie die Informationen erhoben werden können, welche Kosten anfallen und welcher Nutzen entsteht.

8. Umwelt als Ressource

Die Umwelt stellt für Siedlungen letztlich ebenfalls eine bedeutende Ressource dar. Sie stellt ein Dissipationspotenzial zur Verfügung, auf das der anthropogene Stoffwechsel angewiesen ist. Für Emissionen und nicht rezirkulierbare Stoffe sind Senken in Wasser, Boden und Luft unabdingbar. Im Sinne der Nachhaltigkeit ist es deshalb zentral, die Senkenkapazitäten nicht bereits heute auszuschöpfen, sondern sie auch zukünftigen Generationen zuzugestehen. Die Umwelt leistet zudem einen direkten Nutzen, der bisher noch wenig untersucht wurde, aber zunehmend Gegenstand der Forschung wird: Die Psychologie und die Verhaltensforschung entdecken immer mehr Zusammenhänge zwischen Verhalten und Umweltfaktoren. Belegt ist die Beziehung zwischen der Umweltqualität eines Wohnortes und dem Wert eines Wohnobjektes: Aspekte wie Landschaft, Lärm, Aussicht und andere Umweltbedingungen bilden sich direkt im Preis ab. Freiräume in Siedlungen spielen sowohl für die Biodiversität als auch für die Bewohnerinnen und Bewohner eine wichtige Rolle. Richtig angelegte Freiräume wie Parks können als gesellschaftlich integrierende Räume die soziale Nachhaltigkeit fördern. Die Schlüsselfaktoren, wie Artenvielfalt und Umweltqualität gefördert werden können, sind bekannt; die notwendigen Massnahmen können durch eine zielgerichtete Politik umgesetzt werden.

Empfehlungen

1 Ressourcen schonen und saubere Stoffkreisläufe etablieren

Der sparsame Umgang mit Ressourcen lohnt sich und muss konsequent weiterverfolgt werden. Die Abhängigkeit von Unsicherheiten in der Rohstoffverfügung wird geringer, und die Umwelt wird, insbesondere im globalen «Hinterland», stark entlastet. Prioritäten liegen bei der Reduktion der Abhängigkeit von fossilen Energieträgern – insbesondere im Verkehrssektor – sowie bei der Etablierung von sauberen, langfristig nachhaltigen Materialkreisläufen.

Zielgruppen/Akteure: Bund, Kantone, Gemeinden, Energie- und Kreislaufwirtschaft

2 Ein wirksames Ressourcenmanagement bedarf einer neuen Wissensbasis

Entscheide bezüglich Ressourcenschonung und Umweltschutz bedürfen einer lebenszyklusorientierten, robusten und transparenten Wissensbasis. Notwendig ist eine Zusammenführung und Ergänzung vorhandener Informationen. Im Vordergrund stehen dabei folgende Fragestellungen: Welches Wissen über Ressourcen ist für eine wirkungsvolle Ressourcenbewirtschaftung erforderlich, wie kann es erhoben werden, wer erhebt und verwaltet es?

Zielgruppen/Akteure: Bund, Kantone

3 Entwicklung zielorientierter Indikatoren für die Bewertung

Das derzeit existierende Instrumentarium zur Bewertung des Ressourceneinsatzes muss um qualitative Kriterien ergänzt werden. Indikatoren wie «totaler Mengenumsatz» oder «Ressourceneffizienz» sind unzureichend, um konkrete, effektive Massnahmen auf operationeller Ebene abzuleiten. Notwendig sind differenzierte Ansätze auf Güter- und Stoffebene, die sowohl die Ressourcenverfügbarkeit, die Materialbestände, die Kreislaufmöglichkeiten wie auch die Senkenpotenziale in der Umwelt mitberücksichtigen.

Zielgruppen/Akteure: Bund, Kantone

4 Die gebaute Umwelt als Rohstofflager für die Zukunft nutzen

Das grosse und wachsende Lager an Materialien in Infrastruktur und Bauwerken ist in Zukunft zu verwerten, da Recycling die Verfügbarkeit von Ressourcen erhöht und die Umwelt schützt. Dazu sind technische, logistische und organisatorische Massnahmen zur Vereinfachung des Rückbaus und zur Verbesserung der Quantität und Qualität der Recyclingprodukte erforderlich.

Zielgruppen/Akteure: Bund, Kantone, Gemeinden, Bauwirtschaft

5 Stoffsenken sind weiterhin notwendig

Aufgrund des bereits bestehenden, grossen Stofflagers werden noch für Jahrzehnte umweltgefährdende Stoffe zu entsorgen sein, die heute nicht mehr in Verkehr gesetzt werden dürfen. Für diese und auch weitere risikoreiche Materialien sind Senken (thermische Verwertung, Deponien) zur Verfügung zu stellen. Da die wachsenden Stofflager natürlichen Abbauprozessen unterliegen, wird die diffuse Umweltbelastung eher zunehmen. Stoffsenken müssen deshalb weiterhin kontinuierlich überwacht und auf ihre Tragfähigkeit geprüft werden.

Zielgruppen/Akteure: Bund, Kantone, Gemeinden, Entsorgungswirtschaft

Literatur

Ein umfassendes Literaturverzeichnis der einzelnen NFP 54-Projekte finden Sie ab Seite 211 sowie auf der beigelegten DVD.

Zusätzliche Literatur zu Kapitel 4:

1 BFS, 2008; Materialaufwand der Schweiz; Bundesamt für Statistik, Neuchâtel.
2 Wittmer, D., 2006; Kupfer im regionalen Ressourcenhaushalt. Ein methodischer Beitrag zur Exploration urbaner Lagerstätten; vdf Hochschulverlag, Zürich.
3 BFS, 2010; Materialflusskonten: Das Wachstum des Materiallagers der Gesellschaft; Bundesamt für Statistik, Neuchâtel.
4 Enökl, W., 1993; Die Möglichkeit der Abfallbewirtschaftung durch Verfahrensänderung am Beispiel einer Feuerverzinkerei; UTEC Absorga 93, Handbuch der Umwelttechnik '94, hrsg. anlässlich der 7. Internationalen Kongress-Messe für Umwelttechnik, Wien.
5 Bergbäck, B., 1992; Industrial Metabolism. The Emerging Immission Landscape of Heavy Metal Immission in Sweden; Dissertation, Linköping Studies in Arts and Science, Linköping.
6 Klee, R.J., Graedel, T.E., 2004; Elemental Cycles: A Status Report on Humanor Natural Dominance; Annu. Rev. Environ. Resour. 29. p. 69–107.
7 OECD/IEA, 2009; World Energy Outlook; International Energy Agency, Paris.
8 U.S. Congress, 2008; U.S. Mercury Export Ban Act of 2008. Abgerufen am 27.9.2009 von www.chem.unep.ch/mercury/storage/US%20Mercury%20Export%20Ban%20Act_Oct2008.pdf.
9 Schweizerische Eidgenossenschaft, 2004; Bundesgesetz über den Umweltschutz, Umweltschutzgesetz USG.
10 BFS, 2008; Materialaufwand der Schweiz; Bundesamt für Statistik, Neuchâtel.
11 BFS, 2010; Materialflusskonten: Das Wachstum des Materiallagers der Gesellschaft; Bundesamt für Statistik, Neuchâtel.
12 Brunner, P.H., Daxbeck, H., Henseler, G., v. Steiger, B., Beer, B., Piepke, G., 1990; RESUB – Der regionale Stoffhaushalt im Unteren Bünztal, Die Entwicklung einer Methodik zur Erfassung des regionalen Stoffhaushaltes; EAWAG, Dübendorf.

13   Baccini, P., Oswald, F., 1998; Netzstadt. Transdisziplinäre Methoden zum Umbau urbaner Systeme; vdf Hochschulverlag, Zürich.

14   EU-Kommission, 2003; Entwicklung einer thematischen Strategie für die nachhaltige Nutzung natürlicher Ressourcen, Brüssel.

15   Baccini, P., Oswald, F., 1998; Netzstadt. Transdisziplinäre Methoden zum Umbau urbaner Systeme; vdf Hochschulverlag, Zürich.

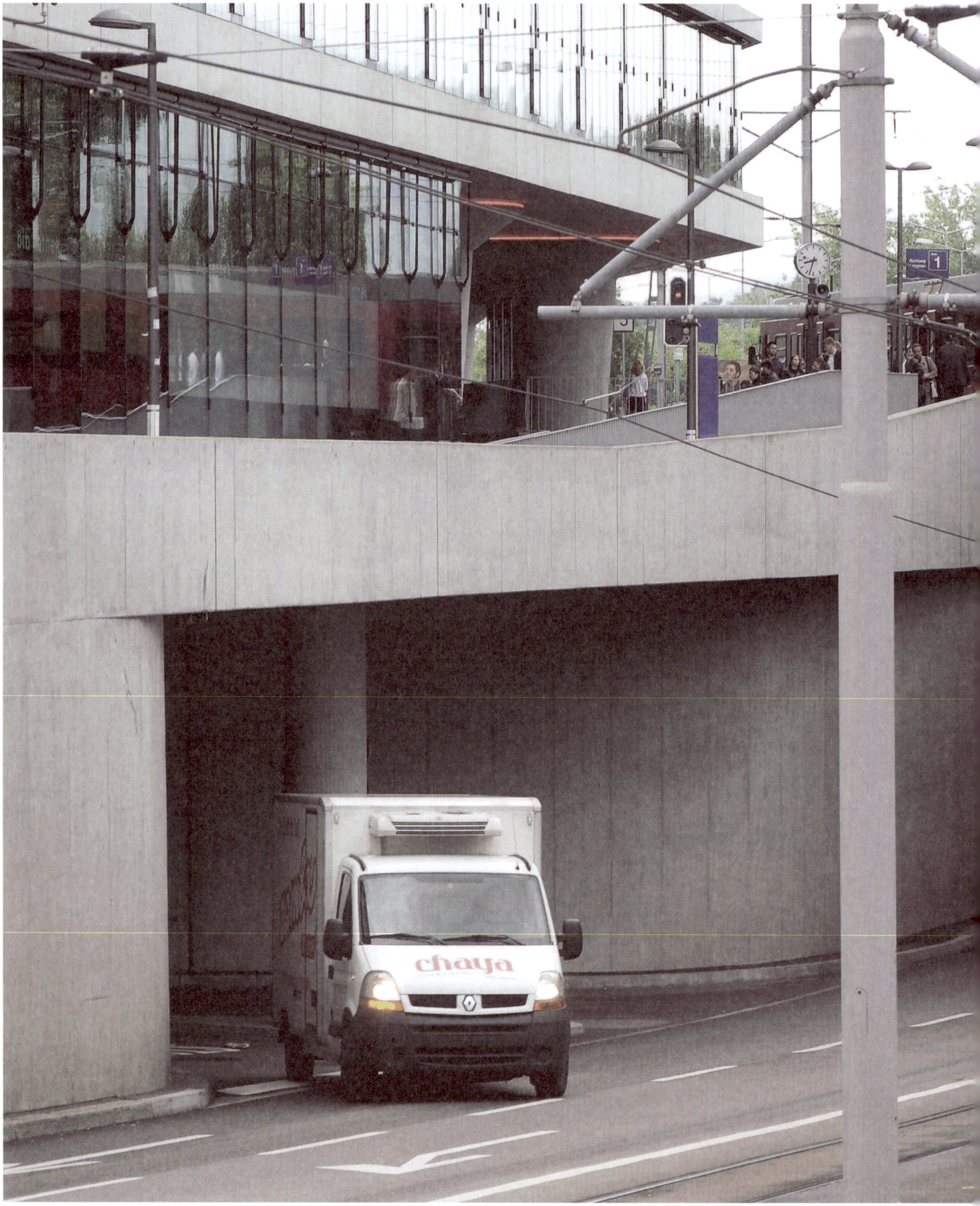
chaya

Prof. em. Dr. Hans-Rudolf Schalcher, Mitglied der Leitungsgruppe des NFP 54, Zürich

Kapitel 5
Technische Infrastruktur: an den Grenzen der Finanzierbarkeit

Die technische Infrastruktur bildet den unverzichtbaren Unterbau unserer Gesellschaft und Wirtschaft. Mit einem aktuellen Wiederbeschaffungswert von schätzungsweise rund 830 Milliarden Franken stellt sie einen enormen Wert dar, der laufend unterhalten und an neue Anforderungen angepasst werden muss. Zurzeit ist nicht absehbar, wie die steigenden Unterhaltsaufwendungen und die notwendigen Erweiterungen der technischen Infrastruktur finanziert werden sollen. Nachhaltige Infrastrukturentwicklung bedeutet deshalb auch, sich auf das zwingend Notwendige zu beschränken. Dabei gilt es, nicht nur die Erweiterung, sondern auch den gezielten Rückbau bestehender Anlagen ins Auge zu fassen. Professionelles Infrastrukturmanagement und Innovation stellen dabei die relevanten strategischen Erfolgsfaktoren einer nachhaltigen Infrastrukturentwicklung dar.

5 Technische Infrastruktur: an den Grenzen der Finanzierbarkeit

5.1 Einführung

Nachhaltige Infrastrukturentwicklung – quo vadis?

Die nachhaltige Entwicklung unseres Lebens- und Wirtschaftsraumes ist heute eine weltweit anerkannte und von breiten Kreisen der Weltgemeinschaft gestellte Forderung. Sowohl Führungspersonen aus Politik, Verwaltung, Wirtschaft und Wissenschaft als auch Familien und Individuen haben ihr Denken und Handeln an den drei Hauptaxiomen der nachhaltigen Entwicklung zu orientieren, das heisst gemäss der Brundtland-Definition an den drei Aspekten «Wohlfahrt», «Gesellschaft» und «Umwelt». Erste Priorität kommt dabei ohne Zweifel der Deckung der Grundbedürfnisse («basic needs») – wie Nahrung und Wasser, Gesundheit, Bildung, Wohnraum und Arbeit – zu. Bereits die Deckung dieser Grundbedürfnisse bedingt eine minimale Infrastruktur wie Brunnen, Reservoirs und Wasserleitungen, Speicher für Futter und Nahrungsmittel, Schulräume, Krankenstationen und einfache Verkehrswege. In weiter entwickelten, urbanen und ruralen Gebieten stellen die Infrastrukturen den eigentlichen Motor des Fortschritts dar: Wasser- und Abwassersysteme sowie Kehrichtverwertungsanlagen sind die Grundlage für Hygiene, Gesundheit und Umweltschutz; Strassen, Bahnen und Wasserwege ermöglichen einen rationellen Personen- und Gütertransport; Stromproduktion und Stromverteilnetze sind die Voraussetzungen für die industrielle Produktion und den Komfort im persönlichen Lebensumfeld; Kommunikationssysteme ermöglichen den raschen, globalen Informationsaustausch; Schutz- bauten sichern Menschenleben und Sachwerte usw.

Alle diese technischen Systeme müssen finanziert, gebaut, betrieben, unterhalten und erneuert werden. Diese Aufgabe beansprucht weltweit enorme Ressourcen. Neben sehr viel Geld und spezifischem Know-how geht es dabei vor allem um die Beanspruchung von Land, Energie, Stoffen, Wasser und qualifizierten Arbeitskräften. Auf der Output-Seite schlagen vor allem die Bauabfälle, die Gewässer- und Bodenverschmutzung sowie die CO_2-Emissionen zu Buche. Eine grobe Abschätzung ergibt in der Schweiz einen Betrag von rund 830 Milliarden Franken – rund das 16-fache der jährlichen Bautätigkeit – für die aktuelle Wiederbeschaffung der gesamten technischen Infrastruktur (Ver- und Entsorgung, Verkehr, Kommunikation und Schutzbauten, ohne Hochbau) sowie jährliche Kosten für die Erhaltung und Erweiterung dieser Infrastruktur von rund 31,5 Milliarden Franken bzw. rund 5,8 Prozent des Bruttoinlandprodukts. In diesen Jahreskosten nicht berücksichtigt sind die Kapitalkosten sowie die Kosten für die Benutzung der Infrastruktur, z.B. die Fahrzeugkosten des Individualverkehrs oder die Personal-, Maschinen- und Konzessionskosten eines Kraftwerks.

Die Infrastruktur muss aber nicht nur betrieben und unterhalten werden. Eine wachsende Gesellschaft und Wirtschaft ruft auch immer wieder nach zusätzlichen Infrastrukturanlagen, denn veränderte gesellschaftliche Wertvorstellungen, neue Technologien, Standortentwicklungen, die anhaltende Zuwanderung in urbane Gebiete, änderndes Mobilitätsverhalten und der globale Wettbewerb schaffen neue Bedürfnisse. Es ist bedeutend schwieriger als bei den Betriebs- und Unterhaltskosten der bestehenden Anlagen, den zukünftigen Bedarf an neuen Infrastrukturbauten zu quantifizieren. Die eidgenössische Finanzverwaltung schätzt die Ausbauwünsche für Strasse und Schiene bis ins Jahr 2030 auf insgesamt 60 Mrd. CHF. Für den Bereich Ver- und Entsorgung (Energie, Wasser, Abwasser usw.) ist mit einem ähnlich hohen Betrag für Erweiterungs- und Erneuerungsinvestitionen zu rechnen.

Die nachhaltige Entwicklung unserer Infrastruktur ist nicht nur in finanzieller Hinsicht eine enorme Herausforderung, sondern sie stellt die Schweiz auch in politischer und gesellschaftlicher Hinsicht vor Aufgaben, die mit den heutigen Strukturen und Verfahren nicht zu bewältigen sind. Es braucht dazu völlig neue Lösungsansätze, die im Folgenden skizziert werden.

Die Interdependenz der Infrastrukturen

Technische Infrastruktursysteme können nicht isoliert betrachtet werden, denn sie sind eng vernetzt und damit stark voneinander abhängig. Entsprechend übt der Ausbau einer bestimmten Infrastruktur einen grossen Einfluss auf andere Infrastrukturen aus oder bedingt den vorgängigen Ausbau anderer. Die Erweiterung des Bahn- und Strassennetzes etwa führt zwangsläufig zu einem zusätzlichen Bedarf an Schutzbauten gegen Lärm und Naturgefahren und treibt die Zersiedelung voran mit entsprechend weitläufigen und damit teuren Energie- und Trinkwasserversorgungs- und Siedlungsentwässerungssystemen. Diese hohe Vernetzung der verschiedenen Systeme spielt nicht nur bei der Planung, dem Bau und der Finanzierung von Erweiterungen oder von neuen Infrastrukturen eine zentrale Rolle, sondern ist auch bezüglich der Verletzlichkeit von Belang: Der Ausfall eines Systems kann den unmittelbaren Ausfall anderer Systeme bewirken. Ein längerer Ausfall der Stromversorgung beispielsweise führt in der Regel auch zu Versorgungsunterbrüchen oder -engpässen bei der Wasserversorgung und bei der Siedlungsentwässerung.

Wandel erfordert Anpassung und Ausbau der Infrastrukturen

Die Entwicklung der technischen Infrastruktur ist nicht Selbstzweck, sondern sie wird von zahlreichen gesellschaftlichen, wirtschaftlichen und politischen Faktoren angetrieben bzw. gebremst. Gemäss einer Studie der OECD[1] sind auf nationaler und globaler Ebene die folgenden Faktoren die wichtigsten Treiber und Hindernisse der Infrastrukturentwicklung.

- **Volkswirtschaftliche Wertschöpfung**
  Die volkswirtschaftliche Wertschöpfung, speziell das Bruttoinlandprodukt (BIP) pro Kopf, ist ein zentraler Treiber der Infrastrukturentwicklung. Eine starke Wirtschaft und ein breit gestreuter, individueller Wohlstand schaffen den Bedarf für eine gut ausgebaute, zeitgemässe Infrastruktur und ermöglichen die Deckung von deren Kosten.
- **Demographie**
  Die demographische Entwicklung ist ebenfalls ein äusserst relevanter Treiber der Infrastrukturentwicklung. Eine wachsende Bevölkerung ruft nach einem Ausbau der Infrastruktursysteme. Weniger bewusst ist, dass eine schrumpfende Bevölkerung erhebliche Anpassungen bzw. Redimensionierungen der Infrastrukturen mit sich bringt. Es handelt sich dabei nicht nur um quantitative, sondern ebenso um qualitative Veränderungen. In den industrialisierten Ländern schafft beispielsweise die zunehmende Alterung der Bevölkerung neue Rahmenbedingungen und Bedürfnisse, denen mit einer entsprechend angepassten Infrastruktur Rechnung zu tragen ist.
- **Globalisierung**
  Das Zusammenwachsen der Weltgesellschaft bewirkt nicht nur immense globale Finanzströme und einen beinahe vollständigen Informationsaustausch in Echtzeit. Sie führt auch zu einem globalen Güterfluss und zu einer Reisetätigkeit zu Geschäftszwecken oder für Freizeitaktivitäten. Diese Entwicklungen schaffen zusätzlichen Bedarf für Infrastruktur wie Flughäfen, Bahnen und Strassen, Containerhäfen und Kommunikation.
- **Urbanisierung**
  Als Folge der weltweit feststellbaren Migration aus den

Was ist unter Infrastruktur zu verstehen?

Mit der Definition «Infrastrukturen sind Bauwerke sowie wirtschaftliche und gesellschaftliche Einrichtungen zur Unterstützung des menschlichen Lebens in bewohnten Gebieten» wurde der Begriff «Infrastruktur» im Rahmen des NFP 54 bewusst weit gefasst. Diese allgemeine und sehr abstrakte Definition umfasst neben einer Vielfalt von baulichen Anlagen auch ganz unterschiedliche, betriebliche und organisatorische Einrichtungen, die das menschliche Leben unterstützen und angenehm machen. Der Sammelbegriff Infrastruktur ist vom lateinischen Begriff *infra* (unten, unterhalb) abgeleitet und steht heute für den langlebigen Unterbau unserer Gesellschaft und Wirtschaft. Grundsätzlich wird unterschieden zwischen technischer und sozialer sowie öffentlicher und privater Infrastruktur.

Technische Infrastruktur

Ver- und Entsorgung

Kommunikation

Verkehr (öffentlicher Verkehr zu Land, Wasser und Luft sowie Individualverkehr)

Soziale Infrastruktur

Bildungseinrichtungen

Dienstleistungen

Gesundheitssystem

Kulturelle Einrichtungen

Öffentliche Sicherheit

Rechtssystem

Verwaltung

Kirchen

Die Autobahn A9 oberhalb des Genfersees.

Die Glatttalbahn erschliesst das Entwicklungsgebiet im Norden Zürichs.

Ver- und Entsorgungssystem gewährleisten die Funktionsfähigkeit von Siedlungen.

Diese Aufzählung ist nicht abschliessend. Unter der technischen Infrastruktur sind unter anderem auch Schutzbauwerke (z.B. Lawinenverbauungen, Hochwasserschutzmassnahmen), Sport- und Freizeitanlagen (z.B. Stadien, Bergbahnen, Skilifte) und militärische Anlagen (z.B. unterirdische Kavernen, Bunker, Geländeverstärkungen) zu verstehen. Im weitesten Sinn könnten auch Wohnbauten zur technischen Infrastruktur gezählt werden, da es sich um Bauwerke handelt, die das menschliche Leben entscheidend unterstützen. Zur sozialen Infrastruktur können auch das politische System, das Wirtschaftssystem und das Finanzsystem usw. gerechnet werden. Mit anderen Worten: Diese Liste liesse sich beinahe beliebig verlängern.

Öffentliche und private Infrastrukturen

Die Unterteilung in «öffentliche» und «private» Infrastruktur beruht einerseits auf der Zuständigkeit, der Verantwortung und dem Eigentum, andrerseits auf der öffentlichen Zugänglichkeit bzw. auf der Verfügbarkeit. Genauso wie private Erschliessungsstrassen oder gewerblichindustrielle Abwasserbehandlungsanlagen zur Klasse der technischen Infrastruktur zählen, gehören auch Betriebswehren, private Spitäler und Privatschulen zur sozialen Infrastruktur. Es ist zudem selbstverständlich, dass die öffentliche Infrastruktur in der Regel durch die öffentliche Hand finanziert wird und private Infrastruktur durch Private. Um Effizienzsteigerungen zu erzielen und mehr Wettbewerb zu ermöglichen, sind im Zuge der Liberalisierung ehemalige staatliche Regiebetriebe in Aktiengesellschaften umgewandelt worden. Als Allein- oder Mehrheitsaktionär behielt die öffentliche Hand dabei einen entscheidenden Einfluss auf das Unternehmen, z.B. der Post oder der SBB, weshalb unverändert von öffentlicher Infrastruktur gesprochen wird. Auch echte Privatisierungen – Infrastrukturen, die ausschliesslich oder zum Grossteil durch private Investoren finanziert und betrieben werden, wie die Stromproduktion und -verteilung oder TV-Kabelnetze – werden als nicht-staatliche, jedoch öffentliche Infrastrukturen bezeichnet. Sie benötigen in der Regel eine staatliche Konzession und sind der Öffentlichkeit zugänglich. Bekanntlich gibt es auch Mischformen im Sinne einer öffentlich-privaten Zusammenarbeit (Public Private Partnership PPP) und/oder der Finanzierung (Public Private Financing oder Private Finance Intitiative).

Bei den Ausführungen zur Infrastruktur der Schweiz liegt der Fokus eindeutig auf der öffentlichen, technischen Infrastruktur, wobei Gebäude, die der sozialen Infrastruktur dienen und militärische Bauten bewusst ausgeklammert werden. In einer groben Übersicht handelt es sich also um die folgenden technischen Infrastrukturen:

Versorgung
Stromversorgung
Wärmeversorgung
Gasversorgung
Trinkwasserversorgung

Entsorgung
Siedlungsentwässerung
Abfallentsorgung

Verkehr
Strasse
Schiene
Bergbahnen
Nahverkehr
Wege
Rheinhäfen
Luftverkehr

Kommunikation
Festnetz
Funknetz
Radio- und TV-Sendeanlagen
Kabelnetz

Schutzbauten
Naturgefahren
Lärmschutz
Blitzschutz
Erdbebensichere Bauten

Exkurs
Infrastrukturmanagement

In Anlehnung an das neue St. Galler Management-Modell wird unter «Infrastrukturmanagement» die Gestaltung, Lenkung und Entwicklung von technischer Infrastruktursystemen verstanden. Im Vordergrund stehen folgende Prozesse: Strategische Planung, Finanzierung, Erstellung, Betrieb, Erhaltung, Anpassung und Erweiterung.

Infrastrukturmanagement befasst sich ausschliesslich mit der festen, d.h. standortgebundenen, baulich-technischen Infrastruktur im engeren Sinne. So sind etwa Beschaffung, Betrieb und Unterhalt von Rollmaterial durch die Eisenbahnunternehmen oder polizeiliche Aufgaben im Strassenverkehr nicht Gegenstand des Infrastrukturmanagements. Hingegen können Verkehrsleitsysteme dem Infrastrukturmanagement zugerechnet werden.

Prozesse des Infrastrukturmanagements
- Strategische Planung

Die «strategische Planung» ist der «Motor» jedes Infrastruktursystems. Sie befasst sich mit dem bestehenden Angebot und der zukünftigen Nachfrage, formuliert strategische Zielsetzungen, entwickelt und evaluiert grundsätzliche Lösungsalternativen und beurteilt deren Machbarkeit. Der Strategieentscheid als Ergebnis der strategischen Planung weist den einzuschlagenden Weg und definiert damit den «Business Case».

- Finanzierung

Die Erstellung, Anpassung und Erweiterung von Infrastruktursystemen bedingt in der Regel aussergewöhnlich hohe Investitionen. Diese sind frühzeitig und zuverlässig unter Berücksichtigung der risikoabhängigen Reserven zu prognostizieren. Die «Finanzierung» ist über viele Jahre oder Jahrzehnte sicherzustellen. Auch sind die laufenden Kosten für Betrieb und Erhaltung im Voraus zu ermitteln und zu budgetieren.

- Erstellung

Die «Erstellung» umfasst die Projektierung und die Realisierung von Infrastruktursystemen zu vereinbarter Qualität (Funktionalität, Dauerhaftigkeit, Umweltschutz, Arbeitssicherheit usw.), zu möglichst tiefen Kosten und unter Einhaltung der Termine.

- Betrieb

Der «Betrieb» stellt sicher, dass ein Infrastruktursystem erwartungsgemäss und möglichst ohne Unterbruch genutzt werden kann. Die übergeordneten Ziele sind die Wirtschaftlichkeit, die Schonung der Ressourcen und die Betriebssicherheit.

- Erhaltung

Der Prozess «Erhaltung» umfasst die laufende Instandhaltung (Wartung), die periodischen Inspektionen und die aperiodische Instandsetzung von Infrastruktursystemen. Ziel ist es, die Gebrauchstauglichkeit und die Sicherheit auf dem ursprünglichen Anspruchsniveau dauerhaft zu gewährleisten.

- Anpassung

Bestehende Infrastruktursysteme müssen von Zeit zu Zeit an neue Anforderungen angepasst werden. Anlass für Anpassungen können neue Technologien, neue Anforderungen der Benutzerinnen und Benutzer und der Gesellschaft oder neue Gesetze und Verordnungen sein.

- Erweiterung

Der Prozess «Erweiterung» umfasst einerseits die Projektierung und Realisierung von Massnahmen zur Kapazitätssteigerung bei bestehenden Infrastruktursystemen und andrerseits die räumliche oder kapazitätsmässige Erweiterung durch den Bau neuer Systeme und Netze.

Diese sieben Kernprozesse des Infrastrukturmanagements folgen sich im Lebenszyklus eines Infrastruktursystems nicht in Sequenz, sondern werden nach konkretem Bedarf und aktueller Situation ausgelöst. Die einzelnen Prozesse können auch kombiniert, d.h. zeitgleich ausgeführt werden, z.B. Instandsetzung kombiniert mit Anpassung.

Im Wissen, dass Infrastruktursysteme eine Nutzungsdauer von Jahrzehnten bis über 100 Jahre haben, kommt der vorausschauenden Planung dieser Prozesse grösste Bedeutung zu. In Realität übersteigt allerdings häufig der Planungshorizont die politischen Budgetzyklen von vier Jahren nicht. Dies ist insbesondere bei kleineren Infrastruktursystemen der Gemeinden und der Kantone der Fall, während Grossprojekte von nationaler Bedeutung (z.B. Nationalstrassen, NEAT, ZEB) meistens Gegenstand von Dekaden-übergreifenden Programmen sind.

Die Siedlungsentwicklung bedingt nicht nur Investitionen für den Ausbau der Infrastruktur, sondern auch für deren Betrieb und Unterhalt.

ländlichen Gegenden in die städtischen Agglomerationen lebt bereits heute rund die Hälfte der Weltbevölkerung in urbanen Verhältnissen – mit drastisch steigender Tendenz. Diese Umsiedlungen stellen die Infrastrukturen und deren Verantwortliche vor neue, riesige Herausforderungen. Die Schweizer Städte sind von dieser Entwicklung nicht in gleichem Mass betroffen, doch wird auch hierzulande das Wachstum der Metropolregionen neue Infrastrukturbedürfnisse kreieren.

- **Sicherheit**
Das Bewusstsein für die Bedeutung und die Verletzlichkeit der Infrastruktursysteme ist in den letzten zwei Jahrzehnten stark gestiegen. Es herrscht Einigkeit darüber, dass gut ausgebaute, sichere und jederzeit verfügbare Infrastruktursysteme entscheidende Standortfaktoren sind und wesentlich zur Lebensqualität beitragen. Um dies zu gewährleisten, sind spezielle Schutzmassnahmen oder hybride und teilweise redundante Systeme erforderlich, d.h. ein Um- und Ausbau der Infrastrukturen.

- **Klima- und Umweltschutz**
Die gravierenden ökologischen Verwerfungen, denen der Planet Erde zunehmend ausgesetzt ist, bedingen rasch grundsätzliche Verhaltensänderungen hinsichtlich der vom Menschen verursachten Schadstoffemissionen und des Ressourcenverbrauchs. Dies wirkt sich direkt auf die Produktionsmethoden und Transporte von Wirtschaft und Handel, die Mobilität im Allgemeinen, die Energieerzeugung und den Ressourceneinsatz aus, was grosse Anpassungen an den Infrastruktursystemen nach sich zieht.

- **Technologie**
Neue Technologien führen zu neuen Infrastruktursystemen. Als Beispiel sei der Einfluss des Mobilfunks und des Internets auf die Kommunikationsinfrastruktur angeführt oder die Einführung der Hochgeschwindigkeitszüge mit Führerstandsignalisation auf die Bahninfrastruktur.

- **Finanzen**
Finanzstarke Staaten, Kantone und Gemeinden sind in der Lage, ihre Infrastruktursysteme den Bedürfnissen entsprechend zu entwickeln und ordentlich zu erhalten. Eine geringe Verschuldung der öffentlichen Haushalte und ein adäquates Steueraufkommen stellen deshalb zentrale Voraussetzungen dar für die Erhaltung und Entwicklung der Infrastrukturen. Da in zunehmendem Mass auch der private Kapitalmarkt zur Finanzierung von Infrastrukturinvestitionen beigezogen wird, ist diesbezüglich auch ein starker Bankensektor von grosser Bedeutung.

5.2 Wirtschaftliche und gesellschaftliche Bedeutung der Infrastruktur

Seit den 1980er-Jahren wird eine intensive Diskussion über den volkswirtschaftlichen Nutzen der Infrastrukturen geführt. Im Zentrum des Interesses stehen dabei die Richtung der Wirkung als auch deren Ausmass. Allgemein anerkannt ist der Zusammenhang zwischen der wirtschaftlichen Produktivität und der Entwicklung der Infrastruktur. Weniger Einigkeit herrschte bis vor kurzem hingegen bezüglich der Frage, ob Investitionen in die öffentliche Infrastruktur die wirtschaftliche Entwicklung positiv beeinflussen oder umgekehrt. Jüngere Untersuchungen zeigen jedoch, dass gut ausgebaute öffentliche Infrastrukturen sehr wohl zu Produktivitätssteigerungen in der Wirtschaft führen können, sich deren Einfluss aber erst sehr langfristig manifestiert und in allen Sektoren relativ bescheiden ist. Insbesondere zeigte sich, dass Investitionen in öffentliche Infrastrukturen langfristig keine relevanten, direkten Beschäftigungseffekte erzeugen. Andererseits ist erwiesen, dass eine moderne, sichere und jederzeit verfügbare Infrastruktur die Standortattraktivität substanziell steigert und damit indirekt positive Effekte auf das Wirtschaftswachstum ausübt. Diese positiven Wirkungen sind jedoch nicht primär auf ein einzelnes Infrastrukturvorhaben – d.h. seine Grösse, das Projekt im Einzelnen und seine effiziente Realisierung und Bewirtschaftung – zurückzuführen, sondern entstehen erst durch dessen sinnvolle Integration in den Gesamtkontext der vorhandenen Infrastrukturen.

> **⇢ Wiederbeschaffungswert (WBW)**
> *Der Wiederbeschaffungswert entspricht den Kosten, die bei der Neuerstellung einer gleichen Anlage, d.h. ohne Berücksichtigung des technologischen Fortschritts, im heutigen Zeitpunkt anfallen würden.*

Die makro- und mikroökonomische Bedeutung der Infrastruktur misst sich primär an den materiellen Nutzen und Kosten. Diese können unter den folgenden sechs Aspekten betrachtet werden:

- **Infrastrukturen als Vermögenswert**
  Infrastruktursysteme gehören zum produktiven Kapital einer Volkswirtschaft. Ihr Wert wird in der Regel auf der Basis des Wiederbeschaffungswertes (WBW) geschätzt.
- **Infrastrukturen als Kostenstelle**
  Infrastrukturen generieren einmalige Anlagekosten, laufende Betriebs- und Unterhaltskosten und allenfalls Liquidationskosten sowie externe Kosten (z.B. Lärm, Schadstoffemissionen, Strahlungen). Während die Anlagekosten (Landerwerb, Projektierung und Bau), die Betriebs- und Unterhaltskosten sowie allfällige Liquidationskosten monetär bezifferbar sind, können die externen Kosten nur zum Teil in Geldwerten erfasst werden, da diese bis anhin von der Allgemeinheit unentgeltlich getragen wurden.
- **Infrastrukturen als Beschäftigungs- und Wertschöpfungsgenerator**
  Der Bau, Betrieb und Unterhalt von Infrastruktursystemen generiert direkte und indirekte Beschäftigung und Wertschöpfung. Die direkten Effekte ergeben sich unmittelbar aus den technischen Infrastruktursystemen (z.B. Bahninfrastruktur), während die indirekten Einflüsse auf mulitplikative Effekte in anderen Wirtschaftszweigen (z.B. Beschaffung und Unterhalt von Rollmaterial) zurückzuführen sind.
- **Infrastruktur als Wachstumstreiber**
  Eine gut funktionierende Infrastruktur ist eine wesentliche Voraussetzung einer arbeitsteiligen Wirtschaft und den daraus folgenden Produktivitätsgewinnen. Zudem tragen Infrastrukturen wesentlich zur Senkung der Transaktionskosten bei.
- **Infrastrukturen als Innovationstreiber**
  Insbesondere neue Infrastruktursysteme und die den einzelnen Komponenten zu Grunde liegenden Technologien beinhalten ein nicht zu unterschätzendes Innovationspotenzial, das Schweizer Unternehmen wesentliche Wettbewerbsvorteile verschaffen könnte. Eine an gros-

sen europäischen Verkehrsinfrastrukturen durchgeführte Studie[2] zeigte jedoch, dass von diesen Chancen noch viel zu wenig Gebrauch gemacht wird, da die öffentlichen Bauherren die damit verbundenen Risiken meist scheuen oder die für die Entwicklung notwendigen Mittel nicht gesprochen werden.

- **Infrastrukturen als Umweltfaktor**
  Von enormer Bedeutung sind die technischen Infrastrukturen auch in Bezug auf die Umwelt. Sie beanspruchen riesige Bodenflächen, erfordern grossen Energieeinsatz und sind die Ursache verschiedenster Umweltbelastungen, wie Lärm, Luft-, Wasser- und Bodenverschmutzungen, Strahlenbelastungen und elektromagnetische Felder. Diese Auswirkungen der technischen Infrastrukturen sind ökonomischer und ökologischer Art.

Allgemein ist festzuhalten, dass die Datenlage zur Quantifizierung der oben genannten Effekte in der Schweiz – und im Ausland – sehr schwach ist. Die längste Tradition haben die jährlich vom Bundesamt für Statistik erhobenen und publizierten Daten zu Mobilität und Verkehr. In jüngster Zeit sind zwei wichtige und informative Publikationen des Bundes erschienen, die eine zum Wiederbeschaffungswert der Umweltinfrastruktur[3] und die andere zur Zukunft der nationalen Infrastrukturnetze in der Schweiz.[4] Vereinzelt sind auch Daten von Bundesämtern (ASTRA, BAV usw.) oder Verbänden und spezialisierten Beratungsfirmen erhältlich. Erhebliche Datenlücken bestehen auf der Stufe der Kantone und Gemeinden sowie insbesondere in den Kategorien Energie und Kommunikation.

Neben der ökonomischen Bedeutung haben Infrastruktursysteme auch einen indirekten Nutzen im Sinne eines Beitrags an den Lebensstandard und die Lebensqualität. Diesem Aspekt wurde bisher keine grosse Aufmerksamkeit geschenkt und es liegen dazu auch entsprechend wenige wissenschaftliche Untersuchungen vor. Angesichts der Tatsache, dass alle Menschen die lokal vorhandene Infrastruktur mehr oder weniger häufig gebrauchen, muss der immaterielle Nutzen für das Individuum, die Haushalte und die Gesellschaft als relativ hoch eingestuft werden. Diese qualitative Einschätzung wird gestützt durch den Einbezug der indirekten Wirkungen:

> **Exkurs**
> **Fakten zur Schweizerischen Infrastruktur**
>
> Einen ersten Eindruck zur Bedeutung der Schweizer Infrastruktur vermitteln die folgenden Angaben zur Grösse der verschiedenen Infrastruktursysteme. Die Zahlen stammen aus der NFP 54-Fokusstudie «Was kostet das Bauwerk Schweiz in Zukunft – und wer bezahlt dafür?»[5].
>
> | | | |
> |---|---|---|
> | **Strom** | Freileitungsnetz (› 16 kV) | 76 000 km |
> | | Kernkraftwerke | 5 Stk. |
> | | Wasserkraftwerke (› 300 kW) | 532 Stk. |
> | **Wärme** | Fernwärmeleitungen | 888 km |
> | **Gas** | Hochdruckleitungen | 2159 km |
> | | Niederdruckleitungen | 14 371 km |
> | **Trinkwasser** | Leitungsnetz | 41 300 km |
> | | Reservoire | 1000 Stk. |
> | | Pumpwerke | 650 Stk. |
> | **Abwasser** | Gemeindekanalisationsnetz | 43 000 km |
> | | Übrige Kanalisationen | 3900 km |
> | | ARA (› 500 EW) | 759 Stk. |
> | **Abfall** | Kompostwerke | 195 Stk. |
> | | Vergärwerke | 16 Stk. |
> | | KVA | 28 Stk. |
> | | Deponien | 50 Stk. |
> | **Strasse** | Strassennetz (total CH) | 71 394 km |
> | | Nationalstrassen | 1766 km |
> | | Kantonsstrassen | 18 122 km |
> | | Gemeindestrassen | 51 506 km |
> | **Schiene** | Schienennetz (total CH) | 5148 km |
> | | SBB | 3011 km |
> | | Gleislänge (total CH) | 10 346 km |
> | | SBB | 7300 km |
> | **Nahverkehr** | Tramgleise | 452 km |

Eine gut funktionierende Wasserversorgung und Siedlungsentwässerung ist eine wesentliche Voraussetzung für Gesundheit und Wohlbefinden und ein vielfältiges Kommunikationsnetz leistet in abgelegenen Gebieten einen substantiellen Beitrag zur Wissensvermittlung und Bildung.

Tiefbahnhof Museumsstrasse.

Wiederbeschaffungswert und Erhaltungskosten der technischen Infrastruktur

Die globale Perspektive

Tabelle 5-1 zeigt die weltweiten jährlichen Aufwendungen für die Erhaltung und die Entwicklung ausgewählter Infrastruktursysteme bis ins Jahr 2030 entsprechend der OECD-Infrastrukturstudie. Obwohl die Schweiz nicht direkt mit der globalen Situation verglichen werden kann, sind diese Zahlen eindrücklich. Sie illustrieren, welche gewaltigen Summen in den kommenden 20 Jahren weltweit in diese fünf Infrastruktursektoren investiert werden müssen. Sie werfen aber auch sehr deutlich die Frage nach der Finanzierbarkeit auf. Die weitaus grössten Ausgaben sind in den Sektoren «Kommunikation» und «Wasser» erforderlich, jene für die «Schiene» belaufen sich auf einen kleinen Bruchteil davon. Aus den Zahlen der OECD geht zudem hervor, dass die absoluten Beträge pro Jahr in etwa konstant bleiben. Die OECD rechnet jedoch mit einem substanziellen Wachstum des globalen Bruttoinlandproduktes (BIP), so dass der prozentuale Anteil der Infrastrukturausgaben gemessen am globalen BIP rückläufig ist.

Wiederbeschaffungswert und Erhaltungskosten der technischen Infrastruktur in der Schweiz

Tabelle 5-2 gibt Wiederbeschaffungswerte und jährlichen Erhaltungskosten für die verschiedenen Kategorien von Infrastruktursystemen wieder. Die jährlichen Erhaltungskosten sind dabei vereinfachend dem durchschnittlichen Wertverlust einer Anlage infolge Alterung und Abnützung gleichgesetzt. Dies erfolgt unter der real nicht zutreffenden Annahme, dass der Wertverlust linear über die Zeit erfolgt. Diese Vereinfachung ist insoweit zulässig, als damit einerseits nur rein werterhaltende Aufwendungen erfasst werden und andererseits der im Durchschnitt pro Jahr erforderliche Rückstellungbedarf ermittelt wird. Unberücksichtigt bleibt, dass Infrastrukturen auch wertvermehrende Investitionen erfordern, z.B. aufgrund von neuen gesetzlichen Anforderungen oder neuer Technologien, und dass die Erhaltungsaufwendungen nicht regelmässig sondern aperiodisch anfallen. Die Differenzierung in Tabelle 5-2 zwischen «öffentlich» und «privat» basiert auf der Zugänglichkeit und den Eigentumsverhältnissen. Als öffentlich gelten demnach Infrastrukturen, an denen die öffentliche Hand substanziell beteiligt ist und/oder die öffentlich zugänglich sind. Als Bezugsjahre für die Mengengerüste und die Kosten gelten mehrheitlich die Jahre 2006 bis 2009. In Anbetracht der geringen Teuerung seit 2006 wurde auf die Indexierung der Kosten auf eine einheitliche Preisbasis verzichtet. Aufgrund der zum Teil unvollständigen Daten und sehr groben Schätzungen weisen die Wiederbeschaffungswerte und jährlichen Erhaltungskosten im Einzelnen und insgesamt eine Genauigkeit von +/−25 % auf.

Erweiterungsinvestitionen in Infrastruktursysteme

Noch schwieriger als die Zahlen zum Wiederbeschaffungswert und den jährlichen Erhaltungskosten sind Angaben zu den geplanten Erweiterungen der Infrastruktur zu beschaffen. Einzig der Bund hat sich im Bericht des Departements für Umwelt, Verkehr, Energie und Kommunikation (UVEK) dazu geäussert (vgl. Tabelle 5-3).

Tabelle 5-1
Globale Aufwendungen pro Jahr für die Erhaltung und Entwicklung ausgewählter Infrastruktursektoren

Sektor	2000–2010		2000–2010		2000–2010	
	Mrd. US$ pro Jahr	In % des globalen BIP	Mrd. US$ pro Jahr	In % des globalen BIP	Mrd. US$ pro Jahr	In % des globalen BIP
Strasse	220	0.38	245	0.32	292	0.29
Schiene	49	0.09	54	0.07	58	0.06
Kommunikation	654	1.14	646	0.85	171	0.17
Strom (Netz)	127	0.22	180	0.24	241	0.24
Wasser	576	1.01	772	1.01	1037	1.03
Total pro Jahr	1626	2.84	1897	2.49	1799	1.7

Quelle: OECD[1]

Bei gewissen Infrastruktursystemen richtet sich der Erweiterungsbedarf vor allem nach der Bevölkerungsentwicklung, insbesondere in den Sektoren Ver- und Entsorgung. Für die kommenden 20 Jahre würde dies bedeuten, dass bei einem Bevölkerungswachstum von 0,5 Prozent pro Jahr (BFS 2010: mittleres Szenario, 2010–2030) mit einem Erweiterungsbedarf von insgesamt rund 10,5 Prozent zu rechnen ist und bei einem Bevölkerungswachstum von 0,9 Prozent pro Jahr (BFS 2010: hohes Szenario, 2010–2030) mit einem solchen von rund 19,6 Prozent. Ausgehend vom aktuellen Wiederbeschaffungswert (WBW) würde dies die in Tabelle 5-5. dargestellten Investitionen erfordern. Diese Schätzungen stellen einen unteren Grenzwert dar. Da die künftig zu erstellenden Infrastruktursysteme auf den dannzumal aktuellen Technologien und Gesetzen beruhen werden, ist in der Regel mit höheren Anlagekosten zu rechnen.

Auch in den Sektoren der Schutzbauten ist mit einem erheblichen Erweiterungsbedarf zu rechnen. Allein beim Lärmschutz ortet das UVEK einen Nachholbedarf von 3,47 Milliarden Franken. Bei den Schutzbauten gegen Naturgefahren werden die Auswirkungen des globalen Klimawandels und die zunehmende Besiedelung tendenziell einen überproportionalen Erweiterungsbedarf auslösen. Wird dabei vorsichtig ein Zusatzbedarf von zwei Prozent pro Jahr zugrunde gelegt, folgen daraus für die nächsten 20 Jahre Investitionen der öffentlichen Hand von rund 26,1 Milliarden Franken beziehungsweise 15,5 Milliarden von Privaten. Insgesamt ergibt sich für die Schutzbauten ein Erweiterungsbedarf in der Periode 2010–2030 von total rund 41,6 Milliarden Franken beziehungsweise von 1,30 Milliarden Franken pro Jahr für die öffentliche Hand und von 0,77 Milliarden Franken pro Jahr für die Privaten.

Volkswirtschaftliche Bedeutung der Infrastruktur

Die volkswirtschaftliche Bedeutung der technischen Infrastruktur ergibt sich aus einer direkten und einer indirekten Komponente. Der direkte Nutzen kann einerseits am aktuellen Wert beziehungsweise am Wiederbeschaffungswert der bestehenden Infrastruktur und andererseits an den Beschäftigungseffekten gemessen werden, die unmittelbar durch die Erstellung, den Betrieb und den Unterhalt der Systeme verursacht werden. Der indirekte Nutzen bemisst sich an den Beschäftigungseffekten bei den vorgelagerten Betrieben (z.B. Zulieferer) sowie an den wirtschaftlichen Wettbewerbsvorteilen und an den sozialen Nutzen, die eine gut ausgebaute und funktionierende technische Infrastruktur bieten. Da die indirekten Nutzen ausserordentlich schwierig zu quantifizieren sind, beziehen sich die folgenden Ausführungen ausschliesslich auf die direkten Nutzen.

Tabelle 5-2
Wiederbeschaffungswert und jährliche Erhaltungskosten der technischen Infrastruktur in der Schweiz

Sektor	Wiederbeschaffungswert (WBW) Mrd. CHF			Wertverlust/Erhaltung pro Jahr Mrd. CHF			Erhaltung in % des WBW
	Öffentlich	Privat	Total	Öffentlich	Privat	Total	
Stromversorgung	140,2–167,8		140,2–167,8	2,4–3,4		2,4–3,4	1,7–2,0
Wärmeversorgung	0,44–0,45		0,44–0,45	0,009		0,009	2,0
Gasversorgung	13–20		13–20	0,24–0,44		0,24–0,44	1,8–2,2
Trinkwasserversorgung	50	60,6	110,6	0,771	1,515	2,286	2,1
Total Versorgung	203,6–238,3	60,6	264,2–298,9	3,42–4,62	1,52	4,94–6,14	1,9–2,1
Siedlungsentwässerung	65,3	42,53	107,83	0,979	1,15	2,129	2,0
Abfallentsorgung	12,4		12,4	0,34		0,34	2,7
Total Entsorgung	77,7	42,5	120,2	1,32	1,15	2,47	2,1
Strasse	170,7		170,7	3,19		3,19	1,9
Schiene	100,0		100,0	2,4		2,4	2,4
Bergbahnen	2,54		2,54	0,085		0,085	3,4
Nahverkehr	4,56		4,56	0,144		0,144	3,2
Wege	0,11		0,11	0,009		0,009	8,2
Rheinhäfen	0,25		0,25	0,004		0,004	1,6
Luftverkehr	3,42		3,42	0,051		0,051	1,5
Total Verkehr	281,6	0	281,6	5,9	0	5,9	2,1
Total Kommunikation	60	0	60	2,9–4,8	0	2,9–4,8	4,8–8,0
Schutz vor Naturgefahren	48,1	10,0	58,1	0,522	0,25	0,772	1,3
Waldbrandbekämpfung	0,01		0,01	0,0002		0,0002	2,0
Lärmschutz	1,5		1,5	0,0489		0,0489	3,3
Blitzschutz	0,07	3,03	3,1	0,002	0,101	0,103	3,3
Erdbebensichere Bauten	3,4	18,6	22,0	0,057	0,310	0,367	1,7
Messnetze	0,128		0,128	0,004		0,004	0,3
Total Schutzbauten	53,2	31,6	84,8	0,63	0,66	1,29	1,5
Total Infrastruktur CH	676–711	135	811–846	14,2–17,3	3,3	17,5–20,6	2,2–2,4

Quelle: NFP 54-Fokusstudie «Was kostet das Bauwerk Schweiz in Zukunft – und wer bezahlt dafür?»[5] und eigene Schätzung

Tabelle 5-3
Geplanter Ausbau der nationalen Infrastruktur in den Jahren 2010–2030

Sektor	Ausbau 2010–2030 Mrd. CHF				
	Beschlossen	In Prüfung	Offen	Total	Pro Jahr
Strasse	27,6	10,4–10,8	6,4	44,4–44,8	2,22–2,24
Schiene	19,6	12,0–21,0		31,6–40,6	1,58–2,03
Strom	29,0–33,0			29,0–33,0	1,45–1,65
Kommunikation	40,0			40,0	2,00
Total				145,0–158,4	7,25–7,92

Quelle: UVEK[4]

Tabelle 5-4
Geschätzter Erweiterungsbedarf im Sektor Verkehr in den Jahren 2010–2030

Sektor	Ausbau 2010–2030 Mrd. CHF	
	Total	Pro Jahr
Kantonsstrassen	4,0	0,20
Gemeindestrassen	5,0	0,25
Schiene (Kantone)	3,0	0,15
Bergbahnen	2,0	0,10
Nahverkehr	2,0	0,10
Luftverkehr	2,0	0,10
Total	18,0	0,90

Quelle: NFP 54-Fokusstudie «Was kostet das Bauwerk Schweiz in Zukunft – und wer bezahlt dafür?» und eigene Schätzung

Tabelle 5-5
Geschätzter Erweiterungsbedarf in den Sektoren Ver- und Entsorgung in Abhängigkeit vom Bevölkerungswachstum

Sektor	WBW aktuell Mrd. CHF		Ausbau 2010–2030 Bevölkerung + 0,5 % pro Jahr		Ausbau 2010–2030 Bevölkerung + 0,5 % pro Jahr	
	Total	Davon privat	Total	Pro Jahr	Total	Pro Jahr
Wärmeversorgung	0,4–0,5	–	0,05	0,002	0,09	0,004
Gas	13–20	–	1,73	0,087	3,23	0,162
Trinkwasserversorgung	111	54,8 %	11,66	0,583	21,76	1,088
Siedlungsentwässerung	108	39,4 %	11,34	0,567	21,17	1,058
Abfallentsorgung	12	–	1,26	0,063	2,35	0,118
Total			26,0	1,3	48,6	2,4

Quelle: NFP 54-Fokusstudie «Was kostet das Bauwerk Schweiz in Zukunft – und wer bezahlt dafür?»

Die technischen Infrastrukturen sind die Lebensadern technisierter Volkswirtschaften und tragen wesentlich zur Lebensqualität bei.

Wiederbeschaffungswert der technischen Infrastruktur
Gemäss Tabelle 5.2 ergibt sich für den Wiederbeschaffungswert der technischen Infrastruktur in der Schweiz die folgende Grössenordnung (Stand und Preisbasis 2006–2009).

Öffentliche Hand:	676–711 Mrd. CHF
Private:	135 Mrd. CHF
Total CH:	811–846 Mrd. CHF

Der gesamte Wert von im Mittel 828 Milliarden Franken entspricht ungefähr dem 1,5-fachen des Bruttoinlandprodukts (BIP 2008: 542 Mrd. CHF) beziehungsweise rund dem 16-fachen der jährlichen Bautätigkeit (Bauinvestitionen 2008: 53,4 Mrd. CHF). Pro Einwohner (ständige Wohnbevölkerung 2008: 7,7 Mio. Personen) ergibt dies einen Vermögenswert von rund 108 000 Franken.

Erhaltungskosten pro Jahr
Die jährlichen Kosten für die Erhaltung der Infrastruktur gemäss Tabelle 5.2 wurden auf der Basis einer linearen Altersentwertung der einzelnen Anlagen ermittelt. Sie betragen:

Öffentliche Hand:	14,2–17,3 Mrd. CHF pro Jahr
Private:	3,3 Mrd. CHF pro Jahr
Total CH:	17,5–20,6 Mrd. CHF pro Jahr

Die jährlichen Gesamtkosten für die Erhaltung der technischen Infrastruktur von im Mittel 19,1 Milliarden Franken entsprechen etwa 3,5 Prozent des BIP 2008. Gemäss der Schweizerischen Arbeitskräfteerhebung (SAKE)[6] gehen in der Schweiz ungefähr 3,36 Millionen Vollzeitäquivalente (FTE) einer Lohnarbeit nach. Auf der Grundlage des BIP 2008 resultieren daraus durchschnittliche jährliche Arbeitskosten von rund 161 000 Franken je Vollzeitäquivalente resultieren. Somit entspricht der Gesamtaufwand für die Erhaltung der technischen Infrastruktur etwa 119 000 Vollzeitbeschäftigten.

Erweiterungsbedarf pro Jahr
Der zurzeit geplante beziehungsweise angenommene Erweiterungsbedarf in der Periode 2010–2030 für die Infrastruktur kann wie folgt abgeschätzt werden.

Öffentliche Hand:	10,2–11,5 Mrd. CHF pro Jahr
Private:	1,3–1,8 Mrd. CHF pro Jahr
Total CH:	11,5–13,3 Mrd. CHF pro Jahr

Der gesamte Erweiterungsbedarf von im Mittel 12,4 Milliarden Franken pro Jahr entspricht rund 2,3 Prozent des BIP 2008 beziehungsweise 23 Prozent der jährlichen Bautätigkeit (2008). Aufgrund derselben Überlegungen wie beim Erhaltungsbedarf entspricht dieser durchschnittliche jährliche Aufwand für Infrastrukturerweiterungen in der Periode 2010–2030 etwa 77 000 Vollzeitbeschäftigten.

Gesamtbetrachtung

Der jährliche Gesamtaufwand für die Erhaltung und die heute absehbare Erweiterung der technischen Infrastruktur in der Periode 2010–2030 beträgt ungefähr:

Öffentliche Hand:	24–29 Mrd. CHF pro Jahr
Private:	5 Mrd. CHF pro Jahr
Total CH:	29–34 Mrd. CHF pro Jahr

Für die Erhaltung und Erweiterung der technischen Infrastruktur im Verantwortungsbereich des Bundes, der Kantone und Gemeinden entspricht dies etwa 4,4–5,4 Prozent des BIP (2008: 541,8 Mrd. CHF) und für die Öffentliche Hand und die Privaten zusammen etwa 5,4–6,3 Prozent des BIP 2008. Diese Schätzungen lassen sich nicht mit der prognostizierten direkten Wertschöpfung in den Infrastruktursektoren gemäss UVEK vergleichen, da letztere den Betrieb und den Unterhalt der Infrastrukturen (ohne Erweiterungsinvestitionen) umfasst. Zulässig ist jedoch der Vergleich mit den diesbezüglichen Schätzungen der OECD, die für dieselbe Periode mit jährlichen Aufwendungen von 1,7–2,5 Prozent des BIP rechnen. Mangels Einblick in die Berechnungsannahmen der OECD lässt sich diese relativ grosse Differenz quantitativ nicht erklären. Sie ist vermutlich auf die höheren Qualitätsstandards und die vergleichsweise hohen Baukosten in der Schweiz zurückzuführen.

Die direkte Wertschöpfung aus der Erhaltung und heute absehbaren Erweiterung der technischen Infrastruktur entspricht etwa 180 000 bis 210 000 Vollzeitbeschäftigten, d.h. etwa 5,4 bis 6,3 Prozent der Vollzeitarbeitsplätze der Schweiz.

Bei all diesen Zahlen, Interpretationen und Vergleichen ist noch einmal darauf hinzuweisen, dass nur die Kosten für die Erhaltung und die heute absehbare Erweiterung der technischen Infrastruktur betrachtet werden, und nicht die Betriebskosten. Zudem handelt es sich um grobe Schätzungen mit einer Genauigkeit von +/– 25 Prozent.

5.3 Verletzlichkeit der Infrastruktur

Die technischen Infrastrukturen sind die Lebensadern jeder industrialisierten, d.h. spezialisierten und arbeitsteiligen Volkswirtschaft und sie tragen wesentlich bei zur Lebensqualität der Gesellschaft, der Familien und Individuen. Wie gezeigt, benötigt ihr Aufbau, Betrieb und Unterhalt enorme finanzielle Mittel, die über viele Jahrzehnte gebunden bleiben. Zudem verursachen Infrastrukturen externe Kosten unterschiedlichster Art, die von der Allgemeinheit getragen werden. Den hohen Kosten stehen jedoch mindestens ebenbürtige materielle und immaterielle Nutzen gegenüber: Allgemeine Wohlfahrt, Standort- und Wettbewerbsvorteile für die Wirtschaft, Beschäftigungsmöglichkeiten, Mobilität, Steigerung des Lebensstandards und der Lebensqualität, soziale Kohäsion, Sicherheit usw. Es ist deshalb verständlich, dass die Institutionen und die Menschen erwarten, dass «ihre» Infrastruktur jederzeit und sicher verfügbar ist. Dieser Wunsch bleibt allerdings eine Illusion, sind doch Infrastruktursysteme verschiedensten Gefährdungen ausgesetzt und sehr verletzlich. Vollständige Sicherheit ist weder erzielbar noch bezahlbar.

Direkte und indirekte Folgen

Wird ein Infrastruktursystem verletzt oder seine Funktion gestört, so zeitigt dies materielle oder immaterielle Folgen. Im Vordergrund stehen meist die direkten Folgen, d.h. Personenschäden sowie Sachschäden an der Anlage und an Sachen Dritter, die unmittelbar durch das Schadenereignis verursacht wurden. Die finanziellen Konsequenzen entsprechender Ereignisse können in der Regel durch entsprechende Versicherungen (Anlageversicherung, Gebäudeversicherung, Betriebshaftpflichtversicherung usw.) gedeckt oder wenigstens erheblich gemildert werden. Das menschliche Leid kann den Betroffenen und ihren Angehörigen hingegen nicht abgenommen werden.

Bis anhin gibt es in der Schweiz keine flächendeckende und zweckmässig aufgearbeitete Zusammenstellung der direkten Folgen von mutwilligen und natürlich bedingten Beschädigungen oder Funktionsstörungen an Infrastruktursystemen. Die einzelnen Eigentümer und Betreiber verfügen ohne Zweifel über einschlägige Daten, insbesondere betreffend den Verunfallten und Todesfällen im Zusammenhang mit ihren Anlagen. Diese Angaben sind jedoch nur in Einzelfällen öffentlich zugänglich und schon gar nicht sektorweise über die ganze Schweiz aggregiert. Es kann jedoch davon ausgegangen werden, dass die entsprechenden Sachschäden pro Jahr einen zweistelligen Millionenbetrag ausmachen und sich die durch menschliche oder natürliche Einwirkungen verursachten Personenschäden bisher in engen Grenzen hielten.

Jüngere Untersuchungen haben aber gezeigt, dass die indirekten materiellen Folgen von solchen, vom Menschen oder von der Natur verursachten Störfällen meistens bedeutend grösser sind als die direkten Auswirkungen. Konkrete Aussagen machen die zwei NFP 54 Projekte RISIKOMANAGEMENT und TRANSPORTKORRIDORE. Obwohl diese zwei Forschungsarbeiten nicht direkt miteinander vergleichbar sind, zeigen beide deutlich die enorme volkswirtschaftliche Bedeutung von Unterbrüchen auf wichtigen Verkehrsachsen. Sie weisen jedoch auch auf die ökonomischen Grenzen von prophylaktischen Massnahmen zur Erhöhung der Verfügbarkeit der Verkehrssysteme auf.

5.4 Vom baulichen Unterhalt zum professionellen Infrastrukturmanagement

Nachhaltige Infrastrukturentwicklung

Nach diesen mehrheitlich ökonomischen Betrachtungen zur technischen Infrastruktur stellt sich die Frage, wie die technische Infrastruktur gestaltet und genutzt werden soll, damit sie einen wesentlichen Beitrag an die nachhaltige Entwicklung unseres Lebens- und Wirtschaftsraums leistet. Im weitesten Sinn ist eine Entwicklung dann nachhaltig, wenn es gelingt, die Bedürfnisse der heute lebenden Generationen zu decken, ohne die Möglichkeiten kommender Generationen zur Deckung ihrer dereinstigen Bedürfnisse einzuschränken.

Diese Forderung kommt der Quadratur des Kreises gleich, denn sie ist allumfassend und schrankenlos, d.h. sie schliesst beliebige Bedürfnisse in beliebigem Ausmass ein. Es ist offensichtlich, dass eine derart offene Interpretation nicht zulässig ist und dass nachhaltige Entwicklung nur unter substanziellen Einschränkungen der heutigen und zukünftigen Generationen realisiert werden kann.

Verteilungsfrage im Zentrum

Was bedeutet dies für die Infrastruktur? Im Zentrum steht das Verteilungsproblem, d.h. die Frage: Welche Infrastruktursysteme müssen wo, wem und wann zur Verfügung stehen? Die Antwort darauf ist nicht primär eine technische oder finanzielle Problemstellung, sondern eine gesellschaftspolitische Herausforderung. Unbestritten ist, dass alle Menschen ein Recht auf die Deckung der Grundbedürfnisse haben. Doch bereits bei der Definition dieser Grundbedürfnisse gehen die Meinungen weit auseinander: Während die einen darunter ein Dach über dem Kopf, sauberes Trinkwasser und minimale Bildungsmöglichkeiten verstehen, gehören für andere immer bessere Verbindungen zur Arbeit und zum Freizeitangebot oder die jederzeitige Erreichbarkeit via Internet und Mobilfunk zur erstrebenswerten Grundversorgung. Bereits diese beliebig gewählten Beispiele zeigen die Brisanz dieser Frage.

Die Höhe der Nachfrage, der Preis und Wirtschaftlichkeitsüberlegungen allein können die Verteilungsfrage nicht lösen. Wieso muss sich ein Individuum in einem abgelegenen Ort mit einigen wenigen und langsamen ÖV-Verbindungen pro Tag bis zur nächsten Einkaufsgelegenheit zufrieden geben, während dasselbe Individuum in urbanen Agglomerationen mit einer komfortablen S-Bahn im Viertelstundentakt die gleiche Strecke in einem Bruchteil der Zeit zurücklegen kann?

Exkurs
Gefährdungen der Infrastruktur

Technische Infrastruktursysteme sind insbesondere folgenden Gefahren ausgesetzt:

Naturgefahren
Überlastung bzw. Unterbelastung
Verfügbarkeit
Attentate
Organisatorische Risiken
Finanzielle Risiken
Kriegerische Ereignisse

Naturgefahren
Sturm, heftige Niederschläge, Überschwemmungen, Murgänge, Steinschlag, Bergsturz, Blitzschlag, starker Schneefall und Lawinen sind in der Schweiz die häufigsten natürlichen Bedrohungen der Infrastruktur. In zeitlicher Hinsicht ist ihr Auftreten nur bedingt prognostizierbar. Die meisten von ihnen bleiben in geografischer Hinsicht auf bestimmte Gebiete beschränkt, die in der Schweiz in den sogenannten Gefahrenkarten eingetragen und bezüglich Eintretenswahrscheinlichkeit und Intensität klassifiziert sind.

Überlastung beziehungsweise Unterbelastung
Jedes Infrastruktursystem hat seine geplanten spezifischen oberen und/oder unteren Kapazitätsgrenzen. Werden diese über- oder unterschritten, herrscht Überlastung beziehungsweise Unterbelastung. Beides kann die Funktionstauglichkeit erheblich einschränken oder sogar zum Kollaps des ganzen Systems führen.

Verfügbarkeit
Technische Infrastrukturen sind oft nicht täglich rund um die Uhr verfügbar. Neben generell eingeschränkten Betriebszeiten sind es unvorhergesehene Unterhaltsarbeiten, Unfälle oder Störfälle, die die Verfügbarkeit überraschend und empfindlich einschränken können.

Attentate
Immer häufiger werden technische Infrastrukturen das Ziel von mutwilligen Zerstörungen oder verbrecherischen Anschlägen, die grossen Sachschaden und unsägliches menschliches Leid verursachen und bis zur vollkommenen Lahmlegung eines Infrastruktursystems führen können. Von zunehmender Bedeutung sind Angriffe auf elektronische Systemkomponenten via Internet und Mobilfunk.

Organisatorische Risiken
Organisatorische Mängel, wie personelle Fehlbesetzungen, ungenügende Kapazitäten oder Kompetenzen, Fehlentscheide usw., können das optimale Funktionieren, die Wettbewerbsfähigkeit und die finanzielle Sicherheit eines Infrastruktursystems erheblich beeinträchtigen.

Finanzielle Risiken
Ungenügende Finanzkraft, ein schlechtes Kreditrating oder fehlende Liquidität seitens der Eigentümerin oder des Betreibers können zum finanziellen Kollaps beziehungsweise Konkurs und damit zu Betriebseinschränkungen oder zum vollständigen Ausfall eines ganzen Infrastruktursystems führen.

Kriegerische Ereignisse
Glücklicherweise blieb das alte Europa seit dem Zweiten Weltkrieg von kriegerischen Ereignissen verschont. In Kriegsgebieten hingegen sind die Infrastruktursysteme in der Regel die primären Ziele von militärischen Interventionen mit den bekannten fatalen Folgen für die Bevölkerung und die Wirtschaft.

Die Liste der Gefährdungen der technischen Infrastruktur ist lang und die Verletzlichkeit der Systeme extrem hoch. Letzteres hat damit zu tun, dass die Infrastruktursysteme einerseits allen dienen sollen und damit weitgehend öffentlich zugänglich sein müssen und andererseits von der zentralen Funktion her den Naturgewalten und menschlichen Zugriffen ausgesetzt sind. Die wenigsten Systeme können in hermetisch abgeschlossenen oder permanent überwachten Zonen beziehungsweise Räumen untergebracht werden. Letztlich ist es eine Frage der Benutzerfreundlichkeit und der Wirtschaftlichkeit, wo und wie viel in die Sicherheit der Infrastruktur investiert werden soll.

Erkenntnisse aus NFP 54-Projekten

Das Projekt RISIKOMANAGEMENT identifiziert die Passage über den Monte Ceneri als den gefährdesten Abschnitt des schweizerischen Nationalstrassennetzes hinsichtlich zusätzlicher Reisezeiten. Ein Ausfall dieses Abschnitts verursacht täglich 344 000 Kilometer zusätzliche Reisekilometer beziehungsweise 36 000 Stunden zusätzliche Reisezeit. Zusammen mit zusätzlichen Unfallkosten belaufen sich die indirekten Ausfallkosten auf 1,57 Millionen Franken pro Tag. Der Ausfall des Gotthard-Strassentunnels verursacht direkte Kosten von 0,79 Millionen Franken pro Tag, bewirkt aber mit 1,01 Millionen Kilometern die längsten Umwege. Allerdings stehen für 18 von 20 untersuchten Fällen Bahntransporte als Alternative zur Verfügung, so dass diese Kosten eher als obere Grenze zu betrachten sind.[7]

Das Projekt TRANSPORTKORRIDORE schätzt die indirekten Kosten eines unerwarteten Ausfalls der Gotthard-Strassentransitachse für den Tessiner Güterverkehrmarkt (LKW-Verkehr mit Start oder Ziel Tessin) auf 5,1 Millionen Franken. Bei drei von neun identifizierten Gefährdungen ergab die Kosten-Nutzen-Analyse ein positives Ergebnis, wobei das Risiko eines Ausfalls der Transitachse um insgesamt sechs Prozent vermindert würde. Würden auch die direkten und indirekten Nutzen der übrigen Schweiz und nicht nur des Tessins berücksichtigt, so könnte das Resultat signifikant ändern.

Das Projekt PRIVATINVESTOREN stellt fest, dass die öffentlichen Akteure in der Schweiz im Zusammenhang von Public-Private-Partnership-Projekten im Allgemeinen schlecht oder gar nicht auf Vorschläge Privater vorbereitet sind. Zudem zeigt sich, dass die entsprechenden Projekte aufgrund ihrer Komplexität – juristisch, ökonomisch, technisch – nicht immer die für eine Entscheidung erforderliche Transparenz aufweisen.

Auch die Erhebung einer stark belastungsgesteuerten Abgabe (Maut) auf Schnellstrassen zur Glättung der Tagesganglinien und zur Kapazitätssteigerung kann wohl kaum als gerecht und mehrheitsfähig betrachtet werden. Allein über den «Franken» lässt sich die Verteilung nicht steuern. Es braucht dazu andere Mechanismen.

Beschränkungen sind notwendig

Eine zwingende Voraussetzung für eine nachhaltige Entwicklung der Infrastruktur ist der gesellschaftliche und politische Konsens, dass dieser Weg konsequent zu begehen ist und dass diese Strategie Beschränkungen von allen fordert. Die dominierenden Grenzen einer ungehemmten Entwicklung der Infrastruktursysteme sind die finanziellen Ressourcen, der verfügbare Boden und die zumutbaren Emissionen für Mensch und Umwelt. Alle drei werden immer knapp und deshalb Gegenstand von Verteilkämpfen sein. Aus gesellschaftlicher und ökologischer Perspektive ist unbestritten, dass in der Schweiz gewisse Grundbedürfnisse flächendeckend gestillt werden müssen. Dazu gehören die Versorgung aller Siedlungen mit Trinkwasser und Strom, die Siedlungsentwässerung und Kehrichtentsorgung sowie eine Verkehrserschliessung. Diese Minimalausstattung ist in den kantonalen Planungs- und Baugesetzen für sämtliche gewerbemässig und zu Wohnzwecken ständig genutzten Bauten vorgeschrieben.

Differenzierter wird die Betrachtung, wenn es um die Anbindung an den öffentlichen Verkehr (ÖV) und an die Kommunikation geht. Beim ÖV stellt sich vor allem die Frage nach der Häufigkeit, den Fahrzeiten und dem Komfort. Bei der Kommunikation sind der Netzzugang (Telefonfestnetz, Mobilfunk, Kabelnetz, Satellitenverbindung usw.) sowie die Übertragungskapazität und -qualität die Anspruchsmerkmale. Auch bei den Strassen gibt es wesentliche Unterschiede, zum Beispiel hinsichtlich Ausbaustandard (d.h. Fahrzeit und Komfort), Sicherheit (z.B. Steinschlag, Wildwechsel) und Verfügbarkeit (z.B. Winterbetrieb).

Grundangebot der technischen Infrastruktur überprüfen
Es ist offensichtlich, dass nicht sämtliche Regionen und Gemeinden in der Schweiz über dieselbe Versorgungsdichte und den gleichen Ausbaustandard der Infrastruktur verfügen können. Ebenso einleuchtend ist, dass der Ausbau der Infrastruktur nicht unendlich und mit derselben Geschwindigkeit wie bisher fortgesetzt werden kann. Beides ist weder sinnvoll noch finanzierbar. Wie kann aber innerhalb dieser Grenzen ein gesellschaftlich akzeptierter und politisch vertretbarer Interessensausgleich erzielt werden? Ein möglicher Ausweg aus diesem Dilemma bietet ein ganzheitlicher Ansatz bei der Beurteilung, Abwägung und Abgeltung von öffentlichen Infrastrukturleistungen: Ausgehend von der gesetzlich vorgeschriebenen, infrastrukturellen Minimalversorgung ist vorab zu prüfen, wie das zukünftige Grundangebot an technischer Infrastruktur zu gestalten ist.

Ausgleichsmechanismen entwickeln
Aus heutiger Sicht gehört in der Schweiz ein flächendeckender, vom Anbieter unabhängiger und qualitativ hochstehender Zugang zum Mobilfunk und Internet ohne Zweifel zur Grundversorgung. Bei der Verkehrsinfrastruktur sind aus wirtschaftlichen Überlegungen hingegen Differenzierungen angebracht: Die Erschliessung mit Individualverkehr soll abgesehen von minimalen Einschränkungen grundsätzlich immer möglich sein, während das ÖV-Angebot nachfrageabhängig zu gestalten ist. Daraus resultierende Ungleichheiten könnten mit entsprechenden Reduktionen bei der Strassenverkehrssteuer kompensiert werden, d.h. dass Bewohner in Gebieten mit einer vergleichsweise schlechten ÖV-Anbindung von reduzierten Abgaben für den mobilisierten Individualverkehr (MIV) profitieren würden. In Gebieten mit guter ÖV-Erschliessung wären die Strassenverkehrssteuern entsprechend anzuheben. Weitere ähnlich ausgerichtete Ausgleichsmechanismen wären bei der Tarifierung des ÖV möglich. Dies ist nur ein Beispiel für die anzuwendende Gesamtsicht in Hinsicht auf eine nachhaltige Infrastrukturentwicklung. Bei anderen wünschbaren, aber nicht zwingend notwendigen Infrastrukturentwicklungen bzw. qualitativen Verbesserungen der bestehenden Infrastruktur sind ähnliche Modelle denkbar.

Wo steht die Schweiz heute?

Vorteilhafte Position
Ein Blick auf die aktuelle technische Infrastruktur zeigt, dass die Schweiz im internationalen Vergleich gut abschneidet. Dies aus folgenden Gründen:
- Die Infrastruktursysteme werden in der Schweiz in den meisten Fällen realistisch, d.h. nachfragebezogen und kundenorientiert geplant.
- Das für die Krediterteilung erforderliche, stufengerechte Plebiszit stellt diesbezüglich ein sehr kritischer Filter dar.
- Die infrastrukturellen Bauten und Anlagen weisen eine überdurchschnittliche Qualität hinsichtlich Dauerhaftigkeit, Sicherheit, Verfügbarkeit und Umweltverträglichkeit auf und werden im Allgemeinen professionell betrieben und unterhalten.
- Trotz vergleichsweise hoher Erstellungs-, Betriebs- und Unterhaltskosten ist die Finanzierung üblicherweise sichergestellt. Hinsichtlich der Infrastrukturfinanzierung nimmt die Schweiz – zumindest auf Bundesebene – im internationalen Vergleich eine Vorreiterolle ein: Die in den letzten 20 Jahren geschaffenen Finanzierungsinstrumente wie der FinöV-Fonds oder der Infrastrukturfonds für den Agglomerationsverkehr, aber auch die seit langem erhobene, zweckgebundene Steuer auf Benzin, sind einzigartig.

Föderalismus und Subsidiarität als Erschwernis
Selbstverständlich gibt es in der Schweizer Infrastrukturpolitik auch Schwachstellen. Zu nennen sind prioritär der ausgeprägte Föderalismus und das weit getriebene Subsidiaritätsprinzip. Was in politischer Hinsicht unbestrittene Vorteile hat, erweist sich in Hinsicht auf ein professionelles Infrastrukturmanagement als Hindernis: Die auf den Bund, die Kantone und die Gemeinden verteilten Zuständigkeiten für das Strassennetz und für die fiskalische Belastung des Individualverkehrs erschweren eine ganzheitliche Sicht und die Umsetzung integraler Konzepte.

Auch die kommunalen Zuständigkeiten für die Wasserversorgung, die Siedlungsentwässerung und die Kehrichtsorgung erschweren regionale und überregionale Lösungen und die Nutzung entsprechender Synergiepotenziale. Ein weiteres Erschwernis ist die in der Schweiz ausgeprägte Sympathie für den «service public», die das privatwirtschaftliche Engagement im Bereich Infrastruktur bis heute stark eingeschränkt hat. Deshalb sind alternative Zusammenarbeitsformen wie Public Private Partnership (PPP) oder Public Private Financing (PPF) in der Schweiz noch weit vom Durchbruch entfernt. Zusätzlich erschwert wird dieses auf lange Zeit angelegte Zusammengehen der öffentlichen Hand mit privaten Unternehmen durch das relativ kleine Anbieterpotenzial des Schweizer Marktes. Im Weiteren fehlen bei Politikern und öffentlichen Verwaltungen das Wissen und die Erfahrung bezüglich dieser neuen Zusammenarbeitsformen.

Die eher positiven Einschätzungen der Infrastruktur-Finanzierung im Verantwortungsbereich des Bundes gelten nur bedingt für die Kantone und Gemeinden, wo langfristig angelegte Finanzierungsinstrumente fehlen. Dies hat zur Folge, dass der Realisierungszeitpunkt von notwendigen und vom Volk genehmigten Erhaltungs- und Erweiterungsinvestitionen direkt von den konjunkturell bedingten Zyklen der Steuereinnahmen abhängig gemacht wird.

Diese Lagebeurteilung zur schweizerischen Infrastruktur deckt sich weitgehend mit der offiziellen Stellungnahme des Bundes zu den diesbezüglichen Analyseergebnissen und Empfehlungen der OECD.[8] In einer Medienmitteilung vom 21. Mai 2007 bestätigte das UVEK die generell hohe Qualität der Schweizer Infrastruktursysteme und die Absicht des Bundes, die für die Schweiz relevanten Empfehlungen der OECD zu prüfen und wo zweckmässig auch umzusetzen.

Handlungsfelder

Um in der Schweiz den Schritt vom baulichen Unterhalt und von der von der aktuellen Finanzsituation getriebenen Erweiterung zu einer professionellen Bewirtschaftung der technischen Infrastruktur vollziehen zu können, sind Massnahmen verschiedener Art zu planen und umzusetzen. Diese lassen sich den nachfolgend beschriebenen sechs Handlungsfeldern zuordnen.

Verbreiterung der Datenlage

Die effiziente Bewirtschaftung der technischen Infrastruktur setzt enorm viel Wissen voraus. Eine der grössten Lücken, die gerade auch durch das NFP 54 aufgedeckt wurde, betrifft die Datenlage. Was sich im Immobilienmanagement in den letzten zwei Jahrzehnten mit grossem Erfolg durchgesetzt hat, liegt im Infrastrukturmanagement noch in weiter Ferne. Notwendig sind quantitative und qualitative Daten zum Bestand, Angaben zur Historie (bisherige Unterhalts-, Anpassungs- und Erweiterungsprojekte, Unfälle und Störfälle usw.) und zum aktuellen Zustand, Daten zur effektiven Auslastung sowie eine nachvollziehbare Anlagenbuchhaltung, die eine anlagenbezogene und verursachergerechte Zuordnung der Kosten und Erträge erlaubt. Diese Daten sollten nach einem weitgehend standardisierten Raster erhoben und ausgewertet werden, sodass sektorenspezifische und zum Teil auch sektorenübergreifende Vergleiche (Benchmarking) möglich sind. Erst aufgrund dieses umfassenden Wissens lassen sich die notwendigen Erhaltungsmassnahmen und Erweiterungen zeitgerecht planen und umsetzen sowie deren Finanzierung langfristig sichern.

Übergreifende Koordination

Die verschiedenen Infrastrukturen – Strom, Wasser, Abwasser usw. – stehen in enger Abhängigkeit voneinander. Eine nachhaltige Infrastrukturentwicklung erfordert deshalb eine Gesamtsicht und ein eng koordiniertes Vorgehen der insbesondere auf Bundesebene fachlich stark spezialisierten Stellen – Bundesamt für Raumentwicklung (ARE), Bundesamt für Verkehr (BAV), Bundesamt für Strassen (ASTRA), Bundesamt für Energie (BFE), Bundesamt für Kommunikation (BAKO), Bundesamt für Umwelt (BAFU) usw. Da die Zuständigkeiten für die Infrastruktur auf den Bund, die Kantone und die Gemeinden verteilt sind, besteht auch vertikal erheblicher Koordinationsbedarf. Die Planung und die Finanzierung von Gesamtkonzepten für die zukünftige Entwicklung der Infrastruktur erfordern eine gesamtschweizerische, sektorenübergreifende Zusammenarbeit aller involvierten Behörden und Ämter, die mit den heutigen politischen und administrativen Strukturen kaum zu bewältigen ist.

Lebenszyklusansatz

Eine weitere Voraussetzung für ein professionelles Infrastrukturmanagement ist die konsequente Verfolgung eines integralen Lebenszyklusansatzes. Infrastruktursysteme werden in der Regel für eine Nutzungsdauer von 60 bis über 100 Jahren ausgelegt und realisiert, d.h. für Zeiträume, die ein Menschenleben bei weitem übertreffen beziehungsweise mehrere Generationen überdauern. Es ist deshalb zwingend, dass für Infrastrukturinvestitionen nicht nur die Investitionskosten in den Entscheidungsprozess einbezogen werden, sondern auch die Betriebs- und Unterhaltskosten sowie alle relevanten externen Kosten. Ebenso sind die materiellen und die immateriellen Nutzen zu berücksichtigen. Erst aufgrund dieser umfassenden Betrachtung kann ein «Business Case» entwickelt werden, der auf Kostenwahrheit (Vollkostenrechnung) basiert und die Kosten verursacher- und nutzergerecht verteilt und dadurch die langfristige Finanzierung sichert. Dieser Blick in die Zukunft kann sich selbstverständlich nicht über 100 Jahre erstrecken. Dazu sind die Ungewissheiten zu gross. Aber bereits mit einem Betrachtungszeitraum von 20 Jahren können die entscheidenden Stärken und Schwächen eines Projekts ausgelotet und gegeneinander abgewogen werden.

Innovation

Im globalen Wettbewerb der innovativsten Nationen belegt die Schweiz immer wieder Spitzenplätze. In vielen Sektoren der technischen Infrastruktur ist von dieser Vorreiterrolle jedoch wenig zu spüren. Unsere Ver- und Entsorgungstechnologien und die Verkehrsnetze stammen grösstenteils aus der Mitte des 20. Jahrhunderts. Sie sind in vielen Belangen veraltet und damit ineffizient. Die Schweizer Stromversorgung basiert noch auf dem Prinzip der zentralen Stromproduktion in Kraftwerken, von wo der Strom über Hochspannungsleitungen an Elektrizitätswerke weitergeleitet wird, die ihrerseits die Feinverteilung übernehmen. Das intelligente Stromnetz der Zukunft – «Smart Grid und Smart Meters» – ist komplexer, verspricht jedoch einige Vorteile: Einerseits kann die zunehmende Anzahl an dezentralen Kleinproduzenten berücksichtigt werden und andererseits lassen sich alternative Stromquellen wie Solaranlagen und Windkraftwerke mit ihrem stark schwankenden Angebot besser in das Netz integrieren. Zudem wird der Stromtarif Angebot und Nachfrage viel genauer abbilden. Wieso laufen im klassischen Stromland Schweiz die ersten Pilotversuche mit intelligenten Stromnetzen (z.B. in der Gemeinde Ittigen) erst jetzt an?

Ein weiteres Potenzial im urbanen Raum lotet das Projekt UNTERGRUND aus. Mit Bezug auf die technische Infrastruktur bietet der Untergrund nicht nur Platz für die traditionellen Systeme, wie Verkehr, Stromverteilung, Wasser und Abwasser, sondern auch für neue Angebote wie zum Beispiel das unterirdische, automatisierte Güterverteilsystem «Swiss Cargo Tube» oder die grossflächige, dezentrale Versorgung mit Wärme und Kälte. Bei solchen innovativen Konzepten sollte die Schweiz die Technologieführerschaft übernehmen und sich die entsprechenden globalen Wettbewerbsvorteile sichern.

Alternative Finanzierungsmodelle

Obwohl die meisten öffentlichen Haushalte in der Schweiz noch im Lot sind und mit starken Kreditratings brillieren, ist unverkennbar, dass die für die Infrastruktur verfügbaren Mittel tendenziell knapper werden. Die Zeit ist deshalb reif für die ernsthafte Prüfung von alternativen Finanzierungsquellen für eine zuverlässige und zeitgerechte Bereitstellung der erforderlichen Mittel. In Anbetracht der Langfristigkeit von Infrastrukturprojekten kommen dazu vor allem Fondslösungen, eine kostendeckende Bepreisung und Public-Private-Partnership-Modelle (PPP-Modelle) in Frage. Bei den Fondslösungen geht es nicht nur um öffentliche Fonds, sondern auch um private Anbieter solcher Produkte.

- Bei den öffentlichen Fonds stellt sich die Frage, ob neben dem Bund auch jeder Kanton und jede grössere Gemeinde einen eigenen Infrastrukturfonds auflegen soll oder ob hier nicht eine Bündelung zweckmässiger wäre.
- Die kostendeckende Bepreisung von Infrastrukturleistungen muss einerseits verursachergerecht sein und darf andererseits nicht zu einer generellen Steigerung der fiskalischen Belastung führen. Werden Infrastrukturkosten auf die Verursacher abgewälzt, so müsste dies mit Steuersenkungen kompensiert werden.

- PPP-Modelle sind eine weitere, im Ausland bereits bewährte und von der OECD mit Nachdruck empfohlene Alternative zur Einbindung von privatem Kapital und Knowhow in die öffentliche Infrastruktur.

Sofern der durch eine Infrastrukturerschliessung generierte Mehrwert quantifizierbar ist, kommt auch eine teilweise Abschöpfung der resultierenden Grundstückpreisgewinne in Frage, um die Erstellungskosten zu finanzieren oder einen entsprechenden Fonds zu speisen.

Effizienz der Planungs- und Bewilligungsprozesse

Das letzte Handlungsfeld betrifft die Effizienz der Planungs- und Bewilligungsprozesse. Es sind keine Ausnahmefälle, wo zwischen einem positiven Volksentscheid und der rechtskräftigen Baubewilligung mehr als 10 Jahre verstreichen. Diese Prozesse müssen erheblich beschleunigt werden, was nicht mit einer Beschränkung der Volks- und Rekursrechte einhergehen muss. Eine kürzlich abgeschlossene Untersuchung[9] an grossen Verkehrsinfrastrukturprojekten in Europa zeigt, dass Verzögerungen vor Baubeginn meist auf Interventionen von externen, d.h. nicht direkt involvierten Anspruchstellern zurückzuführen sind, denen mit einem professionellen Stakeholder Management wirksam hätte begegnet werden können. Auch eine straffere Projektführung durch die Politik und die öffentliche Bestellerorganisation trägt wesentlich zur Verkürzung der Projektdurchlaufzeit bei.

Es geht aber nicht nur um den Faktor Zeit, sondern auch um die Qualität der Planungsprozesse und -ergebnisse. Die Erfahrungen in den Fallstudienregionen des Projekts ABWASSERMANAGEMENT haben gezeigt, dass neue Planungsmethoden, die expliziter auf Unsicherheiten eingehen, auf grosses Interesse stossen. Die Anwendung der Methode erlaubt es, ein breites Spektrum von Kontextentwicklungen, Systemalternativen und Interessenpositionen in der Entscheidung zu berücksichtigen. Durch die transparente Reflektion all dieser Aspekte können potenziell nachhaltigere Lösungen identifiziert und umfassend beurteilt werden.

Fazit

Die nachhaltige Planung, Realisierung, Bewirtschaftung und Entwicklung der technischen Infrastruktur ist eine höchst anspruchsvolle Managementaufgabe, die ein enges Zusammengehen von Politik, Gesellschaft und Wirtschaft erfordert. Es ist unbestritten, dass eine zeitgemässe und gut funktionierende Infrastruktur eine zwingende Voraussetzung für sozialen und wirtschaftlichen Fortschritt ist. Die technische Infrastruktur leistet auch wesentliche Beiträge an den schonenden Umgang mit der natürlichen Umwelt und unseren Ressourcen.

Grenzen der Finanzierbarkeit

Trotz der generell positiven Bilanz ist zu akzeptieren, dass wir die Infrastruktur nicht beliebig verbessern und ausbauen können. Langsam dämmert die Erkenntnis, dass dazu schlicht und einfach die erforderlichen finanziellen Mittel fehlen. Denn Erhalt und Ausbau der Infrastruktur stehen in Konkurrenz zu ebenso wichtigen Generationenaufgaben wie das Gesundheitswesen, die Altersvorsorge oder Bildung und Forschung.

Der Ausweg kann nicht darin bestehen, dem Staat über höhere Gebühren, Abgaben oder Steuern mehr Mittel zuzuführen. Insbesondere die Mehrwertsteuer darf nicht zum Stopfen sämtlicher Finanzierungslücken missbraucht werden. Solche zusätzlichen Obolusse schwächen die Wettbewerbskraft und legen damit den Grundstein für Konsumabstinenz, Wirtschaftsflauten, Arbeitslosigkeit und soziale Unrast.

Prioritäten setzen

In dieser Situation sind Prioritäten auf der Ausgabenseite zu setzen. Es geht dabei nicht um die Infrastruktur zur Grundversorgung, wie Energie, Wasser und Abwasser oder Kommunikation, sondern um Infrastruktursysteme, bei denen eine grenzenlose Anspruchsinflation grassiert. Dazu zählen in der Schweiz zum Beispiel der öffentliche und der private Verkehr. Wir rühmen uns zu Recht, weltweit eines der dichtesten und zuverlässigsten ÖV-Angebote zu haben. Trotzdem sind wir bereit, für eine weitere Verkürzung der Reisezeit zwischen zwei Kantonshauptorten von wenigen Minuten mehrere Milliarden Schweizer Franken auszugeben. Andererseits fehlt das Geld für den sorgfältigen Unterhalt des bestehenden Schienennetzes. Ebenso irrational ist das Verhalten in Bezug auf den Strassenbau: Weil die Finanzierung dank Treibstoffzuschlägen weitgehend gesichert ist, werden nach wie vor Unsummen in Hochleistungsstrassen in den Agglomerationen verbaut, obwohl genau dort Anstrengungen unternommen werden, den Pendlerverkehr von der Strasse zu verbannen. Wo bleibt da die Logik?

Beschränkung aufs Notwendige

Nachhaltige Infrastrukturentwicklung bedeutet vor allem Beschränkung auf das Notwendige und damit auch Verzicht. Gerade beim Verkehr haben die letzten 50 Jahre gezeigt, dass Kapazitätssteigerungen und Netzerweiterungen kurzfristig Linderung bringen, langfristig jedoch aufgrund der Auswirkungen auf die Siedlungsentwicklung unweigerlich zu Mehrverkehr führen. Bei anderen Infrastruktursystemen sind ähnliche Mechanismen zu beobachten. Trotz dieser Erkenntnis ist die Gesellschaft in dieser Endlosschlaufe gefangen und bringt nicht den Mut auf, einen Halt einzulegen und diese Problematik grundsätzlich zu überdenken. Das Überdenken könnte darin bestehen, den Spiess umzudrehen und zu überlegen, welche Siedlungsentwicklung in der Schweiz auf Basis der bestehenden Infrastruktursysteme sinnvoll und möglich ist. Damit würde auch ein entscheidender Beitrag gegen die Zersiedelung der Landschaft und für die weitere Verdichtung der bestehenden Siedlungsräume geleistet. Ohne Zweifel müssten bei solchen Überlegungen punktuell Kapazitätserweiterungen eingebaut werden, denen aber andernorts Redimensionierungen oder gar Rückbau gegenüberstehen würden.

Umfassendes Infrastrukturkonzept

Auch bei diesem eher unkonventionellen Ansatz gilt es eine Gesamtsicht einzunehmen: Alle technischen Infrastruktursysteme sind als Ganzheit und in ihrer Interdependenz zu betrachten – und zwar im nationalen und im internationalen Kontext. Investitionen für die Instandsetzung und die Erweiterung von Infrastruktursystemen sind aufgrund einer Nutzen/Kosten-Betrachtung über den gesamten Lebenszyklus, der gesicherten Finanzierung und der Auswirkungen auf andere Infrastrukturen zu beurteilen. Dabei ist selbstverständlich, dass aus raumplanerischen, ökologischen und ökonomischen Überlegungen nicht in allen Gegenden der Schweiz dieselbe Versorgungsdichte und -qualität bereitgestellt werden kann. Damit die politische Akzeptanz erreicht werden kann, sind die sich daraus ergebenden regionalen Benachteiligungen anderweitig auszugleichen – zum Beispiel mit Beiträgen an die soziale Infrastruktur. Für die Finanzierung wäre einerseits ein eidgenössischer Infrastrukturfonds zu schaffen, der von den Gemeinden und Kantonen alimentiert wird. Andererseits wäre die Äufnung von privaten Infrastrukturfonds mit steuerlichen Anreizen zu begünstigen. Der übergeordnete Zweck dieses Ansatzes ist die optimale Erhaltung und Entwicklung der bestehenden Infrastruktur mit dem Ziel, sozialen und wirtschaftlichen Mehrwert zu generieren. Eine mutige Vision oder eben doch nur eine Illusion?

Erkenntnisse aus NFP 54-Projekten

Das Projekt DEZENTRALE ENERGIEVERSORGUNG zeigt mit aller Deutlichkeit den zurzeit noch bestehenden grossen Handlungsbedarf im Schweizer Energiesektor. Zudem zeigt es, welche wirtschaftlichen Potenziale sich durch eine konsequent und langfristig ausgerichtete staatliche Förderung erneuerbarer Energieträger eröffnen.

Das Projekt UNTERGRUND zielt auf die intelligente und koordinierte Nutzung des städtischen Untergrundes für technische Infrastrukturen und andere geeignete öffentliche Bedürfnisse (z.B. Einkaufen, Konzertsäle, Kinos usw.). Dabei sind die lokal verfügbaren Ressourcen des städtischen Untergrundes – Grundwasser, Bodenmaterial, Geothermie und Raum – für den städtischen Stoffhaushalt zu mobilisieren.

Das Projekt ABWASSERMANAGEMENT entwickelte eine strategische Planungsmethode für Infrastrukturen und testete sie an drei Fallbeispielen aus dem Abwassersektor. Das Konzept baut auf neueren Erkenntnissen der Transitionsforschung, partizipatorischer Planungsmethoden und technologischer Vorausschau (Foresight) auf.

Empfehlungen

1. Nachhaltige Infrastrukturentwicklung basiert auf einem nationalen Konsens!

Die politische Diskussion über das erforderliche und vertretbare Mass an technischer Infrastruktur muss auf nationaler Ebene initiiert werden. Dabei geht es nicht um die Grunderschliessung der Siedlungen mit Wasser, Abwasser, Strom und deren minimale verkehrsmässige Anbindung, sondern in erster Linie um das Angebot, den Komfort und die Verfügbarkeit der nicht zwingend notwendigen Infrastruktursysteme. Unverzichtbare Voraussetzungen solcher Überlegungen sind die Kostenwahrheit (Vollkostenrechnung) und das Verursacherprinzip.

Zielgruppen/Akteure: Bund, Kantone

2. Die Schweiz braucht ein nationales Infrastrukturkonzept!

Die Schweiz braucht ein integrales, nationales Konzept für die technische Infrastruktur, das auf einem nationalen Raumkonzept aufbaut und die Interdependenz der einzelnen Infrastruktursektoren und die langfristige Finanzierbarkeit berücksichtigt. Dieses Konzept hat für jeden Infrastruktursektor und jede geographische Region unter Berücksichtigung der nationalen und internationalen Vernetzung eine Strategie festzulegen für die Erhaltung, den Ausbau und den Rückbau der technischen Infrastruktur. Regionale Unterschiede bezüglich der Versorgung mit technischer Infrastruktur sind anderweitig auszugleichen, zum Beispiel über fiskalische Entlastung oder mittels Subventionierung der sozialen Infrastruktur.

Zielgruppen/Akteure: Bund, Kantone

3. Das Infrastrukturmanagement ist zu professionalisieren!

Für die Erhaltung und den zwingend erforderlichen Ausbau der Infrastruktursysteme sind neue Organisations- und Finanzierungsmodelle zu entwickeln und praktisch zu prüfen. Im Vordergrund steht die Professionalisierung des Infrastrukturmanagements auf der Basis einer langfristig angelegten Zusammenarbeit zwischen der öffentlichen Hand und der Privatwirtschaft, wie zum Beispiel Private Financing Initiative oder Public Private Partnership.

Zielgruppen/Akteure: Bund, Kantone, Gemeinden, Finanzwirtschaft, Bauwirtschaft, Planer

4. Professionelles Infrastrukturmanagement erfordert eine zuverlässige Datengrundlage!

Als Grundlage für das nationale Konzept der technischen Infrastruktur und ein professionelles Infrastrukturmanagement ist eine gesamtschweizerische Datenbank aufzubauen, die für alle Infrastruktursysteme standardisierte Angaben zu der Anlage, deren Funktion und Zustand, der Auslastung und Lebensgeschichte (Instandsetzungsmassnahmen, besondere Vorkommnisse usw.) sowie den Kosten und Nutzen enthält.

Zielgruppen/Akteure: Bund, Kantone, Gemeinden

5. Innovation ist der Treiber der nachhaltigen Infrastrukturentwicklung!

Die Innovationskraft der Schweiz ist in ausgewählten Bereichen der technischen Infrastruktur erheblich zu stärken. Dazu müssen nationale Innovationsprogramme für die Hochschulen und die Wirtschaft ausgelöst werden, die der Schweiz aufgrund der Technologieführerschaft globale Wettbewerbsvorteile verschaffen.

Zielgruppen/Akteure: Bund, Hochschulen, Bauwirtschaft

Literatur

Ein umfassendes Literaturverzeichnis der einzelnen NFP 54-Projekte finden Sie ab Seite 211 sowie auf der beigelegten DVD.

Zusätzliche Literatur zu Kapitel 5:

1. OECD (Hrsg.), 2006; Infrastructure to 2030 – Telecom, Land Transport, Water and Electricity; OECD, Paris
2. Hertogh M. et al., 2008; Managing Large Infrastructure Projects – Research on Best Practices and Lessons Learnt in Large Infrastructure Projects in Europe; AT Osborne BV, Utrecht
3. BAFU (Hrsg.), 2009; Wiederbeschaffungswert der Umweltinfrastruktur; Bundesamt für Umwelt, Bern
4. UVEK (Hrsg.), 2009; Zukunft der nationalen Infrastrukturnetze in der Schweiz; Entwurf für die Anhörung, Eidgenössisches Departement für Umwelt, Verkehr, Energie und Kommunikation, Bern
5. NFP 54 (Hrsg.), 2010; Was kostet das Bauwerk Schweiz in Zukunft – und wer bezahlt dafür?, Fokusstudie des NFP 54
6. BFS (Hrsg.), 2010; SAKE 2009 – Schweizerische Arbeitskräfteerhebung; Bundesamt für Statistik, Neuenburg
7. Erath A., Birdsall J., Axhausen K.W., Hajdin R., 2008; Vulnerability Assessment of the Swiss Road Network; IVT-Bericht, ETH Zürich
8. OECD (Hrsg.), 2007; Infrastructure to 2030 (Volume 2) – Mapping Policies for Electricity, Water and Transport; OECD, Paris
9. Wadenpohl F., 2010; Stakeholder Management bei grossen Verkehrsinfrastrukturprojekten; Dissertation Nr. 18829 ETH Zürich

Kapitel 6
Soziale Nachhaltigkeit und Lebensqualität

Philippe Cabane, Soziologe und Städteplaner, Basel

Globalisierung und Wertewandel verändern das soziodemografische Profil der Schweiz in Zukunft stark. Alterung, Migration, temporäre Bevölkerungen und die Pluralisierung von Lebensstilen sind Entwicklungstrends, an denen sich eine Nachhaltigkeitspolitik für den urbanen Raum ausrichten muss. Die Umsetzung der verschiedenen Nachhaltigkeitsdimensionen ist dabei von erheblichen Unterschieden geprägt. Werden bauliche Aufwertungsmassnahmen im Städtebau, der Mobilität sowie den Grün- und Freiflächen auf allen Ebenen systematisch vorangetrieben, so bestehen erhebliche Umsetzungsprobleme in Bezug auf die soziokulturelle und sozioökonomische Dimension auf der Ebene der Quartiere. Insbesondere die von allen Seiten unterstrichene Rolle von durchmischten sozialen Milieus in verdichteten Quartierstrukturen wird von zentralen Akteuren zu wenig ernst genommen. Es besteht die Gefahr, dass die Probleme in die sub- und periurbanen Gebiete verlagert werden. Deshalb gilt es, das Risiko der Gentrifizierung durch Aufwertungsmassnahmen und die folgende räumliche Verdrängung sozial schwacher Bevölkerungsgruppen in andere politische Territorien ernst zu nehmen.

6 Soziale Nachhaltigkeit und Lebensqualität

6.1 Sozial-räumliche Trends in der urbanen Schweiz

Zurück in die Stadt?

Wie die Analyse des Projekts STADTRÜCKKEHRER zeigt, verzeichnet die Mehrheit der 25 grössten Schweizer Städte seit einem Jahrzehnt wieder wachsende Einwohnerzahlen. Die Schweizer Städte sind zu attraktiven Wohnstandorten geworden. Trotzdem ist es nicht gelungen, die seit 1970 von der Stadtflucht ausgehende ressourcenverschleissende Zersiedelung der Landschaft zu stoppen. Die «Pro-Kopf-Wohnfläche» steigt indessen ununterbrochen an. Dank der Bemühungen der Städte zur Verbesserung der Attraktivität als Wohnstandort konnten in den vergangenen beiden Jahrzehnten vor allem jüngere und gut verdienende Singles und Paare als neue Städter gewonnen werden. Familien und ältere Menschen gehören nach wie vor zu den Wegziehenden.

Zwei Faktoren beeinflussen den neuen Trend zur Stadt: «Urbanes Wohnen» entspricht einem neuen Lifestyle, der unter Lebensqualität zunehmend die Möglichkeit des Verzichts auf das Automobil versteht und damit verdichtete und gut versorgte Quartiere bevorzugt. Zudem ist es den Städten gelungen, die Lebensbedingungen durch Aufwertungsmassnahmen zu verbessern. Das Beispiel der Stadt Zürich ist exemplarisch: Die Stadt startete in den 1990er-Jahren mit einer breit angelegten Stadtentwicklungspolitik, die vom Deindustrialisierungsprozess begleitet wurde. Grosse Flächenpotenziale ehemaliger Industrieareale (z.B. Zürich West, Oerlikon) gaben Anlass zur Entwicklung partnerschaftlicher Instrumente, bei denen die Stadt eine aktive Rolle spielen konnte. So wurden

---

Exkurs

Die neuen Nomaden – ein stiller Faktor der Stadtentwicklung

Allein Novartis begrüsst in Basel monatlich 80 neue Mitarbeiterinnen und Mitarbeiter aus aller Welt. Ihr Profil: gut verdienend, international mobil und mit einer Aufenthaltsperspektive von rund zwei Jahren. Versicherungen, Banken oder andere international operierende Firmen haben eine vergleichbare Personalsituation. Wer sind diese als «Expats» bezeichneten Menschen? Zum einen sind es Familien, die sich an den besseren Wohnstandorten niederlassen, ihre Kinder in internationale Schulen schicken und aufgrund ihrer temporären Aufenthaltsperspektive nur sehr beschränkte Kontakte und auch kaum eine persönliche Beziehung zur Stadt entwickeln können. Zum anderen sind es jüngere Alleinstehende, die in ihrer Freizeit zwar mehr Öffentlichkeit suchen, diese aber meist unter sich an Orten der Stadt verbringen, wo die lokale Bevölkerung kaum hingehen würde. Expat-Organisationen wie «glocal» schaffen zwar Kontakte, aber nur in den eigenen Reihen. Politisch verhalten sie sich still, ökonomisch sind sie jedoch bestimmend – sowohl aufgrund ihrer volkswirtschaftlichen als auch aufgrund der privatwirtschaftlichen Bedeutung. Das Angebot an Wohnungen, Kultur und auch sozialen Einrichtungen wird stark auf die «neuen Nomaden» zugeschnitten. Sie werden zum bestimmenden Faktor der Stadtentwicklung, bleiben aber in der Rolle eines wirtschaftlichen Potenzials, das es zu nutzen gilt. Eine wichtige Frage wird sein, inwiefern es gelingt, Menschen mit temporärer Aufenthaltsperspektive lokal zu integrieren, auch wenn dies nur für einen Lebensabschnitt ist.

Die Siedlungsentwicklung hat sich an den Bedürfnissen der verschiedenen Bevölkerungsgruppen zu orientieren.

unter anderem die Bau- und Zonenordnung angepasst, das Programm «10 000 Wohnungen in 10 Jahren» gestartet, eine dem Präsidialamt unterstellte Abteilung für Stadtentwicklung eingerichtet und die Wohnumfeldaufwertung mit Grün- und Freiflächen als systematische Politik aktiv vorangetrieben. Wie das Projekt STADTRÜCKKEHRER aufzeigt, gehen die Entwicklungen in anderen grösseren Schweizer Städten in eine ähnliche Richtung, wenn auch nicht ganz so ausgeprägt.

Segregation und Integration – von der A-Stadt zur A-Agglomeration?

Die Projekte IMMOBILIENBEWERTUNG und DEMOGRAFIE stellen einen generellen Trend zur Segregation zwischen Kernstadt und Agglomeration nach sozioökonomischem Status fest. Die neuen Stadtbewohnerinnen und -bewohner sind vor allem internationale Migrantinnen und Migranten, junge Berufstätige vor dem Eintritt ins Familienleben oder auch Familien der gehobenen Einkommensklassen. Für das Projekt STADTRÜCKKEHRER ist räumliche Segregation eher auf unterschiedliche Bedürfnisse in unterschiedlichen Lebensabschnitten zurückzuführen. Junge berufstätige Erwachsene finden die Stadt attraktiv, weil sie sich im städtischen Umfeld im beruflichen und privaten Leben besser entfalten können. Auch bei den oberen Einkommensklassen besteht ein Trend, die Stadt nicht mehr zu verlassen. Städte wie Zürich, Zug, Winterthur, Thun und Chur verzeichnen bereits eine Zuwanderung der oberen Einkommensklassen.

> **⸺ Segregation**
> *Unter Segregation werden Entwicklungen verstanden, die zur Entmischung der Bevölkerung nach Merkmalen wie Einkommen, Ethnie oder Religion führen.*
>
> **⸺ A-Städte**
> *Unter dem Begriff der A-Städte werden Städte bezeichneten, die Segregationstendenzen bezüglich der Bevölkerungsgruppen der «Armen», «Alten» und »Ausländer» aufweisen. Dieses Phänomen zeichnet sich in den Schweizer Städten der 1980er- und 1990er- Jahre ab.*

Wenn von einer soziodemografischen Differenzierung zwischen Kernstadt, Agglomeration und periurbanen Gebieten ausgegangen werden kann – wobei innerhalb der Städte vor

	Schweiz	Deutschland	Österreich	Frankeich	Italien	Spanien	Portugal	Ex-Jugoslawien	Türkei	Nordeuropa	Mitteleuropa	Osteuropa	Anglophone Länder	Maghreb	Asien	Mittel- und Südamerika	Afrika
Zürich	↘↘	↘	→	↗	↘↘	↘↘	↗	↗	→	→	↘	↘↘	→	↗	↗	→	↘
Genf	↘	↘	→	↗	↘↘	↘↘	↘	→	→	↘↘	↘↘	↘↘	↘↘	→	→	→	→
Basel	↘↘	↘	↗	→	↘	↘	↗	→	→	↗	→	↘↘	↗↗	↗↗	→	↘	↗
Bern	→	↗↗	→	→	→	↘	↗↗	↗↗	↗	→	→	↘↘	→	→	→	→	↗
Lausanne	→	→	→	→	↘↘	↘↘	→	↗	↗↗	→	→	→	→	→	→	↗↗	↗
Luzern	↘	→	↗	↘	↘↘	↘↘	↗	→	↘	→	↘↘	→	→	↘↘	→	↘	↘↘
Winterthur	→	↗↗	→	→	↘	↘	↗	→	→	↗	↘↘	↘↘	→	→	→	↘↘	↘
Schaffhausen	→	↘↘	→	↗	→	↘	↘	→	↗↗	→	↗	↘↘	↗	↗↗	→	↘↘	↘↘

Abbildung 6-1: Entwicklungstrends der Segregation in Schweizer Städten nach Herkunftsländern der Bewohnerinnen und Bewohner 1996–2006 Quelle: Projekt DEMOGRAFIE

allem der sozioökonomische Status polarisiert –, so stellt sich die Frage nach der räumlichen Segregation bestimmter Bevölkerungsgruppen. Das Projekt DEMOGRAFIE betont dazu, dass die undifferenzierte Bevorzugung sozialer, altersmässiger und ethnischer Durchmischung durch Konzepte abzulösen ist, die kleinräumig auch homogene Nachbarschaften und Netzwerke ermöglichen.

Das Projekt DEMOGRAFIE stellt fest, dass die heutige Integrationspolitik fast ausschliesslich auf sozial benachteiligte Migrantinnen und Migranten abzielt. Im Hinblick auf die wachsende Bevölkerungsgruppe von gut qualifizierten Migrantinnen und Migranten mit oft befristeter Aufenthaltsperspektive (vgl. Exkurs) fehlten jedoch jegliche konzeptionellen und normativen Vorstellungen, was die schweizerische Gesellschaft im Hinblick auf deren Integration, Mitwirkung, Partizipation und Solidarität erwartet.

Das Projekt IMMOBILIENBEWERTUNG beobachtete eine klare Diskriminierung ausländischer Mieterinnen und Mieter auf dem Wohnungsmarkt. Gleichzeitig ist auch ein gewisser Trend zur Segregation durch den Nachbarschaftseffekt festzustellen. Wie weit es sich dabei tatsächlich um Segregation zusammenhängender Stadtteile handelt, dürfte vor allem von der Konzentration von Liegenschaften abhängen, die aufgrund ihrer nachlässigen Bewirtschaftung nur an benachteiligte Ausländer vermietet werden können. Einen Trend zu Segregation nach Alter und Nationalität stellt das Projekt DEMOGRAFIE fest. Dabei zeigen die untersuchten Quartiere sehr unterschiedliche Ausprägungen. Klare Unterschiede in der Lebensqualität in Bezug auf Umweltbedingungen und Einwohnerdichte herrschen zwischen den reichen und periurbanen Quartieren und allen anderen. Ferner tendieren typischerweise Gruppen mit jüngerem Migrationshintergrund eher zur Segregation als solche, die schon länger in der Schweiz sind.

Das Projekt DEMOGRAFIE betont zudem, dass frühere Konzepte wie A-Städte, postindustrielle Städte und Zersiedelung die gegenwärtigen Entwicklungstrends in Schweizer Städten nicht ausreichend abbilden. Entsprechend wird ein programmatisches Konzept der differenziellen Städte mit wachsender Diversität und Heterogenität vorgelegt, das die wachsende kulturelle Vielfalt unterschiedlicher Wertvorstellungen und Lebensstile berücksichtigen könne.

New Build Gentrification – Faktor für Durchmischung oder Verdrängung?

Soziale Durchmischung kommt heute praktisch in jedem Zielkatalog der Quartierentwicklung vor. Unter dem Eindruck der Stadtflucht haben die Städte richtigerweise Gegensteuer gegeben und die Lebensqualität systematisch verbesssert. Quartiere mit sogenannter A-Bevölkerung («Arme», «Alte», «Ausländer») wurden durch Neubauprojekte «sozial aufgemischt» und damit auch Gentrifizierungsprozesse in Gang gesetzt.

> **Gentrifizierung**
> *Unter Gentrifizierung, umgangssprachlich auch «Yuppisierung», wird ein sozialer Umstrukturierungsprozess in Quartieren verstanden, bei dem durch den Zuzug einer sozioökonomisch stärkeren Bevölkerungsgruppe die ansässige sozial schwächere Gruppe allmählich verdrängt wird.*
>
> **Gated Communities**
> *Unter Gated Communities werden Siedlungen verstanden, die – u.a. aus Sicherheitsgründen – mittels Einfriedungen, Mauern, Stacheldraht oder durch Bewachung von den übrigen Siedlungen vollständig abgegrenzt werden.*

Das Projekt STADTRÜCKKEHRER erkennt einen Trend zur Gentrifizierung durch Grossprojekte und Masterplanungen. Dieses mit «New Build Gentrification» bezeichnete Phänomen geht eng mit der systematischen Verbesserung der Lebensqualität in den Städten einher. Produziert werden Wohnungen mit gehobenen Standards für gut verdienende Bevölkerungskreise, während mittlere und niedrige Preissegmente, gemessen an der Bevölkerungsstruktur, praktisch nicht vertreten sind. Das typische Profil der Zielgruppen in neu gebauten Mietwohnungen in Neuchâtel und Zürich sind Alleinstehende oder Paare zwischen 30 und 45 Jahren, berufstätig

Erkenntnisse aus NFP 54-Projekten

Das Projekt STADTRÜCKKEHRER untersuchte die Bevölkerungsentwicklung der 25 grössten Schweizer Städte seit 1970. Nach anhaltendem Rückgang der Bevölkerung bis 2000 verzeichneten fast alle untersuchten Städte seither einen Bevölkerungsaufschwung. Fallstudien in Zürich und Neuchâtel zeigten, dass in den seit 2001 neu erstellten Wohnungen vor allem Bewohnerinnen und Bewohner mit überdurchschnittlich hohem sozioökonomischem Status leben. Es handelt sich dabei vornehmlich um Personen im Alter zwischen 30 und 45 Jahren, mit universitärer Bildung, die als Single oder Doppelverdienerpaare leben. Zudem sind es zumeist Personen, die bereits in der Stadt aufgewachsen und nicht ausgezogen sind.

Das Projekt DEMOGRAFIE entwickelte das Instrument einer gesamtschweizerischen Quartiertypologie und ein Indikatorensystem zum Monitoring der sozialen Nachhaltigkeit entlang der Achsen «soziodemografischer Wandel» und «sozialer Zusammenhalt». Zudem untersuchte das Projekt, wie die städtischen Behörden und Verwaltungen den soziodemografischen Wandel in ihrem Handeln berücksichtigen. Es stellte fest, dass dieser in verschiedenen Bereichen zwar wahrgenommen, jedoch klar nicht als Querschnittsaufgabe verortet wird.

Das Projekt IMMOBILIENBEWERTUNG analysierte mit hedonistischen Methoden Parameter, die die Mietzinse in Genf und Zürich beeinflussen. Demnach bestehen in einzelnen Gebieten der beiden Städte Segregationstendenzen, doch nicht im Ausmass, wie sie in anderen Ländern zu beobachten sind. Das Projekt identifizierte Diskriminierung von ausländischen Mieterinnen und Mieter auf dem Schweizer Wohnungsmarkt, insbesondere unter Berücksichtigung des Bildungsniveaus. So zahlen ausländische Haushalte mit tiefem Bildungsniveau für dieselbe Wohnung in Genf 5 % mehr als Schweizer Haushalte mit ebenfalls tiefem Bildungsniveau. In Zürich beträgt diese Differenz 7 % oder jährlich rund 1000 Franken. Es zeigt sich zudem, dass der geringere Komfort von Wohnungen, die von Personen mit tiefem Bildungsniveau bewohnt werden, nicht immer durch tiefere Mieten kompensiert wird.

Erkenntnisse aus NFP 54-Projekten

Das Projekt URBANES WOHNEN untersuchte die Wohnansprüche von Familien in den fünf grössten Agglomerationen der Schweiz. Die Erhebungen zeigen, dass für die Wahl des Wohnstandortes die Nähe zum Arbeitsplatz eine untergeordnete Rolle spielt. Ausschlaggebend für die persönliche Wahrnehmung der Wohnqualität sind dabei primär die Wohnlage und Qualität der Wohnung, wobei die Qualität je nach Lebensstil unterschiedlich wahrgenommen wird. Entlang der drei Achsen «funktionale Qualität», «soziale Qualität» und «sensible Qualität» unterscheidet das Projekt in Abhängigkeit ihrer jeweiligen Wohnstandortpräferenzen sieben Lebensstile:

1. Vertreterinnen und Vertreter des «engagiert bürgerlichen Lebensstils» (13 %) sind umwelt- und genderbewusst, benutzen in erster Linie den öffentlichen Verkehr, wohnen in Altbauwohnungen in sozial durchmischten Quartieren und versorgen sich mit Gütern, Freizeiteinrichtungen und Dienstleistungen am liebsten in Fusswegdistanz in der Wohnumgebung (entspricht der städtebaulichen Typologie der gründerzeitlichen Wohnquartiere).

2. Dem «kommunitaristischen Lebensstil» (17 %) verbunden sind eher konservative, utilitaristisch denkende Familien, die vorwiegend in Kleinstädten, jedoch ohne spezielle Präferenz leben und unter Lebensqualität ein Umfeld von intakten familiären und nachbarschaftlichen Beziehungen, gute Schulen und die Pflege des Vereinslebens verstehen.

3. Die Vertreterinnen und Vertreter des «bürgerlichen Lebensstils» (21 %) stehen politisch eher rechts, sind mit mehr als 11 000 Franken monatlichem Einkommen gut verdienend und ziehen Quartiere mit guter Reputation vor. Sie sind sehr mobil, bevorzugen das eigene Haus im Grünen, soziale Beziehungen in der Nachbarschaft spielen eine untergeordnete Rolle und auch die Nähe zur Familie hat kaum Einfluss auf die Wahl des Quartiers.

4. Die Vertreterinnen und Vertreter des «individualistischen Lebensstils» (15 %) ziehen die städtischen Quartiere als Wohnstandort vor, haben eine Affinität zu kooperativen Wohnformen und benötigen in erster Linie mit dem öffentlichen Verkehr gut erschlossene Wohnstandorte in den städtischen Zentren. Die Reputation des Quartiers spielt eine untergeordnete Rolle. Wichtig ist eine optimale Versorgung in nächster Umgebung. Sie sind genderbewusst, politisch eher links und gut gebildet sowie eher funktionell ausgerichtet.

5. Der «indifferent unzufriedene Lebensstil» (13 %) bezeichnet eine diffuse Gruppe von vorwiegend Mieterinnen und Mietern, die am wenigsten mit ihrer Wohnsituation zufrieden sind, aber nur indifferente Charakteristiken bezüglich ihrer Präferenzen aufweisen. Sie benutzen eher das Auto und die Wohnstandortwahl erfolgt mehr zufällig. Soziale Beziehungen spielen eine untergeordnete Rolle. Dieser Gruppe gehören interessanterweise sowohl Vertreterinnen und Vertreter der unteren wie auch der oberen Einkommensschichten an.

6. Beim «ländlich verankerten Lebensstil» (11 %) handelt es sich um Bewohnerinnen und Bewohner in gut für das Auto erschlossenen Gebieten abseits der Stadt. Nachbarschaftlich und familiär gut verankert ziehen diese Familien das ländliche Leben vor und sind skeptisch gegenüber dem städtischen Leben.

7. Der «zurückgezogene Lebensstil» (10 %) schliesslich unterscheidet sich vom ländlich verankerten Lebensstil durch die marginale Bedeutung sozialer Beziehungen.

Exkurs

Satellitenwohnungen: eine nachhaltige Lösung für Singles

Die Zürcher Baugenossenschaft «Mehr als Wohnen» ist ein Zusammenschluss von über 30 Zürcher Wohnbaugenossenschaften, Stiftungen und dem Schweizerischen Verband für Wohnungswesen, die zum 100-jährigen Jubiläum der städtischen Wohnbaupolitik in Zürich-Leutschenbach eine Siedlung mit Modellcharakter realisieren wird. Die Programmpunkte gehen über die üblichen Zielsetzungen des nachhaltigen Bauens hinaus. Neben den Zielen der 2000-Watt-Gesellschaft, einem ökologisch vorbildlichen Bau und Betrieb oder qualitativ hochstehender Architektur mit attraktiven Grün- und Freiflächen wurde ein Raumprogramm erarbeitet, das soziale Durchmischung direkt fördern soll. Neben Räumen für nachbarschaftliche Kontakte, verschiedenen Wohnungstypen in unterschiedlichen Besitzformen und Versorgungseinrichtungen sieht das Programm auch ein Gästehaus und Grosswohnungen für Wohngemeinschaften mit unterschiedlichem Individualisierungsgrad vor. Satellitenwohnungen z.B. bestehen aus gemeinschaftlichen Einrichtungen – Wohnbereich mit Gemeinschaftsküche – und einer Serie kleinerer Wohnungen mit Kleinküche und persönlichem Bad. Als gemeinschaftliche Form des individualisierten Single-Wohnens verbindet dieser Wohnungstyp die Vorteile des individuellen Wohnens mit solchen einer Wohngemeinschaft.

Abbildung 6-2: Innovative Wohnbauprogramme: Satellitenwohnungen für Singles im Projekt «Mehr als Wohnen», Hunzikerareal Zürich-Leutschenbach

Quelle: mehr als wohnen, Arbeitsgemeinschaft FUTURAFROSCH und DUPLEX architekten, Zürich

⋯→ Erkenntnisse aus NFP 54-Projekten

Das Projekt ALTERNDE GESELLSCHAFT befasste sich in zwei Fallstudien in Lugano (TI) und Uster (ZH) mit den Bedürfnissen und Ansprüchen der älteren Generation an den öffentlichen Raum. Im Rahmen eines partizipativen Verfahrens wurden spezifische Stadtplanungsprojekte diskutiert. Das Projekt zeigt, dass die Befriedigung der Bedürfnisse von Seniorinnen und Senioren die Lebensqualität in einem Gebiet generell verbessern kann, weil sie sich mit den Bedürfnissen anderer Bevölkerungsgruppen deckt. Sollen Städte auf die Bedürfnisse älterer Leute ausgerichtet werden, muss ihnen eine aktive Rolle bei der Prioritätensetzung und den Projektdefinitionen zukommen. Aus der Perspektive älterer Menschen muss der öffentliche Raum generationenübergreifend gestaltet sein und Aktivitäten unterstützen, die den Austausch zwischen den Generationen fördern

Das Projekt BIODIVERCITY zeigt auf, dass sich die Präferenzen der Stadtbewohnerinnen und -bewohner bezüglich der Struktur und Vegetation der Grün- und Freiflächen weitgehend mit den Ansprüchen der städtischen Umwelt decken.

---

und kinderlos. Einen ähnlichen Trend stellt auch das Projekt URBANES WOHNEN fest: Die soziodemografische Entwicklung der Städte wird stark durch die heute als «Expats» bezeichnete, kaufkräftige ausländische Bevölkerung sowie jüngere Schweizer Berufstätige bestimmt.

Auf die Bildung von Reichtumsenklaven weisen die beiden Projekte DEMOGRAFIE und STADTRÜCKKEHRER hin. Insbesondere Neubauquartiere innerhalb sozial schwacher Quartiere bringen nicht nur einen Gentrifizierungsdruck durch den Nachbarschaftseffekt, sondern tendieren auch dazu, sich als Enklaven der Oberschichten zu entwickeln. Der weltweit zu beobachtende Trend zu «Gated Communities» ist in der Schweiz jedoch nicht nachweisbar. Ein Trend zur Segregation und Abschottung der oberen Schichten mit «grossbürgerlichen» Lebensstilen ist jedoch unbestritten.

Gentrifizierungsprozesse, die mit grösseren Bauvorhaben und Aufwertungsmassnahmen im Quartier ausgelöst werden, sind nur schwer steuerbar. Greift die Gentrifizierung einmal auf den Altbaubestand über, kann dies zur Entmischung ganzer Quartiere führen. Gentrifizierung läuft jedoch dem Nachhaltigkeitskriterium «soziale Durchmischung» entgegen: Die sogenannte A-Bevölkerung wird in die suburbanen Gebiete verdrängt, und indem sich die kernstädtischen Quartiere stark entmischen, verlieren sie ihren urbanen, von sozial durchmischten Milieus geprägten Charakter.

Ein weiterer Faktor der Verdrängung sind – vor allem in verdichteten Gebieten – Formen der informellen Aneignung öffentlicher Räume. Bewohnerinnen und Bewohner von Wohngebieten mit gehobenem Standard üben Druck auf Aktivitäten im öffentlichen Raum aus, indem sie sie als störend empfinden. Der öffentliche Raum droht damit, seine nachhaltige Bedeutung als vielfältig nutzbarer urbaner Raum zu verlieren.

Wohnansprüche und gesellschaftlicher Wandel

Ansprüche von Familien an den Wohnstandort

Wie das Projekt URBANES WOHNEN zeigt, stehen für Familien strukturelle oder familiäre Gründe beim Umzug im Vordergrund. Gründe, die direkt aus der (Lebens-)Qualität der Wohnsituation herrühren, waren statistisch weniger relevant. Dennoch müssen sie als wichtiger Faktor ernst genommen werden, wie eine nachträglich durchgeführte Befragung zeigte. Bei der Wahl einer neuen Wohnsituation besteht die Regel, dass zuerst Lage und Standort gewählt werden und erst anschliessend nach einer geeigneten Wohnung gesucht wird. In Bezug auf den Standort spielt dabei die Nähe zum Arbeitsplatz eine geringere Rolle als die Lage. Für eine ihnen entsprechende Wohnsituation nehmen die Familien offenbar immer längere Arbeitswege in Kauf. Für die persönliche Wahrnehmung der Wohnqualität sind generell die Wohnlage und Qualität der Wohnung wichtig, wobei die Wahrnehmung von Qualität je nach Lebensstil (siehe weiter unten) unterschiedlich ausfällt.

Über alle Lebensstile hinweg bevorzugen Familien aus allen sozialen Schichten eine hohe Umwelt- und Nachbarschafts-

> **Exkurs**
> **Die neuen Alten – ein Potenzial für soziale Nachhaltigkeit?**
>
> Der Anteil der älteren Bevölkerung nimmt stetig zu. Doch lässt sich von den Bedürfnissen heutiger Rentnerinnen und Rentner auf diejenigen der Rentnerinnen und Rentner von morgen schliessen? Braucht es in Zukunft einfach nur mehr Infrastrukturen für ältere Menschen? Oder muss von einem strukturellen Wandel ausgegangen werden, der die Rolle der 3. und 4. Generation völlig neu überdenkt? Wie verändern sich die Bedürfnisse einer dritten Generation, die ihre «aktive» Lebensphase unter den Bedingungen einer seit den 1968 zunehmenden Individualisierung erlebt hat? Welche Wohnsituation und welche Wohnformen werden die älteren Menschen prägen? Wie sollen die älteren Menschen wohnen? Ansätze zu neuen Wohnprojekten gibt es bereits: Beispiele wie «55+» in Zürich oder in Bremen zeigen, dass Aktivität für ältere Menschen der wichtigste Baustein für eine möglichst lange Selbstständigkeit ist. Ist das Modell des Ruhestands mit Freizeitaktivitäten überholt? Welche Rolle wird nur geringfügig entlöhnte Projektarbeit in Zukunft spielen? Stellen ältere Menschen ein Potenzial von Akteuren dar, die zur Lösung sozialer Nachhaltigkeit beitragen könnten?

qualität. Dies betont auch das Projekt BIODIVERCITY. Die Biodiversität in den Städten wird demnach als quasi natürliche Voraussetzung für die physische und psychische Gesundheit des Menschen dargestellt. Lebensqualität ist damit direkt mit der Möglichkeit von Erholung und Erfahrung von Natur verbunden.

Zwar haben sich die Bevölkerungsprognosen der 1960er-Jahre nicht bewahrheitet. Der Flächenverbrauch hat dennoch stark zugenommen, da der Flächenbedarf pro Person weiter rasanter zugenommen hat als erwartet. Auch Familien äussern das Bedürfnis nach mehr Wohnraum, wie das Projekt URBANES WOHNEN feststellt. Inwiefern sich die Familien tatsächlich mehr Wohnraum leisten können, ist nicht bekannt.

Wohnraum für ältere Menschen und Singles

Im Jahr 2040 werden mehr als 25 % der Schweizer Bevölkerung über 65 Jahre alt sein (URBANES WOHNEN). Damit verbunden ist ein klar quantifizierbarer Bedarf an altersgerechten Wohnungen. Qualitativ stellt sich eine ganze Reihe von

Die Verbesserung der Lebensqualität hängt auch – aber längst nicht nur – von der städtebaulichen Qualität ab.

Anforderungen: Ältere Menschen wünschen sich gemäss dem Projekt ALTERNDE GESELLSCHAFT eine Wohnumgebung, die in erster Linie Ruhe und Erholung bietet, aber auch Kontaktmöglichkeiten zu anderen Generationen. Bereits heute manifestieren sich Bedürfnisse nach neuen Wohnformen. Anstelle von Alterssiedlungen bevorzugen ältere Menschen ein Wohnen in generationenübergreifenden Kontexten. Dabei ist zu bedenken, dass momentan die erste Generation von Rentnerinnen und Rentner den Markt zu prägen beginnt, die in ihrem gesamten Berufs- und Familienleben von der seit 1968 entfesselten Individualisierung geprägt ist. Freiwilligenarbeit sowie mikroökonomische Tätigkeiten für Menschen im Rentenalter könnten in dieser Hinsicht für die nachhaltige Entwicklung von Nachbarschaften und Quartieren von Bedeutung sein.

Bereits heute besteht die städtische Bevölkerung mehrheitlich aus Ein- und Zweipersonenhaushalten. Angesichts der Individualisierung, zunehmenden älteren Haushalten und karrierebedingten «Wanderjahren» werden Einpersonenhaushalte weiterhin ein wichtiges Bedürfnis darstellen. Die spezifischen Wohnbedürfnisse von Singles jeden Alters (z.B. Boarding-houses, neue gemeinschaftliche Wohnformen, Mehrgenerationenhäuser) sowie deren Bedürfnisse nach Dienstleistungs- und Versorgungsangeboten im Quartier werden in Zukunft eine wichtige Rolle spielen.

Lebensqualität, bauliche Standards und soziale Nachhaltigkeit

Die Politik der Schweizer Städte zielte in den vergangenen Jahrzehnten mehrheitlich darauf, die Lebensqualität dadurch zu steigern, dass Investitionen in den Verkehr und die Versorgung mit Wohnungen, Gütern und städtischen Grünflächen getätigt wurden. Soll die Steigerung von Lebensqualität jedoch sozial nachhaltig sein, so muss diese aber möglichst allen Bevölkerungsteilen mit unterschiedlichen Lebensstilen und unterschiedlicher Kaufkraft zugänglich sein.

Die Stadtplanungspraxis geht in der Schweiz nach wie vor von einer konstanten Steigerung der Lebensqualität des bebauten Raums aus. Ein derartiges postindustrielles Wachstumsparadigma kann jedoch nur dann als nachhaltig gelten, wenn das «Mehr an Qualität» auch durch ein gleichmässig auf eine «vollbeschäftigte» Bevölkerung verteiltes «Mehr an Kaufkraft» begleitet ist. Kann diese vom dynamischen Wachstum und sozialstaatlichen Vorstellungen geprägte Maxime aus der zweiten Hälfte des 20. Jahrhunderts auch unter heutigen Bedingungen einer globalisierten Wirtschaft noch vorausgesetzt werden? Ein Seitenblick die Nachbarstaaten macht deutlich, dass wirtschaftlich nachhaltigere Strategien – im Sinne des deutschen Programms «Soziale Stadt» – etabliert werden, die stärker auf sozial-räumliche Prozesse als auf materielle Qualitätssteigerung fokussiert sind.

Und der Ausnahmefall Schweiz? Im Vergleich zu den europäischen Nachbarländern geht es der Schweiz wirtschaftlich noch sehr gut. Auf lange Sicht werden Entwicklungstrends des europäischen Wirtschaftsraums auch die Schweiz einholen. Schafft die Schweiz aber den Übergang zur Globalisierung in einer Form, dass Lebensqualität für alle bezahlbar bleibt? Es ist dabei nicht nötig, darüber zu spekulieren, wie sich der Wohlfahrtsstaat Schweiz im 21. Jahrhundert bewähren wird. Vielmehr gilt es, den Tatsachen in die Augen zu sehen und Entwicklungen im Zusammenhang mit Globalisierung und Wertewandel sorgfältig zu beobachten und entsprechend zu steuern. So stellt sich die durchaus berechtigte Frage, ob sich die Schweiz die hohen Standards in Zukunft noch wird leisten können? Die Frage ist umso berechtigter, wenn man bedenkt, dass allein der Unterhalt des Schweizer Infrastrukturparks den Bund vor grösste finanzielle Probleme stellt. Beim Wohnungsbestand stellt sich die Frage nach laufend höheren Standards und mehr Wohnfläche erst recht. Soziale Nachhaltigkeit darf also nicht einseitig in der Qualitätssteigerung der gebauten Umwelt in Form grösserer Wohnungen, schönerer Parks, besserer Erreichbarkeit oder Versorgung mit Gütern und Dienstleistungen gesehen werden. Auch wenn sich Fragen nach sozialer Nachhaltigkeit in der Schweiz nicht so offensichtlich und vehement stellen wie in den Nachbarländern, kristallisieren sich aus dem NFP 54 sehr ähnliche soziale Themen heraus – Themen, die die schweizerische Raumplanung nicht vernachlässigen darf. Hierzu gehört ein Verständnis, dass soziale Nachhaltigkeit über die Steigerung der allgemeinen baulichen Standards hinaus auch andere Faktoren berücksichtigen muss.

Mit welchen Indikatoren kann soziale Nachhaltigkeit in konkretem Bezug der schweizerischen Siedlungs- und Infrastrukturentwicklung gemessen werden? Die heutigen Indikatorensysteme wie «Monet» oder «Drilling» müssten mit mehr Bezug auf bauliche und schwer reversible Entscheidungen angepasst werden. Schon im Anfangsstadium eines Planungsvorhabens oder einer Quartierentwicklung gilt es möglichst frühzeitig zu erkennen, welche sozial-räumlichen Entwicklungen in Gang gesetzt werden und wie darauf reagiert werden kann.

Lebensqualität und Pluralisierung der Lebensstile

Aufgrund der erwähnten Problematik der Ausschliessung durch räumliche Verdrängung stösst das Konzept einer allgemeinen Steigerung von Lebensqualitätsstandards auch hinsichtlich der Entwicklung differenzierter Bedürfnisstrukturen an seine Grenzen. Individualisierung, Differenzierung, Mobilisierung und ein hoher Vernetzungsgrad sind eindeutige Merkmale einer sich dynamisch wandelnden Gesellschaft. Bezüglich der Bedeutung, die der Pluralisierung von Lebensstilen beizumessen ist, gehen die Meinungen auseinander. Ist Individualisierung nur eine leere Worthülse, die eine oberflächliche Form von nach aussen getragenem Lifestyle bezeichnet? Klare Antworten über Art und Dynamik der heutigen Differenzierungsprozesse stehen noch aus.

Das Projekt URBANES WOHNEN bedient sich des Konzepts der Lebensstile als sozial-räumliches Strukturmerkmal. Unter

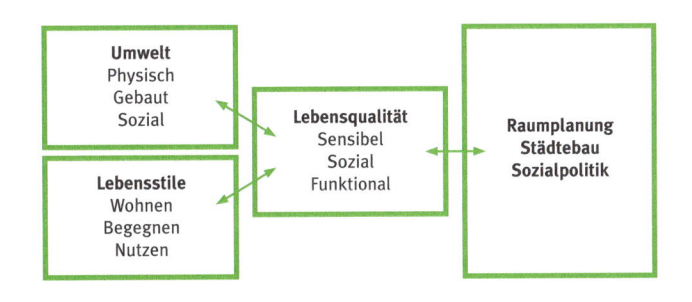

Abbildung 6-3: Konzepte der Lebensstile im Kontext von Umwelt und Lebensqualität Quelle: URBANES WOHNEN

	Lebensstilmerkmal		Engagiert bürgerlich	Kommunitaristisch	Bürgerlich	Individualistisch	Indifferent unzufrieden	Ländlich verankert	Zurückgezogen
Funktionale Präferenzen	Alltagsmobilität	Auto/Moto	---		++	--		+++	+++
		ÖV	+++		---	++		--	
		Mix	-		+++		+++	-	
	Aufenthalt im Quartier	Freizeit/Einkäufe/ Bar- und Restaurantbesuche	++++	+++	--	++		--	---
	Wichtigkeit von Nähe	Arbeitsplatz	+	+	-	+	-	+	-
		Schule	+	+	+	+	-	+	-
Soziale Präferenzen	Soziale Verankerung	Freunde	+	++	--		--	++	--
		Familie	+	++	--		--	++	--
	Zusammenleben	Nachbarschaft		+++					
		Genossenschaft	++	--		++			
		Vereinsleben	++	++	-			-	-
	Ansehen	Quartier	+	+	+	-	-		
		Schule	+	++	++		-		
		Sicherheit	+	+	++	++		+	
Sensible Präferenzen	Natur		+	+	++	-		++	+
	Urban		++		--	++	-	---	

Abbildung 6-4: Entwicklungstrends der Segregation in Schweizer Städten nach Herkunftsländern der Bewohnerinnen und Bewohner 1996–2006 Quelle: Projekt DEMOGRAFIE

Lebensstil wird dabei die Gesamtheit von räumlichen als auch zeitlichen Aktivitäten und Erfahrungen verstanden, die dem jeweiligen Menschen seinen «Lebenssinn» verleihen.

Gefordert wird ein «Urbanismus der Lebensstile», der städtisches Wohnen dann als nachhaltig bezeichnet, wenn jedem die Möglichkeit eröffnet wird, sich geborgen zu fühlen, seinen Aktivitäten nachzugehen und soziale Beziehungen zu entwickeln. Mit der raumtypologischen Konstruktion von Lebensstilen (vgl. S. 128) sucht das Projekt URBANES WOHNEN eine dynamische Betrachtung sozial-räumlicher Bedürfnisstrukturen von Familien. Das entsprechende Instrument ist eine Matrix, mit der Lebensstile in Bezug auf spezifische Raumansprüche typologisiert werden können.

Neue Formen peri- und suburbaner Lebensstile von Ein- und Zweipersonenhaushalten wurden im Rahmen des NFP 54 nicht behandelt. Während von der Kernstadt ein hohes Mass an Ausdifferenzierung erwartet wird, sind die Agglomerationen, insbesondere jene der Metropolitanregionen, gegenwärtig einem starken Strukturwandel unterworfen und verdienen auch sozial-räumlich mehr Aufmerksamkeit. Eine erste globale Sicht dazu erarbeitete das Forschungsprojekt «Stand der Dinge – Leben in der S5-Stadt».[1,2]

6.2 Quartierausstattung

Die Ausstattung des Quartiers mit Versorgungseinrichtungen für Güter und Dienstleistungen, die Nähe von Natur sowie öffentliche Grün- und Freiflächen gelten als wichtige Bedingungen für eine sozial nachhaltige Entwicklung der Städte. Was aber muss eine Parkanlage oder ein städtischer Platz leisten, um sozial nachhaltig zu sein? Wie sind öffentliche Räume zu gestalten und zu bewirtschaften, damit sie die notwendige Nutzungsvielfalt zulassen? Welche Angebote an Gütern und Dienstleistungen bedarf es im Wohnumfeld? Und welche Bedürfnisse gehen von älteren Menschen an den öffentlichen Raum aus?

Anforderungen an den öffentlichen Raum

Das Projekt STADTPARK bezeichnet einen Wohnstandort – in Bezug auf Grün- und Freiflächen – als nachhaltig, wenn ein quantitativ hinreichendes Angebot an Parkanlagen in Fusswegdistanz und öffentliche Plätze und Parks vorhanden sind und diese als gesellschaftliche Integrationsräume funktionieren, indem
- in ihnen die soziale Vielfalt der Gesellschaft erfahrbar ist,
- keine gesellschaftliche Gruppe systematisch ausgegrenzt wird,
- sich auch soziale Minderheiten wohlfühlen können,
- ihre Gestaltungskonzepte verständlich sind und mit einem Sinn belegt werden können,
- unterschiedliche Nutzungsansprüche unter Gleichberechtigten ausgehandelt werden. Dabei wird vor allem eine signifikante Untervertretung der älteren Menschen in den Parks festgestellt.

Ganz generell und für alle Bevölkerungsgruppen betont das Projekt ALTERNDE GESELLSCHAFT die Nutzungsvielfalt. Wie bei den Ansprüchen an die Nachbarschaft haben ältere Menschen auch in Bezug auf den öffentlichen Raum ein starkes Bedürfnis nach generationenübergreifenden Kontakten. Als zentrale räumliche Qualitätskriterien werden neben einem Prozessmanagement (Governance, Partizipation, Meinungsbildung) der städtische Kontext (Erreichbarkeit, Verknüpfbarkeit und

Erkenntnisse aus NFP 54-Projekten

Das Projekt LEBENSSTILE fokussiert anhand des Fallbeispiels «Erlenmatt», einem fast 20 Hektar umfassenden Entwicklungsgebiet in Basel, auf die Investoren als Repräsentanten von Lebensstilen. Ziel der Untersuchung war es, ein wissenschaftliches Mediationsinstrument zu schaffen, das einen partizipativen Citydialog und anschliessenden Konsensfindungsprozess unterstützt. Dabei wurde davon ausgegangen, dass das urbane System sowohl soziokulturelle als auch soziodemografische Setzungen von Lebensstilen bedingt, damit eine sozial nachhaltige Entwicklung eingeleitet werden kann. Zwar liessen sich Lebensstile unterschiedlicher Stakeholder in Bezug auf ihr Nachhaltigkeitsverständnis unterscheiden. Doch gelang es nicht, diese konkret durch einen «Citydialog» in die Zielebene des Planungsprozesses einzubetten. Von den sechs unterschiedlichen Investorengruppen – institutionelle Anleger, Non-Profit-Organisationen, Genossenschaften, chemische Industrie, Unternehmer im Eigenheimsegment, Unternehmer im Mietwohnungsbau – sind es vor allem die Non-Profit-Organisationen, von denen Innovationen in Bezug auf Nachhaltigkeit hervorgehen. Die kommerziellen Investoren orientieren sich dagegen eher an konventionellen Standards im oberen Preissegment.

Das Projekt STADTPARK zeigt, dass die soziale Nachhaltigkeit öffentlicher Parks mit Massnahmen der Planung, Gestaltung und Regulierung wirkungsvoll beeinflusst werden kann. Die allgemeine Zugänglichkeit dieser öffentlichen Freiräume widerspiegelt sich in der Vielfalt der beobachteten Nutzungsgruppen. Diese ist eine Voraussetzung, dass sich auch soziale Minderheiten in diesen Räumen wohl und zugehörig fühlen können. Für Menschen ausserhalb des wirtschaftlichen Produktionsprozesses oder Menschen mit schwächeren sozialen Netzwerken stellen öffentliche Freiräume wichtige Orte der gesellschaftlichen Teilhabe dar.

Intensität) sowie die Qualität des Raumes (Gemeinschaftlichkeit, Sicherheit, Flexibilität und Komfort) hervorgehoben. Die Ansprüche älterer Menschen an öffentliche Grün- und Freiflächen unterscheiden sich nicht grundsätzlich von denjenigen jüngerer Menschen. Entsprechend lassen sich die im «Urbaging Manifest» formulierten Grundsätze für öffentliche Parkanlagen generalisieren. Von Bedeutung ist dabei eine möglichst grosse Vielfalt sowohl in Bezug auf wahrnehmbare Natur (Projekt BIODIVERSITÄT) als auch in Bezug auf die Nutzungsvielfalt (Projekt STADTPARK). Nutzungsvielfalt soll hierbei ein Zusammenleben von verschiedenen Lebensstilen ermöglichen.

Nahversorgung mit Läden und Dienstleistungen

Ein ausreichendes Angebot an Läden und Dienstleistungen in Fusswegdistanz ist für die Lebensqualität – vor allem auch älterer Menschen – entscheidend. Ähnliche Bedürfnisse nach Versorgungsmöglichkeiten im unmittelbaren Wohnumfeld haben Menschen, die die Kernstädte bevorzugen und ihre Mobilität auf die öffentlichen Verkehrsmittel ausrichten (Projekt URBANES WOHNEN). Dezentrale Einrichtungen im sozialintegrativen Bereich spielen ebenfalls eine wichtige Rolle (Projekt DEMOGRAFIE).

Ein Schlüsselproblem stellt die von Seiten der Investoren beklagte schlechte Vermietbarkeit der Erdgeschosse dar. Offenbar besteht ein Widerspruch zwischen den Bedürfnissen nach Versorgung im Quartier und der Überlebensfähigkeit des Detailhandels. Das generelle Phänomen des sterbenden Detailhandels betrifft Kleinstädte und die Quartierversorgungen in Grossstädten immer mehr. Der damit verbundene Wegfall der Geschäftsnutzung in den Erdgeschossen stellt Private wie auch die öffentliche Hand vor massive Probleme. Das Projekt NETZWERK ALTSTADT fordert eine Stärkung des Wohnanteils in den Obergeschossen als Katalysator für die Überlebensfähigkeit des Gewerbes in den Erdgeschossen.[3]

6.3 Wohnraumproduktion

Ein Wohnungsangebot ist nur dann nachhaltig, wenn der Zugang zu bezahlbarem und angemessenem Wohnraum für alle Bevölkerungskreise gewährleistet wird. Aus dem NFP 54 geht hervor, dass in Kernstädten die heutige, von institutionellen Anlegern und Immobilienfonds geprägten Standards im oberen Preissegment angesiedelt und wenig innovativ sind. Einzig unter den Non-Profit-Organisationen finden sich Beispiele, die innovative Nutzungsprogramme zu moderaten Preisen hervorbringen.

Zielgruppen der Wohnungsproduktion

Das Projekt STADTRÜCKKEHRER stellte fest, dass die neu entdeckte Lebensqualität der Städte begleitet ist von einer breit angelegten und auf öffentlich-private Kooperationsformen abgestützten Wohnungsproduktion. Gemäss dieser Analyse führt dies interessanterweise in allen Städten zur Produktion von Wohnungen im oberen Preissegment und zielt damit auf ein kaufkräftigeres Publikum. Zielgruppen in den Kernstädten sind vor allem gut verdienende Alleinstehende und Paare zwischen 30 und 45 Jahren, die später dazu neigen, mit der Gründung einer Familie einen Wohnstandort «im Grünen» zu bevorzugen. Natürlich gehören auch gut verdienende Familien des bürgerlichen oder bürgerlich engagierten Typs dazu, die es in jedem Fall vorziehen, in der Stadt zu wohnen.

Das soziale Milieu in einem Quartier kann als der öffentlich in Erscheinung tretende Charakter von den dort lebenden Menschen unterschiedlicher Lebensstile interpretiert werden. Mag eine gewisse Vielfalt von Lebensstilen in den Quartieren als Nachhaltigkeitskriterium akzeptiert sein, so bestehen zwischen grösseren Investoren (mit mehr als 50 Wohnungen) und mittelgrossen Wohnungsproduzenten (mit mehr als 10 Wohnungen) dennoch unterschiedliche Auffassungen darüber, wie sich ein nachhaltiges soziales Milieu zusammensetzt. Das Projekt LEBENSSTILE betont, dass insbesondere die Auffassungen über die Nachhaltigkeit von Lebensstilen bezogen auf das soziale Milieu stark auseinan-

Exkurs
Diversifiziertes Grundeigentum = sozial diversifizierte Stadt

Abbildung 6-5: Stadtteil Rieselfeld, Freiburg i. Br. Quelle: Luftbild Erich Meyer

Die Notwendigkeit zur Durchmischung und Diversifizierung für eine nachhaltige Stadtentwicklung wird meist zwar anerkannt, dagegen stellt die Umsetzung ein grosses Problem dar. Die innere Logik unternehmerischen Wachstums liegt in der Standardisierung. Die heute vorherrschende Produktionslogik von Stadt weist in diese Richtung. Im Rahmen städtebaulicher Entwicklungen erhalten grosse, auf Standardisierung ausgelegte Investments den Vorzug. Die Entmischung ist damit vorprogrammiert. Die Grosskonzerne haben das Problem mangelnder Diversität erkannt und versuchen, unter dem Begriff «Diversity Management» vor allem auf personeller Ebene entwicklungshemmende Trends durch systemimmanente Überstandardisierung zu brechen. Wie lässt sich ein «Diversity Management» für Städte verwirklichen? Im Unterschied zu Unternehmen wird Diversifizierung der Stadt vom Angebot an Räumen mit unterschiedlichen Eigentümerinnen und Eigentümern und damit unterschiedlichen Bewirtschaftungskonzepten bestimmt. Je mehr diese variieren, desto diversifizierter entwickelt sich ein Stadtteil. So zeugen die historischen Beispiele der Gründerzeit als Kompositionen kleinerer Investments, aber auch die jüngst fertiggestellten Stadtteile «Vauban» und «Rieselfeld» in Freiburg im Breisgau. Dort bringt ein Cluster unterschiedlicher Eigentumsgrössen und Eigentumsformen eine höhere städtische Diversifizierung hervor. Dank einem differenzierten Investorenmix konnte zwar eine lebendige soziale Durchmischung erreicht werden. Dennoch – oder gerade wegen der allgemein nachhaltigen Qualitäten – sind die sozial schwachen Gruppen untervertreten.

Parks brauchen nebst einer angemessenen Gestaltung ein klares Commitement für den Unterhalt seitens der öffentliche Hand.

dergehen. Vor allem zwischen den im Planungsprozess integrierten Peer-Stakeholdern (Architekten, Planer, Grundeigentümer, Projektentwickler) und den lokalen Vertretern der Non-Profit-Organisationen bestehen ganz unterschiedliche Auffassungen. Die Peer-Stakeholder haben einen viel engeren Begriff von sozialer Durchmischung als die im Quartier verankerten – unter anderem als Zwischennutzungsvereine aktiven – Non-Profit-Organisationen. Dies artikuliert sich gemäss dem Projekt auch in divergierenden Einschätzungen der beiden Gruppen in Bezug auf die Nachhaltigkeit des Projekts.

Die Rolle der privaten Bauträgerschaften

Der überwiegende Teil der Wohnungen wird in der Schweiz vom kommerziellen Markt bereitgestellt. Während in den vom Projekt STADTRÜCKKEHRER untersuchten Gebieten in Neuchâtel eher Baufirmen, Immobilienfirmen und institutionelle Anleger als Schlüsselakteure tätig waren, so sind es in «Zürich West» vor allem auch aus industriellen Gruppen gewachsene Liegenschaftsfirmen, Immobilienfonds und Genossenschaften. Sowohl das Projekt STADTRÜCKKEHRER als auch das Projekt LEBENSSTILE stellten fest, dass die Wohnungsproduktion gewinnorientierter Investoren auf wenig innovative, standardisierbare Grossprojekte und auf ein möglichst kaufkräftiges Zielpublikum ausgerichtet ist. Dagegen können die Non-Profit-Organisationen eine innovative Rolle übernehmen. Innovation hängt dabei weniger von der Organisationsform (Genossenschaften, Stiftungen) als von der Kultur des jeweiligen Bauträgers ab.

Das Projekt STADTRÜCKKEHRER erwähnt das Beispiel der sehr innovativen Zürcher Wohnbaugenossenschaften. Diese betreiben einen relativ preisgünstigen, aber auch sozial und ökologisch innovativen Wohnungsbau. Hinsichtlich Innovationskraft der Genossenschaften herrschen jedoch erhebliche regionale Unterschiede: So stellt das Projekt LEBENSSTILE fest, dass in Basel eher Stiftungen und private Initiativen Wohnraum mit Anspruch auf soziale Nachhaltigkeit realisieren, während die Genossenschaften recht eindimensional auf preisgünstigen Wohnungsbau fokussiert sind. Inzwischen kann auch ein Wertewandel bei einigen grösseren Investoren wie Versicherungen beobachtet werden, doch schreitet die Implementierung von Innovationen bei grossen Investoren eher langsam voran. Zudem sind die gewinnorientierten Investoren bei geringen Leerstandsziffern und entsprechend grosser Nachfrage dazu verleitet, aufgrund sogenannter «self-full-filling prophecies» die Standards hochzuschrauben und an den eigentlichen Bedürfnissen vorbei zu produzieren. Zwar bemühen sie sich in Bezug auf Baumaterialien, Energieverbrauch, Wirtschaftlichkeit und Flexibilität sowie die Gestaltung von Grünflächen und Landschaftsökologie um Nachhaltigkeit. Soziale Nachhaltigkeitskriterien werden dagegen kaum berücksichtigt. Dieses Gefälle erklärt das Projekt LEBENSSTILE durch die Tatsache, dass die kommerziellen Stakeholder im Vergleich zu den nicht kommerziellen völlig andere Vorstellungen davon haben, was ein nachhaltiges durchmischtes soziales Milieu ist. Innovative Investoren mit Fokus auf Zielgruppen mit nachhaltigem Lebensstil engagieren sich dabei sich vor allem im Bereich der mittleren Investments von 11 bis 50 Einheiten.

Die Rolle der öffentlichen Hand

Städte und Gemeinden spielen in der Schweiz als Wohnbauproduzenten praktisch keine Rolle. Dennoch beeinflussen sie den Wohnungsbestand. Laut dem Projekt STADTRÜCKKEHRER spielt der Einfluss der öffentlichen Hand auf drei Ebenen: regulatorisch, mediatisierend und schliesslich interventionistisch.

- Regulierend agieren Städte und Gemeinden, wenn sie mittels raumplanerischer Instrumente – etwa die Erhöhung des Nutzungsmasses – wichtige Anreize schaffen, die zu besseren Qualitäten und Aufwertung der Quartiere führen können. Grössere Arealentwicklungen beispielsweis finden in der Regel in Industriezonen oder auf ehemaligen Bahnarealen statt. Die notwendige zonenrechtliche Baureife muss dabei über referendumsfähige Änderungen, vor allem aber Ergänzungen im Zonenplan (Sonderbauvorschriften, Planungszonen, Gestaltungspläne) politisch legitimiert werden und bietet damit die Möglichkeit, in Verhandlungsverfahren (Rahmenverträge usw.) Verbindlichkeiten in Bezug auf soziale Nachhaltigkeit einzufordern.
- Mediatisierend wirken die Städte in unterschiedlicher Weise. Während etwa Neuchâtel Kontakte mit Investoren über die konventionellen Instrumente der Raumplanung pflegt, hat sich Zürich in den vergangenen Jahren vom raumplanerischen Paradigma gelöst und verfolgt eine Entwicklung über Projekte, die partnerschaftlich zwischen Eigentümern, Projektentwicklern und Bevölkerung erarbeitet werden. Basel betreibt einen Projekt-Urbanismus durch «Logis Bâle», einer städtischen Institution, die als Schnittstelle und Kommunikationsplattform zwischen den Partnern fungiert.
- Schliesslich können Städte über ihre Immobilien- und Bodenpolitik interventionistisch agieren, indem sie eigene Grundstücke an Investoren (Pensionskassen, Genossenschaften, Stiftungen usw.) veräussern oder im Baurecht abgeben, welche Wohnungen unter Marktpreisen realisieren.

Das Projekt STADTRÜCKKEHRER beurteilt die Haltung der Städte dem Phänomen New Build Gentrification gegenüber als ambivalent: Sowohl in Neuchâtel wie in Zürich werden zwar Massnahmen gegen die Verdrängung schwächerer Bevölkerungsgruppen getroffen, gleichzeitig wird die Gentrifizierung aufgrund fiskalpolitischer Motive auch unterstützt.

Eine Perspektive auf die konkrete städtebauliche Praxis eröffnet die These des Projekts LEBENSSTILE, das in den Investoren Repräsentanten unterschiedlicher Lebensstile sieht. Soziale Durchmischung eines Quartiers kann damit rein logisch über einen Split unterschiedlicher Investorengruppen und eine differenzierte Körnung der Investitionsvolumen gesteuert werden.

6.4 Partizipation als konkreter Alltag

> ⸺⋗ **Partizipation**
>
> *Partizipation stellt ein wichtiges Nachhaltigkeitskriterium dar und wird im NFP 54 in mehr oder weniger expliziter Form vorausgesetzt. Dabei können zwei Formen der Partizipation unterschieden werden: Partizipation in Planungsprozessen, das heisst an Entscheidungen über Raum, sowie Partizipation im konkreten alltäglichen Handeln.*

Die Rolle der Mitwirkung im Alltagshandeln

In der Regel wird unter Partizipation die Mitwirkung an planerischen Entscheidungsprozessen verstanden. Partizipation an den tragenden räumlichen Entscheidungsprozessen auf der strategischen Zielebene dagegen findet kaum statt. Entsprechend stiess der Vorschlag des Projekts LEBENSSTILE, die nicht kommerziellen (lokalen) Stakeholder im Rahmen eines «Citydialogs» und einer «Konsensuskonferenz» in die Zielebene der «Peer-Stakeholder» einzubinden, auf keinerlei Akzeptanz. Den Grund dafür sehen die Autoren in einer «Angst vor Kontrollverlust» auf der Entscheidungsebene. Das Beispiel zeigt die grundsätzlichen Schwierigkeiten von Partizipationspro-

Erkenntnisse aus NFP 54-Projekten

Das Projekt EDGE CITY konzentriert sich auf den Planungsprozess am Agglomerationsrand und entwickelte mit dem «Kartenset», dem «dynamischen Plan» sowie dem «Stadtmodell» drei Instrumente, welche die Partizipation am städtebaulichen Entwurfsprozess erleichtern und fördern sollen.

Das Projekt SOZIALES KAPITAL untersuchte anhand von sechs Fallbeispielen in Luzern, Basel und Genf, wie verschiedene Trägerschaftsmodelle soziales Kapital in der Quartierentwicklung erschliessen und entwickeln. Ausgangspunkt bildete die These, dass die Einbindung von Akteuren aus dem wirtschaftlichen, ökologischen und sozialen Bereich in der Umsetzung der für eine nachhaltige Quartierentwicklung relevanten Zielsetzungen den Einsatz sozialen Kapitals bedarf. Unter sozialem Kapital werden dabei an Personen gebundene Ressourcen wie Kontakte, Wissen und Zugänge verstanden. In Anlehnung an die Regimetheorie wurden drei Typen von Regimes identifiziert: ein integrierendes, ein lobbyierendes und das situativ partizipative Regime. Das Projekt stellte einen direkten Zusammenhang von Inwertsetzung von sozialem Kapital und der Qualität von Quartieren hervor. Zu beobachten war aber auch, dass der Einsatz von sozialem Kapital je nach Regime und entgegen der eigentlichen Absicht wieder schwinden kann. Unter der Voraussetzung, dass die Inwertsetzung von sozialem Kapital planbar ist, entwickelte das Projekt eine «Anleitung für die Planung netzwerkorientierter Projekte». Vorgeschlagen wird zudem, dass die soziale Nachhaltigkeitsdimension durch die Festlegung der Quartierentwicklung im kommunalen bzw. Quartierrichtplan verankert wird.

zessen auf, die das Projekt EDGE CITY auch in den theoretischen Überlegungen untermauert. Demnach fehlen für einen nachhaltigen (partizipativen) Städtebau vor allem Instrumente für selbstbestimmte Partizipation, die sich rekursiv auf die unmittelbare räumliche Umwelt (Ort), die Gegenwart (Zeit) und das Individuum (Mensch) beziehen. Die Frage aber, inwiefern das Individuum in Bezug auf seine unmittelbare und persönliche räumliche und soziale städtische Umwelt einwirken kann, wird zum Schlüsselfaktor einer nachhaltigen Entwicklung der städtischen Quartiere.

Aktivierung von sozialem Kapital

Diesem wichtigen Punkt – der Bedeutung von konkretem Handeln im Raum – widmete sich das Projekt SOZIALES KAPITAL. Die unmittelbare Entscheidungs- und Leistungsbeteiligung möglichst vieler zukünftiger Träger von Massnahmen wird in der heutigen Nachhaltigkeitspolitik als Grundbedingung anerkannt. In der Umsetzung konstatiert das Forschungsprojekt allerdings erhebliche Defizite bei der Übersetzung von Nachhaltigkeitszielen auf lokale Kontexte sowie bei der Entwicklung institutionell gesicherter Massnahmen.

Der Anspruch an eine nachhaltige Quartierentwicklung setzt gemäss dem Projekt zwingend ein netzwerkorientiertes statt hierarchisch-bürokratisches Planungsverständnis voraus. In Netzwerken kann soziales Kapital gedeihen und auf heterogene Interessen verbindend wirken, was eine zentrale Voraussetzung für das Gelingen einer nachhaltigen Quartierentwicklung darstellt. Ein Kernproblem bleibt die Frage, wie ein schwerfälliges staatliches und formalisiertes Gefüge eine Synergie mit der Logik informeller Netzwerke eingehen kann. Dabei ist der heutige kulturelle Wandel zur Informationsgesellschaft zu berücksichtigen. So ist die «Facebook-Generation» heute in der Lage, erhebliche Ressourcen an sozialem Kapital freizusetzen, während sie sich Institutionen gegenüber äusserst skeptisch und ablehnend verhält. Ein Seitenblick auf Community-Networking-Projekte, die sich bei der Aufwertung von Slums in Entwicklungsländern engagieren, zeigt, dass NGO eine wichtige intermediäre Rolle spielen, indem sie durch informelle Vernetzungsstrategien «nach unten» soziales Kapital für die Selbsthilfe gewinnen und zugleich «nach oben» formell kompatibel sind.

Exkurs
Ist soziales Kapital planbar?

Abbildung 6-6: nt/Areal Basel. Eine mietfreie Fläche und sechs Monate Einsatz von sozialem Kapital für den Bau der grössten Dirtjumpstrecke der Schweiz Quelle: www.fastforward.ch

Der Begriff des «sozialen Kapitals» wurde vom französischen Soziologen Pierre Bourdieu geprägt und ist als die Gesamtheit der aktuellen und potenziellen Ressourcen zu verstehen, die mit der Teilhabe am Netz sozialer Beziehungen gegenseitigen Kennens und Anerkennens verbunden sein können. Die Bedeutung von sozialem Kapital als Treibstoff für den sozialen Zusammenhalt ist aufgrund zahlreicher Untersuchungen in historisch gewachsenen, dichten und durchmischten Quartieren allgemein anerkannt. Doch ist soziales Kapital auch planbar? Lassen sich informell gewachsene Organisationsformen formell «von oben» implementieren? Wie weit kann soziales Kapital einer «planerischen Verwertung» zugänglich gemacht werden? Bin ich als engagierte Bürgerin oder engagierter Bürger bereit, soziales Kapital einzusetzen, wenn dieses zum kalkulierten Faktor einer «Quartieraufwertung» wird und damit auch wirtschaftliche Gewinne für Dritte generiert? Welche «soziale Rendite» muss die Investition von sozialem Kapital abwerfen, damit die Investitionsbereitschaft von sozialem Kapital nicht abbricht? Wie ist die Schnittstelle zwischen einem formellen, relativ trägen institutionellen und bürokratischen Apparat zu einem agilen, gut vernetzten und auf konkrete Umsetzung orientierten Organismus zu etablieren, damit sich die beiden Systeme nicht behindern? Was leisten intermediäre Organisationen in diesem Zusammenhang?

Grenzen der Nutzung von sozialem Kapital

Die Mechanismen und die Bereitschaft zum Einsatz von sozialem Kapital oder Freiwilligenarbeit sind wissenschaftlich noch nicht hinreichend untersucht, um von einer optimalen Inwertsetzung und Vermehrung von sozialem Kapital unter dem Lead der Verwaltung auszugehen. Mindestens eine wichtige Frage stellt sich in Bezug auf die Akteure, die Kapital einsetzen, und die mögliche Gefahr einer Instrumentalisierung durch Wirtschaft und Staat, die Kapital verwerten. Wer selbst soziales Kapital investiert, wird skeptisch, wenn sein Einsatz von Dritten wirtschaftlich oder politisch verwertet wird. Gerade hier besteht ein Unterschied zwischen den Selbsthilfeorganisationen als Pioniere im netzwerkartigen Management von sozialem Kapital und den staatlichen Institutionen, wo jede Arbeitsstunde entlöhnt wird.

So wird soziales Kapital nur dann investiert, wenn damit auch eine Aussicht auf persönlichen Erfolg verbunden ist. Erfolg kann hierbei an wirtschaftliche Aussichten, gesellschaftliches Ansehen, Interessenbefriedigung oder einfach nur Spass geknüpft sein. Wichtigster Erfolgsfaktor wird sein, inwiefern es gelingt, die Schnittstelle zwischen den Trägern des sozialen Kapitals und dem Staat zu institutionalisieren, ohne dass die schwerfällige Entscheidungslogik behindernd auf die informelle Dynamik der Akteurnetzwerke übergreift.

6.5 Synthese: Differenzieller Städtebau

Aus den betrachteten Forschungsprojekten des NFP 54 lassen sich Gemeinsamkeiten in Bezug auf die Planungsmethodik (strategische Dimension) und die Defizite im Bereich der sozialen Nachhaltigkeit (inhaltliche Dimension) ableiten, aber auch hinsichtlich des Fokus «Quartier» und der Agglomeration als neuer Schwerpunkt (räumliche Dimension).

Strategische Ebene:
Vom materiellen zum differenziellen Städtebau

Erkennbar sind vor allem drei für die Umsetzung nachhaltiger Siedlungs- und Infrastrukturentwicklung wichtige Trends in den Stossrichtungen und Denkweisen für die Sicherung einer nachhaltigen Lebensqualität. Die Credos lauten «Durchmischung», «Flexibilität» und «Prozessmanagement».

- **Credo «Soziale Durchmischung»**
  Eine nachhaltige Stadt muss sich gemäss dem Projekt STADTRÜCKKEHRER am Modell der Dichte orientieren und setzt voraus, dass Dichte und soziale Diversität miteinander vereinbart werden können. Diversität von Wohnangeboten und Nutzungsneutralität der Wohnumgebung sind zentrale Faktoren für eine nachhaltige Stadt- und Quartierentwicklung, die den demografischen Wandel berücksichtigt.
- **Credo «Multifunktionalität und Flexibilität der Infrastrukturen»**
  Bei der Festlegung von Infrastrukturen auf bestimmte materielle Zielsetzungen hin bleiben die Aussagen zurückhaltend. Der Trend liegt bei Nutzungsneutralität und Flexibilität in Bezug auf sich wandelnde Lebensstile, Wertvorstellungen und Nutzungsansprüche.
- **Credo «Prozessmanagement»**
  Handlungsbedarf besteht in der Etablierung von Instrumenten, mit denen Prozesse laufend gemessen (Monitoring, insbesondere soziodemografischer Wandel) und möglichst offen, transdisziplinär und transparent gestaltet werden können. Die Schwerpunkte liegen bei der Etablierung von Instrumenten wie Monitoring, standardisierten Handlungsanweisungen (Leitfäden) partizipativer Instrumente (Konsensfindungsprozesse) und der Institutionalisierung von integrativen Prozessen wie intermediäre Managementstrukturen und Koordinationsinstrumente.

Inhaltliche Ebene:
Defizit soziale Nachhaltigkeit

Das grösste Defizit für die Sicherung einer nachhaltigen Lebensqualität besteht in der Umsetzung sozialer Nachhaltigkeit auf Quartierebene mit dem Ziel, die soziale Diversität zu wahren. In den grösseren Städten ist heute eine «New Built Gentrification» zu beobachten, die von den politischen Behörden durch Aufwertungsmassnahmen und im Rahmen partnerschaftlicher Planungsprozesse indirekt unterstützt wird. Nachbarschaftseffekte wirken sich auf die Investitionsbereitschaft der Eigentümerinnen und Eigentümer von Nachbarliegenschaften mit preisgünstigem Wohnraum aus und bewirken dadurch die Gentrifizierung und Entmischung ganzer Quartiere. Notwendig sind daher vermehrt intensive Bemühungen in Richtung sozialer Nachhaltigkeit auf allen Ebenen von Wissenschaft, Politik und Praxis.

Räumliche Ebene:
Schwerpunkte Agglomeration und Quartier

In der Gewichtung nach räumlichen Schwerpunkten stehen heute die Kernstädte noch stark im Vordergrund. Angesichts des soziodemografischen Wandels ist den Agglomerationsräumen, den suburbanen und periurbanen Gebieten künftig mehr Beachtung zu schenken.

Ein zweiter räumlicher Schwerpunkt liegt bei den Quartieren. Als Aktionsraum, in dem sich das Leben abspielt, ist das Quartier der Ort, wo soziale Nachhaltigkeit stattfinden muss. Entsprechende Methoden (z.B. Monitoring) und Instrumente (z.B. Management) sind auf Ebene «Quartier» zu implementieren.

> **Exkurs**
> **Programm «Soziale Stadt» in Deutschland**
>
> Kleinräumige Segregation führt seit den 1990er-Jahren in vielen deutschen Städten zu selektiven Auf- und Abwertungen von Wohngebieten und damit auch zur Herausbildung benachteiligter Stadtteile. Diese sind meist durch komplexe Problemlagen in den Bereichen Städtebau und Umwelt, infrastrukturelle Ausstattung, lokale Ökonomie, Soziales, Integration und nachbarschaftliches Zusammenleben sowie Imagebildung charakterisiert. Das deutsche Förderprogramm «Soziale Stadt» reagiert darauf mit einem integrierten Ansatz der umfassenden Quartiersentwicklung.
>
> Das Städtebauförderungsprogramm «Stadtteile mit besonderem Entwicklungsbedarf – Soziale Stadt» des Bundesministeriums für Verkehr, Bau und Stadtentwicklung (BMVBS) und der Länder wurde im Jahr 1999 mit dem Ziel gestartet, die «Abwärtsspirale» in benachteiligten Stadtteilen aufzuhalten und die Lebensbedingungen vor Ort umfassend zu verbessern. Die «Soziale Stadt» startete im Jahr 1999 mit 161 Stadtteilen in 124 Gemeinden; 2009 waren es bereits 571 Gebiete in 355 Gemeinden. Der Projekt- und Massnahmenkatalog umfasst 13 inhaltliche Handlungsfelder.
> Quelle: www.sozialestadt.de

die Überlegungen zu integrieren. Die schweizerische Bevölkerung ist zu Integrationsleistungen zu animieren, indem die Aufnahmebereitschaft und interkulturelle Haltung, das heisst, sich mit den Sprachen und mit der Kultur der bedeutenden Migrantengruppen auseinanderzusetzen, durch Anreize gefördert wird. Wichtig sind zudem soziale Angebote, welche die Durchmischung unterschiedlicher Lebensstile unterstützen.

In Bezug auf Segregation muss die gegenwärtig undifferenzierte Präferenz für soziale, altersmässige und ethnische Durchmischung neuen Konzepten und Verständnissen weichen. So sollen auch kleinräumighomogene Nachbarschaften und Netzwerke entstehen können, welche die Selbsthilfe fördern oder sie zumindest wahrscheinlicher machen.
Zielgruppen/Akteure: Kantone, Gemeinden

Umfassendes «Change Management» installieren!

2

Die wachsende Diversität und Heterogenität der Wohnbevölkerung in Städten verlangt nach situations- und problemgerechten Planungs- und Steuerungsinstrumenten. Zwar beschäftigen sich die meisten Städte und Verwaltungsstellen mit dem Thema des soziodemografischen Wandels, doch fehlen planerische Instrumente zur kooperativen formenden Gestaltung und umfassenden antizipativen Steuerung. Aufgrund der Langfristigkeit eines umfassenden Veränderungsmanagements müssen bisher vernachlässigte Themen intensiver angegangen werden. Beispiele sind:
- Verkehr und Mobilität, Umwelt, Energie und Entsorgung,
- Pflege und Unterstützungslücke bei selbstständig wohnenden älteren Personen,
- Bereitschaft zur freiwilligen Arbeit und bürgerschaftlichem Engagement,
- Integration, Zusammenleben, sozialer Zusammenhalt.

Empfehlungen

Politik im Bereich «Segregation» und «Integration» neu ausrichten!

1

Generell wird es notwendig, die bestehenden konzeptionellen und normativen Vorstellungen in Bezug auf Segregation und Integration anzupassen. Die heute einseitig auf sozial benachteiligte Migrantinnen und Migranten fokussierte Integrationspolitik muss künftig drei Richtungen verfolgen: Gut qualifizierte Migrantinnen und Migranten mit kürzerer Aufenthaltsperspektive sind als marktbeeinflussende Gruppe in

Die Umsetzung eines umfassenden Veränderungsmanagements muss – wie in Deutschland bereits geschehen – priotär und als Querschnittsaufgabe angegangen werden. Analog zum Aufbau der Stadtentwicklung bedarf es einer Organisationseinheit, die sich in grenzüberschreitender Zusammenarbeit mit den Auswirkungen und der Steuerung des soziodemografischen Wandels befasst. Dabei ist auch die Rolle der Partizipation zu betonen und es gilt zu erproben, welche Formen der Partizipation sich am besten bewähren.

Zielgruppen/Akteure: Wissenschaft, Bund, Kantone, Gemeinden

Sozial-räumlichen Wandel erfassen!

3

Die statistische Beobachtung des soziodemografischen Wandels ist ein traditionelles Instrument für die Festlegung von Zielen der Raumentwicklung. Heutige Methoden zur Beobachtung des soziodemografischen Wandels müssen Aussagen ermöglichen, die vor allem auf der Ebene des Quartiers nicht nur sozialstatistisches Material, sondern auch qualitative Aspekte wie «Integration» oder «Lebensstile» berücksichtigen. Als zwingende Massnahme ist die systematische und schweizweite Beobachtung des sozial-räumlichen Wandels durch ein bis auf die Ebene der Quartiere reichendes Monitoring zu betrachten. Zusätzlich zur Quartiertypologie (Projekt DEMOGRAFIE) bringt die Perspektive der «Lebensstile» die Dimension gesellschaftlicher Wertvorstellungen ins Spiel. Es wäre zu prüfen, inwiefern die Quartiertypologie um die Dimension der «Lebensstile» ergänzt werden kann und soll.

Zielgruppen/Akteure: Wissenschaft, Bund, Kantone, Gemeinden

Differenzierte Desegragationspolitik auf allen politischen Ebenen!

4

Die Trends zur Gentrifizierung der Städte und deren sozial-räumliche Konsequenzen verlangen nach einer Politik der sozialen Durchmischung auf der Ebene der Gemeinde. In Bezug auf die räumlichen Entwicklungen steht die Forderung nach einer differenzierten Desegrationspolitik mit höheren Selbstbestimmungsmöglichkeiten der Marktteilnehmer, indem Wohnungsangebot und die Zugänge und Teilnahmemöglichkeiten am Markt verbessert werden. Zu beachten ist, dass eine Differenzierung von Siedlungsräumen in unterschiedlichen Milieus, wo sich Lebensstile mit ähnlichen Bedürfnissen unabhängig der Kaufkraft durchmischen können, ein wesentliches Qualitätsmerkmal darstellt. Über die sozial benachteiligten Gruppen hinaus ist vor allem den Lebensstilen zweier Bevölkerungsgruppen besondere Beachtung zu schenken: Denjenigen der «kaufkräftigen temporären Bevölkerung», über deren Lebensstil kaum etwas bekannt ist, obwohl sie zu den Zielgruppen des städtischen Wohnungsmarkts gehört, und den Lebensstilen der älteren Menschen.

Zielgruppen/Akteure: Bund, Kantone, Gemeinden

Soziale Durchmischung durch aktive Wohnbaupolitik fördern!

5

Soziale Nachhaltigkeit als durchmischter, auf unterschiedliche Lebensstile fokussierter Wohnungsbestand scheint heute das grösste Umsetzungsproblem darzustellen. Es zeigt sich deutlich, dass die gewinnorientierten Investoren nachhaltige Werte sehr wohl umsetzen, soweit sie auf direkt vermarktbare Umweltqualitäten oder auf umweltgerechtes Bauen abzielen. Soziale Diversität wird dagegen kaum berücksichtigt. Aus der Logik gewinnorientierter Investitionen stellt sich «New Built Gentrification» quasi von selbst ein. Um Verdrängungsprozessen durch New Built Gentrification entgegenzuwirken oder soziale Durchmischung in Quartieren zu fördern, sollten die Behörden ihren wohnungsmarktpolitischen Handlungsspielraum ausweiten und eine gezielte soziale Durchmischung in staatlichen und genossenschaftlichen Liegenschaften fördern. Die Erkenntnis, wonach unterschiedliche Investorentypen unterschiedliche Lebensstile favorisieren, weist auf ein mögliches Steuerungsfeld der öffentlichen Hand im Bereich des privaten Wohnbaus hin. Da es sich bei grösseren städtebaulichen Entwicklungen meist um Projekte handelt, die in öffentlich-privaten Partnerschaften erst zur zonenrechtlichen Baureife verhandelt werden müssen, eröffnen sich Politik und Verwaltung Möglichkeiten, im Rahmen der Verhandlungsprozesse sozial nachhaltige Massnahmen auszuhandeln oder als Voraussetzung für die Realisierung vorzuschreiben.

Zielgruppen/Akteure: Gemeinden, Investoren

Versorgung mit öffentlichen Grün- und Freiräumen und deren Nutzungsqualitäten sichern!

6

Generell besteht ein breiter Konsens über die Bedeutung einer hinreichenden Versorgung mit öffentlichen Grün- und Freiflächen, die ökologische und soziale Vielfalt gewährleisten. Städte und Gemeinden sollten sich eine qualitative und quantitative Versorgung mit öffentlichen Grünräumen zum Ziel zu setzen und eine Checkliste «soziale Nachhaltigkeit» für Planung und Umgestaltung von Grünanlagen zu erstellen.

In Bezug auf das konkrete Defizit für öffentliche Bewegungsräume für ältere Bevölkerungskreise liegt aus dem Projekt ALTERNDE GESELLSCHAFT ein auch für andere Altersgruppen gültiger konzeptioneller Rahmen für partizipative Implementierung auf Gemeindeebene vor, der sich auf die drei Eckpfeiler Prozessmanagement (Governance, Partizipation, Meinungsbildung), urbaner Kontext (Zugänglichkeit, Verknüpfbarkeit, Intensität) und räumliche Qualität (Zusammenleben, Sicherheit, Flexibilität, Komfort) stützt.

Zielgruppen/Akteure: Gemeinden

Soziale Netzwerke stärken!

7

Eine grosse Herausforderung stellt sich mit dem integrativen Management sozialer Diversität in den Quartieren. Fragen dieser Art wurden in der Schweiz erst am Rande wahrgenommen. In Deutschland werden sie mit dem Programm «Soziale Stadt» bereits systematisch bearbeitet. Es werden damit erfolgreich lokale Managementstrukturen etabliert. Grundsätzlich gilt es die Siedlungsplanung weniger standardisiert zu betreiben und soziales Kapital für die Planungsprozesse zu mobilisieren. Um die beschränkte Ressource «soziales Kapital» zu aktivieren, empfiehlt es sich, entsprechende Funktionen in der Stadtentwicklung zu etablieren. Dazu braucht es eine interinstitutionelle Absprache darüber, wer die Prozessleitung übernimmt, den Einbezug der Quartierakteure (z.B. in Form der Quartierkonferenz), den Aufbau einer Ad-hoc-Organisation sowie die Entwicklung konkreter Projekte.

Zielgruppen/Akteure: Gemeinden, Wissenschaft

Literatur

Ein umfassendes Literaturverzeichnis der einzelnen NFP 54-Projekte finden Sie ab Seite 211 sowie auf der beigelegten DVD.

Zusätzliche Literatur zu Kapitel 6:

1   ETH Wohnforum, ETH Case (Hrsg.), 2010; S5-Stadt. Agglomeration im Zentrum, Forschungsberichte, hier + jetzt Verlag, Baden, www.s5-Stadt.
2   ETH Wohnforum, ETH Case (Hrsg.), 2011; AgglOasen. Impulse für die Agglomeration am Fusse des Bachtels, Erkenntnisse des Forschungsprojektes «S5-Stadt. Agglomeration im Zentrum», hier + jetzt Verlag, Baden, www.s5-Stadt.
3   www.NetzwerkAltstadt.ch

Kapitel 7
Urbane Qualitäten in der Siedlungsentwicklung

Markus Maibach, INFRAS, Zürich

«Urbane Qualitäten» und «Urbanität» sind im Hinblick auf eine nachhaltige Siedlungsentwicklung von zentraler Bedeutung. Sie müssen auf die dispers gewachsene Siedlungsstruktur der Schweiz und ihre verschiedenen Räume projiziert werden. Vordringlich ist eine qualitativ hochwertige Verdichtung nach innen, die einhergeht mit mehr Durchmischung, mehr Öffentlichkeit und – damit verbunden – mehr Lebensqualität. Im Zentrum stehen gesteigerte urbane Qualitäten in den Kernstädten und im suburbanen Raum. Auch im periurbanen und im ländlichen Raum bietet die Steigerung von urbanen Qualitäten in bereits verdichteten Räumen eine Chance zur Entlastung des ländlichen Raums. Gleichzeitig müssen Massnahmen zur Eindämmung der Zersiedelung erfolgen, namentlich eine Begrenzung der Siedlungsfläche. Der urbane Wandel ist als Prozess zu verstehen, der nur inter- und transdisziplinär und nur im Dialog entwickelt und weitergeführt werden kann. Dem Monitoring der Siedlungsentwicklung und dem Wissensaustausch kommen dabei wichtige Rollen zu.

7 Urbane Qualitäten in der Siedlungsentwicklung

7.1 Urbanität im Kontext neuer Identitäten

Von der Stadt zum «Siedlungssystem Schweiz»

Die Schweiz ist weder Stadt noch Land. Das Mittelland bringt es auf den Punkt: Inmitten der Schweiz, die Räume zwischen den Kernstädten Zürich, Luzern, Bern und Basel zusammenfassend, weitet sich hier ein gut erschlossener, dynamischer Raum, der sowohl städtische als auch ländliche Elemente enthält. «Vor dem Hintergrund der polyzentrischen Struktur der Schweiz stellt die simple Trennung zwischen Stadt und Land kein raumordnungspolitisches Leitsystem mehr dar», stellt das Projekt ZERSIEDELUNG fest. «Stadtland Schweiz» steht für eine Überwindung des bisherigen Denkens, das Urbanität als Begrifflichkeit den Kernstädten zuteilt und damit einen Kontrapunkt zum ländlichen Raum schafft.[1]

Der Versuch, die Raumordnung der Schweiz zu strukturieren, hat seit dem Leitbild CK-73 eine lange Historie und mehrere Phasen durchlaufen.[2] Immer stand ein Fragenkomplex im Zentrum: Wo ist Stadt «Stadt» im herkömmlichen Sinne (Grossstadt, Kleinstadt)? Was ist den Städten zugehörig? Was ist eigenständig? Welche Räume sind verknüpft? Und immer mehr: Wie geht die Schweiz mit dem wachsenden suburbanen Raum bzw. den Agglomerationen um? Der aktuelle Entwurf des «Raumkonzepts Schweiz»[3] unterscheidet verschiedene Raumtypen wie «Metropolitanräume», «Stadtlandschaften», «Hauptstadtregionen», «Agglomerationen«, «suburbane» und «periurbane Räume». Es sind dies Begriffe, die den Systemzusammenhang des Städtebegriffs ins Zentrum rücken: eine polyzentrische, vernetzte und systemische Struktur als Stärke und Metapher einer dynamischen und föderalistischen Schweiz.

In dieser räumlichen Begriffswelt stellen urbane Qualitäten eine wesentliche Klammer für eine nachhaltige Siedlungsentwicklung dar. Sie sind auf die Vielfältigkeit der Räume zu übertragen. Urbanität ist dabei aufs Engste verbunden mit einem nachhaltigen Umgang mit dem Siedlungsraum. Sie schützt den offenen Landschaftsraum und schafft neue Identitäten, die den bestehenden Lebensstilen und föderalen Strukturen Rechnung tragen – sowohl für Kernstädte, für die Metropolitanräume, für Städtesysteme im Tessin oder im Aaretal, aber auch für Städte in Tourismuszentren oder Knotenpunkte entlang grosser Infrastrukturen. Dieses «everything ist connected» weckt neue Ansprüche an eine differenzierte Definition und Umsetzung von urbanen Qualitäten und trägt gleichzeitig dem hohen Mobilitätsanspruch Rechnung.

> **Urbanität und urbane Qualitäten**
>
> *Der Begriff «Urbanität» wird interdisziplinär verwendet und bezeichnet städtische Elemente und Qualitäten. Dazu gehören städtische Funktionen – Zentrumsfunktionen wie Politik, Kultur, Bildung – und städtebauliche und architektonische Qualitäten – Ästhetik des öffentlichen Raums und Verdichtung. Aus gesellschaftlicher Perspektive bezeichnet «Urbanität» städtische Lebensstile verstanden, die für Offenheit, Wandelbarkeit und Toleranz in durchmischten Räumen stehen.[4] «Urbanität» ist als Begriff aber nicht nur positiv besetzt, sondern beinhaltet auch Risiken, etwa in Relation zum nicht städtischen Raum Spannungen zwischen unterschiedlichen Lebensstilen und Denkweisen, aber auch im städtischen Raum selbst, etwa hinsichtlich von sozialen Milieus und Entmischung von Quartieren.*
>
> *Der Begriff «urbane Qualitäten» bezieht sich im vorliegenden Kapitel auf die Chancen einer verstärkten Urbanität. Im Zentrum steht dabei der Zusammenhang von Urbanität mit der Siedlungsentwicklung, insbesondere die Chancen einer hoch qualitativen Verdichtung nach innen. Entsprechend stehen auch suburbane Räume und deren Entwicklungsschwerpunkte im Zentrum der Betrachtungen.*

Urbane Bilder

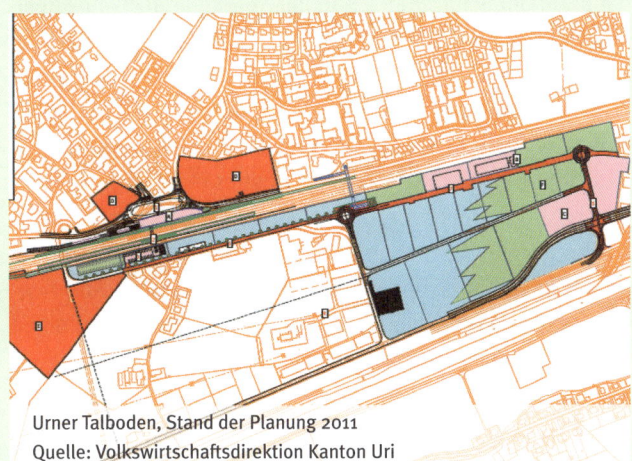

Opfikerpark, Teil der Überbauung Glattpark

Urner Talboden, Stand der Planung 2011
Quelle: Volkswirtschaftsdirektion Kanton Uri

Glattpark, Opfikon-Glattbrugg

Im Zwischenraum zwischen der Stadt Zürich und der Gemeinde Opfikon-Glattbrugg entsteht eine verdichtete Wohnlandschaft, mit Mischnutzungen und Parkanlagen, die trotz hoher Immissionen (Flughafen, Autobahn) attraktiv ist. Mit dem Bau der «Glattalbahn» wird der Raum mit öffentlichem Verkehr sehr gut erschlossen.

Entwicklungsschwerpunkt Urner Talboden (Entwurf, Stand der Planung 2011)

Der mit der Eröffnung der NEAT-Linie geplante Schnellzugshalt in Altdorf gab den Anstoss für eine Aufwertung des Bahnhofsareals in Altdorf. Die Planungsarbeiten zeigen, dass eine derartige Umnutzung im periurbanen Raum in der Nähe eines historischen Stadtkerns eine grosse Herausforderung für die Planung und Umsetzung darstellt, dass aber urbane Qualitäten auch ausserhalb der eigentlichen Agglomerationen thematisiert werden und auch einem Bedürfnis entsprechen.

Erkenntnisse aus NFP 54-Projekten

Das Projekt WORTGEBRAUCH untersuchte, wie neue Identitäten als Wechselspiel zwischen räumlicher Entwicklung und dem Bewusstsein in der sich wandelnden Bevölkerung entstehen. Das Forschungsteam identifizierte im In- und Ausland eine wahre Inflation von Begriffen: «Metapolis, «Zwischenstadt», «Parallelstadt», «Troisième ville», «Perimeter City», «Métropole polynucléaire», «Flexurb», «città diffuse» u.v.a.m.

Urbanität liegt im Trend

Es gibt eine längere Debatte darüber, wie Urbanität vor diesem Hintergrund zu definieren ist und ob die Schweiz nun urban («Die Schweiz ist eine grosse vernetzte Stadt!») ist oder ein «globales Dorf»[5] oder das «Gärtli des Herrn Rüdisühli»[6]. Tatsache ist, dass sich die Schweiz in Bezug auf ihre urbanen Qualitäten stark entwickelt hat – mit Wellenbewegungen, mit besserem und weniger gutem Ergebnis. Allein die städtebaulichen Slogans für die Stadt Zürich waren grossen Schwankungen unterworfen: In den 1960er- und 1970er-Jahren stand «Zürich wächst» im Vordergrund. In der Ära von Ursula Koch, Vorsteherin des Hochbauamtes der Stadt Zürich, galt in den 1980er-Jahren der Slogan «Zürich ist gebaut». Die Gefahr einer Aushöhlung der Städte durch die Abwanderung in die Agglomerationen und damit verbunden die «A-Stadt»-Struktur – **A**rmut, hoher **A**usländeranteil, zunehmender Anteil **a**lter Menschen – bewirkte, dass sich die Bundespolitik um die Städte zu kümmern begann. Seit Mitte der 1990er-Jahre hat die Stadt Zürich wieder eine grosse Dynamik beim Umbau der ehemaligen Industriequartiere («Aufbruch»).

Mit der Lancierung der Agglomerationsprogramme hat die Bundespolitik Zeichen gesetzt, dass die Verdichtung nach innen und die Aufwertung der Städte und suburbanen Räume zentrale nationale Anliegen sind. Die jüngste Zeit ist geprägt von einer spürbaren Dynamik. Die Schweiz hat erkannt, dass die fortschreitende Zersiedelung problematisch ist, dass eintönige Landschaften im suburbanen und periurbanen Raum keine Zukunft sein können. Grenzräume zwischen Stadt und Umland werden beplant und aufgewertet. Ein gutes Beispiel dafür sind neue hochwertige Siedlungen zwischen Zürich und Glattbrugg («Glattpark»); generell steht der Parkbegriff in vielen Räumen der Schweiz für ein Verbindungselement zwischen bebauter Siedlung, Kulturelementen, Erholungs- und Landschaftsräumen. Vor allem Zugreisenden fällt auf, dass die Bahnhofsareale umgebaut und verdichtet werden, mit teilweise hochwertiger moderner Architektur und öffentlichen Räumen, dies sowohl an Aussenbahnhöfen grösserer Städte – mit neuen Komplexen wie «Sihlcity» in Zürich oder «Westside» in Bern –, aber auch an Bahnhöfen von Kernstädten im Mittelland und am Jurasüdfuss – z.B. Aarau, Baden, Neuchâtel – oder im periurbanen Raum, etwa mit Planungen der Bahnhofsareale in Schwyz und Altdorf. Das Label «Railcity» hat unter der Schirmherrschaft der SBB dafür auch eine neue urbane Marke geschaffen.

Neue Labels für neue Stadtsysteme

Das Projekt WORTGEBRAUCH zeigt, dass es nicht an Ideen fehlt, Urbanität mit einem Label oder Brand zu versehen. Führen solche Begriffe aber auch zu neuen Identitäten? Das Glattal nördlich von Zürich und der Raum Tessin sind gute Anschauungsbeispiele für den Einsatz neuer Raumbegriffe. Sie zeigen Gemeinsamkeiten und Unterschiede auf.

«Glattalstadt»: akzeptierte Eigenständigkeit

Die «Glattalstadt» ist ein Kunstbegriff (Neotoponym), der im Rahmen der Raumkonzeption des Kantons Zürich[7] kreiert wurde. Als «Stadtlandschaft zwischen Zürich und Flughafen», als «Stadt der Regionen»[8], als Teil der Agglomeration und als dynamisches Wachstumsgebiet ist im Glattal eine gesteuerte Entwicklung und Verdichtung essenziell. Die Gemeinden des Glattals haben unter dem Label «Glattalstadt» ihre Zusammenarbeit verstärkt: Auf der Planungsebene als Planungsregion «Glattal», im Wirtschaftsbereich mit der Vereinigung «glow. das Glattal».

Hat sich damit aber auch eine neue Identität entwickelt? In der lokalen Bevölkerung ist das neue Label (noch) nicht ange-

Stadt ohne Eigenschaften Patchwork City Hyperville
Città diffusa Ville desserrée Technoburb
Métropole froide M.City Non-City
Territoire innommable Postsuburbia **Troisième ville**
Outskirts Generic City Zwischenstadt Multicity
Campagnes urbaines Urban Village Palimpseste
Rurburbia Zwillingsstadt Disurb **Métroplex**
Ville archipel Banlieue Non-Place Urban Realm Nébuleuse urbaine
Pepperoni-Pizza-Cities Neben-City Cité rurale Perf City
Città disfatta Technopolis Agglomeration
post-urbain Exopolis **Métapole** Ville extensive
Corapole MaxCity Postmetropolis
Ville émergente Temporärstadt **Sprawl**
Losangelisierung Netzstadt Scambled-Egg-City
Perimeter City Siedlungsbrei Tiers-État du territoire
Galactic City Flexburb Edge City Outer City
Stadtlandschaft Paesaggi ibridi Superburbia Thirdspace
Ville-territoire Fringe
Métropole polynucléaire

Abbildung 7-1: **Neue Begriffe für Urbanität und Identität**
Quelle: Projekt WORTGEBRAUCH

kommen. Bei genauerem Hinsehen zeigt sich aber, dass sich die Planungskultur langsam aber sicher verändert. Die Problemwahrnehmung steigt, Leitbilder werden erarbeitet, die Planungskompetenz steigt. Mit neuen Infrastrukturen (Stadtbahn) steigt auch der Anspruch an die städtebauliche Gestaltung – vor allem im Umfeld der Haltestellen. Letztlich interessiert es aber nicht, ob der städtisch wirkende Bahnhofsraum von Wallisellen eine Weiterentwicklung des Korridors aus der Stadt Zürich heraus oder eine eigenständige Entwicklung des Glattals ist. Verändert hat sich jedoch die Identität des Raums mit Auswirkungen auf die Wirtschafts- und Bevölkerungsstruktur. Diese bringen neue Lebensstile mit sich und prägen Veränderungsprozesse. Der Begriff «Glattalstadt» kann als Provokation aufgefasst werden, indem er einen Gegenpol zur Stadt Zürich setzt und Konkurrenz zum Ausdruck bringt, weil eine räumliche Ausdehnung der Stadt Zürich aus politischen Gründen tabu ist. Er kann aber auch als Katalysator für eine akzeptierte und notwendige neue Eigenständigkeit betrachtet werden. Tatsache ist, dass dieses Label etwas bewegt, allerdings mit unterschiedlichen Geschwindigkeiten und durchaus mit einer politischen Dimension.

«Citta Ticinio»: Ausdruck für bessere Koordination

Leicht anders präsentiert sich die Ausgangslage im Tessin, wo drei grössere und gestandene Stadtgebiete – Lugano, Locarno-Ascona, Bellinzona – ihre Verbindungen aufwerten wollen. Der neue Begriff der «Citta Ticinio» dient als Label für eine bessere Koordination der Schnittstellen und wird vor allem mit neuen Infrastrukturen (S-Bahn Tessin) oder im Zusammenhang mit der Siedlungsentwicklung in der Magadinoebene sichtbar. Die Einkaufsmeile, die neuen Dienstleistungszentren in der Ebene mögen bezüglich Verkehrsabwicklung und Architektur nicht alle zu überzeugen. Tatsache ist, dass der Ansatz des Städtesystems mit einem neuen Label die Perspektive und die Hoheit bezüglich Planung und Realisierung verschiebt.

Exkurs
Wird Wettingen eine Stadt oder doch nicht?

Die Gemeinde Wettingen ist einwohnermässig zurzeit die grösste Gemeinde des Kantons Aargau und Teil der Agglomeration Baden-Wettingen. Sie liegt aber auch im Einzugsgebiet der Agglomeration Zürich. Siedlungsmässig längst mit der Kernstadt Baden und der Gemeinde Ennetbaden zusammengewachsen, werden zwar – beispielsweise mit «Baden Regio» – diverse Formen regionaler Zusammenarbeit gepflegt. Politisch besteht aber ein klares Bekenntnis zur Eigenständigkeit. Im Rahmen des Standortmarketings wirbt Wettingen mit dem Label «Wettingen, Stern an der Limmat».

Doch Wettingen will keine Stadt werden: Der Antrag des Gemeinderates für den Statuswechsel von der «Gemeinde» zur «Stadt» wurde im Sommer 2009 an der Urne verworfen. Und obwohl Wettingen immer mehr städtische Züge annimmt und neue Quartiere vor allem in Form von verdichtetem Wohnungsbau realisiert werden, werben politische Parteien für das «grösste Dorf des Kantons». Etikettenschwindel, Identitätskrise oder Gegenbewegung? Das Beispiel zeigt, dass der Begriff der «Stadt» und eine neue Stadtidentität auch Widerstand erzeugen können. Ist Wettingen ein Dorf zwischen Städten, eine «Zwischenstadt»[9] zwischen Baden und Zürich oder gar eine Parallelstadt zu Baden mit eigenständigem Kern? Wettingen ist selbstständig und will das – bis auf Weiteres – auch bleiben.

Andere Gemeinden, die früh zur Stadt geworden sind, haben das Gegenteil erlebt, indem ihr Stadtlabel in der Gebietsplanung kaum gelebt worden ist. Es braucht neue und eigene Identitäten, um mehr Urbanität zu erzeugen; und diese Identitäten brauchen Zeit, bis sie in der politischen Kultur Fuss fassen können. Der Generationenwechsel – in Quartieren, in Gemeinden, in der Politik – spielt dabei ebenfalls eine wichtige Rolle.

Förderung der horizontalen Zusammenarbeit zwischen Kernstädten und Umland

Die Entwicklung zeigt, dass in der Schweiz zurzeit viele identitätsbildende Prozesse laufen. Darauf baut auch die Agglomerationspolitik[10] des Bundes auf. Der Versuch, die suburbanen Gebiete mit institutionellen Massnahmen mit den Kernstädten zu verknüpfen, ist in vollem Gang. Dazu fördern die Agglomerationsprogramme eine Verdichtung nach innen mit gezielten Investitionen, insbesondere in den öffentlichen Verkehr und den Fussgänger- und Veloverkehr. Der Prozess hat dazu geführt, dass in der ersten Generation der Agglomerationsprogramme rund 30 Agglomerationsräume entsprechende Programme eingereicht und sich dazu formal zur Zusammenarbeit verpflichtet haben. Die einzelnen Label tauchen darin wieder auf und bringen den Willen zur Aufwertung zum Ausdruck. Und immer wieder erscheint der Begriff «Urbanität» bzw. die damit verbundenen «urbanen Qualitäten». Verdichtung und Qualitätssteigerung sind explizite Kriterien des Bundes zur Bewertung der Programme.

Auch im periurbanen Raum sind urbane Qualitäten zu schaffen.

Differenzierter Umgang mit Urbanität

Im Rahmen des NFP 54 hat der Begriff «Urbanität» eine Querschnittsfunktion. Der Begriff wird in inter- und transdisziplinärer Weise verwendet und spielt in diversen Forschungsarbeiten eine bedeutende Rolle. So konnten verschiedene Anforderungen an urbane Qualitäten in verschiedenen Räumen formuliert und Vorschläge für deren Realisierung im Sinne eines urbanen Wandels ausgearbeitet worden. Im Vordergrund steht dabei die Frage, wie urbane Qualitäten im Kontext einer nachhaltigen Siedlungsentwicklung in der Schweiz umgesetzt werden können.

Zu unterscheiden sind dabei verschiedene Ebenen:
- **der grossräumliche Massstab:** urbane Qualitäten im Kontext der Schweizer Raumentwicklung,
- **der regionale Massstab:** Urbanität in Subzentren, in Agglomerationen, im periurbanen Raum,
- **der lokale Massstab:** sichtbare und lebbare Urbanität im konkreten Raum.

Die Forschungsarbeiten des NFP 54 haben gezeigt, dass urbane Qualitäten «überall» in der Schweiz anzutreffen ist, und dass es höchste Zeit ist, aus den guten Beispielen zu lernen und die Chancen schweizweit zu nutzen. Das Forschungsprojekt EDGE CITY bringt es dabei auf den Punkt: Die Vision einer facettenreichen Schweiz mit dynamischen urbanen Räumen ist nur mit neuen und innovativen Ansätzen umsetzbar. Ansonsten wird die Vision zum Hohlkörper, der Anspruch an Vernetzung zum Spinnennetz mit komplizierten Verstrickungen, die jede Dynamik ausbremst.

Die folgenden Kapitel diskutieren die Forschungsarbeiten des NFP 54 aus dem Blickwinkel der Urbanität als Chance für eine nachhaltige Siedlungsentwicklung und versuchen insbesondere nachstehende Fragen zu beantworten:
- Wo steht die Schweiz bezüglich Verdichtung und urbanen Strukturen? Was sind die Ursachen und Probleme? Wo liegen die Chancen?
- Was ist die Nachfrage nach urbanen Qualitäten? Was sind die Bedürfnisse? Welche Unterschiede sind dabei zu beachten?
- Was sind die Ansprüche von Urbanität an eine nachhaltige Raumentwicklung?
- Wie kann urbaner Wandel stattfinden? Was sind die Treiber und die Potenziale?

7.2 Urbanität als Chance für die Siedlungsentwicklung

Wo liegt das Problem?

Die Schweiz ist zersiedelt und entwickelt sich nicht nachhaltig

Aktuelle Indikatoren zur nachhaltigen Entwicklung aus dem Monitoringprogramm MONET[11] des Bundes sprechen eine deutliche Sprache.

- Die Landschaftszerschneidung – gemessen anhand der effektiven Maschendichte – hat seit 1885 konstant zugenommen. Die stärkste Zunahme wurde – bedingt durch den damaligen Ausbau des Strassennetzes und insbesondere den Autobahnbau – zwischen 1960 und 1980 verzeichnet. Vor allem aufgrund der stärkeren Zersiedelung hat die Maschendichte (ausgedrückt in Anzahl Maschen pro 1000 km^2) zwischen 1980 und 2002 um 16 Prozent zugenommen.
- Innerhalb von zwölf Jahren (Zeitraum zwischen der Arealstatistik 1979/85 und 1992/97) haben die Siedlungsflächen um 13,3 Prozent oder 237 km^2 zugenommen. Dies entspricht einem Zuwachs von 0,86 m^2 pro Sekunde. Insbesondere für Wohnzwecke wird ein immer grösserer Flächenanteil genutzt. Gründe dafür liegen in der Änderung der Bevölkerungsstruktur und veränderten Wohnraumbedürfnissen. Besonders hoch ist der Bodenverbrauch im schweizerischen Mittelland, wo der Siedlungsanteil doppelt so stark zugenommen hat wie im Landesdurchschnitt. Rund 80 Prozent der neuen Siedlungsflächen wurden auf wertvollem Kulturland realisiert.
- Die Siedlungsfläche pro Einwohnerin und Einwohner hat innert zwölf Jahren (Zeitraum zwischen der Arealstatistik 1979/85 und 1992/97) gesamthaft um 3,8 Prozent zugenommen und liegt heute bei knapp 400 m^2. Insbesondere für Wohnzwecke wird ein immer grösserer Flächenanteil genutzt.
- Seit Mitte der 1960er-Jahre ist der «ökologische Fussabdruck» der Schweiz pro Person grösser als die weltweit pro Person verfügbare Biokapazität. Die Schweiz verbraucht zurzeit dreimal so viele Umweltleistungen und Ressourcen wie ihr global betrachtet zustehen. Die Hauptursache für den grossen Fussabdruck ist der Energieverbrauch. Dieser macht fast drei Viertel des ökologischen Fussabdrucks aus. Der schweizerische Fussabdruck liegt im Durchschnitt der meisten westeuropäischen Länder.

Ein neuer Indikator für Zersiedelung

Die MONET-Indikatoren sind nicht in der Lage, die Zersiedelung in Bezug auf ihre räumliche Ausdehnung zu messen. Hier setzt das Projekt ZERSIEDELUNG an, das einen neuen Indikator für Zersiedelung generiert und diesen auch für die Schweiz berechnet hat.

Seit 1935 hat die urbane Durchdringung in allen Kantonen, Bezirken, Grossräumen und für die Schweiz insgesamt stark zugenommen. Die höchsten Werte haben heute die Kantone Basel-Stadt, Genf, Zürich, Basel-Landschaft, Aargau und Solothurn. Die geringsten Werte weisen Uri, Graubünden und Glarus auf. Überall aber nimmt die Zersiedelung weiter zu. Auch bei der Streuung der Siedlungsflächen zeigt sich eine relevante Zunahme. Dies bedeutet, dass in den untersuchten Jahrzehnten die Realisation gestreuter Siedlungen gegenüber einer Verdichtung bestehender Siedlungen überwogen hat.

Streuung und Fläche zusammen prägen die Zersiedelung: Der Vergleich verschiedener Kantone zeigt, dass die Zersiedelung an gewissen Orten mehr auf eine Zunahme der Streuung, an anderen mehr auf die Ausdehnung der Siedlungsfläche zurückzuführen ist. In zehn Kantonen hat die Streuung seit 1980 etwas abgenommen.

> ⇢ **Zersiedelung**
>
> *Zersiedelung ist ein optisch wahrnehmbares Phänomen. Eine Landschaft ist umso stärker zersiedelt, je stärker sie von Gebäuden durchsetzt ist. Der Grad der Zersiedelung bezeichnet gemäss dem Projekt ZERSIEDELUNG das Ausmass der Bebauung der Landschaft mit Gebäuden und deren Streuung. Je mehr Fläche bebaut ist und je weiter gestreut die Gebäude sind, desto höher ist die Zersiedelung.*

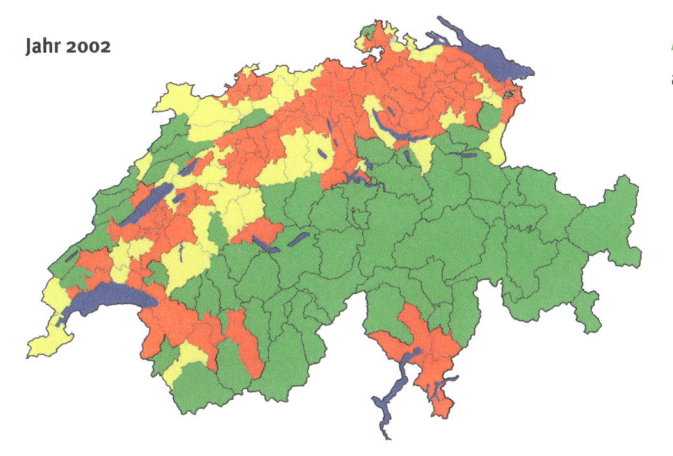

KAPITEL 7 ⇢ URBANE QUALITÄTEN IN DER SIEDLUNGSENTWICKLUNG | 155

Jahr 2002

Abbildung 7-2: Zersiedelungskarte der Schweiz im Jahr 2002 auf der Ebene der 181 Bezirke Quelle: Projekt ZERSIEDELUNG

Beobachtungshorizont 2 km
- Zersiedelte Bezirke
- Durch Zersiedelung gefährdete Bezirke oder Bezirke im Übergang zur Zersiedelung
- Nicht oder nur gering zersiedelte Bezirke

Jahr 1935

Abbildung 7-3: Karte der urbanen Durchdringung in der Schweiz im Jahr 1935 und 2002 Quelle: Projekt ZERSIEDELUNG

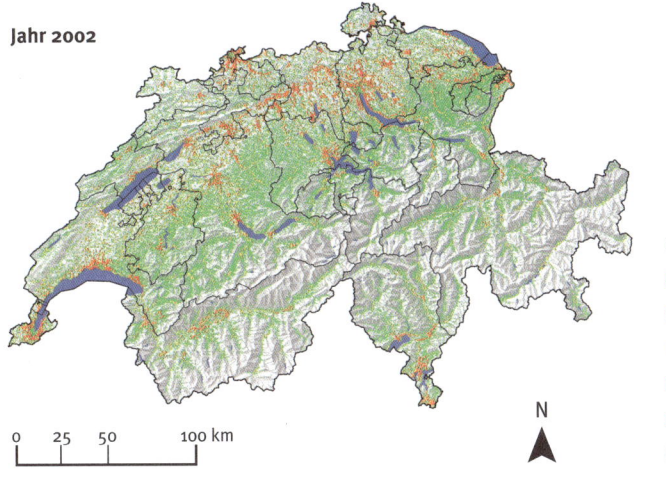

Jahr 2002

UP; Durchsiedlungseinheiten/km²
- 0–3
- 3–6
- 6–15
- 15–30
- 30–68
- Keine Siedlungen

Erkenntnisse aus NFP 54-Projekten

Das Projekt ZERSIEDELUNG entwickelte einen Indikator, um die Zersiedelung zu erfassen. Der Indikator besteht aus drei Unterindikatoren. Damit ist es möglich, anhand von gut erhältlichen Grundlagendaten, die Zersiedelung kontinuierlich zu ermitteln. Der quantitative Indikator beruht auf folgender Vorstellung: Von einem zufällig in der Siedlungsfläche postierten Verteilzentrum muss an jedes Haus eine Lieferung stattfinden. Dabei muss jede Lieferung vom Verteilzentrum aus gestartet werden. Der aufsummierte Weg, den der Zulieferer zu sämtlichen Bauten innerhalb der Landschaft zurücklegen muss, ist ein Mass für die Zersiedelung. Mit steigender Anzahl der zu beliefernden Bauten und zunehmender Distanz nimmt dieser Weg zu. Diese Aufwandsfunktion bildet das Herzstück des neuen Indikators, der als Ergänzung für das MONET-Indikatorensystem vorgeschlagen worden ist. Der Indikator ist für einen bestimmten Radius – z.B. 5 km – und für jeden x-beliebigen Ort innerhalb des Perimeters bestimmt und gemittelt. Die Einheit dieses Streuungsmasses (DIS) ist «Durchsiedlungseinheiten pro m² Siedlungsfläche».

Abbildung 7-4 zeigt den Gesamtzusammenhang der Indikatoren: Als neue Messgrösse zur Charakterisierung der Zersiedelung wurde das Mass der «urbanen Durchdringung» (urban permeation; UP), entwickelt. Diese Grösse besteht ihrerseits aus zwei Anteilen: UP = Dispersion * Siedlungsfläche/Grösse der Landschaft. Die urbane Durchdringung (UP) wird in Durchsiedlungseinheiten pro km² Landschaft angegeben (DSE/km²). So gibt UP nicht nur die Grösse der Siedlungsfläche wider, sondern gibt auch an, wie stark gestreut sie ist. Dies erlaubt, Landschaften unterschiedlicher Grösse zu vergleichen.

Total sprawling Gesamtdurchsiedelung
$$TS = A_{urban} \cdot DIS$$

Sprawl per capita Durchsiedlung pro Einwohner
$$SPC = TS / N_{inhabitants}$$

Dispersion Streuung
$$DIS$$

Urban permeation Urbane Durchdringung
$$UP = \frac{TS}{A_{reporting\ unit}} = \frac{A_{urban}}{A_{reporting\ unit}} \cdot DIS$$

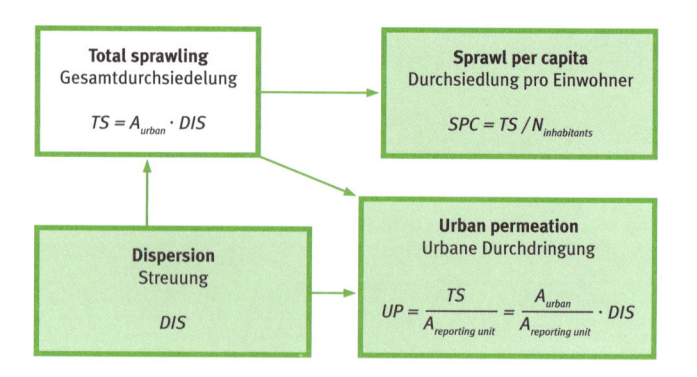

Abbildung 7-4: Zusammenhang zwischen den vier Messgrössen für Zersiedelung Quelle: Projekt ZERSIEDELUNG

Die soziale Segregation nimmt zu

Der Zersiedelungsindikator befasst sich mit Gebäuden und Siedlungsfläche. Die soziale Segregation misst die Durchmischung von Bevölkerungsgruppen nach verschiedenen soziodemografischen Merkmalen (vgl. auch Kap. 6, S. 125/126). Wie das Projekt STADTRÜCKKEHRER zeigt, setzte bei den meisten der 25 grössten Schweizer Städte in den 1970er-Jahren ein Schwund der Einwohnerzahlen ein. Innert drei Jahrzehnten verloren sie rund ein Zehntel ihrer Bevölkerung. Im selben Zeitraum verzeichneten die umliegenden Agglomerationsgemeinden im Zuge der Siedlungsdispersion ein beträchtliches Wachstum. Trotz allem hat die Zahl der Haushalte in den Zentren zugenommen und auf dem Wohnungsmarkt zu Engpässen geführt. Dieser scheinbare Widerspruch erklärt sich mit dem Rückgang der durchschnittlichen Haushaltsgrösse und dem steigenden Wohnraumbedarf pro Person.

Auf Basis der Volkszählungen zeigt das Projekt DEMOGRAFIE, dass vor allem in den Städten und Agglomerationen die soziale Durchmischung zwischen 1980 und 2000 tendenziell abgenommen hat, insbesondere bezogen auf das Alter und die nationale Herkunft.

Familien verlassen die Städte

Die Attraktivität der Städte als Wohnstandort variiert für die verschiedenen Bevölkerungsgruppen. Anhand eines Vergleichs von Bevölkerungsdaten aus den Jahren 1975/80 und 1995/2000 zeigt das Projekt STADTRÜCKKEHRER, dass inzwischen weniger Familien und Senioren in den Stadtzentren wohnen, während bei internationalen Zuwanderern, kleinen Haushalten und jungen Erwachsenen das Gegenteil der Fall ist. Letztere verbringen zudem einen immer längeren Lebens-

	Segregationsniveau 2006		Entwicklung 1996–2006	
	Nach Nationalität	Nach Alter	Nach Nationalität	Nach Alter
Zürich	+–	++	→	↗
Genf	– –	– –	↘	↗
Basel	+++	++	↘	↘
Bern	++	++	↗	→
Lausanne	– –	+–	↗	↗
Luzern	+++	+++	↘	→
Winterthur	– –	+–	→	↗
Schaffhausen	+–		→	

+++ Sehr hoch   +– Mittel   ++ Hoch   – – Tief

Abbildung 7-5: Segregation in Schweizer Städten
Quelle: Projekt DEMOGRAFIE

abschnitt in der Stadt (verlängerte Adoleszenz). Für fast alle der untersuchten Städte beobachtet das Projekt seit der Jahrtausendwende einen allgemeinen demografischen Aufschwung. Dieser ist in erster Linie auf die internationale Zuwanderung und die Wiederbelebung des Immobilienmarkts zurückzuführen.

Die Wohnbauentwicklung hat in den grossen Städten zu steigenden Mieten und in einzelnen Quartieren zu einer verstärkten Luxussituation geführt. Die Entwicklung im Seefeldquartier in der Stadt Zürich ist dafür typisch. Diese sogenannte «new built gentrification» ist für viele Städte ein wachsendes Problemfeld, vor allem für Familien, die sich eine Wohnung in der Stadt nicht mehr leisten können.

Einseitige Bedeutung der Städte und fehlende Identitäten

Die Arbeitsteilung zwischen den verschiedenen Räumen ist eine schweizerische Eigenart. Die wirtschaftliche und kultu-

Erkenntnisse aus NFP 54-Projekten

Das Projekt DEMOGRAFIE untersuchte die soziale Segregation im Zeitraum 1980 bis 2000. Beim Vergleich zwischen verschiedenen Schweizer Städten kommt das Forschungsprojekt zum Schluss, dass die Segregation in diesem Zeitraum zugenommen hat. Die Segregation ist vor allem bei Bevölkerungsgruppen bestimmter Herkunftsländer sehr hoch und steigend, speziell bei Personen aus Portugal, den Nachfolgestaaten Jugoslawiens und der Türkei. Demgegenüber nimmt die Segregation für Personen aus Osteuropa ab oder anders formuliert: die Durchmischung mit anderen Bevölkerungsgruppen steigt.

Der Vergleich der Segregation (nach Nationalitäten) in den Kernstädten mit jener der jeweiligen Agglomeration (Jahr 2000 für Zürich, Basel, Genf) zeigt, dass sie in den Städten durchwegs höher ist als in den umliegenden Gemeinden. Im Vergleich zu ausländischen Metropolen liegen die Schweizer Städte im Mittelfeld.

Das Projekt STADTRÜCKKEHRER hat sich mit der Rolle des Immobilienmarkts beim demografischen Aufschwung der Schweizer Städte im ersten Jahrzehnte des 21. Jahrhunderts beschäftigt. Es führt die Wiederbelebung des Immobilienmarkts auf fünf Faktoren zurück: Angebot und Nachfrage auf dem Wohnungsmarkt, die Konjunktur der Wirtschaft, die Finanzierung des Immobiliengeschäfts, die Rolle der öffentlichen Hand sowie die symbolische Aufwertung gewisser städtischer Gebiete. Private Investoren auf dem Immobilienmarkt bestimmen dabei den mittleren bis gehobenen Ausbaustandard der neu realisierten Wohnungen und rechtfertigen diesen mit den erhöhten Bodenpreisen im städtischen Umfeld.

relle Bedeutung der Kernstädte ist derart überragend, dass der bevölkerungsmässig ungleich wichtigere suburbane Raum in erster Linie eine Ausgleichsfunktion hat, mit wenig eigener Identität. Die hohe Mobilität, gefördert auch durch das subventionierte Pendeln[12] spielt in diesem Zusammenhang eine zentrale Rolle.

Erkenntnisse aus NFP 54-Projekten

Die herausragende Bedeutung der Kernstädte kann kartografisch sichtbar gemacht werden. Das Projekt URBANITÄT hat versucht, die klassische euklidische Kartendarstellung mit spezifischen Indikatoren zu verändern, um den Grössenmassstab und damit die Bedeutung der einzelnen Gebiete sichtbar zu machen. Ein entscheidender Indikator ist dabei die Aufenthaltszeit. Gewichtet man die einzelnen Räume mit der Aufenthaltszeit, so zeigt sich, dass die Stadtgebiete eine herausragende Bedeutung erhalten, was auch die Chancen für eine verbesserte Urbanität verdeutlicht.

Identitätsstiftende Elemente ermöglichen demgegenüber ein verstärktes Selbstbewusstsein der Teilräume und die Möglichkeit, mit selbstständigen Standortfaktoren – abgesehen von günstigem Wohnraum und tiefen Steuersätzen – im Standortwettbewerb mitzumachen.

Was sind die Ursachen?

Die Gründe für die skizzierte Entwicklung sind mannigfaltig und im komplexen Wechselspiel zu sehen. Zentrale Treiber sind die Wirtschafts- und Bevölkerungsdynamik, der Bau neuer Verkehrsinfrastrukturen und damit sinkende Distanzkosten, die Einkommensentwicklung und Ansprüche an die Wohnräume im Zusammenhang mit ungenügenden raumplanerischen Vorkehrungen und politischen Voraussetzungen (föderale Strukturen). Die aktuelle Debatte zur Zersiedelung und zur Attraktivität der Städte setzt bei der Wohlstandsfalle an: Die Schweiz hat sich auf Kosten der offenen Landschaft und des Verzehrs von Rohstoffen eine flächenintensive, ungestörte individuelle Lebensweise geleistet. Die Arbeitsteilung zwischen Wohn- und Arbeitsort, zwischen Erholungs- und Kulturort erzeugt neben landschaftlichen Eingriffen vor allem Verkehr und führt zu einer einseitigen Belebung der Landschaft. Benedikt Loderer bringt es auf den Punkt: «Die Schweiz liebt es nicht zu dicht, und dank unserer enorm hohen Mobilität können wir uns multiple Räume leisten.»[13]

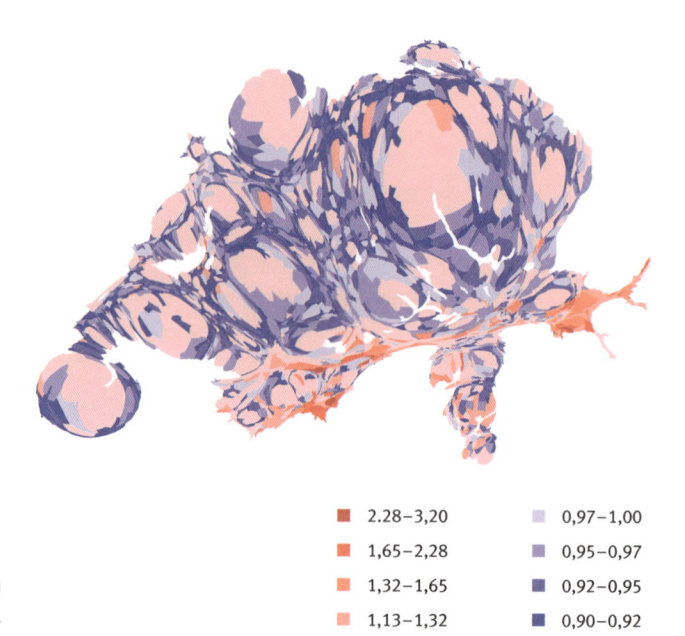

Abbildung 7-6: Verhältnis zwischen realer Bevölkerung (inkl. Pendler, Grenzgänger, Touristen usw.) und der Einwohnerzahl
Quelle: Projekt URBANITÄT; Karte: André Ourendik, EPFL-Chôros; Datengrundlage BFS, Neuenburg, Martin Schuler, EPFL-Chôros

Wer der Zersiedelung Einhalt gebieten will, muss sich mit verschiedenen Themen auseinandersetzen:

- **Besitzstandsgarantie**
  Eine nicht zersiedelte Landschaft ist ein öffentliches Gut. Niemand ist schuld, alle sind betroffen, niemand will freiwillig verzichten. Es ist immer viel einfacher bzw. weniger anstrengend, auf der grünen Wiese zu bauen als bestehende Bausubstanz zu erneuern.

- **Gesellschaftliche Präferenzen**
  Verdichtete Wohn- und Arbeitsweise muss gegenüber einem Einfamilienhaus Vorteile aufweisen. Eine freiwillige Einschränkung ist nicht zu erwarten. Deshalb braucht es auch eine Entwicklung der Lebensstile und Anpassung der Präferenzen: mehr Öffentlichkeit, mehr Durchmischung, mehr Austauschbeziehungen. Dabei spielt auch der Generationenwandel eine wichtige Rolle.

- **Wirtschaftliche Präferenzen**
  Das schweizerische Standortmarketing ist sehr stark von Kantonen und Gemeinden geprägt. Dies äussert sich auch in der Siedlungspolitik. Die lokalen Industrie- und Gewerbezonen sind oft Ausdruck eines umfassenden Wunsches nach wirtschaftlicher Bedeutung und regionalen Arbeitsplätzen, landschaftlich aber oft nicht oder schlecht integriert und selten städtebaulich geplant. Die Investoren auf der anderen Seite richten sich nach diesen Bedürfnissen. Auch für sie ist es viel einfacher, ausgerichtet auf die aktuellen (wenig nachhaltigen) Bedürfnisse der Gesellschaft, in den freien Raum zu bauen.
- **Autonomie und Föderalismus**
  Die föderale Schweiz trägt den regionalen und lokalen Bedürfnissen Rechnung und ermöglicht gleichzeitig eine hohe Autonomie. Allerdings ist nicht der Föderalismus[14] schuld an der Entwicklung, sondern die spät eingeschaltete und immer noch schwach regelnde kantonale, überkantonale und nationale Raumplanung. Viel zu grosszügige Bauzonen, ein wenig koordiniertes Management und nur eine punktuelle Begrenzung der Siedlungsfläche haben den Zersiedelungstendenzen bisher wenig entgegensetzen können.
- **Verkehrsinfrastruktur**
  Die Schweiz leistet sich – vor allem auch im Vergleich zum europäischen Umland – eine hochwertige Verkehrsinfrastruktur, die uns viel kostet (Bau, Erneuerung, Unterhalt)[15] und sowohl für Strasse und Schiene zu viel Verkehr führt, der selbst auch wieder für Probleme sorgt (z.B. Energieverbrauch). Mehr Urbanität heisst deshalb auch zu hinterfragen, wie viel Mobilität wir brauchen.

Urbanität als Chance

Quantität und Qualität steuern
Für die Förderung von Urbanität bieten sich zwei Ansätze:
1. **Siedlungsentwicklung nach innen durch Verdichtung**
   Damit die Nachfrage in die Fläche und somit der Druck zur Ausdehnung der Siedlungsfläche reduziert werden kann. Auf diese Weise wird die urbane Durchdringung flächenmässig konzentriert.

Erkenntnisse aus NFP 54-Projekten

Die Schweiz, ein Volk von Mietern? Die frühere Schlagzeile hat sich längst überholt. Die Hälfte der Gebäude in der Schweiz sind Einfamilienhäuser – nicht mehr nur alleinstehend. Eigenbesitz ist im Trend. Stockwerkeigentum hat eine wichtige Bedeutung erlangt. In der Schweiz werden jährlich etwa 15 000 Einfamilienhäuser erstellt, was knapp drei Viertel aller erstellten Wohngebäude entspricht. Das Projekt EINFAMILIENHAUS hat sich mit der Entstehung, Entwicklung und Restrukturierung von Einfamilienhäusern auseinandergesetzt und dabei festgestellt:
- Die massenweise Produktion suburbaner Einfamilienhaussiedlungen für Kleinfamilien zeigt Krisensymptome. Wegen der Besitzstandsgarantie und der Vielzahl von Akteuren ist ein Generationenwechsel schwierig zu vollziehen.
- Die Akteurskonstellationen sind sehr unterschiedlich. Es braucht situationsspezifische Lösungsansätze.
- Für die Entwicklung vieler suburbaner Quartiere stellt der flexible Umgang mit den Präferenzen eine grosse Herausforderung dar. Doch hat auch in Einfamilienhausquartieren Urbanität eine Chance.

---

2. **Qualität erhöhen**
   Damit die Verdichtung besser genutzt wird. Dies ist eine Voraussetzung dafür, dass die Lebensqualität steigt und negative Effekte der Verdichtung vermieden werden.

Die grossräumige Perspektive
Die erwünschte Reduktion der Zersiedelung kann mithilfe der neu geschaffenen Indikatoren besser erfasst werden. Urbanität ist ein wichtiger Katalysator, die Forderung nach Verdichtung gezielter anzugehen.

Die regionale Perspektive
Urbane Qualitäten in den Teilräumen tragen den unterschiedlichen Bedürfnissen der Bevölkerung und der Wirtschaft Rechnung. Die Chancen bzw. die Nutzen sind aber zu differenzieren:

Gestalterische Qualität ist eine Voraussetzung dafür, dass nachteilige Effekte der Verdichtung vermieden werden.

- **In den Kernstädten:**
  - Aufenthalts- und Wohnqualität aufwerten und damit Möglichkeiten schaffen, die Verdichtungspotenziale weiter zu nutzen.
- **In den Agglomerationen:**
  - suburbane Zentren aufwerten
  - eigene Identitäten schaffen, die die Gemeindegrenzen überschreiten
  - Entwicklungsgebiete ausscheiden
  - Attraktivität für Wohnen und Arbeiten fördern
  - Räume besser strukturieren und effizienter nutzen
  - Konkurrenzfähigkeit erhöhen.
- **In den Kleinzentren und alpinen Städten:**
  - städtebauliche Qualität und Substanz aufwerten
  - dadurch Wettbewerbsfähigkeit im Vergleich zu den grösseren Agglomerationen verbessern.

Der Handlungsbedarf besteht insbesondere in den suburbanen Räumen in bzw. am Rande von Agglomerationen und in den Zentren der periurbanen Räume. Hier sind auch die Chancen für die Umsetzung von urbanen Qualitäten am grössten. Gleichzeitig ist es nötig, mit Massnahmen der Siedlungsbegrenzung eine weitere Zersiedelung zu unterbinden.

Die lokale Perspektive

Die lokale Perspektive konzentriert sich auf den konkreten Raum (Quartier) und bezieht sich auf die Teilfunktionen und die zentralen Entwicklungsgebiete. Angelus Eisinger bezeichnet diese als Brennpunkte und deutet gleichzeitig deren Dynamik an. Die lokalen Chancen sind nach diesen Brennpunkten zu differenzieren:

- Quartiere umgestalten und «Adressen» bilden für Wohnraum, für Business usw.,
- die Bevölkerung verankern und Identität schaffen,
- gesellschaftliche Gruppen integrieren, Nutzungen und Gruppen durchmischen und Öffentlichkeit schaffen durch Zusammenleben und Austausch,
- Dynamik und Innovation ermöglichen: Urbanität und Verdichtung kann positive Reibung erzeugen und damit auch die Lebensstile beeinflussen,
- neue politische Kulturen ermöglichen: eine urbanere Bevölkerung kann die Geschwindigkeit des Wandels beeinflussen (Individualität, Toleranz, Offenheit für Neues, Vielfalt von Lebensformen usw.).

Mit den Risiken umgehen

Urbane Qualitäten sind teuer und können anecken
Qualität im Städtebau und in öffentlichen Räumen kostet. Deshalb stellt sich relativ schnell die Finanzierungsfrage. Gerade auf Gemeindeebene spielt deshalb die politische Haltung bezüglich Zahlungsbereitschaft für Qualität in öffentlichen Räumen eine wichtige Rolle. Die Finanzierung muss deshalb mit überkommunalen Instrumenten – Finanzausgleich, raumplanerische Ausgleichsmechanismen – ergänzt werden. Eine mögliche Chance bietet sich mit einer Änderung der Prioritätenordnung in der Verkehrsinfrastrukturpolitik: weniger Gelder in den grossräumigen Ausbau, mehr Gelder in die Verdichtung.

Gleichzeitig grenzen sich gerade suburbane und periurbane Gemeinden gezielt von den Kernstädten ab. Konservative Werte stehen progressiven Werten gegenüber. Die Forderung nach vermehrten urbanen Qualitäten ausserhalb der Kernstädte kann deshalb auch politische Reflexe auslösen. Es gilt diese vermeintlichen Gegensätze zu überwinden, indem der horizontale Austausch gefördert wird. Die Pendelnden sollen nicht nur von den Zentren profitieren, sondern auch Identitäten in ihre Wohngemeinden bringen. Umgekehrt sollen die Kernstädte ihr urbanes Know-how – z.B. in Planung und Entwicklung – den Gemeinden in den suburbanen und periurbanen Gebieten zur Verfügung stellen.

Mit Zielkonflikten umgehen und Kompromisse suchen
Mehr Urbanität ist nicht gleichbedeutend mit einer allgemeinen Verstädterung der funktionalen Teilräume der Schweiz. Vielmehr ist den jeweiligen Begebenheiten und Befürchtungen Rechnung zu tragen. Zu beachten ist dabei:

- Unterschiedliche Lebensstile haben unterschiedliche Anforderungen an Urbanität. Es gilt ein Optimum bzw. einen Kompromiss zu finden unter Berücksichtigung der Dynamik (gesellschaftliche Gruppen, Änderung der Lebensstile, Generationenwandel). Ein klassischer Konflikt stellt sich etwa mit dem Setzen von – beispielsweise städtebaulichen – Akzenten als Provokation versus Harmonie im öffentlichen Raum.
- Es gilt eine optimale Reibung zu finden: Zu viel Reibung macht insbesondere die gesellschaftlichen Chancen zunichte und erhöht das Risiko unerwünschter Verdrängungsprozesse.
- Es gibt eine optimale Dichte: Es ist nicht das Ziel, eine «Spiky City» mit lauter Hochhäusern zu schaffen. Die Chancen von mehr Urbanität haben puncto Verdichtung Grenzen. Sobald zu hohe Verdichtung die sozialen Kontakte gefährdet und zu viele Immissionen erzeugt, kann gut gemeinte Urbanität auch die (alten) Probleme der A-Städte hervorrufen.

7.3 Postulate für urbane Qualitäten

Nachfrage nach urbanen Qualitäten
Die Nachfrage nach urbanen Qualitäten hängt nicht nur mit dem Bedürfnis nach städtischen Qualitäten zusammen, sondern muss im Wechselspiel von persönlichen Einstellungen, Präferenzen für Wohn- und Arbeitsort und Bedürfnissen nach Freizeit, Erholung und Kultur und politischer und individueller Identität gesehen werden. Dabei spielen die Lebensstile verschiedener sozioökonomischer Gruppen und die Preise – insbesondere für Wohnraum – eine zentrale Rolle.

Bedürfnisse verschiedener Lebensstile und sozioökonomischer Gruppen
Grundsätzlich lassen sich verschiedene Lebensstile unterscheiden, die in den verschiedenen Teilräumen, vor allem in den Städten und deren Umgebungsräumen anzutreffen sind. Dabei zeigt sich, dass ähnliche Lebensstile in allen Siedlungstypen vorkommen, aber durchaus mit stark unterschiedlichen Präferenzen und Ausprägungen, die sich über das Lebensalter ändern können. Wie das Projekt URBANES WOHNEN (vgl. Kap. 6, S. 128) zeigt, sind der «engagierte Bürger» und der «individuelle Städter» typische Stadtmenschen mit hoher Präferenz für die Kernstädte. Demgegenüber sind in den suburbanen Räumen sowohl die Bürgerinnen und Bürger aus Schichten mit höheren Einkommen als auch Pendlerinnen und Pendler und «Indifferente» stark vertreten, oft als Familie mit Kindern. Interessanterweise ergeben sich für die

Exkurs
Landschaft in städtischen Räumen

Dr. Silvia Tobias, Eidg. Forschungsanstalt für Wald, Schnee und Lawinen, Birmensdorf
Prof. Dr. Adrienne Grêt-Regamey, Institut für Raum- u. Landschaftsentwicklung, ETH Zürich

Landschaft beinhaltet die natürliche und die gebaute Umgebung, sie lässt sich grundsätzlich nicht vermehren oder zerstören, sondern nur umwandeln: «Landschaft bleibt Landschaft.» Landschaft wird zudem weitgehend über die subjektive Wahrnehmung des Menschen definiert. Diese Wahrnehmung wird von individuellen Bedürfnissen, die sich den Lebensabschnitten entsprechend verändern können, sowie von der gesellschaftlichen Denkkultur beeinflusst. Die Landschaft spielt eine wichtige Rolle zur Befriedigung der individuellen Bedürfnisse nach körperlichem und sinnlichem Erlebnis, nach Identifikation und Ästhetik. Bei der Wahrnehmung der Landschaft können auch gesellschaftliche Interessen im Vordergrund stehen: ökologische, wirtschaftliche oder politische Interessen.

Siedlungsstruktur entscheidend für Sicherung von Landschaftsleistungen

Insbesondere in städtischen Räumen fördern Freiräume die Lebensqualität der Bewohnerinnen und Bewohner, denn als Dienstleistungszentren sind die Städte wirtschaftlich nicht mehr von natürlichen Rohstoffen oder lokalen Produktionsbedingungen abhängig. Um die Lebensqualität in suburbanen Räumen zu erhalten, müssen zunehmend viele Dienstleistungen, welche die Landschaft bereitstellt, auf schrumpfenden Flächen erbracht werden. Nicht überbaute Flächen sollen gleichzeitig Raum für Erholung, Refugium für verschiedene Pflanzen – und Tierarten, Standort für die Wasserspeicherung und Einspeisung ins Grundwasser oder Windkanal und Kühlungsraum für Hitzeinseln in der Stadt sein. Dazu sollen sie so gestaltet werden, dass sie Wohnqualität, Identität, und den sozialen Austausch fördern.

Die Siedlungsstruktur ist ein Hauptfaktor bei der Sicherung der Landschaftsleistungen. Eine polyzentrische Siedlungsstruktur führt zu überschaubaren Siedlungseinheiten, in denen sich ein Grossteil der Alltagsgeschäfte über kurze Wege – das heisst oft zu Fuss oder mit dem Velo – erledigen lässt. Die überbauten Gebiete sollten daher nicht zu einem gesichtslosen Siedlungsbrei zusammenwachsen. Es sind grüne Siedlungstrenngürtel anzulegen und die Dorfkerne als Begegnungszentren zu gestalten. In Schweizer Agglomerationen sind alle Orte grundsätzlich gut erreichbar, auch wenn die verschiedenen Angebote der Verkehrsmittel – öffentlicher bzw. individueller Verkehr – räumlich nicht überall gleich verteilt sind. Sind die Orte für wohnen, arbeiten, sich erholen oder sich mit Bekannten treffen bequem und einfach zu erreichen, wird der Aktionsradius des Individuums erweitert und die Lebensqualität gefördert.

Freie Zugänglichkeit und hohe Umweltqualität

Der freie Zugang zu öffentlichen Freiräumen sowie deren vielfältige Nutzbarkeit sind wichtige Faktoren für die soziale Integration. Freier Zugang bedeutet einerseits, dass der Zugang allen erlaubt und unentgeltlich ist. Andererseits muss er auch allen möglich sein, insbesondere auch für Leute mit eingeschränkter Mobilität (z.B. auf Rollstuhlgängigkeit). Vielfältige Nutzungsmöglichkeiten fördern die Begegnung zwischen verschiedenen Bevölkerungsgruppen und Generationen. Aus der Gestaltung sollte allerdings ersichtlich werden, welche Nutzungsarten in welchen Teilen der Anlagen vorgesehen sind. Wichtig ist zudem, dass sich die Leute in den öffentlichen Räumen und auf den Zugangswegen vor den Gefahren des Strassenverkehrs und der Kleinkriminalität sicher fühlen können.

Grünräume in den Siedlungen sollten naturnah und strukturreich gestaltet sein und mit den Grünflächen ausserhalb des Siedlungsgebiets vernetzt werden. So können sie wertvolle Lebensräume für Arten sein, die im intensiv genutzten Landwirtschaftsgebiet nicht mehr vorkommen.

Schliesslich ist die Wohnqualität in den Siedlungsteilen besonders hoch, die frei sind von lästigen Immissionen und eine freie Sicht – ohne Einsicht von aussen – bieten.

Wenn zudem der Wohnraum flexibel gestaltet werden kann, lässt er sich individuell aneignen und kann auf die Bedürfnisse verschiedener Generationen angepasst werden.

Immobilienmarkt hat Schlüsselrolle
Verschiedene Projekte dieses NFP 54 haben gezeigt, dass der Immobilienmarkt eine Schlüsselrolle in der Siedlungsentwicklung spielt. Er ist vorab auf die Befriedigung der Bedürfnisse des Individuums ausgerichtet und lässt kollektive, gesellschaftliche Interessen weitgehend ausser Acht. Am deutlichsten zeigt sich dies an attraktiven Wohnlagen, wo das Immobilienangebot einen (sehr) hohen Ausbaustandard aufweist und kaufkräftige Bewohnerinnen und Bewohner ansprechen soll. Über sein Angebot hat der Immobilienmarkt einen starken Einfluss auf die Lebensstile der Bewohner und auf die räumliche Segregation gesellschaftlicher Schichten.

Um diesen starken Marktkräften entgegenzuwirken, ist ein ressourcenorientiertes Denken zu fördern. Unterstützung bieten dabei partizipative Planungsprozesse, da sie eine teilweise Aneignung des öffentlichen Raums ermöglichen und die Identifikation mit der Umgebung fördern. Auf gemeindeübergreifender Ebene sind übergeordnete räumliche Entwicklungskonzepte partizipativ zu erarbeiten, damit die Siedlungsentwicklung einer Agglomeration nicht durch Partikularinteressen einzelner Gemeinden bestimmt wird.

Handlungsempfehlungen für eine nachhaltige Landschaftsentwicklung in städtischen Räumen

• **Multifunktionalität der Landschaft erhalten:** Mit einem zurückhaltenden und bewussten Überbauungskonzept können die Gemeinden ihre Freiräume so verteilen, dass genügend Räume für die Erholung, für den Hochwasserschutz und die Einspeisung ins Grundwasser, als Refugien für Pflanzen und Tiere oder als Windkanäle und Kühlungsräume für Hitzeinseln erhalten bleiben.

• **Siedlungen konzentrieren, ohne das Prinzip der Dezentralisierung aufzugeben:** Mit einer polyzentrischen Siedlungsstruktur können überschaubare Siedlungseinheiten erreicht werden. Siedlungstrenngürtel sollen das Zusammenwachsen der überbauten Gebiete verhindern. Gleichwohl sind die Dorfkerne als Begegnungszentren zu gestalten.

• **Erschliessungskonzepte mit bewussten Verzichten entwickeln:** Die hohe Erreichbarkeit aller Orte ist eine grosse Stärke, kann sich aber hinsichtlich der Zersiedelung als Nachteil erweisen, wenn zentrumsferne Lagen als Wohnstandorte attraktiv werden. Auch in Agglomerationen sollten gewisse Orte schwer erreichbar bleiben, um naturnahe Gebiete zu erhalten.

• **Immobilienmarkt stärker auf Nachhaltigkeit ausrichten:** Analog wie die Markteinführung von Stromsparlampen leiten strengere Marktvorschriften im Hinblick auf nachhaltigkeitsorientierte Bauweisen oder Hypothekaranlagen Konsumentinnen und Konsumenten zu nachhaltigeren Lebensstilen.

• **Übergeordnete und partizipative Planungsprozesse verstärkt anwenden:** Mit diesen Formen der Planungsprozesse kann das ressourcenorientierte Denken gefördert und den kurzfristigen Interessen des Immobilienmarktes entgegengewirkt werden. Regionale Konzepte mit Zonenaustauschmöglichkeiten über Gemeindegrenzen hinweg fördern die gemeindeübergreifende Zusammenarbeit innerhalb der Agglomerationen. Auf Gemeindeebene helfen ganzheitlich angelegte Quartierentwicklungspläne mit entsprechenden Bauregeln, den integrierten Planungsansatz zu verwirklichen.

Literatur
Grêt-Regamey, Adrienne, Neuenschwander, Noemi, Wissen Hayek, Ulrike, Backhaus, Norman, Tobias, Silvia, 2011; Landschaftsqualität in Agglomerationen. Fokusstudie des Nationalen Forschungsprogramms 54, vdf Hochschulverlag, Zürich.

⋯⋯⋗ Erkenntnisse aus NFP 54-Projekten

Das Projekt IMMOBILIENBEWERTUNG hat die Nachfrage nach spezifischen Qualitäten im Wohnraum mithilfe von statistischen Regressionsmethoden geschätzt und enge Zusammenhänge zwischen Umweltqualitäten und Mietzinsen aufgezeigt. Danach führt eine Differenz bei der Lärmbelastung von 10 Dezibel beispielsweise zu Preisunterschieden von vergleichbaren Grundstücken von 1,5 bis 3 Prozent. Eine gute Aussicht ist gar bis zu 50 Prozent Preisaufschlag wert. Gleichzeitig konnte anhand von Fallbeispielen in Zürich und Genf eine Diskriminierung ausländischer Mieterinnen und Mieter festgestellt werden (vgl. Kap. 6, S. 127).

Das Projekt MOBILITÄTSVERHALTEN untersuchte die Möglichkeiten, wie die individuellen Mobilitätsentscheide in der Situation des Wohnortswechsels beeinflusst werden können. Das Projekt zeigt, dass ein Umzug in zentrale Lagen aus Sicht der Mobilität ein Schritt in Richtung Nachhaltigkeit darstellt. Insgesamt ging in der Stadt Zürich die im Verkehr verbrachte Zeit zurück, im motorisierten Individualverkehr um über 40 Prozent, während mehr Zeit für nicht motorisierte Verkehrsmittel aufgewendet wurde. Damit wird auch die gesundheitspolitische Dimension des Mobilitätsverhaltens deutlich.

---

periurbanen Räume weniger klare Tendenzen. Diese humanen Einflüsse sind auch geprägt durch Werthaltungen und durch sozioökonomische Faktoren (Familien, familienlose Paare, Singles, Studenten usw., Alter, Einkommen). Diese einzelnen Gruppen haben unterschiedliche Ansprüche an Urbanität (städtisches Umfeld, verschiedene urbane Qualitäten). Das Projekt URBANES WOHNEN unterscheidet soziophile und soziophobe Lebensstile. Soziophilen Lebensstilen ist ein hohes Bedürfnis nach urbanem Umfeld – für den Wohn- als auch den Freizeitraum – eigen, während soziophobe aus persönlichen Gründen ein urbanes Umfeld ablehnen.

Die konkreten Ansprüche an den Lebensraum, den Wohnraum, den Aufenthaltsraum und den Arbeitsraum hängen einerseits mit den Lebensstilen zusammen, andererseits werden diese auch durch Umfeldfaktoren – konkretes Wohn- und Arbeitsumfeld, soziokulturelle Faktoren wie Normen, Segregation u.a. – mitbestimmt.

Wohnattraktivität der urbanen Räume

Allgemein hat sich die Wohnattraktivität in den letzten Jahren verbessert, dies insbesondere auch in den Städten bzw. den dynamischen suburbanen Gebieten. Wie das Projekt STADTRÜCKKEHRER zeigt, wurde dadurch die Siedlungsdispersion aber nicht gestoppt, sondern verläuft zeitgleich und komplementär zur Entwicklung in den Stadtzentren. Die Resultate machen aber gleichzeitig den Wunsch nach einer kompakteren Stadt deutlich. Zudem wird ersichtlich, dass sich die Bestrebungen zur Erneuerung städtischer Quartiere gezielt an eine mittlere und gehobene Klientel wenden. Diese Anzeichen der Gentrifikation sind auch ein Indiz dafür, dass die Nachfrage nach Urbanität gestiegen ist. Der wichtigste Zuzugsgrund in die Stadt Zürich beispielsweise ist das Bedürfnis für jüngere Leute nach Aus- und Weiterbildung.[16] Junge, urbane Studierende prägen damit in den Kernstädten einen Grossteil der Ansprüche an Urbanität, vor allem auch im Zusammenhang mit dem zur Verfügung stehenden Bildungs- und Kulturangebot. Wer in der Stadt jedoch keine erschwingliche Wohnung findet, sucht eine Wohnung mit einem ähnlichen Anspruch an Urbanität im suburbanen Raum. So treffen im suburbanen Raum verschiedene Lebensstile zusammen: aus der Kernstadt Verdrängte mit hohem Bedürfnis nach Urbanität ebenso wie aus dem periurbanen Raum Zugezogene, die eher eine unverdichtete Lebensweise mit Nähe zur Arbeitsstadt beziehungsweise zu Freizeiteinrichtungen bevorzugen. Daraus erwächst auch ein Spannungsfeld.

Wie das Projekt URBANES WOHNEN zeigt, ist das Anspruchsprofil von Familien dabei besonders breit. In der Regel stehen strukturelle Gründe für Wohnortswechsel im Vordergrund. Der Generationenwechsel – ausziehende Kinder, neue junge Familien – prägt dabei insbesondere den Charakter des Wohnumfeldes und die Bedürfnisse nach sozialen Einrichtungen beziehungsweise das Vorhandensein von Sozialkapital. Die Untersuchungen zu den zentralen Kriterien der Wohnortwahl für Familien zeigen aber, dass das Bedürfnis nach Identität – «Charme eines Quartiers» – und das Bedürfnis nach Nähe zu Freunden oder zu kommerziellen und sozialen Einrichtungen – einen ebenso hohen Stellenwert haben wie Ruhe oder Sicherheit.

Urbanität und Umweltqualitäten haben ihren Preis
Die Preiskurve von Grundstücken hängt von der Distanz zum Zentrum und von den Umweltqualitäten ab. Dies zeigen die meisten Untersuchungen zu Liegenschaftspreisen.[17] Umweltqualitäten lassen sich messen und schlagen sich im Liegenschaftspreis nieder. Das Projekt IMMOBILIENBEWERTUNG zeigt signifikante Zusammenhänge zwischen einzelnen Umweltqualitäten und dem Mietpreis.

Fazit: Differenzierte Bedürfnisse nach Urbanität
Auf Basis der Forschungsergebnisse des NFP 54 lassen sich wichtige Folgerungen für die Bedürfnisse nach Urbanität ableiten:

- Städte und Kulturräume sind attraktiv für die urbane Bevölkerung. Dieser vermeintliche Pleonasmus deutet darauf hin, dass ein gewisses «crowding out» besteht zwischen Familien mit Bedürfnissen nach günstigem und gut erschlossenem Wohnraum im Grünen und einer eher jüngeren dynamischen Bevölkerung. Es besteht die Gefahr, dass die Bedürfnisse der Familien durch die Zahlungskraft einer Bevölkerung im mittleren Alter beeinträchtigt werden. Das damit verbundene Risiko der Gentrifikation lässt sich vor allem mit einer differenzierten und diskriminierungsfreien Wohnbaupolitik verringern.
- Das Bedürfnis nach öffentlichem Frei- und Grünraum mit hoher Umweltqualität ist hoch. Dies bezieht sich auf Wohnräume sowohl im städtischen als auch im suburbanen Kontext.
- Der öffentliche Verkehr als Element einer hochwertigen Erschliessung und als Teil des Stadtbilds stellt einen wichtigen Standortfaktor dar.
- Qualitativ hochwertige suburbane Wohnräume sind auch interessant für ehemalige Einwohnerinnen und Einwohner von Kernstädten. Die Raumbeobachtung Glattal[18] macht beispielsweise sichtbar, dass urbane Räume ausserhalb der Stadt wegen der hohen Wohnqualität, der guten Erreichbarkeit mit dem öffentlichen Verkehr sowie wegen niedriger Mieten vor allem auch von ehemaligen städtischen Bevölkerungsgruppen nachgefragt werden. Dieser Wandel verändert auch die Mobilitätsbedürfnisse des suburbanen Raums, wie das Projekt MOBILITÄTSVERHALTEN belegt. Die neue urbane Schicht im suburbanen Wohnumfeld ist affiner für den öffentlichen Verkehr und weist einen anderen Lebensstil auf als die Bevölkerung, die vom ländlichen Raum in die Agglomeration ziehen. Dies unterstreicht wiederum die Bedeutung der Erschliessung mit öffentlichem Verkehr.
- Verdichtetes Wohnen und vermehrte soziale Kontakte sind kein Bedürfnis *per se*. Vielmehr ist Verdichtung ein Streben der Wirtschaft nach höherer Rendite durch höhere Ausnützung an stark nachgefragten Standorten. Die Projekte DEMOGRAFIE und LEBENSSTILE deuten darauf hin, dass mehr Nähe und eine gute Durchmischung positive Einflüsse für die gesellschaftliche Entwicklung darstellen.
- Alle Bedürfnisse müssen konkret an den ökonomischen Zusammenhängen gespiegelt werden. Je höher die Qualität, desto höher der Preis, desto grösser die Gefahr, dass die soziale Durchmischung abnimmt. Verschiedene Projekte (LEBENSSTILE, SOZIALES KAPITAL) haben sich mit den Anreizen der Investoren befasst und herausgefunden, dass der Markt zwar spielt, aber weder gezielt auf die Lebensstile Rücksicht nimmt noch gezielt Urbanität und soziale Durchmischung fördert. Die Investoren treten als urbane Trendsetter kaum in Erscheinung, sondern verhalten sich ökonomisch, mit Blick auf (kurzfristige) Renditen. Die Chance einer Renditemaximierung durch Verdichtung in suburbanen Räumen muss darum einhergehen mit klaren Rahmenbedingungen für nachhaltige Nutzungen.

```
                          Wirtschaft

                              /\
                             /  \
                            /    \
                           / Verdichtung \
                          /              \
                         / Multifunktionalität \
                        /                  \
                       /     Vernetzung      \
                      /                        \
                     /    Dynamik/Innovation    \
                    / Verkehrsqualität/          \
                   /   Erschliessung  Städtebauliche Qualität \
                  /              Öffentliche Räume           \
                 /  Energieeffizienz  Identifikation/Adressen  Kultur \
                /                                                \
               /                        Soziale Durchmischung       \
              /                          Soziale Sicherheit          \
             /                                                        \
            /   Grünflächen      Freiflächen    Begegnungsräume         \
           /_____\
       Umwelt                                                    Gesellschaft
```

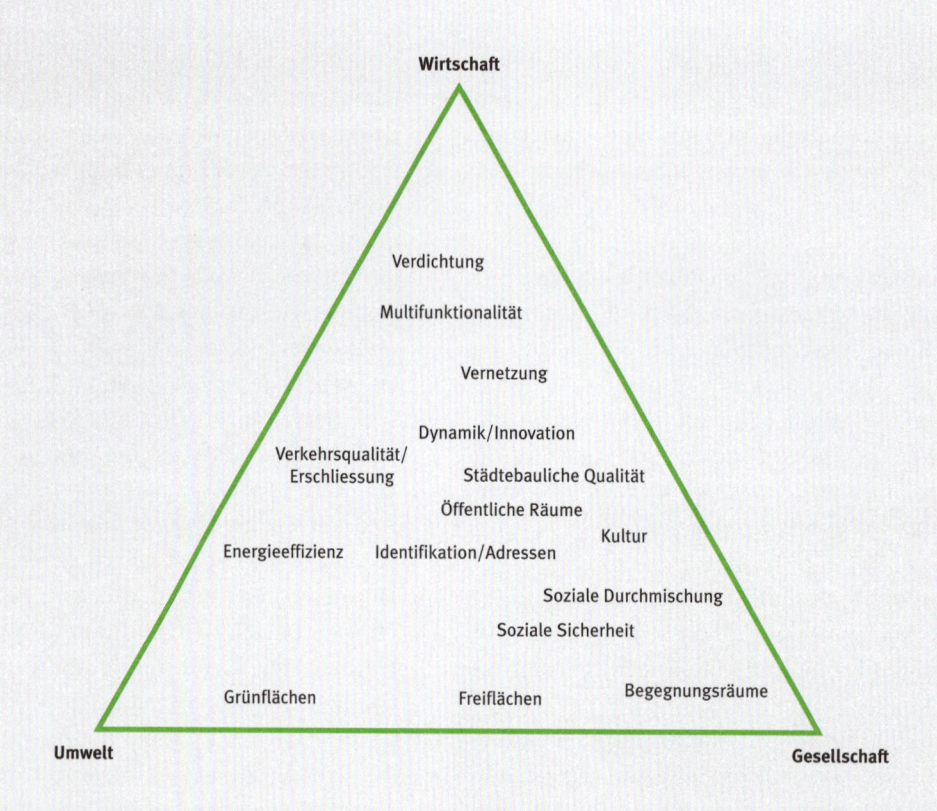

Abbildung 7-7: Anforderungen an nachhaltige Urbanität
Quelle: M. Maibach, INFRAS

Tabelle 7-1
Kriterien für nachhaltige Urbanität nach Nachhaltigkeitspostulaten

Anforderungen	Postulate Urbanität	Handlungsfelder
Verdichtung	• Boden in den verschiedenen funktionalen Räumen haushälterisch nutzen; Flächenproduktivität erhöhen • Neue Bauformen einführen • 3. Dimension einbeziehen	• Nationale und kantonale Raumplanung/kommunale Bau- und Zonenordnung • Umgang mit Hochbauten (Höhe, Form, Funktion) und Tiefbauten (Standort, Funktion) • Umnutzungs- und Veränderungsprozesse • Zentrumsentwicklung
Multifunktionalität	• Wohnen und Arbeiten koppeln • Stadt der kleinen Wege • Hochwertige Nutzungen kombinieren • Mehrwerte nutzen	• Raumplanung/Bau- und Zonenordnung • Wohnbaupolitik/sozialer Wohnungsbau • Standortmarketing • Finanzpolitik

Anforderungen	Postulate Urbanität	Handlungsfelder
Soziale Durchmischung	• Durchlässige und generationenfähige Wohneinheiten schaffen • Begegnungsräume in Wohnquartieren anbieten • Soziales Kapital im Quartier schaffen und erhalten	• Wohnbaupolitik • Alt und Jung • Alt und Neu • Quartierentwicklung • Integrationspolitik
Soziale Sicherheit	• Offene Stadträume schaffen • Soziales Kapitel fördern • Präsenz im öffentlichen Raum gewährleisten	• Politik der sozialen Durchmischung • Gender Policy • Law and order
Identifikation / Adressen	• Identitäten und Verankerung stärken • Ownership schaffen («Unser Wohnraum», «Unser Quartier», «Unsere Stadt»)	• Identitäten schaffen • Labels, Branding und Institutionen (Stadtmarketing, Lokale Agenda 21, Energiestadt usw.) • Ownership-Prozesse
Städtebauliche Qualität	• Hochwertige Architektur und Umgang mit privatem und öffentlichem Raum fördern • Akzente setzen • Symbole nutzen	• Experimentierfelder • Architekturprozesse • Gestaltung des öffentlichen Raums • Themenlandschaften
Vernetzung	• Akteure vernetzen • Räume vernetzen • Ökologie vernetzen	• Interkommunale Kooperation • Stadtkommunikation
Erschliessung	• ÖV-Anschlüsse sicherstellen • Stadtbahnen als Symbol für urbane Erschliessung nutzen • Fussgänger- und Veloverkehr aufwerten • Güterversorgung optimieren	• Autofreie Stadtquartiere • Stadtbahn-Investitionen • Finanzierungsgefässe • Güterverkehrsumschlagplätze • Parkierungsvorgaben
Öffentliche Räume	• Erholungs- und Freizeiträume schaffen • Belebung der Räume • Multiple Nutzung der Räume	• Platzgestaltung • Strassenraumgestaltung • Parkanlagen und Vernetzung
Kultur	• Kulturräume für verschiedene Bevölkerungsgruppen schaffen	• Kulturpolitik • Jugendarbeit, Betagtenarbeit usw.
Energieeffizienz	• Nachhaltige Energieversorgung vorantreiben • Dichtepotenziale für moderne Energiestandards nutzen (z.B. Minergie-P)	• Energieplanung • Energievorgaben
Grün- / Freiflächen	• Grosszügige Freiflächen schaffen • Ökologisch hochwertige Vernetzung sicherstellen • Biodiversität erhalten	• Stadtökologie • Gestaltung der Übergänge
Dynamik / Innovation	• Katalysatoren schaffen • Identifikation als Reibungsprozesse nutzen	• Partizipationsprozesse • Kulturpolitik • Wirtschaft und Wohnen

Quelle: Projekte DEMOGRAFIE, STADTPARK, ALTERNDE GESELLSCHAFT

Erkenntnisse aus NFP 54-Projekten

Zur Förderung einer sozialen Durchmischung und zur Stärkung der sozialen Nachhaltigkeit haben die Projekte DEMOGRAFIE und SOZIALES KAPITAL konkrete Handlungsfelder zur Quartierentwicklung vorgeschlagen und fordern ein umfassendes Monitoring der sozialen Nachhaltigkeit.

Das Projekt ALTERNDE GESELLSCHAFT zeigt Postulate und Handlungsfelder für den Umgang mit älteren Personen in urbanen Räumen, namentlich Integrationsarbeiten – Schaffen von sozialen Netzwerken, Durchmischung im Wohnungsbau, Zugang zu öffentlichen Räumen, Gesundheitsprogramme usw.

Das Projekt STADTPARK betont die Bedeutung des öffentlichen Raums und bietet eine Checkliste «soziale Nachhaltigkeit für Parkanlagen in urbanen Räumen» an. Dabei geht es um die Erfüllung der Ansprüche für verschiedene Gruppen, mit einer klaren Identifizierung ihrer Bedürfnisse, partizipativen Planungsverfahren, Gestaltungsanforderungen und Lesbarkeit des Raums, aber auch mit Ansprüchen an die Kräfte der Selbstregulation bezüglich Nutzung und Miteinander/Nebeneinander.

Das Projekt UNTERGRUND befasst sich mit der von der Raumplanung kaum wahrgenommenen dritten Dimension «Untergrund» sowohl in ökologischer (Schutzfunktion, Bodenqualität, Grundwasser) als auch in ökonomischer (Chance zur Verdichtung, Nutzungsfunktion, Infrastrukturpotenziale zur Vernetzung) und in sozialer Hinsicht (Sichtbarkeit, Sicherheit). Die Berücksichtigung der dritten Dimension eröffnet generell neue Anschauungsweisen und Potenziale für die Umsetzung einer nachhaltigen Urbanität. Gerade im Vergleich von Kernstädten mit dem suburbanen Raum sind die Unterschiede in der Nutzung dieser dritten Dimension frappant.

Postulate der nachhaltigen Entwicklung

Einordnung ins Nachhaltigkeitsdreieck und Handlungsfelder

Auf übergeordneter Ebene ist Urbanität ein zentraler Treiber für eine nachhaltige Raumentwicklung mit polyzentrischer Struktur. Nachhaltige Entwicklung und hochwertige Urbanität umfassen ein breites Set von Aspekten, die sich entlang der drei Nachhaltigkeitsdimensionen gliedern lassen (Abbildung 7-7). Aus diesen Aspekten lässt sich eine Reihe von konkreten Postulaten und Handlungsfeldern ableiten (Tabelle 7-1).

Nachhaltigkeitspostulate nach Raumtypen und Funktionen

Die grösste Gefahr der Anwendung dieser Postulate (Tabelle 7-1) besteht darin, sie allein auf den heutigen städtischen Raum zu projizieren und damit die Erkenntnisse für nachhaltige Urbanität einseitig auf die Stadtentwicklung auszurichten. Vor dem Hintergrund der komplexen und vielfältigen räumlichen Struktur der Schweiz geht es darum, diese Postulate und Handlungsfelder zu differenzieren und so den Fokus auf die heutigen Problemräume – insbesondere den suburbanen und periurbanen Raum – zu legen. Die Grundpostulate weisen in den einzelnen Räumen der Schweiz eine unterschiedliche Wichtigkeit und Bedeutung auf. Tabelle 7-2 zeigt die zentralen Schwerpunkte für die einzelnen Räume und funktionalen Einheiten.

Umgang mit den Zwischenräumen und Übergängen

Nachhaltige Urbanität muss sich auch mit den Nahtstellen zwischen den einzelnen Teilräumen und den funktionalen Einheiten befassen. Von grosser Bedeutung sind dabei die Anforderungen an Vernetzungsprojekte – z.B. Agglomerationsprogramme oder gezielte Planungsprozesse – und der Anspruch an eine integrale Behandlung des Landschaftsaspekts. Die skizzierte Unterscheidung in verschiedene Perspektiven – grossräumig, Teilräume, lokal – spielt eine wichtige Rolle.

Die Kompetenzen, das heisst das Know-how bezüglich Inhalten und Prozessen, sind dabei zwischen Kernstadt und den

Tabelle 7-2
Postulate für nachhaltige Urbanität nach Teilräumen

Teilräume	Postulate Urbanität	Indikatoren
Metropolitanräume	• In den einzelnen Teilräumen Verdichtung nach innen lenken • Stadtlandschaften vernetzen • Verkehrserschliessung auf den öffentlichen Verkehr ausrichten und Korridore schaffen • Labels für die Teilräume schaffen, um Identitäten zu erzeugen • Hochwertige Dienstleistungen als wirtschaftliche Katalysatoren in die Standortpolitik integrieren	• Zersiedelungs- und Verdichtungsmasse (vgl. Projekt ZERSIEDELUNG) • Erschliessungsmasse • Funktionale wirtschaftliche Indikatoren
Kernstädte	• Entwicklungsgebiete hochwertig umnutzen • Nachhaltige Quartierentwicklung fördern • Freiräume und Parks schaffen und nutzen • Gentrifikation bremsen • Ausgewogenes Nutzungsverhältnis schaffen • Stadtgrenzen bearbeiten • Partizipationsprozesse vorantreiben	• Indikatoren für öffentliche Räume • Nutzungsindikatoren • Sozialindikatoren auf Quartierebene (Segregation, Gentrifikation) • «Best Practice» zur Partizipation • Wohnattraktivitätsvariablen
Stadtlandschaften in Agglomerationen	• Identitäten schaffen und vernetzen • Städtebauliche Gestaltung fördern • ÖV-Erreichbarkeit als Verbindungselement nutzen • Entwicklungsräume definieren und Brennpunkte schaffen	• Verbindungselemente • Dichtemasse und Streuung • Erschliessung • Soziale Durchmischung nach Teilräumen • Wohnattraktivitätsvariablen
Suburbane Räume	• Entwicklungsgebiete und Brennpunkte definieren und hochwertig erschliessen • Bahnhofsräume und Ortszentren aufwerten und verdichten • Industriebrachen umnutzen • Nachhaltige Quartierentwicklung und Umnutzungsvisionen entwickeln	• Erschliessungsindikatoren ÖV- und Langsamverkehr • Dichteindikatoren für Brennpunkte • Nutzungsmix • Verkehrsverhalten • Wohnattraktivitätsvariablen
Kleinzentren	• Bahnhofsgebiete integrieren und Ortszentren aufwerten • Nachhaltige Quartierentwicklung	• Dichtemasse • Qualitätsindikatoren für Bahnhofsgebiete und Ortszentren • Nutzungsmix
Periurbane Räume	• Funktionale Definition der Teilräume • Landschaft ins Zentrum rücken • Konzentration der Aktivitäten an zentralen Orten	• Zersiedelungsindikatoren (Kienast/Jäger) • Kataster der kritischen Räume

Erkenntnisse aus NFP 54-Projekten

Die NFP 54-Fokusstudie «Sources d'approvisionnement des données et utilisation des statistiques par les chercheurs du PNR 54» analysiert detailliert die von den Forschenden des NFP 54 verwendeten Datenquellen und ihre Zweckmässigkeit hinsichtlich der Nachhaltigkeitsforschung.

Gemeinden in den suburbanen Räumen äusserst uneinheitlich verteilt. Verfügt beispielsweise die Stadt Zürich über eine eigene Abteilung Stadtentwicklung und ein enorm grosses Know-how in der Führung komplexer Planungsprozesse, ist in der Gemeinde Kloten als wichtiger Gemeinde der «Glattalstadt» eine einzige Planstelle für die Stadtentwicklung eingesetzt.

Das Bedürfnis nach Indikatoren und Monitoring

Das NFP 54 hat nicht nur für diverse Bereiche Postulate für eine nachhaltige Urbanität formuliert, sondern auch eine Vielzahl von Indikatoren vorgeschlagen, wie diese Postulate zu messen und zu überwachen sind. Defizite sind insbesondere bei der Erfassung der grossräumigen Perspektive (Zersiedelung) und bei der Erfassung der sozialen Dimension der Nachhaltigkeit auszumachen. Mit dem neuen Vorschlag für eine Ergänzung der MONET-Indikatoren mit Zersiedelung (Projekt ZERSIEDELUNG) und den verschiedenen Ansätzen für soziale Indikatoren (Projekte DEMOGRAFIE, ALTERNDE GESELLSCHAFT, STADTPARK) liegen konkrete Vorschläge für ein gezieltes und erweitertes Monitoring der Entwicklung in Richtung von mehr und nachhaltiger Urbanität vor.[19]

7.4 Urbaner Wandel

«Urbaner Wandel» soll urbane Qualitäten realisieren. Er findet in allen Räumen statt, ist dynamisch und bezieht sich auf eine Vielzahl von Dimensionen und Akteuren. Kurz: Urbaner Wandel ist sehr komplex. Entsprechend ist es von grosser Be-

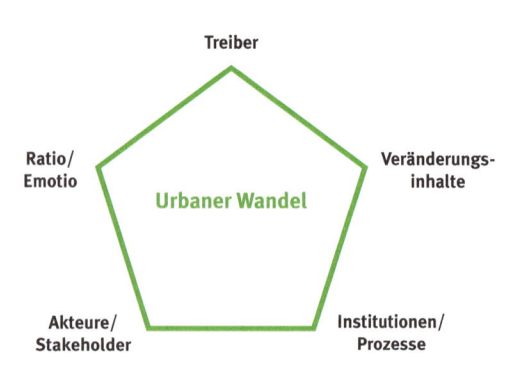

Abbildung 7-8: Übersicht über die zentralen Faktoren des urbanen Wandels

deutung, die wichtigen zentralen Linien zu erkennen, um den Prozess aktiv beeinflussen und gestalten zu können. Im Fokus stehen die zentralen Brennpunkte und die damit verbundenen grossen Chancen, den urbanen Wandel im Sinne eines «Push-and-Pull-Ansatzes» vorantreiben zu können.

Ratio und Emotio

Urbaner Wandel löst Reflexe und/oder Motivation auf individueller, sozialer und politischer Ebene aus. Eine grosse Bedeutung hat diese Dimension bei der Festlegung des Prozessdesigns, beim Sichtbarmachen konkreter Formen (städtebauliches Design, Architektur, Gestaltung öffentlicher Räume, Setzen von «Leuchttürmen»), beim Umgang mit politischen Widerständen (z.B. städtebauliche Entwürfe, Parkierung, Rekurse) usw. Hier liegt aber auch eine grosse Chance, muss sich doch eine dynamische Gesellschaft laufend mit diesen Bezügen in einem andauernden Prozess auseinandersetzen. Diese positive Reibung ist eine Grundvoraussetzung für kreative und innovative Prozesse und Produkte.

Veränderungsinhalte (Inhalte des urbanen Wandels)

Die konkreten Transferformen hin zu mehr Verdichtung und Qualitätssteigerung lassen sich aus den Nachhaltigkeitspostulaten für die einzelnen Teilräume ableiten. Mögliche Anknüpfungspunkte sind die folgenden:

- multifunktionale Räume schaffen mit hochwertigen Nutzungen und öffentlichen und privaten Anteilen (Wohnraum, Arbeitsraum, Lebensraum, Naturraum),
- Ausnutzungsziffern erhöhen und mit dem Mehrwert städtebauliche Qualität schaffen,
- ÖV-Halteorte und deren gute Erreichbarkeit für Verdichtungen nutzen,
- Siedlung klar begrenzen und – wo nötig – Auszonungen vornehmen,
- Wohngebiete verdichten, mit mehr Wohnungen und Wohnraum für verschiedene soziale und Altersschichten,
- Einkaufszentren besser erschliessen, verdichten und städtebaulich aufwerten (Positivplanung),
- zwischen den Gemeindegrenzen eingezonte Brachen sinnvoll beplanen und verdichten,
- neue Formen von Stadtnutzungen bzw. neue Quartiere mit Adressbildung schaffen,
- kulturelle und historische Elemente in den urbanen Wandel integrieren und Verbindungen schaffen,
- Parklandschaften schaffen als neue und innovative Formen für die Kombination von verschiedenen Aktivitäten.

Die Treiber

Die Treiber bestimmen die Dynamik des urbanen Wandels. Als Katalysatoren beeinflussen sie sowohl die ökonomischen als auch die individuellen und politischen Anreize des Wandels und dessen Geschwindigkeit. Dies gilt sowohl für Umnutzungen als auch für neue Nutzungen.

- **Win-Win-Situation** für Private dank Mehrwert durch Verdichtung an Brennpunkten. Dabei ist festzuhalten, dass die Gesamtrenditen bei Verdichtung in Zentrumsgebieten höher sein können als Renditen bei loser Bebauung im suburbanen Raum.
- **Gemeinsame Bearbeitung von Grenzräumen** (zwischen den Planungseinheiten) als Chance zur Erschliessung neuer Gebiete innerhalb des Siedlungsraums.
- **Städtebaulich motivierende Prozesse** im Zusammenhang mit Ownership für Investoren (z.B. bei der Umnutzung alter Industrieareale).

Erkenntnisse aus NFP 54-Projekten

Das Projekt PRIVATINVESTOREN analysierte die Chancen, die sich für die Nachhaltigkeit durch das Engagement neuer Investoren im Rahmen von Public-Privat-Partnership-Projekten bei der Realisation städtischer Infrastrukturen eröffnen. Die untersuchten Fallstudien zeigen, dass die integrale Planung Chancen in Bezug auf Verdichtung und Verkehrslösungen eröffnet. Festzustellen war ein erheblicher Wechsel der beteiligten Akteure im Laufe des Projektes. Zudem zeigte sich, dass die soziale Dimension der Nachhaltigkeit allenfalls partiell, aber nie in umfassendem Sinne thematisiert wurde.

Das Projekt STADTRÜCKKEHRER untersuchte die Interessen im Wohnungsbau. Die lokalen Behörden übernehmen im Bereich des Wohnungsbaus drei wichtige Aufgaben:
- **Sie regulieren die Lancierung von Projekten durch wegweisende, städtebauliche Dokumente und Reglemente.**
- **Sie spielen – gerade in Zürich – eine mediative Rolle, indem sie Planungsprozesse in Gang setzen, die alle betroffenen Akteure miteinbeziehen.**
- **Schliesslich hat ihre Boden- und Wohnbaupolitik meist interventionistischen Charakter.**

In Bezug auf die «new-build gentrification» ist ihre Haltung denn auch ambivalent: Einerseits sind sie daran interessiert, potente Steuerzahler anzuziehen, andererseits darum bemüht, Marktversagen durch den Bau preisgünstiger Wohnungen auszugleichen.

- **Mehrwerte durch öffentliche Investitionen**, z.B. Gestaltung öffentlicher Räume, Erschliessung mit öffentlichem Verkehr. Insbesondere Investitionen in Stadtbahnen haben – auch als Identifikationsobjekte – ein konkretes Potenzial und spielen deshalb in vielen Agglomerationsprogrammen eine herausragende Rolle.
- **Beplanung und Aufwertung grosser Areale und Mehrwertabschöpfung für Adressbildung** – SBB-Areale, armasuisse (Waffenplätze, Flugplätze) und Umnutzung Industrieareale.

Aarau: Ein Stadionprojekt als Treiber

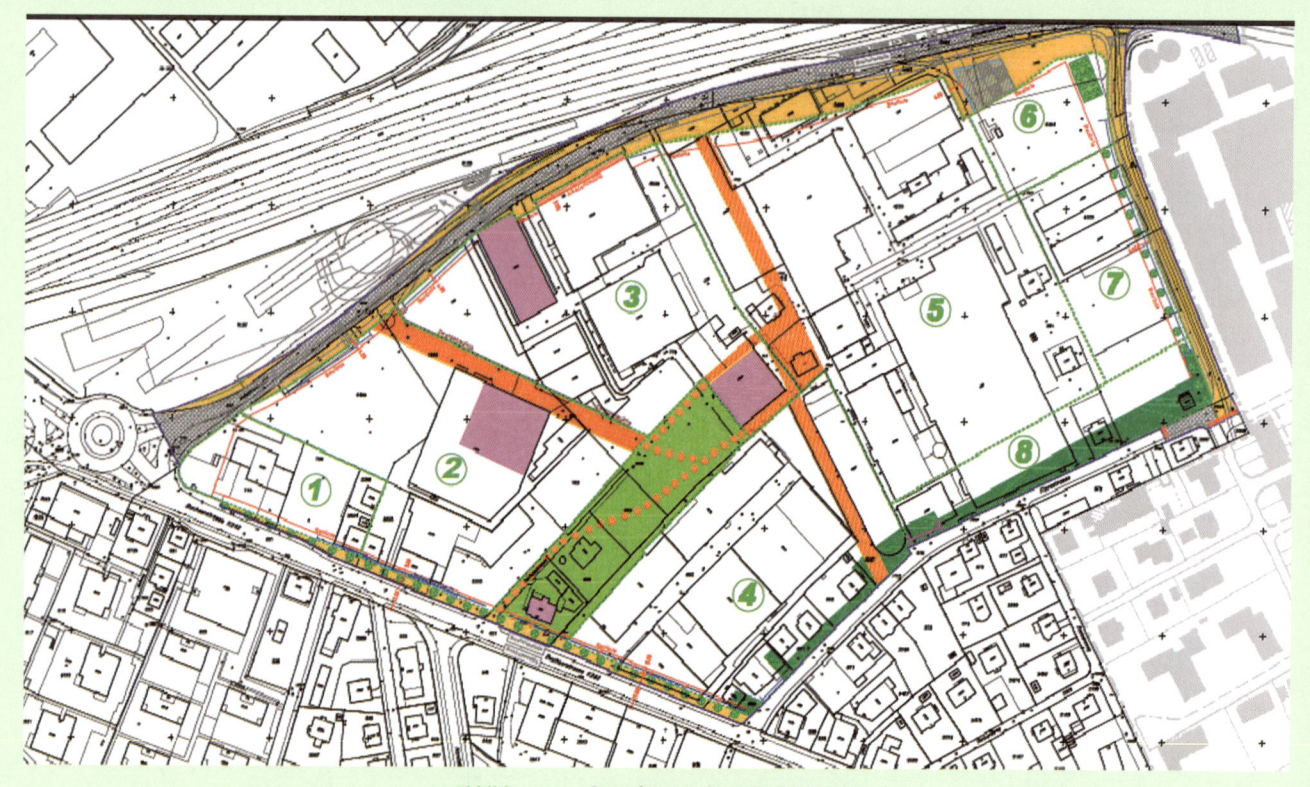

Abbildung 7-9: Gestaltungsplan «Torfeld Süd»
Die Nummern beziehen sich auf die einzelnen Parzellen des Areals. Der Bahnhof liegt nordwestlich des Areals. Quelle: Stadt Aarau, www.torfeldsued.ch

Die Stadiondiskussion «Torfeld Süd» im Bahnhofsgebiet von Aarau hat eine längere Vorgeschichte. Durch verschiedene Abstimmungen wurden auch politische Identitäten geschaffen. Der Entscheid, das Fussballstadion vom heutigen Brügglifeld in das bahnhofsnahe Torfeldareal zu verlegen, kann als wesentlicher Treiber für die städtebauliche Entwicklung im ganzen Quartier betrachtet werden. Er hat gleichzeitig zur Umnutzung des Industrieareals beigetragen.

Die Investoren – Stadionbauer und Liegenschaftsbesitzer als grosse Investoren – haben unter Leitung der Stadt einen grossangelegten Gestaltungsplanprozess unter Einbezug von Experten, Politik und Bevölkerung mitgemacht. Dabei gelang es auch, einen Kompromiss zwischen den Interessen – u.a. Denkmalschutz – zu finden.

Die Institutionen und Prozesse

Urbaner Wandel ist ein Prozess. Die Prozessgestaltung spielt deshalb eine herausragende Rolle und stellt gleichzeitig höchste Anforderungen an die Prozessgestaltung und -moderation. Dabei können verschiedene Ebenen unterschieden werden:

- **Masterprozesse**
  Strategie- und Leitprozesse einer Stadt bzw. einer Planungseinheit mit der Politik und der breiten Bevölkerung z.B. Lokale Agenda 21, Regionalkonferenzen usw.
- **Planungsprozesse**
  Von der Grob- zur Feinplanung mit den Planungsinstanzen lokal und regional z.B. regionale Richtplanungen, Testplanungen, Sondernutzungsplanung, Gestaltungsplanung
- **Investorenprozesse**
  Von Investoren initiierte (Verhandlungs-)Prozesse mit fairen Ausgleichsbedingungen und Auflagen zwischen den Bewilligungsinstanzen und den Investoren
- **Bewilligungsprozesse**
  Umgang mit Widerstand – bei der Bauherrschaft und bei der Anwohnerschaft z.B. Auflageverfahren, UVP usw.
- **Expertenprozesse**
  Zur vertieften Klärung spezifischer Fragestellungen z.B. Wettbewerbe, Entwürfe, Studien, Testplanungen
- **Mitwirkung und Partizipationsprozesse**
  Einbezug aller Stakeholder, v.a. der Bevölkerung z.B. Foren, Zukunftswerkstätten, Informationsveranstaltungen usw.
- **Politische Prozesse**
  Formell, informell, auf verschiedenen Ebenen – oft verknüpft mit Finanzierungsfragen.

Die Akteure und Stakeholder

Urbaner Wandel ist ein Wechselspiel zwischen öffentlichen und privaten Investoren, Eigentümerinnen und Eigentümern, Anwohnenden und der öffentlichen Hand. Die Erkenntnisse der letzten Jahre haben gezeigt, dass nachhaltiger urbaner Wandel ein umfassendes Stakeholdermanagement benötigt: grossräumig, grosszügig und professionell angelegt, gegebenenfalls als Public Private Partnership (PPP). Partizipation

Erkenntnisse aus NFP 54-Projekten

Das Projekt EDGE CITY erarbeitete Strategien zur Entwicklung zeitgenössischer Morphogenese und entwickelte dazu ein Set von drei flexibel einsetzbaren Instrumenten:
- Das Kartenset als Sammlung verschiedener Werkzeuge unterstützt die Moderierenden bei der Animation zum spielerischen Gestalten von Prozessen mit Expertinnen und Experten sowie weiteren Stakeholdern. Kreativität ist gefragt. Formen, Symbole und Farben erhöhen die Bereitschaft, konstruktiv und dreidimensional zu denken.
- Der dynamische Plan legt die verschiedenen Inhalte und Prozesse auf einen Vektor und ermöglicht einen morphologischen Ansatz, in Stufen, in Phasen, in Zeitabschnitten und in klaren Prozesseinheiten.
- Das Stadtmodell ist das zentrale Darstellungsmittel. Ohne Visualisierung und dynamische Versinnbildlichung findet kein konstruktiver Dialog statt.

Der Werkzeugkasten ist anhand konkreter Fallstudien entwickelt worden und enthält verschiedene Prozessnotationen, z.B. Pionierprojekte, städtebauliche Leitung, Kommissionen, Öffentlichkeitsarbeiten und Marketing, Studienaufträge, Partizipationswerkzeuge, Vermittlungen, politische Massstäbe, Provokationen und Akzente.

---

ist dabei ebenso relevant wie der Ausgleich der Interessen zwischen Investierenden, Eigentümerinnen und Eigentümern und einer konsolidierten Haltung der öffentlichen Hand. Das Projekt PRIVATINVESTOREN unterscheidet zum einen zwischen Lieferanten (Fournisseur) und Kundinnen bzw. Kunden und zum anderen zwischen allgemeinen und eigentumsrechtlichen Prozessen. Die eigentlichen Kundinnen und Kunden – die künftigen Käuferinnen oder Käufer bzw. Mietenden der Liegenschaften – sind dabei in der Regel noch nicht konkret fassbar, sondern Gegenstand von Markteinschätzungen.

Die Investierenden sind zentrale Akteure, die in aller Regel ökonomische Renditeinteressen verfolgen. Eine Investition in nachhaltige Urbanität kann vor allem bezüglich der Postulate

⋯⋮ Erkenntnisse aus NFP 54-Projekten

Das Projekt BAHNAREALE hat die Verdichtungspotenziale und -prozesse am Beispiel der SBB als Investorin, Grundstücksbesitzerin und öffentliche Akteurin untersucht und dabei verschiedene Rollen und Prozesse analysiert. Die Zusammenarbeit mit der SBB als Investorin ist eine grosse Chance, weil sie privat und öffentlich denkt und gleichzeitig als Bahnbetreiberin mit hoher Erreichbarkeit, in der Liegenschaftsentwicklung und als private Akteurin auftritt. Das Projekt identifiziert verschiedene wertvolle Prozesse im Partizipationsverfahren, mit guten Erfahrungen, insbesondere «Sounding Boards», «Begegnungscafés», «Offene Räume» und «Foren». Das Projekt definiert verschiedene Projektphasen als Standardansatz.

Die Fokusstudie «Was kostet das Bauwerk Schweiz in Zukunft und wer bezahlt dafür?» hat die Kosten für die Erneuerung von Wohnbauten für den Zeitraum 2010–2030 hinsichtlich werterhaltender und wertvermehrender Investitionen detailliert untersucht.

---

der sozialen Nachhaltigkeit von den Investierenden nicht per se erwartet werden (Projekt LEBENSSTILE, vgl. Kap. 6, S. 135). Am ehesten sind Non-Profit-, öffentliche und institutionelle Investoren sowie wenige Wohnbauunternehmer (z.B. Versicherungen) bereit, innovative Ansätze aufzunehmen. In einer Befragung von Wiener von 50 Immobilienfonds äusserten 3 von 4 Immobilieninvestoren hingegen eine Bereitschaft, in nachhaltige Immobilien zu investieren.

Den Wandel ermöglichen

Tool Box für die urbane Entwicklung

Für die aktive Gestaltung des urbanen Wandel gilt der Leitsatz «Kooperation statt nur Partizipation» im Rahmen eines evolutiven Ansatzes. Insbesondere auf der Prozessebene sind deshalb neue Wege gefragt. Das Projekt EDGE CITY machte deutlich: Es braucht ein breites Set von flexiblen Tools, die für eine aktive Stadtentwicklung eingesetzt werden können. Urbane Entwicklung ist dabei als inter- und transdisziplinärer Ansatz *a priori* zu verstehen, der den Diskurs der Disziplinen und der Praxis pflegt. Urbaner Wandel ist ein andauernder Transformationsprozess, der nur in Partnerschaft mit den Investoren und der Öffentlichkeit möglich ist.

Umnutzungen als Herausforderung

Neue, auch urbane Wohnformen auf der grünen Wiese sind für die Investierenden einfacher zu bewerkstelligen als die Umnutzung im besiedelten Raum. Dahinter steckt weniger Renditedenken als das Wissen, dass Umnutzungen anstrengender sind, eine Planung und Realisierung im bebauten Gebiet – vor allem im Umgang mit den verschiedenen Akteuren – deutlich höhere Anforderungen an den Prozess des urbanen Wandels setzt, weil bestehende Interessen zu berücksichtigen sind. Und doch muss die Maxime des urbanen Wandels heissen: sich auf Umnutzungen konzentrieren, den bebauten Raum neu gestalten und damit einen kreativen Prozess unter Berücksichtigung der ökonomischen, gesellschaftlich/kulturellen und politischen Anreizstrukturen in Gang setzen.

- Bei der **Umnutzung von Industriearealen** sind mittlerweile vor allem in den grösseren Städten gute Erfahrungen gesammelt worden. Das Projekt PRIVATINVESTOREN hat am Beispiel «Sihlcity» in Zürich gezeigt, dass nicht nur der optimale Nutzungsmix eine Rolle spielt, sondern dass vor allem die – politisch gefärbte – Diskussion um die Verkehrserschliessung neue Wege gehen muss und kann. Das Fahrtenmodell von «Sihlcity» umgeht die langwierige Diskussion um die Zahl der Parkplätze und deren Bewirtschaftung, indem es einen Makrorahmen für die Fahrten vorgibt, die der Betreiber unter Berücksichtigung der guten ÖV-Erschliessung selbst steuern kann.

- **Umnutzungen von Bahnhofsarealen** stellen zunächst hohe Anforderungen an ein aktives Aufräumen eines historisch wenig strukturiert gewachsenen Gebiets. Die oft wertschöpfungsextensiven Nutzungen (z.B. Lager) müssen im Rahmen einer aktiven Prozessgestaltung verschoben werden. Das bedingt eine überregionale Sichtweise mit möglichen Umsiedlungsprozessen. Dies zeigt sich am Beispiel der Bahnhofsplanungen in Schwyz (Pro-

Testplanung «Flugplatz Dübendorf»

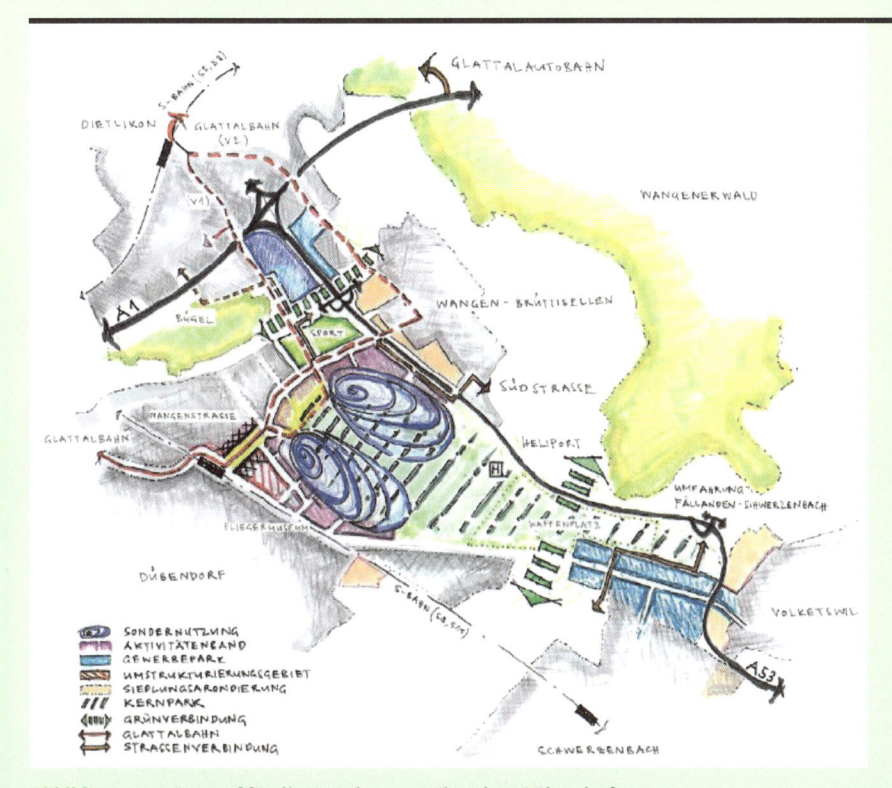

Abbildung 7-10: Entwurf für die Testplanung «Flugplatz Dübendorf»
Quelle: Schlussbericht Begleitgremium Dezember 2009[20]

Das Areal des Flugplatzes Dübendorf ist im Besitz des Bundes. Mit einer Fläche von über 230 ha handelt es sich um eines der grössten zusammenhängenden unbebauten Gebiete im Agglomerationsraum Zürich. Die Absichten der Luftwaffe, den Flugplatz einzustellen, ergeben neue Chancen für eine urbane Nutzung. Dazu hat das kantonale Amt für Raumordnung und Vermessung des Kantons Zürich im Rahmen eines Testplanungsprozesses Entwürfe für die Nutzung und Gestaltung dieses Gebiets ausarbeiten lassen. Der Begleitprozess hat klar gemacht, dass eine gute Mischung innovativer Wirtschaftsnutzungen, hochwertigem Wohnungsbau mit grosszügigen und aktiv gestalteten Erholungsgebieten im Vordergrund steht. Noch wichtiger aber war die Erkenntnis, das es zunächst darum geht, die heutigen Ränder der verschiedenen Anrainergemeinden zu verdichten und aufzuwerten, da diese durch eine Aufgabe des Flugbetriebs neue Qualitäten erarbeiten könnten.

Dieser Aufwertungsprozess ist zwar anstrengender als die Bebauung eines neuen Gebiets, städtebaulich und gesellschaftlich aber viel wichtiger. Zu gross wäre die Gefahr, dass eine frühzeitige Bebauung des «Juwels mit der grossen Fläche» mit mittelmässigen Nutzungen verhindern würde, dass die dringend notwendigen «Hausaufgaben» gemacht werden.

jekt EDGE CITY) oder in der Planung des Entwicklungsschwerpunkts Altdorf. Die Herausforderung besteht darin, die kleineren Bahnhofsareale in den suburbanen und periurbanen Räumen – wo die SBB als Investorin geringere Interessen hat und gleichzeitig den Gemeinden weniger Finanzmittel zur Verfügung stehen – besser zu nutzen. Chancen bieten sich dabei vor allem im Zusammenhang mit den Agglomerationsprogrammen, die für solche Umnutzungen Finanzmittel zur Verfügung stellen.

- **Umnutzungen von Wohngebieten** sind anspruchsvoll, weil eine Vielzahl von einzelnen Interessen und Akteuren vorhanden ist, die Besitzstandswahrung anstreben. Dies gilt insbesondere in Fällen, in denen Stockwerkeigentum vorherrschende Eigentumsform ist. Dies stellt vor allem Ansprüche an die Wohnbaupolitik in den verschiedenen Gemeinden. Die Projekte SOZIALES KAPITAL und INSTITUTIONELLE REGIME zeigen, dass verschiedene institutionelle Formen des Wohnungsbaus wie Genossenschaften flexibler agieren. Viele Gemeinden stehen vor der Herausforderung, die in den 1950er- und 1960er-Jahren erstellten günstigen Wohneinheiten sinnvoll zu verdichten und energetisch zu sanieren. Dabei erweist sich ein vollständiger Abbruch oft zweckmässiger als eine umständliche Sanierung mit einem geringen Verdichtungspotenzial und der Gefahr einer fortwährenden Segregation.
- **Umnutzungen von Einfamilienhaussiedlungen** stellen eine der grössten Herausforderungen dar und zeigen auch das Dilemma der Zersiedelung auf. Das «Häuschen im Grünen» stellt das eigentliche Ideal und gleichzeitig eine zentrale Gefahr der Zersiedelung auf. Das Projekt EINFAMILIENHAUS hat Entwürfe für Umnutzungen von Einfamilienhäusern erarbeitet. Im Zentrum stehen dabei sinnvolle Verdichtungen mit einem aktiven Nutzen für den Generationenwechsel. Eine grössere qualitativ hochwertige Verdichtung bedingt aber in der Regel ein aktives Liegenschaftsmanagement vonseiten der öffentlichen Hand, insbesondere im Umgang mit Baulücken.
- **Umnutzung von Arealen der armasuisse** stellen infolge des Wandels der militärischen Nutzungen eine grosse Chance für Verdichtungen dar. Oft aber werden die einmaligen Gelegenheiten zu wenig genutzt, das Neue in einem Gesamtentwurf zu beplanen. Hier sind neue und innovative Prozessansätze gefragt und gleichzeitig eine Gesamtstrategie, die Rücksicht nimmt auf grundlegende Aspekte wie die Zersiedelung und die Erschliessung durch den öffentlichen Verkehr.

Die dritte Dimension nutzen
Hochhäuser waren in den 1960er-Jahren einseitige Prestigeprojekte vieler Vorortsgemeinden und stellen heute zum Teil schwierige Sanierungsfälle dar. Die neue Hochhausdebatte in der Schweiz zeigt neue Verdichtungspotenziale und Akzentsetzung, beispielsweise der «Messeturm» in Basel oder der «Prime Tower» in Zürich. Hochhäuser können wichtige Leuchttürme des urbanen Wandels darstellen. Die städtebauliche Akzentsetzung kann auch als Chance für neue Diskussionen benutzt werden. Chancen gibt es vor allem auch in Gemeinden und Städten im suburbanen Raum. Voraussetzung ist aber die Erarbeitung von Leitbildern und klaren städtebaulichen Vorgaben.

Ebenso wichtig ist es, die dritte Dimension in die Tiefe für Nutzungsverdichtungen in Betracht zu ziehen, wie dies das Projekt UNTERGRUND aufgezeigt hat. Dabei geht es zunächst darum, die Tiefendimension kartografisch sinnvoll aufzuarbeiten, die Nutzungspotenziale zu erörtern und gleichzeitig diese Dimension in der Planung explizit zu berücksichtigen.

Die Rolle der föderalen Schweiz
Urbane Entwicklungsprozesse laufen in Städten und Stadtrandgebieten anders ab als in den angrenzenden suburbanen Nachbargemeinden. Dies hängt mit der Planungskultur und den damit zusammenhängenden fachlichen Kapazitäten, der politischen Kultur und der föderal geprägten Raum- und Nutzungsplanung zusammen. Urbaner Wandel lässt sich deshalb nicht postulieren ohne Hinweis auf die Chancen einer Umorganisation der föderalen Struktur.[21] Neben neuen Zusammenarbeitsformen in der Raumplanung gewinnt die Frage der optimalen Gemeindegrösse (urbane Einheit) an Gewicht. Die verschiedenen Gemeindereformen in der Schweiz – z.B. in den Kantonen Aargau, Bern, Luzern, Glarus und Tessin – eröffnen neue Chancen (vgl. Kap. 8).

Hochhäuser wie der «Prime Tower» und der «Messeturm» in Basel können wichtige Leuchttürme des urbanen Wandels darstellen.

Erfolgsfaktoren für das urbane Laboratorium Schweiz
Die vielen laufenden Anstrengungen im urbanen Wandel sind in einigen Best-Practice-Zusammenstellungen sichtbar. Das Potenzial für einen umfassenden Know-how-Austausch ist jedoch noch längst nicht ausgeschöpft. Die Erfolgsfaktoren für den urbanen Wandel lassen sich wie folgt zusammenfassen:[22]

- **Leadership und Ownership – Engagement und Zahlungsbereitschaft**
  Es braucht eine klare Führung, einen Willen und eine Bereitschaft, Visionen zu kreieren.
- **Investitionsgedanke**
  Urbaner Wandel ist eine Investition und kostet zunächst, erzeugt aber nachhaltigen Nutzen. Dieses Bewusstsein und das damit zusammenhängende längerfristige Denken müssen auf Seiten der öffentlichen Hand ebenso vorhanden sein wie auf Seiten der Investierenden.
- **Kooperation und Partizipation, Public Private Personal Political Partnership**
  Das Stakeholdermanagement hat für einen Ausgleich zwischen den komplexen Stakeholderbeziehungen zu sorgen, ohne sich in der Komplexität zu verlieren.
- **Prozess- und Fachkompetenz gleichzeitig**
  Die Kunst besteht darin, die Fachkompetenzen und Interessen mit einer hohen Prozesskompetenz optimal zu moderieren.
- **Offene Kommunikation mit klaren Haltungen und Kompromissbereitschaft**
  Der planerische Ansatz muss mit der politischen und unternehmerischen Führung verknüpft werden. Dabei steht ein gradliniger transparenter Ansatz im Zentrum.
- **Vernetzung und Know-how-Austausch**
  Die polyzentrisch strukturierte Schweiz als urbanes Laboratorium ist letztlich eine ideale Voraussetzung für das gegenseitige Befruchten und Lernen.
- **Geduld und Beharrlichkeit, Mut zur Lücke**
  Der erste Entwurf ist in erster Linie Katalysator, Appetizer, aber selten das final umgesetzte Projekt. Urbaner Wandel kann und muss nicht von heute auf morgen geschehen und ist nie fertig.

**Die Rolle der Wissenschaft –
Mut zu klaren Botschaften**
Das NFP 54 hat deutlich gemacht, wie wichtig die verschiedenen Annäherungsarten an die Thematik Urbanität sind. Entwürfe und die Bild- und Formensprache der Architektur sind dabei ebenso wichtig wie die Analyse der sozialen Nach-

haltigkeit aus den Sozialwissenschaften, das analytische und konzeptionelle Verständnis für grossräumige Zusammenhänge der Geografie und Planerszene sowie das Verständnis für ökonomische Anreizsysteme und Instrumente. Dieser interdisziplinäre Rahmen wird durch eine transdisziplinär ausgerichtete Klammer mit der Praxis in Verbindung gebracht, nämlich das theoretische und praktische Wissen und Verständnis zur Prozessdynamik und Organisationsentwicklung.

Empfehlungen

1. Planung in den Dienst der urbanen Qualitäten stellen!

Die Richtpläne der dritten Generation sind stärker in den Dienst der urbanen Qualitäten zu stellen und haben einen Wandel von der Politik der Entwicklungsschwerpunkte zur Pflege des urbanen Laboratoriums zu vollziehen. Es sind klare Rahmenbedingungen für die Verdichtung zu formulieren, Gebiete mit urbanen Potenzialen zu benennen und Anforderungen an deren Entwicklung zu formulieren. Bei der Umsetzung der Agglomerationsprogramme ist die qualitative Dimension urbaner Qualität explizit anzusprechen. Projekte (Modellvorhaben, Projets urbains), welche die urbanen Qualitäten ins Zentrum stellen, sind zu fördern. Im Rahmen der regionalen und kommunalen Planung ist der Fokus auf Freiräume und Grünräume/Parks zu legen. Es sind Masterpläne für die Quartierentwicklung zu erarbeiten, die Förderung des sozialen Kapitals ist zu konkretisieren.

Zielgruppen/Akteure: Bund, Kantone, Gemeinden

2. Chancen der Kooperation und Partizipation für urbanen Wandel nutzen!

Die Chancen neuer Plattformen und Institutionen (Agglomerationspolitik, Metropolitankonferenzen) sind zu nutzen und dabei der urbane Wandel zu thematisieren. Dazu bedarf es der Ausarbeitung von Prozessleitungsmodellen für die Kooperation und Partizipation. Die Moderation und die Rollen der Beteiligten sind dabei klar zu definieren. Es gilt, den Know-how-Transfer zwischen den einzelnen Partnern – vor allem zwischen Kernstädten und suburbanem Raum – zu fördern. In Bezug auf ausgelagerte Prozesse – Public Private Partnership mit verwaltungsfremden Institutionen – sind die Chancen und Risiken zu identifizieren.

Zielgruppen/Akteure: Kantone, Gemeinden

3. Raumordnungspolitik weiterentwickeln!

Neben der Agglomerationspolitik ist auch der makropolitische Rahmen weiterzuentwickeln. Im Zentrum steht die Finalisierung des Sachplans «Siedlung», der die Rahmenbedingungen für eine nachhaltige Siedlungsentwicklung und die damit zusammenhängenden Anforderungen an politische Steuerungsinstrumente und deren Controlling festlegt. Dazu sind Massnahmen auf allen politischen Ebenen (Bund, Kantone, Gemeinden) zu konkretisieren, die den Siedlungsraum begrenzen, notfalls auch reduzieren.

Zielgruppen/Akteure: Bund, Kantone, Gemeinden

4. Prioritäten setzen bei der Entwicklung der Verkehrsinfrastrukturen!

Vor allem im Rahmen der Agglomerationsprogramme sind der öffentliche Verkehr sowie der Fussgänger- und Veloverkehr mit klarer Prioritätensetzung weiter zu fördern. Beim Ausbau der grossräumigen Netze sind dabei die Auswirkungen auf die Zersiedelung und die weitere Periurbanisierung explizit zu evaluieren. Es besteht eine gewisse Gefahr, dass die Ausbaupläne für das Nationalstrassennetz und das nationale Schienennetz die Mobilität weiter steigern, die funktionale und räumliche Entmischung beschleunigen und so eine nachhaltige Siedlungsentwicklung gefährden.

Zielgruppen/Akteure: Bund, Kantone, Gemeinden

(5) Gemeindereformen vorantreiben und Finanzmittel für urbanen Wandel bereitstellen

Urbane Qualitäten fördern, heisst auch, räumliche und politische Einheiten zu restrukturieren und Finanzmittel bereitzustellen: Gemeindereformen und -fusionen sollen gefördert und die damit verbundenen Chancen in den Dienst einer nachhaltigen Urbanität gestellt werden. Gleichzeitig sollen auf den verschiedenen Ebenen (Bund, Kantone, Gemeinden) entsprechende Finanzmittel bereitgestellt werden. Neben den Mitteln für Verkehrsinfrastrukturen geht es um die Verwendung von Aufwertungsgewinnen und Mitteln aus dem Finanzausgleich.

Zielgruppen/Akteure: Bund, Kantone, Gemeinden

(6) Diskurs im Kontext Urbanität weiterführen!

Der interdisziplinäre, wissenschaftliche Diskurs Urbanität ist zu vertiefen. Insbesondere sind Begrifflichkeiten im Kontext Urbanität zu verfeinern und zu strukturieren und qualitative und quantitative Messgrössen – z.B. wie Wohnattraktivität, Wohnaufenthaltsqualität – weiterzuentwickeln. Fallbeispiele und Best Practice sind – auch im internationalen Kontext – systematisch zu analysieren, mit wissenschaftlichen Guidelines für den Dialog zwischen Architektur und Sozialwissenschaften.

Zielgruppen/Akteure: Wissenschaft, Fach- und Branchenverbände

Literatur

Ein umfassendes Literaturverzeichnis der einzelnen NFP 54-Projekte finden Sie ab Seite 211 sowie auf der beigelegten DVD.

Zusätzliche Literatur zu Kapitel 7:

1 Eisinger, Angelus & Schneider, Marc (Hrsg.), 2005; Stadt-Land Schweiz: Untersuchungen und Fallstudien zur räumlichen Struktur und Entwicklung in der Schweiz, Birkhäuser, Basel.
2 Wegelin, Fritz, 1996; Planung des Bundes im Wandel, in: DISP, Nr. 127, Zürich.
3 Eidgenössisches Departement für Umwelt, Verkehr, Energie und Kommunikation (UVEK) et. al. (Hrsg.), 2011: Raumkonzept Schweiz, Entwurf für die tripartite Konsultation, ARE, Bern.
4 Eisinger, Angelus, 2004; Urbanität: Ein Element zeitgemässer Standortpolitik?, in: Hilber, Marie Louise & Ergez, Ayda (Hrsg.): Stadtidentität. Der richtige Weg zum Stadtmarketing, Orell Füssli, Zürich, S. 93–103.
5 Eisinger, Angelus, 2004; Urbanität: Ein Element zeitgemässer Standortpolitik?, in: Hilber, Marie Louise & Ergez, Ayda (Hrsg.): Stadtidentität. Der richtige Weg zum Stadtmarketing, Orell Füssli, Zürich, S. 93–103.
6 Loderer, Benedikt, 2010; Wir alle sind Rüdisühlis, in: Tages Anzeiger, Ausgabe vom 8.4.2010.
7 Regierungsrat des Kantons Zürich, 2006; Raumplanungsbericht 2005, Bericht des Regierungsrats an den Kantonsrat vom 5.6.2006.
8 Thierstein, Alain et.al., 2005; Stadt der Regionen. Die Glattalstadt als Raum vielschichtiger Handlungsebenen braucht institutionelle Reform, in: Eisinger, Angelus, & Schneider, Marc (Hrsg.): Stadt-Land Schweiz: Untersuchungen und Fallstudien zur räumlichen Struktur und Entwicklung in der Schweiz, Birkhäuser, Basel.
9 Sieverts, Thomas, Koch, Michael, Stein, Ursula, Steinbusch, Michael, 2005; Zwischenstadt – inzwischen Stadt? Entdecken, Begreifen, Verändern, Müller und Busmann, Wuppertal.
10 Schweizerischer Bundesrat, 2001; Agglomerationspolitik des Bundes. Bericht des Bundesrates vom 19. Dezember 2001.
11 Bundesamt für Statistik; MONET-Indikatoren.
12 Eisinger, Angelus & Schneider, Marc (Hrsg.), 2005; Stadt-Land Schweiz: Untersuchungen und Fallstudien zur räumlichen Struktur und Entwicklung in der Schweiz, Birkhäuser, Basel.
13 Loderer, Benedikt, 2010; Wir alle sind Rüdisühlis, in: Tages Anzeiger, Ausgabe vom 8.4.2010.
14 Eisinger, Angelus & Schneider, Marc (Hrsg.), 2005; Stadt-Land Schweiz: Untersuchungen und Fallstudien zur räumlichen Struktur und Entwicklung in der Schweiz, Birkhäuser, Basel.
15 Schalcher, Hansruedi, Boesch, Hans-Jakob, Bertschy, Kathrin, Sommer, Heini, Matter, Donink, Gerum, Johanna, 2011; Was kostet das Bauwerk Schweiz in Zukunft und wer bezahlt

dafür? Fokusstudie des Nationalen Forschungsprogramms 54, vdf Hochschulverlag, Zürich.

16 Stadt Zürich, 2010; Wohnen in Zürich, in: Stadtblick, Ausgabe 21, März 2010.

17 Wüest und Partner; Immo-Monitoring (div. Jahrgänge).

18 Amt für Raumordnung und Vermessung Kanton Zürich; Raumbeobachtung.

19 Froidevaux, Martin, Schneeberger, Yannick, Schuler, Martin, 2011 (in Vorbereitung); Sources d'approvisionnement des donnees et utilisation des statistiques par les chercheurs du PNR 54, Fokusstudie des NFP 54.

20 Baudirektion Kanton Zürich, 2009; Testplanung Gebietsentwicklung Flugplatz Dübendorf, Schlussbericht Begleitgremium, Zürich.

21 Eisinger, Angelus & Schneider, Marc (Hrsg.), 2005; Stadt-Land Schweiz: Untersuchungen und Fallstudien zur räumlichen Struktur und Entwicklung in der Schweiz, Birkhäuser, Basel.

22 ETH (NSL/Institut für Städtebau), 2007; Stadträumliche Gestaltungsstrategien für den suburbanen Raum, Zürich.

Bundesamt für Raumplanung (Hrsg.), 1996; Grundzüge der Raumordnung Schweiz; Bern.

Bundesamt für Raumentwicklung (Hrsg.), 2005; Raumentwicklungsbericht, 2005, Bern.

Burckhardt, Lucius, 2000; Wiedergelesen und ausgelesen: ‹achtung: die Schweiz› und ‹die neue stadt›, in: Werk, Bauen + Wohnen 7/8.

Flückiger, Hans & Frey, René L. (Hrsg.), 2001; Eine neue Raumordnungspolitik für neue Räume, Beiträge aus dem Forum für Raumordnung 1999/2001, Zürich.

Frey, René L., 2001; Städte und Agglomerationen im globalen Standortwettbewerb, in: Flückiger, Hans & Frey, René L. (Hrsg.): Eine neue Raumordnungspolitik für neue Räume. Beiträge aus dem Forum für Raumordnung 1999/2001, Zürich, S. 9–21.

Herczog, Andreas, 2002: Von der Raumplanung zur Raumentwicklungspolitik. Neue Anforderungen im Zeichen der Re-Regulierung, in: Werk, Bauen + Wohnen, 6, S. 34–37.

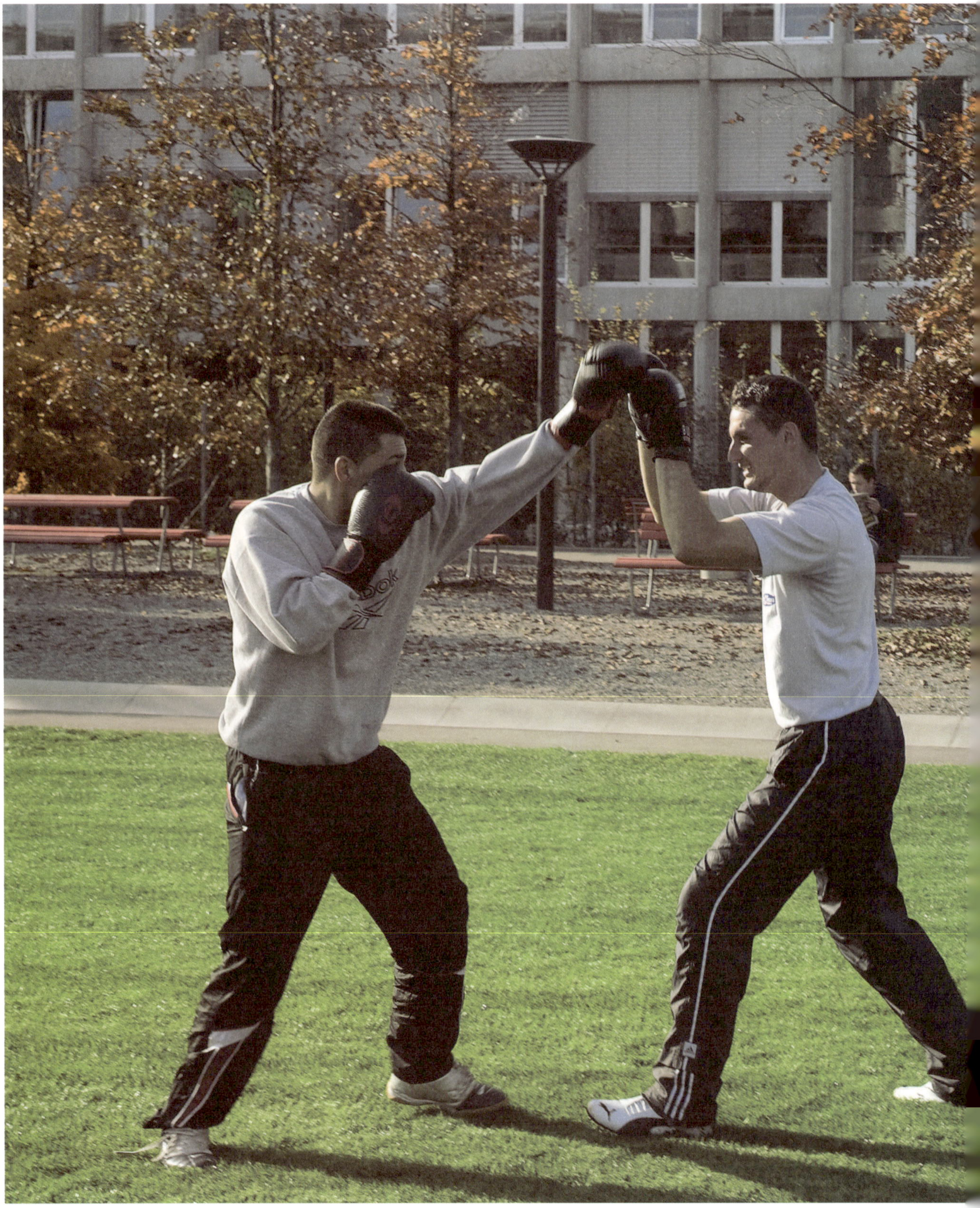

Prof. Dr. Daniel Kübler und Dr. Larissa Plüss, Universität Zürich

Kapitel 8

Governance: zur politischen Steuerung städtischer Verdichtungsräume

Um die Siedlungsentwicklung auf einen nachhaltigeren Pfad zu führen, stehen grundsätzlich drei unterschiedliche Steuerungsansätze zur Verfügung: Hierarchie, Markt oder Verhandlung. Diskutiert werden im Folgenden die Möglichkeiten und Grenzen dieser Steuerungsmodi. Der Fokus liegt dabei auf drei Kernbereichen, die für die nachhaltige Siedlungsentwicklung zentral sind: die Begrenzung des Siedlungsflächenwachstums, die Koordination von Siedlungsentwicklung und Verkehrsplanung sowie die Steuerung von sozialräumlichen Aspekten und städtebaulicher Qualität. Es zeigt sich, dass die stark verflochtenen Kompetenzen im Mehr-Ebenen-System des Schweizer Föderalismus eine wirkungsvolle Steuerung der Siedlungsentwicklung erschweren. Die horizontale und vertikale Koordination muss verbessert werden. Die ausgeprägte Gemeindeautonomie wirkt einer nachhaltigen Siedlungsentwicklung entgegen. Deshalb sollten die Kantone und der Bund eine aktivere Rolle spielen.

8 Governance: zur politischen Steuerung städtischer Verdichtungsräume

8.1 Einführung

Seit Beginn des Jahres 2008 und zum ersten Mal in der Geschichte des Planeten Erde leben mehr Menschen in Städten als auf dem Land.[1] Der fortschreitende Verstädterungsprozess hat zu einem Wandel der vorherrschenden urbanen Form geführt: Die Städte wachsen weniger in die Höhe, sondern in die Fläche. Die Städte von heute sind Stadt-Regionen. Entsprechend diesem internationalen Trend hat sich auch die Schweiz schon längst zum «Stadtland»[2] entwickelt: Knapp drei Viertel der Bevölkerung leben in Städten oder in Agglomerationen. Auch hierzulande hat das Wachstum des städtischen Gebietes vor allem als Ausdehnung in die Fläche stattgefunden. Die Ursache dafür liegt hauptsächlich in der Zunahme des Flächenverbrauchs für Wohngebiete, die das durchschnittliche Schweizer Siedlungswachstum um nahezu das Doppelte übertrifft. Der steigende Platzbedarf für Wohngebiete lässt sich mit der Bevölkerungszunahme von 9% nicht hinreichend erklären. Grund ist vielmehr die wachsende Zahl der Kleinhaushalte sowie die anhaltende Nachfrage nach Ein- und Zweifamilienhäusern. Auf diesen Gebäudetypen entfallen 63,4% des neu entstehenden Wohnraums.[3] Gebaut wird vor allem in den peripheren Agglomerationsgemeinden, auf neu eingezonten Parzellen.

Der Raumentwicklungsbericht 2005 bezeichnet diesen Trend als nicht nachhaltig und weist dezidiert auf die negativen Konsequenzen dieser ungebremsten Ausdehnung der Agglomerationen hin: steigender Bodenverbrauch, zunehmender Druck auf unbebaute Landschaften, wachsender Mobilitätsbedarf und Energieverbrauch, steigende Infrastrukturkosten und damit stärkere Belastung der öffentlichen Hand. Um die Siedlungsentwicklung in der Schweiz auf den Pfad der Nachhaltigkeit zu führen, wird gefordert, dem Prinzip der haushälterischen Bodennutzung vermehrt Rechnung zu tragen. Konkret wird das Ziel einer «Siedlungsentwicklung nach innen» formuliert.[4] Erreicht werden soll dieses Ziel durch Verdichtung – z.B. Erhöhung der Ausnützungsziffern – und besserer Nutzung innerer Reserven z.B. durch die Umnutzung von Industriearealen.

Der Anspruch, die Siedlungsentwicklung gegen innen zu steuern, stellt hohe Erwartungen an die staatlichen Behörden. Deren Steuerungsmöglichkeiten sind allerdings begrenzt, besonders in einem föderalistischen Mehrebenensystem wie der Schweiz. Welches sind die aktuellen Probleme, die sich in der Schweiz auf der Ebene der politischen Steuerung (Governance) stellen, und welches sind die Möglichkeiten im Hinblick auf eine nachhaltige Siedlungsentwicklung?

8.2 Überlegungen zur politischen Steuerung städtischer Verdichtungsräume

Die Frage des geeigneten politisch-institutionellen Instrumentariums für die politische Steuerung und Verwaltung von städtischen Verdichtungsräumen (metropolitan governance) ist eines der meistdiskutierten Themen der stadt- und raumbezogenen Sozialwissenschaften. Während langer Zeit standen sich in dieser Debatte im Wesentlichen zwei klassische Ansätze gegenüber[5], seit Beginn der 1990er-Jahre hat sich allerdings ein neuer, dritter Ansatz herausgebildet[6], der auch für die Analyse der Probleme und Möglichkeiten im Bereich der Raumordnungspolitik neue Denkanstösse liefern kann.

«big is efficient» versus «small is beautiful»: die klassische Debatte

Städtische Verdichtungsräume weisen in der Regel einen hohen Grad an institutioneller Fragmentierung auf. Siedlungsgebiete sind über die Grenzen der ursprünglichen Kern-

Die ausgeprägt föderalistische Struktur der Schweiz begünstigt das Ausufern der Siedlungen.

stadt hinausgewachsen und erstrecken sich nun über eine Vielzahl von Gemeinden. Internationale Untersuchungen zeigen, dass die institutionelle Fragmentierung der Agglomerationen in der Schweiz im Vergleich mit dem europäischen Ausland sogar besonders ausgeprägt ist.[7] Es besteht also keine Kongruenz zwischen funktionalem Siedlungsraum und dem Territorium der politischen Gebietskörperschaften.

«Metropolitan-Reform»-Tradition

Eine erste Denkschule zum Thema «metropolitan governance» vertritt die Ansicht, dass aus dieser Inkongruenz zwischen Siedlungsraum und institutionellem Raum eine Vielzahl von Problemen entsteht, die sich nachteilig auf die Siedlungsentwicklung auswirken. Prominent diskutiert werden etwa die Folgen der mangelnden fiskalischen Äquivalenz, die zu einer ungleichen Verteilung der Aufwendungen für öffentliche Dienstleistungen führt – Stichwort: Zentrumslasten der Kernstädte. Hinzu kommen Ineffizienzen bei der Planung und im Betrieb öffentlicher Infrastrukturen wegen ungenutzter Skalenerträge, die ebenfalls zu räumlich unterschiedlichen Dienstleistungsniveaus führen. Hinsichtlich demokratischer Entscheidungsfindung stören sich die Anhängerinnen und Anhänger dieser Denkschule daran, dass Pendlerinnen und Pendler in institutionell fragmentierten Ballungsräumen faktisch entrechtet sind: Weil die Ausübung der politischen Rechte in der Regel an den Wohnsitz gebunden ist, können die Berufspendlerinnen und -pendler ihre Interessen am Arbeitsort nicht wahrnehmen. Schliesslich wird darauf hingewiesen, dass soziale Segregationsprozesse in urbanen Ballungsräumen vor dem Hintergrund einer kleinräumigen Institutionenlandschaft zu einer Vertiefung institutioneller Konflikte führen, weil räumlich unterschiedliche Wählerpräferenzen stark auf die parteipolitische Zusammensetzung von Behörden durchschlagen. All diese Probleme, so die Anhängerinnen und Anhänger dieser Denkschule, könnten mittels Gebietsreformen mit einem Schlag gelöst werden. Der funktionale Siedlungsraum würde dadurch mit dem Territorium der politischen Institutionen in Einklang gebracht. Aus diesem Grund wird diese Denkschule als «Metropolitan-Reform»-Tradition bezeichnet. Sie befürwortet die Schaffung von grossflächigen politischen Institutionen mit umfassenden Entscheidungskompetenzen im gesamten Ballungsraum.

«Public-Choice»-Schule

Eine starke Gegenposition dazu haben Vertreterinnen und Vertreter der sogenannten «Public-Choice»-Schule entwi-

> **Exkurs**
> **Die Siedlungsentwicklung im Kanton Zürich**
>
> Zwischen 1993 und 2005 wurden knapp die Hälfte der neuen Geschossflächen im Kanton Zürich auf der «grünen Wiese» realisiert.
>
> Von 1993 bis 2005 stieg der Bestand an Geschossflächen im Kanton Zürich in den 1993 bestehenden Wohn-, Misch- und Arbeitszonen um 17 Millionen Quadratmeter auf insgesamt 110 Millionen Quadratmeter. Von dieser regen Bautätigkeit wurden alle Regionen des Kantons erfasst. 54 % dieses Geschossflächenwachstums wurde durch die Nutzung von Reserven innerhalb der bereits überbauten Bauzonen realisiert. Es fand also eine innere Verdichtung statt.
>
> Diese blieb aber hauptsächlich auf die urbanen Gebiete wie die Städte Zürich und Winterthur oder die Regionen Limmattal und Glattal beschränkt. Die übrigen 46 % des Geschossflächenwachstums entstanden innerhalb der zwar eingezonten, aber noch unüberbauten Bauzone.[8]
>
> Für den Kanton Zürich lassen sich also zwei räumlich divergente Pfade der Siedlungsentwicklung konstatieren: Während in urbanen Gebieten eher verdichtet und innere Reserven überbaut werden, geht das Wachstum in ländlichen Regionen in die Breite und führt zu einem Ausfransen der Siedlungsränder. Dieses Flächenwachstum lässt sich primär in ländlichen Gebieten wie den Regionen «Oberland Ost» und «Weinland» beobachten.

ckelt. Sie argumentieren, dass die Existenz einer Vielzahl kleiner, autonomer Gemeinden in einem urbanen Ballungsraum die Basis für einen gesunden Wettbewerb sein kann und für die Siedlungsentwicklung sogar von Vorteil ist. Konkurrenz zwischen den Gemeinden zwingt diese dazu, ihre Mittel effizient einzusetzen, und führt letztlich zu einem allgemeinen Wohlfahrtsgewinn.[9] Man müsse lediglich dafür sorgen, dass allfällige Wettbewerbsverzerrungen beseitigt werden. Dazu gehört etwa das Problem der Zentrumslasten, das mittels geeigneter Lastenausgleichszahlungen beseitigt werden kann. Die Nutzung von Skalenerträgen bei der Planung und der Produktion öffentlicher Infrastrukturen wiederum kann durch freiwillige Kooperation zwischen einzelnen Gemeinden sichergestellt werden.

In diesen beiden klassischen Ansätzen zur «metropolitan governance» spiegelt sich somit der bekannte theoretische Gegensatz zwischen (staatlicher) «Hierarchie» und «Markt» als Leitprinzipien zur Koordination menschlichen Handelns. «Koordination durch Hierarchie» beruht auf dem weberschen Prinzip einer rationalen Organisation, wo Entscheide an der Spitze gefällt und dann unter Androhung von Sanktionen von oben nach unten durchgesetzt werden. «Koordination durch den Markt» hingegen beruht auf der smithschen Idee der «unsichtbaren Hand», die das Verhalten der Marktteilnehmer steuert und Angebot und Nachfrage miteinander in Einklang bringt. Bezüglich der Siedlungsentwicklung verspricht also der «Metropolitan-Reform»-Ansatz insofern Nachhaltigkeit, als dank grossräumiger Betrachtung und hierarchischer Durchsetzungsfähigkeit dem Anliegen einer Siedlungsentwicklung nach innen besser Nachachtung verschafft werden kann. Der «Public-Choice»-Ansatz hingegen argumentiert, dass die Siedlungsentwicklung durch Angebot und Nachfrage gelenkt wird. Mit der Schaffung geeigneter Anreize könnten die Präferenzen der Marktteilnehmer so beeinflusst werden, dass sich eine Siedlungsentwicklung nach innen sozusagen von selbst ergibt.

Ein neuer theoretischer Ansatz: «new regionalism»

Bei den beiden klassischen Ansätzen muss jedoch kritisch hinterfragt werden, welchen Beitrag das jeweils propagierte Steuerungsmodell tatsächlich zu einer Siedlungsentwicklung nach innen leisten kann. Der «Metropolitan-Reform»-Ansatz tendiert dazu, die Vollzugsprobleme hierarchischer Entscheidungen zu unterschätzen; dabei sind Vollzugsdefizite gerade in der Schweizer Raumplanung legendär.[10] Zudem stossen die von diesem Ansatz propagierten Gebietsreformen oft auf erbitterte Ablehnung durch die lokalen politischen Eliten und die neu geschaffenen institutionellen Gebilde haben es in der Regel schwer, sich als relevante Steuerungsebenen durchzusetzen.[11] Dem «Public-Choice»-Ansatz hingegen kann man eine gewisse Blauäugigkeit vorwerfen betreffend der Möglichkeiten, die Verzerrungen im Wettbewerb unter den Gemeinden wirksam zu beseitigen.[12] Die Anhänger dieses Ansatzes propagieren in der Regel theoretisch elegante Modelle – so etwa die «functional overlapping competing jurisdictions» (FOCJ)[13] oder die demokratisch verfassten «Zweckregionen»[14]. Die Realisierung dieser Modelle würde jedoch weitreichende Reformen bedingen, die auf ähnliche Schwierigkeiten stossen würden wie die von den «metropolitan reformers» propagierten Gebietsreformen. Offensichtlich taugen also weder «Hierarchie» noch «Markt» als Patentrezepte für eine effektive politische Steuerung urbaner Ballungsräume.

Diese Feststellung bildet den Ausgangspunkt eines dritten Ansatzes, der sich seit den 1990er-Jahren entwickelt hat und der das Augenmerk auf einen weiteren Steuerungsmodus legt: nämlich «Koordination durch Verhandlung». Im Fokus stehen hier die Steuerungsleistungen, die von «weichen Institutionen»[15] erbracht werden, in denen unterschiedliche Akteure auf freiwilliger Basis teilnehmen. Vertreterinnen und Vertreter dieses als «new regionalism»[16] bezeichneten Ansatzes argumentieren, dass die politische Steuerung urbaner Ballungsräume auch ohne Gebietsreformen und ohne ideale Wettbewerbsbedingungen möglich ist. Sie berufen sich auf eine Steuerung, die auf der freiwilligen Kooperation und Koordination von Akteuren beruht, deren Verhalten für die Entwicklung eines solchen Raumes wichtig ist. Dabei ist es unwesentlich, ob es sich um staatliche, private oder zivilgesellschaftliche Akteure handelt. Wichtig ist, dass sie sich auf ein gemeinsames Ziel verpflichten, ihr Handeln an diesem Ziel ausrichten und sich untereinander abstimmen.

Im Unterschied zu den beiden klassischen Denkschulen ergeben sich aus dem «New-Regionalism»-Ansatz keine präskriptiven Empfehlungen zur Organisation der politischen Steuerung in urbanen Ballungsräumen. Der Aufbau einer Steuerungskapazität muss sich jeweils an sehr unterschiedlichen und lokal spezifischen institutionellen, wirtschaftlichen, sozialen und politischen Bedingungen orientieren. Es ist daher unwahrscheinlich, dass es dereinst eine einzige ideale Organisationsform für die politische Steuerung in urbanen Ballungsräumen geben wird.[17] Auch wenn der «New-Regionalism»- Ansatz keine Patentrezepte propagiert, haben die bisherigen Arbeiten dennoch auf drei kritische Faktoren hingewiesen, die die Koordination durch Verhandlung begünstigen.[18] Erstens ist es wichtig, dass sich die Akteure kooperativ verhalten und möglichst keine Konflikte untereinander entstehen lassen. Als vertrauensbildende Massnahmen

Exkurs
Agglomerationsgouvernanz in der Schweiz

Die Frage, wie sich Agglomerationen am besten steuern lassen, geniesst sowohl in wissenschaftlichen Diskursen als auch im politischen Alltag der Schweiz seit geraumer Zeit hohe Aktualität. Es wird kontrovers diskutiert, wie die bestehenden Agglomerationsprobleme – Zentrumslasten, stark verflochtene Verantwortlichkeiten sowie soziale Segregation –, die sich aus der steigenden Inkongruenz zwischen Siedlungsraum und institutionellem Raum ergeben haben, gelöst werden müssten. Dabei haben sich in der Schweiz unterschiedliche Modelle der Agglomerationssteuerung etabliert.

Reduktion der institutionellen Fragmentierung durch Gebietsreformen
Gemäss dem «Metropolitan-Reform»-Ansatz soll die Inkongruenz von funktionalem Siedlungsraum und institutionellem Raum mittels Gebietsreformen aufgehoben werden. Solche institutionellen Konsolidierungen haben in der Schweiz vor allem zu Beginn des 20. Jahrhunderts in Form von Eingemeindungen stattgefunden. Dabei fusionierten hauptsächlich Kernstädte mit ihren Vorortgemeinden. Nach dem Zweiten Weltkrieg wurde diese Art der Gebietsreform immer seltener. Die Vororte konnten ihre finanzielle Lage genügend aufbessern, um auf eigenen Beinen zu stehen. Nach der Jahrtausendwende erlebt nun das Instrument der Gemeindefusion wieder Auftrieb: Im Jahr 2004 wurden acht Luganeser Vororte eingemeindet, 2010 ist die Stadt Luzern mit der angrenzenden Gemeinde Littau verschmolzen und in weiteren kleineren Agglomerationen sind Fusionsvorhaben auf der Agenda. Fusionen von Kantonen sind aufgrund der hohen verfassungsrechtlichen Hürden auf absehbare Zeit sehr unwahrscheinlich.

Grossflächigere politische Institutionen sind zudem in Form von Agglomerationskonferenzen entstanden. Als wichtiges Beispiel dient hier der Kanton Bern, der das sogenannte «Regionalkonferenz-Modell» eingeführt hat.[19] Dieses institutionelle Modell der regionalen Zusammenarbeit teilt das gesamte Kantonsgebiet in sechs Regionalkonferenzen ein. Diese verfügen über Entscheidungskompetenzen in verschiedenen Politikfeldern und gewährleisten direktdemokratische Einflussmöglichkeiten. Auch in Freiburg hat bereits Mitte der 1990er-Jahre ein Prozess eingesetzt, der zu einer politisch autonomen Agglomerationsinstitution geführt hat. Im Sommer 2008 wurde der Statutenentwurf zum Gründungsprojekt der Agglomeration vom Stimmvolk gutgeheissen.

Effiziente Lösungen durch Wettbewerb
Der «Public-Choice»-Ansatz geht hingegen davon aus, dass Wettbewerb zwischen kleinen, autonomen Gemeinden in einem urbanen Ballungsraum zu mehr Effizienz führt und letztlich einen allgemeinen Wohlfahrtsgewinn erzeugt. Dazu müssen aber Wettbewerbsverzerrungen beseitigt und dem Prinzip der «fiskalischen Äquivalenz» Genüge getan werden. Dieses Prinzip besagt, dass der Kreis der Nutzniesser einer staatlichen Leistung mit dem Kreis derjenigen übereinstimmen muss, die diese Leistung finanzieren. In Agglomerationsräumen sind daher eine Entflechtung der Aufgaben und die Einführung von Finanzausgleichssystemen zur Reduktion der Zentrumslasten nötig. Die meisten Schweizer Kantone haben im Laufe des 20. Jahrhunderts einen innerkantonalen Finanzausgleich eingeführt – gegen Ende des Jahrhunderts kam in zahlreichen Kantonen die Abgeltung der zentralörtlichen Leistungen hinzu. Auf nationaler Ebene wurde im Rahmen der «Neugestaltung des Finanzausgleichs und der Aufgabenteilung zwischen Bund und Kantonen» (NFA) im Jahr 2004 ein Fonds geschaffen, der Kantone mit hohen Zentrumslasten entschädigt.

Im Entstehen begriffen sind zudem Finanzausgleichssysteme auf regionaler Ebene. So wurde beispielsweise in der Region Delsberg ein regionales Gewerbegebiet eingerichtet, das durch eine gemischte Gesellschaft der beteiligten Gemeinden verwaltet wird. Neben einer gemeinsamen Standortförderungspolitik soll in absehbarer Zukunft auch ein Finanzausgleichssystem in Kraft treten, das nicht nur die Infrastruktur- und Förderungskosten, sondern auch die Steuereinnahmen beinhaltet.

Steuerung durch Kooperation und Verhandlung
Der «new regionalism» als dritter theoretischer Ansatz setzt auf eine Steuerung, die

auf der freiwilligen Koordination relevanter Akteure beruht. Wichtig sind dabei eine gemeinsame Zielorientierung, vertrauensbildende Massnahmen, Anreizstrukturen von höheren Ebenen sowie politisches «Leadership». Um die bestehenden Agglomerationsprobleme in der Schweiz lösen zu können, müssen bisherige Koordinationshindernisse im innerstaatlichen Gefüge überwunden werden.[20] Die vergleichsweise schwache Rolle der Städte, welche die vertikale Kooperation stets erschwerte, wurde in den letzten Jahren aufgewertet. Mit dem «Städteartikel»[21] in der revidierten Bundesverfassung und der neuen Agglomerationspolitik des Bundes hat sich die Koordinationsfähigkeit verbessert.[22] Der Bund hat neue Koordinationsstrukturen wie die «Tripartite Agglomerationskonferenz» (TAK) und die sogenannten «Modellvorhaben» ins Leben gerufen, um den Agglomerationen Gefässe für die Verbesserung ihrer Kooperation und für die Abstimmung der relevanten Sektoralpolitiken zu bieten. Zudem entrichtet der Bund finanzielle Beiträge an Entwicklungsvorhaben, die im Rahmen von Agglomerationsprogrammen geplant und umgesetzt werden. Diese neuen vertikalen und horizontalen Kooperationsstrukturen haben das Gefüge des traditionellen Vollzugsföderalismus verändert. Ob sie einen wirkungsvollen Beitrag zur Lösung der Agglomerationsprobleme leisten, wird sich aber erst noch weisen müssen.

«Steuerung über Kooperation» bietet sich auch für Agglomerationsräume an, die kantonale und nationale Grenzen überschreiten. Hier stossen die beiden klassischen Ansätze – «Steuerung über Hierarchie» oder «Markt» – an klare Grenzen. In Ballungsräumen, die sich über mehrere Kantone oder Länder erstrecken, braucht es die freiwillige Kooperation aller relevanten Akteure. Vertrauensbildung und eine Orientierung am gleichen Ziel sind dabei zentrale Voraussetzungen. Ein Beispiel hierfür ist der «Verein Metropolitanraum Zürich», der 236 Gemeinden in acht Kantonen umfasst und seinen Mitgliedern eine gemeinsame Kooperationsplattform bietet. Koordinationsgremien, die sich über mehrere Länder erstrecken, sind bereits in den grenzüberschreitenden Agglomerationen Genf (Conseil du Léman) und Basel (Trinationale Agglomeration Basel) sowie im urbanen Raum im Südtessin (Regio insubrica) entstanden.

dienen hier transparente Information, umfassende Konsultations- und Mitwirkungsverfahren, Pragmatismus. Eine zweite relevante Einflussgrösse stellen die Anreizstrukturen dar, die von höheren Staatsebenen gesetzt werden können. Obwohl sie meist nicht direkt in den Verhandlungsprozess eingebunden sind, können Nationalstaaten oder – im Fall der EU – sogar internationale Organisationen positive oder negative Anreize setzen, die die Kooperationsbereitschaft auf lokaler Ebene beeinflussen. Drittens spielt auch politisches «Leadership» eine Rolle. Die Formulierung von visionären und zugkräftigen Projekten kann bei den relevanten Akteuren die Bereitschaft steigern, sich freiwillig an der Realisierung dieser Projekte zu beteiligen.

Der aus der hohen Gemeindeautomie resultierende Standortwettbewerb führ[t] von Bauten ausserhalb der Bauzone.

Welcher Steuerungsmodus für die Siedlungsentwicklung?

An der Steuerung der Siedlungsentwicklung in der Schweiz ist ein komplexes Set von Akteuren beteiligt. Obwohl die Kompetenz für die Raumplanung grundsätzlich in kantonalen Händen liegt, sind alle staatlichen Ebenen und sowohl öffentliche wie auch private Akteure in die Planung und Steuerung der Siedlungsentwicklung involviert. Auf Bundesebene werden die Grundsätze der Raumplanung und die strategischen Leitlinien festgelegt. Mit dem Richtplan verfügen aber die Kantone über das wichtigste Instrument der Raumplanungspolitik. Mit ihr wird die künftige Entwicklung des Kantons festgelegt und Aussagen zur Siedlungsentwicklung, zur Landschaftspflege, zur erforderlichen Infrastruktur und zur Ausstattung mit öffentlichen Einrichtungen gemacht.[23] Aufgrund der Vorgaben des kantonalen Richtplans wird mit dem kommunalen Nutzungsplan auf Gemeindeebene die lokale Nutzungsordnung parzellenscharf festgelegt. Um eine zusätzliche Abstimmung der Nutzungspläne auf regionaler Ebene zu gewährleisten, bestehen in den meisten Schweizer Kantonen Regionalplanungsverbände, welche die überörtlichen Aufgaben der Raumplanung koordinieren und die Mitgliedgemeinden in ihrer Arbeit unterstützen. Innerhalb dieses formalen Rahmens verfügen die Gemeinden aber über eine relativ hohe Autonomie in der Planung und Gestaltung der räumlichen Entwicklung. Zu ihren Kompetenzen zählen insbesondere die Abgrenzung des Baugebiets vom Nichtbaugebiet und die Festsetzung der konkreten baulichen Nutzung in den Bauzonen.[24]

Eine wirksame Steuerung der Siedlungsentwicklung bedingt also ein hohes Mass an Koordination zwischen diesen unterschiedlichen Akteuren. Soll die Siedlungsentwicklung nachhaltiger werden, müssen diese auf das Ziel einer Siedlungsentwicklung nach innen verpflichtet werden. Im Lichte der besprochenen Theorien ergibt sich die Frage, wie dies am besten zu bewerkstelligen sei. Die wissenschaftliche Debatte über die Steuerung von urbanen Siedlungsräumen unterscheidet im Wesentlichen zwischen drei Steuerungsmodi: Hierarchie, Markt und Verhandlung. Welches sind die Hindernisse und Probleme, aber auch die Erfolgsfaktoren für die Effektivität des möglichen Steuerungsinstrumentariums? Diese Fragestellung wird im Folgenden behandelt. Dabei wird besonderes Augenmerk auf die relevanten Akteure und Institutionen sowie auf bestehende und neue Steuerungsinstrumente gelegt.

...er stetigen Ausdehnung der Siedlungsfläche und zur zunehmenden Umnutzung

8.3 Politische Steuerung der nachhaltigen Siedlungsentwicklung in der Schweiz

Die Forderung nach einer nachhaltigen Siedlungsentwicklung ist in der bundesrätlichen «Strategie Nachhaltige Entwicklung» festgehalten.[25] Sie konkretisiert den verfassungsrechtlichen Grundsatz der haushälterischen Bodennutzung. In den bestehenden Siedlungsgebieten bedingt dies eine Steigerung der Bevölkerungsdichte durch bauliche Verdichtung. Zudem soll die Besiedlung auf das Angebot des öffentlichen Verkehrs ausgerichtet werden und publikumsintensive Einrichtungen sollen möglichst zentral bereitgestellt werden. Mittels dieser strategischen Leitlinien soll der ständig wachsende Flächenanspruch gesenkt, die Zersiedelung gestoppt oder sogar rückgängig gemacht werden.

Neben der quantitativen Steuerung der Siedlungsentwicklung, der Verdichtung nach innen, ist aber auch eine qualitative Steuerung notwendig. Diese bezieht sich auf eine Steigerung der städtebaulichen und architektonischen Qualität. Um die Lebensqualität in verdichteten Gebieten aufrechterhalten zu können, muss die Erstellung und Aufwertung von Gebäuden und Siedlungen auch unter gestalterischen, städtebaulichen und architektonischen Gesichtspunkten erfolgen. So sollte eine verstärkte Verdichtung nach innen stets mit der Schaffung von ausreichend attraktivem öffentlichem Raum wie Parks, Grünräumen, Plätzen und Spielplätzen einhergehen.[26] In grösseren Städten ist diese Maxime bereits im Bewusstsein der Bevölkerung und der politischen Repräsentanten verankert. Im suburbanen Gebiet und in vormals ländlichen Gemeinden allerdings muss diese qualitative Steuerung noch besser etabliert werden, damit die Landschaft aufgrund der steigenden Zersiedelung nicht zu einem «Siedlungsbrei» verkommt. Die Erkenntnis, dass nicht nur die Kernstadt, sondern auch der suburbane Raum eines städtebaulichen Gestaltungsanspruchs bedarf, ist erst in den letzten Jahren in den Fokus wissenschaftlicher Forschung gerückt. Mit der Veröffentlichung von Thomas Sieverts' «Zwischenstadt»[27] im Jahre 1997 entstand erstmals eine breite wissenschaftliche Auseinandersetzung über die räumliche Durchdringung von Stadt und Land sowie eine anhaltende Diskussion zu städtebaulichen Gestaltungsstrategien für den suburbanen Raum.[28]

Erster Schwerpunkt der politischen Steuerung: Begrenzung des Siedlungsflächenwachstums

Das Projekt ZERSIEDELUNG zeigt auf, dass die Ausdehnung der Siedlungsfläche in der Schweiz alarmierend stark fortgeschritten ist. Die Zersiedelung greift zunehmend vom Mittelland in die Alpentäler hinein. Die Zunahmeraten der Zersiedelung haben sich im Zeitraum 1980 bis 2002 gegenüber der Phase 1960 bis 1980 zwar abgeschwächt, eine Beruhigung des Siedlungsflächenwachstums ist aber nicht erkennbar. Anhand unterschiedlicher Szenarien zeigt dieses Projekt auf, dass die Zersiedelung ohne klare Gegenmassnahmen mit hoher Wahrscheinlichkeit weiterhin stark zunehmen wird. Es besteht also dringender Handlungsbedarf, soll sich die Siedlungsentwicklung am Gebot der Nachhaltigkeit orientieren. Um eine weitere Zunahme der Zersiedelung zu verhindern oder den Trend gar umzukehren, braucht es eine Verdichtung

Das grösste Baulandangebot besteht in periurbanen und ländlichen Gemeinden.

Erkenntnisse aus NFP 54-Projekten

Das Projekt Zersiedelung hat eine neue Methode zur Messung des Zersiedelungsgrades entwickelt und kann umfassende Aussagen zur Ausdehnung der Siedlungsfläche in der Schweiz machen. Aufgrund der Messergebnisse werden klare Empfehlungen zur Eindämmung der Zersiedelung formuliert.

Im Projekt Siedlungsentwicklung berechnete aufgrund von vier alternativen Szenarien die möglichen zukünftigen Verteilungsmuster von Bevölkerung und Arbeitsplätzen. Es zeigte sich, dass der Flächenanspruch in den kohäsiven Szenarien am wenigsten stark sein wird. Um die abgebildeten Entwicklungspfade nachhaltig zu gestalten, zielen die Politikempfehlungen darauf ab, den identifizierten Schwächen des jeweiligen Szenarios gegenzusteuern.

Im Projekt Einfamilienhaus wurden Einfamilienhaussiedlungen untersucht und ihre Weiterentwicklung anhand verschiedener Szenarien konstruiert. Dadurch konnte aufgezeigt werden, welche Möglichkeiten für eine nachhaltigere Entwicklung dieser Siedlungsform bestehen.

in den bestehenden Siedlungsflächen. Diese «Verdichtung nach innen», die in den letzten Jahren von den Fachleuten der Raumplanung immer lauter gefordert wird, darf aber nicht undifferenziert praktiziert werden. Verdichtung sollte nicht auf Kosten von Grün- und Freiräumen geschehen, die einen wichtigen Teil der urbanen Lebensqualität darstellen. Es muss stets differenziert betrachtet werden, wo wie viel verdichtet werden kann und soll.

Baulandreserven am falschen Ort

Die disperse Siedlungsentwicklung, die in der Schweiz zu beobachten ist, fand bisher weitgehend in den ausgewiesenen Bauzonen statt.[29] Die Lage und Grösse der Bauzonenreserven führt also dazu, dass die Siedlung Schweiz nicht dichter, sondern stets disperser und gestreuter wird. Eine Expertenstudie, die vom Bundesamt für Raumentwicklung in Auftrag gegeben wurde, kommt zum Schluss, dass die Bauzonenreserven zu gross sind und sich oft nicht dort befinden, wo die künftige Nachfrage erwartet wird.[30] Heute gibt es knapp 227 000 Hektaren Bauzonen. Rund ein Viertel davon ist noch nicht überbaut. In städtischen Gemeinden sind diese Reserven eher kleiner, in vielen ländlichen Regionen jedoch deutlich grösser als die künftige Nachfrage.[31] Bei einer Weiterführung der bisherigen Praxis bis 2030 ist gemäss dieser Studie eine Ausdehnung der Bauzonen um 8% – oder um bis zu 13 000 Hektaren – zu erwarten.

Die Schweizer Bauzonenreserven liegen also quer im Land. Sie befinden sich nicht dort, wo die grösste Nachfrage besteht – in dichten, urbanen Gebieten –, sondern eher in periurbanen und ländlichen Gemeinden. Die Ränder der Agglomerationen werden daher bei gleichbleibender Entwicklung noch weiter ausfransen und die Zersiedelung wird verstärkt in den ländlichen Raum vorstossen.

Dieses disparate Angebot an Bauzonen ist einerseits auf dem historischen Hintergrund stark überdimensionierter Bauzonen zu verstehen. Anderseits liegen die Gründe hierfür aber auch im aktuellen Standortwettbewerb zwischen den Gemeinden. Als Schlüssel zum kommunalpolitischen Erfolg gilt noch immer ein attraktives Baulandangebot, das sich durch gute Lagen, ein grosses Flächenangebot und niedrige Bodenpreise auszeichnet.[32] Die Neuausweisung von Bauland geniesst bei Gemeinden daher noch immer hohe Priorität. Diese Entwicklung wird zudem begünstigt durch die starke Stellung der Gemeinden im Schweizer Föderalismus und ihre weitgehende Planungsautonomie. Aufgrund ihrer autonomen Position vermögen die Gemeinden kantonale Vorgaben zur Siedlungsplanung zu antizipieren und systematisch zu umgehen.[33] In ihrer Nutzungsplanung haben die Gemeinden also kaum je die Anforderungen einer nachhaltigen Siedlungsentwicklung auf stadtregionaler Ebene im Blick. Kooperation aus freien Stücken entsteht erst, wenn der Siedlungs- und Verkehrsdruck so stark angewachsen ist, dass den Kommunen keine andere Wahl bleibt.[34] In allen anderen Fällen braucht es effektive Vorgaben oder Anreize von höheren staatlichen Ebenen, um der fortwährenden Zersiedelung Einhalt zu gebieten.

Entwicklungspotenzial in bestehenden Einfamilienhaussiedlungen

Ein weiterer Grund für die steigende Zersiedelung liegt in der Wohnform des Einfamilienhauses, die von einem bedeutenden Teil der Bevölkerung präferiert wird. Gemäss dem Projekt EINFAMILIENHAUS werden in der Schweiz jedes Jahr 10 000 bis 15 000 Einfamilienhäuser erstellt, was knapp drei Vierteln der jährlich erstellten Wohngebäude entspricht. Insgesamt sind mehr als die Hälfte aller Gebäude in der Schweiz Einfamilienhäuser. Einfamilienhaussiedlungen sind in der Regel monofunktionale Wohngebiete mit niedriger Dichte, die häufig an den Siedlungsrändern von peripher gelegenen, periurbanen Gemeinden liegen und nur für den motorisierten Individualverkehr erschlossen sind. Eine nachhaltige Siedlungsentwicklung scheint unter diesen Vorzeichen nicht möglich. Ein Rückgang der Nachfrage nach Einfamilienhäusern ist zudem mittel- und langfristig kaum zu erwarten. Das Projekt EINFAMILIENHAUS zeigt aber, dass im Hinblick auf eine nachhaltige Entwicklung von Einfamilienhaussiedlungen durchaus Handlungsspielräume bestehen, die bisher nur wenig genutzt wurden. Restriktive Bauregeln verhindern in vielen Einfamilienhausquartieren eine sinnvolle Bebauung, Weiterentwicklung und Verdichtung. Gestaltungs- und Abstandsvorschriften, Höhenbeschränkungen und Geschosszahlbestimmungen präkonfigurieren und zementieren die Bauweise des kleinen freistehenden Einzelhauses in «sicherem» Abstand zu den Nachbarn. Dabei wären Einfamilienhäuser dank ihrer Flexibilität und ihrer relativ kleinen Dimension geeignet, in sehr unterschiedlichen Kontexten eine nachhaltige Siedlungsentwicklung zu unterstützen oder gar zu initiieren, sofern die jeweiligen Problemstellungen situativ angegangen würden.

Gelockerte Bestimmungen für das Bauen ausserhalb der Bauzone

Ein weiterer Motor der Zersiedelung sind die neuen, largen Bestimmungen zum Bauen ausserhalb der Bauzone.[35] Die Trennung von Baugebiet und Nichtbaugebiet gehört zu den wichtigsten Grundsätzen der Schweizer Raumplanung. Sie bewirkt tiefe Bodenpreise für Landwirtschaftsland und erleichtert damit der Landwirtschaft eine kostendeckende Produktion. Zudem wird dadurch ein wesentlicher Beitrag für eine attraktive Landschaft mit hohem Erholungswert geleistet.[36] Das Bauen ausserhalb der Bauzone wird weitgehend durch das Bundesrecht geregelt – der Vollzug und die Erteilung von Baubewilligungen liegen aber in kantonaler Hand. Bis zur Teilrevision des Raumplanungsgesetzes im Jahre 1999 war das Bauen in der Landwirtschaftszone nur möglich, wenn die Bauten dem Zweck der Zone entsprachen oder einen Standort ausserhalb der Bauzone erforderten. Die Revision von 1999 brachte aber Erleichterungen für die Umnutzung von landwirtschaftlichen Bauten und Anlagen, die nicht mehr für den bisherigen Zweck benötigt wurden.[37] Diese Reaktion auf den Strukturwandel in der Agrarwirtschaft bewirkt aber eine stärkere Zersiedelung. So ist ein immer kleinerer Teil der Wohngebäude ausserhalb der Bauzonen von Personen bewohnt, die tatsächlich auch in der Landwirtschaft tätig sind.[38] Waren 1990 noch 43,1 % aller Wohnungen von Personen bewohnt, die landwirtschaftlich tätig sind, traf dies im Jahr 2000 nur noch auf 38,8 % der Gebäude zu. Zwischen den Jahren 1990 und 2000 sind zudem rund 12 000 Wohnungen ausserhalb der Bauzone entstanden.

Regulative Steuerungsinstrumente für die Siedlungsentwicklung

Die Zersiedelung hat unterschiedliche Ursachen und Gesichter. Die hohe Gemeindeautonomie verhindert eine übergreifende planerische Sichtweise. Der resultierende Standortwettbewerb führt zu einer stetigen Ausdehnung der Siedlungsfläche, zu einem disparaten Angebot an Bauzonenreserven, der Erstellung von grossflächigen Einfamilienhausquartieren und zur zunehmenden Umnutzung von Bauten ausserhalb der Bauzone. Um das Siedlungsflächenwachstum nachhaltig zu begrenzen, braucht es effektive Steuerungsinstrumente auf höheren staatlichen Ebenen. Staatliche Hierarchie als Steuerungsprinzip bildet nach wie vor einen wichtigen Bestandteil der politischen Steuerung der Siedlungsentwicklung in der Schweiz. Die Hauptstossrichtungen der Siedlungsentwicklung werden mit dem Steuerungsinstrument des kantonalen Richtplans festgelegt. Auf kommunaler Ebene wird mit dem Nutzungsplan Bau- und Nichtbaugebiet ausgeschieden sowie jede Parzelle einer bestimmten Zone zugewiesen. Indem die Kantone die Planungen der Gemeinden prüfen und genehmigen, ist im Ansatz eine gemeindeübergreifende Sicht gegeben. Politische Steuerung über Gebote und Verbote gilt als wirksam, da schädliches Verhalten direkt verboten und erwünschtes Verhalten erzwungen werden kann. Zudem gelten diese Instrumente als gerecht, da alle den gleichen Beitrag zu leisten haben.

Trotz dieser regulativen Steuerungsinstrumente verläuft die Siedlungsentwicklung in der Schweiz nicht nachhaltig. Die Frage, ob das vorhandene planerische Instrumentarium ungenügend ist oder nur dessen Anwendung zu wenig konsequent ist, wird in Fachkreisen kontrovers diskutiert.[39] Hinsichtlich der Steuerung der Siedlungsentwicklung wird vorgeschlagen, klarere Richtlinien zur Begrenzung der Siedlungsfläche zu definieren, die kantonale Bewilligungspraxis restriktiver zu handhaben und griffigere Bestimmungen zum Bauen ausserhalb der Bauzone zu erlassen. Rege diskutiert wird beispielsweise ein genereller Stopp der Siedlungsflächenausdehnung – eventuell zunächst als Moratorium. Dies fordern auch die Initianten der Volksinitiative «Raum für Mensch und Natur» (Landschaftsinitiative). Weniger radikale Forderungen sind etwa die Kontingentierung der Bauzonen – d.h., die Summe von Rückzonungen und Neueinzonungen bleibt konstant – sowie die Anwendung von Grenzwerten für die Zersiedelung. Diese Massnahmen werden im Projekt ZERSIEDELUNG ausführlich diskutiert. Unterschieden werden kann bei rechtlichen Instrumenten zusätzlich zwischen mengensteuernden und standortsteuernden Instrumenten.[40] Mengensteuernde Instrumente dienen der Begrenzung des Umfangs von Neueinzonungen, während standortsteuernde Instrumente die präzise Lenkung der Baulandentwicklung auf geeignete Standorte bezwecken. In Bezug auf die Erstellung von Einfamilienhaussiedlungen fordert das Projekt EINFAMILIENHAUS beispielsweise, dass flexiblere Verfahren und Bauregeln definiert werden, um eine sinnvolle und situativ angepasste Weiterentwicklung und Verdichtung der Bauten möglich zu machen.

Lenkende Instrumente für die Siedlungsentwicklung

Bei allen Vorteilen, die diesen regulativen Instrumenten innewohnen, bestehen doch auch einige Nachteile. So sind diese Instrumente naturgemäss relativ unflexibel und starr. Aus ökonomischer Sicht erscheinen sie als ineffizient. Ein bestimmter Effekt könnte also mit geringeren gesamtwirtschaftlichen Kosten erreicht werden. Bei rechtlichen Vorgaben besteht zudem kein Anreiz, die staatlich vorgegebenen Grenzwerte zu unterschreiten. Diese Nachteile können mit Steuerungsinstrumenten aufgehoben werden, die auf die koordinierende Wirkung von Marktkräften setzen. Zu die-

Exkurs
Anwendung von Flächennutzungszertifikaten[41]

Die USA haben auf dem Gebiet der Flächenzertifikate eine klare Vorreiterrolle inne. Vor über 40 Jahren wurde das Konzept der «transferable development rights» (TDR; übertragbare Flächennutzungszertifikate) zum ersten Mal eingeführt. Heute bestehen mehr als 130 TDR-Programme in 32 Bundesstaaten. Die handelbaren Rechte geben dem Käufer das Recht auf eine bauliche Nutzung des Grundstücks – das Eigentumsrecht, das beispielsweise zum Verkauf des Grundstücks berechtigt, verbleibt aber beim Eigentümer. Die Ziele dieser TDR-Programme können sehr unterschiedlich sein und reichen von der Erhaltung von Freiflächen und Eindämmung der Zersiedelung bis hin zu Heimat- und Denkmalschutz sowie dem Schutz ökologisch sensibler Zonen wie Feuchtgebiete, alpine Regionen oder Küsten.

Im Bezirk Montgomery im US-Bundesstaat Maryland wurde 1980 ein verbindliches TDR-Programm eingeführt, um die eher ländlich geprägten Gebiete im Norden freizuhalten und die Siedlungsentwicklung im urbanen Süden zu konzentrieren. Zu diesem Zweck ermittelte die zuständige Behörde im Norden des Bezirks eine sogenannte «Senderzone» (sending area) von etwa 37 000 Hektar, die unter Siedlungsdruck stand und erhalten werden sollte. Als «Empfängerzone» (receiving area) wurden die bereits überbauten Gebiete im Süden definiert, die aus raumplanerischer Sicht noch zusätzliches Wachstums- sowie inneres Verdichtungspotenzial aufwiesen. Dieser Definitionsprozess erfolgte unter Beteiligung der Öffentlichkeit in Form von öffentlichen Hearings und unter Beizug gewählter Vertreter von Planungsausschüssen. In der Folge wurden die Zertifikate – ein TDR pro zwei Hektar – an die Grundeigentümer der Senderzone ausgegeben. Zur Stimulierung der Nachfrage erhielten die Grundeigentümer in der Empfängerzone durch den Erwerb der Zertifikate die Möglichkeit, die erlaubte Nutzungsdichte in ihrer Zone zu überschreiten – sogenannter «Dichtebonus». Es entwickelte sich ein funktionierender Markt, wobei sich der Kaufpreis pro TDR zwischen 3500 und 11 000 US$ einpendelte. Bis zum Jahr 2005 wurden mehr als 6600 Zertifikate übertragen. Mithilfe der TDR konnte bis zu diesem Zeitpunkt Natur- und Kulturland im Umfang von mehr als 17 000 Hektar (rund 14 % der Bezirksfläche bzw. 46 % der Senderzone) langfristig frei gehalten werden.

Könnten solche übertragbaren Flächennutzungszertifikate auch in der Schweiz eingesetzt werden? Rein formal wäre eine Implementation durch rechtliche Anpassungen auf Gesetzesebene bei gleichzeitiger Berücksichtigung grundrechtlicher Bestandsgarantien auf Verfassungsebene möglich. Unklar ist allerdings, ob in der Schweiz die Nachfrage nach einem Dichtebonus ausreichend hoch und nicht nur auf wenige Standorte beschränkt ist. Da die Siedlungsräume hierzulande über die Kantonsgrenzen hinauswachsen, müsste die Anwendung von Zertifikaten zudem in einem grösseren Perimeter erfolgen. Grundsätzlich ist festzuhalten, dass die bestehende Zersiedelung der Schweizer Landschaft allein mit Flächennutzungszertifikaten nicht rückgängig gemacht werden kann. Die Zersiedelungstendenzen könnten aber abgeschwächt werden, da der Zertifikatehandel die Bautätigkeit von der grünen Wiese auf bereits erschlossene Siedlungsgebiete umlenken würde.

sen Massnahmen zählen Anreize, Steuern und Lenkungsabgaben sowie handelbare Flächenzertifikate. Das Erheben von Steuern oder Lenkungsabgaben dient der Internalisierung der externen Kosten.[42] Gemäss dem Verursacherprinzip sollen damit die umweltschädigenden Tätigkeiten – hier die weitere Zersiedelung der Landschaft – verteuert und dem Verursacher angelastet werden. Ein Beispiel hierfür ist die Mehrwertabgabe bei Einzonungen: Das Raumplanungsgesetz (RPG)[43] verlangt, dass die Kantone für einen angemessenen Ausgleich für erhebliche Vor- und Nachteile sorgen, die auf Planungen des RPG zurückgehen.[44] Die planungsbedingten Nachteile – die Verluste der Eigentümerinnen und Eigentümer –, die bei Aus- oder Umzonungen entstehen, werden in der Regel ausgeglichen. In der Praxis wird dieser Ausgleich aber zuweilen durch die restriktive Rechtsprechung des Bundesgerichts verhindert. Die Vorteile hingegen – der Mehrwert von Einzonungen – werden äusserst selten abgeschöpft – und durch die Grundstückgewinnsteuer nur teilweise kompensiert.[45] Der Gesetzgebungsauftrag an die Kantone ist also bis heute weitgehend unerfüllt, nur zwei Kantone haben bisher eine Mehrwertabgabe eingeführt.

> **⇢ Zertifikate**
> *Zertifikate sind vom Staat ausgegebene Wertpapiere, die ihren Besitzern das Recht geben, eine gewisse Fläche an Boden zu nutzen. Die Erstzuteilung erfolgt entweder gratis oder durch Versteigerung.[46] Unterschieden wird zwischen «Flächennutzungsrechten» (Recht auf eine bauliche Nutzung) und «Flächenausweisungsrechten» (Recht auf Einzonung eines Grundstücks als Bauland).[47]*

Von raumplanerischer Seite kommt nun die Forderung nach einer Verstärkung dieses Gesetzgebungsauftrags. Zudem könnte die Mehrwertabgabe mit einer stärker lenkenden Wirkung angereichert werden: So könnten für Siedlungsentwicklungen nach innen tiefere Ansätze zur Anwendung gelangen als für Überbauungen auf der grünen Wiese. Ein weiteres marktwirtschaftliches Instrument ist das handelbare Flächenzertifikat. Zertifikate zählen nicht wie Lenkungsabgaben zu den preissteuernden, sondern zu den unmittelbar mengensteuernden Instrumenten.[48] Sie sind darauf angelegt, die Umweltbelastung über eine vorab festgelegte Menge nutzbarer Ressourcen zu senken. Noch gibt es ausserhalb der USA nur begrenzt Erfahrung mit Flächenzertifikaten, aber in einigen Ländern immerhin Konzeptentwürfe und vereinzelt auch Anwendungen. Ein Zertifikatsystem setzt aber unabhängig von seiner konkreten Ausgestaltung stets die Plafonierung der Bauzonenfläche voraus.

Konsequente Umsetzung und neue Steuerungsinstrumente
Marktwirtschaftliche Instrumente haben wesentliche Vorteile: Sie sind flexibel und effizient – können also den angestrebten Grenzwert der Siedlungsflächenbegrenzung mit minimalen gesamtwirtschaftlichen Kosten erreichen. «Gerecht» sind diese Instrumente allerdings nicht, da die finanziellen Ausgangslagen der Gemeinden sehr unterschiedlich sind. Die gesamtwirtschaftlichen Kosten mögen minimiert sein, die reichen periurbanen Gemeinden können allerdings ihre Wachstumsstrategien mit den eingekauften Flächenzertifikaten weiterhin verwirklichen.

Allerdings ist jedes der diskutierten Instrumente mit spezifischen Vor- und Nachteilen verbunden. Um Massnahmen implementieren zu können, die eine möglichst wirksame Steuerung der Siedlungsentwicklung ermöglichen, ist die Erhebung von statistischen Grundlagendaten – z.B. Tendenzen der Siedlungsentwicklung sowie Pendlerströme – unerlässlich. Nach der Umsetzung der gewählten Instrumente muss zudem eine stete Überprüfung ihrer Wirksamkeit erfolgen, und gegebenenfalls müssen Verbesserungen angebracht werden.

Grundsätzlich ist festzuhalten, dass für eine nachhaltige räumliche Entwicklung der Schweiz das bisherige Planungsinstrumentarium konsequent umgesetzt und mit neuen Steuerungsmassnahmen ergänzt werden muss. Welche Kriterien bei der Auswahl der Instrumente stärker berücksichtigt werden – sei es Wirksamkeit, Effizienz oder Gleichbehandlung der Gemeinden –, sollte im Rahmen eines öffentlichen politischen Diskurses erörtert werden. Bisher relativ wenig diskutiert und untersucht wurde die Wirksamkeit von freiwilligen

Kooperationsarrangements zur Begrenzung der Siedlungsentwicklung, also Instrumente, die weder auf Hierarchie, noch Markt, sondern auf Verhandlung setzen.

Zweiter Schwerpunkt der politischen Steuerung: Koordination von Siedlungsentwicklung und Verkehrsplanung

Gemäss der Nachhaltigkeitsstrategie des Schweizer Bundesrates[49] ist die Mobilität das Rückgrat und die zentrale Einflussgrösse der Raumentwicklung. Daher ist für die gewünschte Verdichtung nach innen insbesondere die Abstimmung zwischen Raumplanung und Verkehr zu verbessern. Diese Koordination hat bisher nicht wie erfordert stattgefunden.[50] Der gleichzeitige Ausbau des öffentlichen Verkehrs und des motorisierten Individualverkehrs hat massive Zersiedelungsschübe ausgelöst. Siedlungsentwicklung und Verkehrsentwicklung stellen dabei zwei Seiten einer Medaille dar. Neue Verkehrsinfrastrukturen leisten der Ausdehnung der Siedlungsfläche Vorschub. Die neu erstellten Quartiere, die nun Mehrverkehr erzeugen, machen einen weiteren Ausbau der Verkehrsinfrastrukturen notwendig. Diese Wechselwirkungen zwischen Siedlung und Verkehr führen zu einer steigenden Zersiedelung und haben sich in den letzten Jahren nicht abgeschwächt. Am schnellsten sind daher verkehrstechnisch gut erschlossene Gemeinden im weiteren Umfeld der Kernstädte gewachsen.[51]

Mangelnde Koordination von Siedlung und Verkehr
Der Modal Split hat sich in den letzten Jahren kaum verändert: der Anteil des öffentlichen Verkehrs liegt bei rund 20 %.[52] Um aber den urbanen Raum an den Netzen des öffentlichen Verkehrs auszurichten, ist eine interventionistische Politik notwendig, da hohe Infrastrukturkosten und die gegebene Streckenorientierung keine kontinuierliche Erschliessung des Raums wie die engmaschigen Individualverkehrsnetze ermöglichen. Notwendig ist daher eine enge Koordination von Raumplanung und urbaner sowie regionaler Verkehrsplanung. Die koordinierte Planung dieser beiden Politikbereiche ist aber trotz der vorhandenen dynamischen Interdependenzen noch weitgehend unvollendet.[53] Erschwerend wirkt hier, dass die jeweiligen Entscheidungsträger auf unterschiedlichen staatlichen Ebenen angesiedelt sind. Während raumplanerische Entscheidungsprozesse hauptsächlich auf kommunaler und kantonaler Ebene stattfinden, wird die strategische Ausrichtung des öffentlichen Verkehrs vom Bund und den Kantonen wahrgenommen.

Vielversprechende Agglomerationsprogramme
In ihrer Untersuchung von vier grossen Schweizer Agglomerationen zeigen Kaufmann und Sager[54], dass infolge der steigenden Zersiedelung und der zunehmenden Interdependenzen zwischen raumwirksamen Policies die meisten Gemeinden und Kantone interdepartementale Koordinierungsausschüsse geschaffen haben. Es handelt sich dabei um Arbeitsgruppen, die das staatliche Handeln in den Bereichen Verkehr und Siedlung koordinieren und dabei auch mit privaten Akteuren zusammenarbeiten. Im Unterschied zum Bereich der Siedlungsentwicklung steht hier Verhandlung als hauptsächlicher Steuerungsmodus im Vordergrund. Hinsichtlich konkreter Projekte, die sich mit der Abstimmung von Siedlungs- und Verkehrsplanung beschäftigen, legen Sager et al. dar, dass verschiedene Voraussetzungen gegeben sein müssen, um freiwillige, effektive Koordinationsentscheidungen zu gewährleisten.[55] Positiv beeinflusst wird die koordinierte Planung und Umsetzung durch zentralisierte Entscheidungsstrukturen bei den involvierten Partnern, einen eher fragmentierten Agglomerationsraum sowie eine klare Trennung zwischen der politischen und der fachlichen Ebene innerhalb der Projektstrukturen. Sager betont aber, dass nur durch die Kombination dieser institutionellen Charakteristika die gewünschten Resultate erzielt werden können. Eine einzelne Reform der politischen Strukturen ist daher nicht zielführend, sondern muss stets im gesamten institutionellen Rahmen betrachtet und analysiert werden.

Ein wichtiges, neu geschaffenes Instrument zur besseren Koordinierung von Siedlungsentwicklung und Verkehrsplanung ist das Agglomerationsprogramm. Es handelt sich hierbei um ein Förderinstrument, mit dem der Bund den Kantonen, Kernstädten und Umlandgemeinden substanzielle Finanzbeiträge an Entwicklungsvorhaben in Agglomerationen in Aussicht

Exkurs
Kantonale Agglomerationspolitik

Der Ursprung der Agglomerationspolitik in den Schweizer Kantonen ist unterschiedlicher Natur. In einigen Kantonen bestehen schon seit längerer Zeit agglomerationspolitische Aktivitäten, während andernorts solche Aktivitäten erst mit den entsprechenden Initiativen des Bundes aufkamen. In beiden Fällen ist das Instrument des Agglomerationsprogramms ein zentraler Bestandteil der Agglomerationspolitik. Ziel dieses Programms ist es, eine ganzheitliche Entwicklungsstrategie für den jeweiligen Agglomerationsraum zu ermöglichen. Die grosse Mehrheit der bisher eingereichten Agglomerationsprogramme konzentrierte sich aber auf die Bereiche Verkehr und Siedlung. Einerseits ist der Handlungsbedarf hier am grössten und andererseits stellt die Aussicht auf die Bundesfinanzierung im Agglomerationsverkehr einen wesentlichen Anreiz für die Erarbeitung eines Agglomerationsprogramms dar. Der Einbezug weiterer regional relevanter Themenfelder geht je nach Kanton unterschiedlich weit und hängt mit der eingeschlagenen institutionellen und inhaltlichen Entwicklung der Agglomerationspolitik und den kantonalen Strukturen zusammen.[56]

Federführung bei den Kantonen

Die formellen Grundlagen der Kooperation in Agglomerationsräumen sind je nach Kanton sehr unterschiedlich ausgestaltet. Die Art der agglomerationspolitischen Organisation lässt sich grob in zwei Ansätze einteilen: in eine Institutionalisierung auf regionaler Ebene – wie in den Kantonen Bern und Tessin – sowie in eine vertragsbasierte, projektbezogene Organisation – wie in den Kantonen Aargau und Neuenburg. Unabhängig von der Rechtsform der agglomerationsbezogenen Zusammenarbeit fällt die Federführung in den allermeisten Fällen dem Kanton zu. Die Trägerschaft der Agglomerationsprogramme umfasst zwar neben dem Kanton auch die Kernstadt sowie die Agglomerationsgemeinden des jeweiligen urbanen Raums, die Rolle des verantwortlichen Koordinators nimmt aber stets der Kanton ein.

Ausweitung zu generellen Entwicklungsstrategien

Vor dem Hintergrund eines potenziellen Konfliktes zwischen Stadt und Land haben zahlreiche Kantone ihre ehemals urbanen Entwicklungsstrategien zu umfassenderen regionalen Strategien ausgebaut, die auch den ländlichen Raum einbeziehen. Damit wird den Befürchtungen der ländlichen Gemeinden vorgebeugt, sie könnten durch zusätzliche finanzielle Mittel an die Agglomerationen wirtschaftlich und politisch benachteiligt werden.

Das Instrument des Agglomerationsprogramms fördert zwar die horizontale und vertikale Kooperation in urbanen Räumen. Eine Stärkung der Städte und der Agglomerationsgemeinden ist damit aber nicht erfolgt. In allen Teilen der Schweiz haben die Kantone die federführende Rolle in der Agglomerationspolitik errungen. Angewiesen auf die Unterstützung der ländlichen Gemeinden haben sie in der Folge oftmals die agglomerationspolitischen Strategien in umfassende regionale Entwicklungsstrategien integriert. Der Stellenwert des städtischen Raums hat sich dadurch nicht verbessert. Zurzeit bleibt also die Frage, ob die agglomerationspolitischen Initiativen des Bundes ihren Zweck der Aufwertung des urbanen Raums der Schweiz tatsächlich erfüllen.

Die konsequente Ausrichtung der Siedlungsentwicklung auf den öffentlichen Verkehr ist ein zentrales Anliegen der Agglomerationspolitik.

stellt – unter der Bedingung, dass gewisse Anforderungen bezüglich Zusammenarbeit sowie Raum- und Verkehrsplanung erfüllt werden.[57] Die Verfassungsgrundlage für ein solches Engagement des Bundes wurde mit der Annahme der «Neugestaltung des Finanzausgleichs und der Aufgabenteilung zwischen Bund und Kantonen» (NFA) geschaffen. Die Finanzierung der Bundesbeteiligung wird über einen Infrastrukturfonds sichergestellt. Zum Erhalt der Bundesgelder müssen im Agglomerationsprogramm die Abstimmung von Verkehr und Siedlung nachgewiesen und gegenüber dem Bund eine Trägerschaft bezeichnet werden, die für die Realisierung des Agglomerationsprogramms verantwortlich ist.[58] Bis Ende 2007 hat das Bundesamt für Raumplanung 30 Agglomerationsprogramme aus 37 der 55 definierten Schweizer Agglomerationen erhalten – die sogenannten Programme der ersten Generation.[59] Der Bundesbeschluss über die Freigabe der Mittel ab 2011 wurde dem Parlament Ende 2009 vorgelegt. Im Rahmen einer weiteren Mittelfreigabe aus dem Infrastrukturfonds ab 2015 werden die Agglomerationsprogramme der zweiten Generation berücksichtigt. Dazu zählen neue Programme, die erstmals eingereicht werden, sowie die überarbeiteten Versionen der Agglomerationsprogramme der ersten Generation.

Für eine bessere Koordination von Siedlungsentwicklung und Verkehrsplanung erscheinen die Agglomerationsprogramme vielversprechend. Neben den erhofften raumplanerischen Effekten wird auch die horizontale und vertikale Kooperation in Agglomerationsräumen mittel- bis langfristig gestärkt. Diese Art der Zusammenarbeit soll zudem in einer späteren Revision des Raumplanungsgesetzes berücksichtigt werden.[60]

Ausrichtung auf den öffentlichen Verkehr

Weitere Strategien und Massnahmen zur Abstimmung der beiden Politikfelder «Siedlung» und «Verkehr» liegen in der konsequenten Ausrichtung der Siedlungsentwicklung auf die Knotenpunkte und Haltestellen des öffentlichen Verkehrs sowie in der Festlegung von Entwicklungsschwerpunkten in den kantonalen Richtplänen.[61] Diese Forderungen finden sich bereits in zahlreichen kantonalen Rechtsgrundlagen und Strategiedokumenten. Zur effektiveren Standortplanung werden dabei oftmals ÖV-Güteklassen festgelegt. Insbesondere bei verkehrsintensiven Einrichtungen wie beispielsweise Einkaufszentren ist eine effektive Abstimmung von Siedlungs- und Verkehrsplanung auf kantonaler Ebene essenziell. Diese Einrichtungen sind grundsätzlich im Nahbereich des öffentlichen Verkehrs anzusiedeln.

Im Projekt ZERSIEDELUNG wird der Rückbau von nicht mehr dringlich benötigten Verkehrswegen empfohlen, um den Bau neuer Gebäude entlang der Trasse des Verkehrsweges unattraktiv zu machen. Weiter sollen Verkehrswege verstärkt gebündelt und Umfahrungsstrassen ortsnah geführt werden, um die verbliebenen grossen siedlungsfreien Flächen zu erhalten. Um das Ausmass der zurückgelegten Distanzen zu reduzieren, sprechen sich zudem einige Fachleute für eine stärkere Nutzungsmischung von Wohnen, Versorgen und Freizeit aus.[62]

Dritter Schwerpunkt der politischen Steuerung: Berücksichtigung von städtebaulichen Qualitäten und sozialräumlichen Aspekten

Mangelndes städtebauliches Bewusstsein
Die politische Steuerung der Siedlungsentwicklung darf sich nicht nur auf die reine Lenkung des Flächenwachstums oder die verkehrstechnische Erschliessung beschränken, sondern muss auch sozialräumliche und städtebauliche Aspekte berücksichtigen. Diese qualitativen Eigenschaften von Gemeinden und Quartieren beeinflussen die Zusammensetzung der Bevölkerung, die Lebensqualität sowie letztlich auch das Ausmass politischer Konflikte.

Die Erkenntnis, dass Verdichtung nach innen stets auch städtebaulichen und architektonischen Qualitätsansprüchen genügen muss, ist bisher in der Schweiz erst bei den Grossstädten ins Bewusstsein gedrungen. Das «ästhetische Moment», das von raumplanerischer Seite gefordert wird[63], findet im sub- und periurbanen Umfeld wenig Beachtung. Attraktiver Städtebau – gesteuert beispielsweise über Architekturwettbewerbe – findet nur in urbanen Gemeinden statt.[64] Trotz der baurechtlichen Voraussetzungen und den bestehenden Grundeigentumsverhältnissen haben die kommunalen Baubehörden in der Schweiz verschiedene Einflussmöglichkeiten. Allerdings werden diese Instrumente nicht überall gleich häufig und effektiv genutzt. Städtische Kommunen nutzen oft die gesamte Bandbreite ihres Instrumentariums von Leitbildern über Vorschriften in der Bauordnung hin zu Gestaltungsplänen und Testplanungen. Periphere Agglomerationsgemeinden hingegen sind deutlich weniger aktiv bei der Lenkung ihrer städtebaulichen Entwicklung. Es ist also insbesondere der Agglomerationsraum jenseits der Kernstadt, der in Zukunft gestalterischer Massnahmen bedarf.

Wenig Innovation seitens der kommerziellen Investoren
Das Projekt LEBENSSTILE zeigt, dass die Investoren im Bau- und Wohnungswesen wenig innovativ sind und von den Gemeinden auch nicht zur Innovation angehalten werden. Die Untersuchung der Lifestyle-Vorstellungen der verschiedenen öffentlichen und privaten Akteure auf dem Wohnungsmarkt kommt zum Schluss, dass das Nachhaltigkeitsverständnis der kommerziellen Anbieter sehr limitiert ist. Investoren und Baufirmen verfügen über sehr konservative Ansichten bezüglich ökologischer und sozialer Nachhaltigkeit sowie bezüglich einer urbanen Lebensweise und nehmen daher in architektonischer und städtebaulicher Hinsicht keine Vorreiterrolle ein. Solche Überlegungen fliessen höchstens als Kostenfaktoren in die Rechnung ein. Das Projekt LEBENSSTILE weist nach, dass die Wohnungsanzeigen die konventionellen Lifestyle-Ideen der Immobilienfirmen widerspiegeln. Der grösste Teil der kommerziellen Anbieter beschränkt sich in den publizierten Anzeigen auf das Bild der stereotypen Kleinfamilie. Im Vergleich zu diesen privaten Anbietern, deren Kerngeschäft das Bau- und Wohnungswesen ist, verfügen die staatlichen, die gemeinnützigen sowie die institutionellen Investoren über ein breiteres Verständnis von unterschiedlichen Lebensstilen. Sie lassen sich auch oftmals beraten hinsichtlich gesellschaftlicher Bedürfnisse, zeitgenössischer Architektur sowie urbanem Design. Die staatlichen und institutionellen Investoren zeigen dabei ein umfassenderes Nachhaltigkeitsverständnis als die kommerziellen Anbieter.

Verstärkte Segregation
Eine nachhaltige Steuerung der Siedlungsentwicklung muss zudem stets die Prozesse der sozialen Segregation im Auge behalten. Soziale Segregation meint den Vorgang der Entmischung bestimmter Gruppen, der räumlichen Aufteilung der Einwohner nach ethischen, religiösen oder soziodemografischen Kriterien. So ist in der Schweiz in grösseren Städten und Agglomerationen etwa eine räumliche Segregation von

sozialen Schichten zu beobachten. Es wurde bereits vor einiger Zeit festgestellt, dass sich schlecht qualifizierte Ausländerinnen und Ausländer vor allem in den Kernstädten und den suburbanen Gemeinden konzentrieren, währenddem in den periurbanen und den reichen Gemeinden die oberen sozioprofessionellen Kategorien überrepräsentiert sind.[65] Diese räumliche Differenzierung hat im Zeitvergleich 1980–1990 zugenommen. Der Befund eines akzentuierten Segregationsprozesses wird zehn Jahre später auch im Projekt DEMOGRAFIE bestätigt, das ebenfalls eine steigende soziale Polarisierung sowohl der einheimischen als auch der ausländischen Wohnbevölkerung feststellt. In diesem Projekt wird als Konsequenz eine Anpassung bestehender konzeptioneller und normativer Vorstellung in Bezug auf Integration und Segregation unter Berücksichtigung der unterschiedlichen Migrationsgruppen gefordert.

Das Forschungsvorhaben IMMOBILIENBEWERTUNG untersuchte, ob diese geografische Segregation auf Präferenzen der unterschiedlichen Bevölkerungsgruppen oder aber auf diskriminierende Tendenzen im Wohnungsmarkt zurückzuführen ist. Grundsätzlich stellten die Autoren anhand einer Analyse der Städte Genf und Zürich zwar eine Konzentration von ausländischen Bevölkerungsgruppen und von Gruppen mit tiefem Bildungsniveau in einzelnen Stadtteilen fest. Diese Segregation fällt allerdings nicht sehr stark aus und ist mit der Getto-Bildung in anderen Ländern nicht zu vergleichen. Es konnte zudem gezeigt werden, dass ausländische Haushalte mit tiefem Bildungsniveau bezüglich der Wohnungsmiete tatsächlich diskriminiert werden. So bezahlt diese Bevölkerungskategorie für die gleiche Wohnung eine 5–7 % höhere Miete als ein schweizerischer Haushalt mit tiefem Bildungsniveau. Betrachtet man Haushalte mit höherem Bildungsniveau beträgt der Unterschied nur noch 2,5 %. Schliesslich weisen die Autoren die Existenz eines «Nachbarschaftseffekts» nach. So sinkt die Wohnungsmiete um bis zu 20 %, wenn in den benachbarten Gebäuden überwiegend Ausländer mit einem tiefen Bildungsniveau leben. In diesem Fall werden nicht einzelne Individuen, sondern eine gesamte Bevölkerungsgruppe diskriminiert. Die Existenz eines Nachbarschaftseffekts bedeutet auch, dass die meisten gut ausgebildeten Personen eine Kompensation verlangen, um in ein solches Quartier zu ziehen.

Erkenntnisse aus NFP 54-Projekten

Das Projekt LEBENSSTILE untersuchte Lifestyle-Vorstellungen verschiedener Akteure auf dem Wohnungsmarkt hinsichtlich ihres Nachhaltigkeitsverständnisses. Darauf aufbauend formulierte es Empfehlungen zur partizipativen Ausgestaltung von Planungsprozessen im Städtebau.

Das Projekt DEMOGRAFIE widmete sich soziodemografischen Wandlungsprozessen im urbanen Raum und stellte dabei eine verstärkte soziale Polarisierung fest.

Im Rahmen des Projekts IMMOBILIENBEWERTUNG wurden verschiedene Determinanten von Immobilienpreisen untersucht und quantifiziert. Dabei stiessen die Autoren auf bedeutende Segregations- und Diskriminierungsprozesse auf dem Wohnungsmarkt.

Das Projekt STADTPARK befasste sich mit der Frage, inwiefern öffentliche Pärke die soziale Nachhaltigkeit in städtischen Siedlungen unterstützen, und zeigte hierfür die nötigen Voraussetzungen und Bedingungen auf.

Im Projekt INSTITUTIONELLE REGIME wurde die Nachhaltigkeit von genossenschaftlichem Wohnungsbau in unterschiedlichen institutionellen Regimen analysiert. Dabei konnten wichtige Faktoren – wie beispielsweise staatliche Interventionen – für eine nachhaltigere Bewirtschaftung von Liegenschaften identifiziert werden.

Finanzielle Anreize für umsichtigen Städtebau

Die erfolgte Diskussion der Steuerungsprobleme zeigt auf, dass es nicht an Instrumenten mangelt, um die städtebaulichen Qualitäten und die sozialräumlichen Aspekte effektiv lenken zu können. Vielmehr fehlt auf lokaler Ebene oftmals

Parkanlagen können die soziale und gesellschaftliche Vielfalt erfahrbar machen.

der politische Wille, dieses Instrumentarium tatsächlich zu nutzen. Eine denkbare Strategie wären finanzielle Anreize des Kantons, die Verdichtung nach innen stets auch unter sozialräumlichen und städtebaulichen Gesichtspunkten voranzutreiben. Nötig sind vermutlich auch Leitfäden und Informationsmaterial für die Gemeinden, wie sie ihre Siedlungsentwicklung attraktiv und auch ökologisch und sozial nachhaltig gestalten können.

Verdichtungsvorhaben sollten stets auch Raum lassen für Grünflächen, Spielplätze und Pärke.[66] Im Projekt STADTPARK wird gezeigt, dass öffentliche Pärke ein hohes soziales Nachhaltigkeitspotenzial innehaben. Parkanlagen als Bestandteil der öffentlichen Freiräume leisten einen wichtigen Beitrag zur Lebensqualität in urbanen Siedlungen. Es müssen aber auch gewisse Voraussetzungen erfüllt sein, damit Pärke ihre sozial nachhaltige und integrative Funktion erfüllen können. So sollte der Raum gemäss dem Projekt STADTPARK als schön, praktisch und sicher wahrgenommen werden, um einen Beitrag zum Wohlbefinden der Menschen zu leisten. Eine weitere Voraussetzung ist die Lesbarkeit des Raums. Nur wenn die Menschen dem vorgefundenen Raum eine Bedeutung zuschreiben, in ihm einen Sinn sehen, können sie sich den Raum aneignen und ein Zugehörigkeitsgefühl entwickeln. Keine gesellschaftliche Gruppe sollte dabei ausgegrenzt werden. So können Parkanlagen auch die soziale und kulturelle Vielfalt der Gesellschaft erfahrbar machen. Das Projekt STADTPARK empfiehlt, dass für alle Einwohnerinnen und Einwohner sowie für alle beschäftigten Personen ein öffentlicher Park von hoher Qualität und einer bestimmten Mindestgrösse in Fusswegdistanz erreichbar sein sollte.

Öffentlicher Dialog bei Planungsvorhaben

Um attraktiven Städtebau weiter zu fördern, schlägt das Projekt LEBENSSTILE vor, dass sich die Gemeinden künftig ihre Partner im Bau- und Wohnungswesen sorgfältiger aussuchen. Da gemäss dieser Untersuchung die meisten kommerziellen Investoren wenig innovativ sind und über ein eher limitiertes Nachhaltigkeitsverständnis verfügen, sollten für neue Bauprojekte eher gemeinnützige oder institutionelle Investoren berücksichtigt werden. Zudem sollen neue Planungsvorhaben und die ihnen zugrunde liegenden Lifestyle-Konzepte in einem grösseren Rahmen diskutiert werden. Der Autor von LEBENSSTILE empfiehlt für die Planung und Umsetzung grösserer Projekte einen partizipativen Ansatz unter Einschluss aller relevanten Akteure. In einem systematischen, strukturierten und geleiteten Dialog sollen Missverständnisse und Konflikte hinsichtlich unterschiedlicher Wertehaltungen und Lebenseinstellungen diskutiert und ausgeräumt werden. Mithin wird hier also der verstärkte Einsatz von Prozessen vorgeschlagen, die die freiwillige Koordination zwischen relevanten Akteuren verbessert.

Das Projekt INSTITUTIONELLE REGIME schlägt zudem vor, dass Besitzerinnen und Besitzern grösserer Liegenschaften Auflagen bezüglich einer nachhaltigen Entwicklung gemacht werden. Bauherrschaften sollen Strategien vorweisen, wie sich neue Gebäude in die bestehenden Siedlungen einfügen und inwiefern sich diese Bauten an den staatlichen Nachhaltigkeitsstrategien orientieren. Das Projekt untersuchte die Auswirkungen unterschiedlicher institutioneller Regime auf die Nachhaltigkeit genossenschaftlichen Wohnungsbaus («collective housing») und kam zum Schluss, dass regulatorische Defizite bezüglich Besitzverhältnissen, Dienstleistungen und weiteren Gütern die wichtigsten Hindernisse für eine nachhaltige Nutzung der Wohngebäude darstellen. Die häufigste Ursache für einen Wechsel zu einer nachhaltigeren Verwaltungsstrategie hingegen liegt in Änderungen der entsprechenden öffentlichen «policies» – beispielsweise der Einführung einer Lenkungsabgabe. Staatliche Interventionen stellen also ein wirksames Mittel dar, um den Gebäudebestand nachhaltiger zu bewirtschaften.

Gestaltung des öffentlichen Raums

Im Hinblick auf die soziale Nachhaltigkeit fordert das Projekt DEMOGRAFIE eine differenziertere Integrationspolitik. Integrationspolitische Massnahmen sollten sich nicht nur an die sozial benachteiligten Migrantinnen und Migranten mit längerer Aufenthaltsperspektive in der Schweiz richten, sondern auch an gut qualifizierte Migrantinnen und Migranten mit oftmals kürzerer Aufenthaltsperspektive. Die Aufnahmebereitschaft und die interkulturellen Haltungen der einheimischen Bevölkerung müssen zudem gestärkt werden. Bezüglich den Prozessen der sozialen Segregation empfiehlt das Projekt DEMOGRAFIE eine differenzierte Desegregationspolitik, die unter

Öffentliche Anlagen sollten sowohl für die Wohn- als auch die Arbeitsbevölkerung in Fusswegdistanz zur Verfügung stehen.

anderem Massnahmen beinhaltet zu einer städtebaulichen Wiederaufwertung von Problemgebieten, zu einer besseren Durchmischung in kommunalen und baugenossenschaftlichen Liegenschaften sowie zu einer Verwirklichung von integrativen Wohnprojekten in Zusammenarbeit mit privaten Investoren.

Die Forderung nach einer «besseren Durchmischung» der Quartiere wird auch in den Entwicklungsstrategien vieler Schweizer Städte formuliert. Allerdings bezieht sich diese Durchmischung stets auf benachteiligte und nie auf besser gestellte Quartiere.[67] Die vermeintliche Lösung der Frage der sozialen Segregation resultiert in zunehmender Polarisierung und Segregation – durch die Ansiedlung von Personen aus der Mittelklasse in sogenannten «Problemquartieren». Die Symptome der sozialen Ungleichheit werden behandelt, die Ungleichheit selbst vergrössert sich dadurch aber nur. Eine bessere Durchmischung, die nicht nur auf benachteiligte, sondern auch auf besser gestellte Stadtquartiere und Gemeinden («Reichtumsenklaven») zielt, ist allerdings nur schwer umzusetzen. Denkbar wären Vorgaben in den kantonalen Siedlungsplänen, die eine Mindestquote an sozialer und gesellschaftlicher Durchmischung festlegen. Solche Massnahmen würden in den einzelnen Gemeinden aber vermutlich auf grossen Widerstand treffen. Zu empfehlen ist daher eine Siedlungspolitik, die die Möglichkeiten einer verstärkten gesellschaftlichen Durchmischung offen lässt und viel Wert auf die Gestaltung des öffentlichen Raums legt, ohne aber die Aufwertung von benachteiligten Quartieren zu forcieren.[68]

8.4 Fazit

Institutionelle Reformen reduzieren Koordinationsaufwand

Die politische Steuerung der Siedlungsentwicklung gestaltet sich in der Schweiz nicht so einfach. Mit dem bestehenden föderalistischen Mehrebenensystem und den stark verflochtenen Kompetenzen im Politikbereich der Raumplanung sehen sich Politikerinnen und Politiker sowie Planungsfachleute mit einer komplexen Ausgangslage konfrontiert. Ein grosses Hindernis stellt insbesondere die starke Gemeindeautonomie dar, die einen anhaltenden, unproduktiven Standortwettbewerb unter den Gemeinden möglich macht. Die hohe institutionelle Fragmentierung funktionaler Räume erhöht den Steuerungsaufwand zusätzlich. Nötig für eine effektive Steuerung einer nachhaltigen Siedlungsentwicklung ist daher eine verstärkte horizontale und vertikale Koordination im Schweizer Föderalismus. Institutionelle Reformen – sprich: Gemeindefusionen und/oder Regionalkonferenzen – können diese Koordination erleichtern, da sie die Anzahl betroffener und beteiligter Akteure und somit auch den Koordinationsaufwand reduzieren.

Es waren in den letzten Jahren und Jahrzehnten aber auch Fortschritte zu verzeichnen: Ausmass und Qualität der gemeindeübergreifenden Zusammenarbeit sind insbesondere in den Agglomerationsräumen gestiegen. So sind beispielsweise funktionierende Kooperationsformen wie die «Tripartite Agglomerationskonferenz» (TAK) oder die «Modellvorhaben» entstanden. Die TAK bietet Vertreterinnen und Vertretern des Bundes, der Kantone sowie der Städte und Gemeinden eine Austauschplattform, um die agglomerationsrelevanten Strategien und Sektoralpolitiken in Einklang zu bringen. Die «Modellvorhaben» sind Projekte, die der Bund zwecks der Verbesserung der Zusammenarbeit unterschiedlicher, relevanter Akteure – privater und staatlicher Akteure – in spezifischen Agglomerationen unterstützt. Mit diesen verschiedenen Kooperationsstrukturen versucht der Bund Einfluss zu nehmen auf das Verhalten der Akteure, die für die Agglomerationsentwicklung wichtig sind.[69]

Notwendigkeit für Anreize und Impulse von oben

Wie sich zeigt, kooperieren Gemeinden erst dann aus freien Stücken, wenn der Problemdruck ausreichend hoch ist. In Bezug auf eine nachhaltige Siedlungsentwicklung ist es dann vermutlich schon zu spät. Daher sollten Steuerungsanreize und -impulse grundsätzlich von höheren Ebenen kommen. Die Kantone und auch der Bund sollten hierzu stärker in die Pflicht genommen werden. Welche der vorgeschlagenen Empfehlungen und Instrumente schliesslich umgesetzt werden, ist in einem öffentlichen Diskurs zu bestimmen.

Negativplanung als Alternative

Den Empfehlungen zur nachhaltigen Siedlungsentwicklung ist aber auch eine Alternative gegenüberzustellen. Statt der vorgeschlagenen positiven Flächen- und Standortplanung könnte eine negative Planung, allenfalls auch als Ergänzung, in Betracht gezogen werden. Der negativplanerische Ansatz setzt nicht auf die Festlegung von bestimmten Siedlungsgebieten, sondern auf die Ausscheidung von Grünflächen oder auf die Festlegung eines Mindestflächenanteils von Freihaltezonen.[70] Eine mögliche Massnahme wäre die Entwicklung eines Nationalparkkonzepts zum Schutz von Grünräumen und Landschaften – nicht nur im ruralen Raum, sondern auch in urbanen Gebieten. Scheinbar natürliche Freiräume, wie Seen oder Flusslandschaften, werden auch erst durch regulative Eingriffe zu geschützten Erholungsräumen. Die Festlegung von kantonalen Schutzgebieten macht diese Gebiete zu attraktiven Ausflugszielen – und zu wichtigen Standortfak-toren. Gemäss Herzog wären die Definition und die Freihaltung eines Grünraums politisch einfacher durchzusetzen als Verdichtung und Verstädterung.[71] So ist die Steuerung einer nachhaltigen Siedlungsentwicklung möglicherweise am effektivsten über die Definition von Freihaltezonen zu gewährleisten.

Empfehlungen

1. Wissenschaftliche Voraussetzungen für eine wirksame politische Steuerung schaffen

Eine wirkungsvolle Steuerung der Siedlungsentwicklung setzt eine gute und möglichst zeitnahe Kenntnis konkreter Situationen und aktueller Entwicklungstrends voraus. Bund und Kantone müssen auch weiterhin Anstrengungen unternehmen, dass ihr statistisches Instrumentarium im Bereich der Siedlungsentwicklung dem wissenschaftlichen «state of the art» entspricht und die relevanten Daten regelmässig aktualisiert werden.
Zielgruppen: Bund und Kantone

2. Politische Steuerung der nachhaltigen Siedlungsentwicklung auf überkommunaler Ebene wahrnehmen

Grundsätzlich sollte die Steuerung einer nachhaltigen Siedlungsentwicklung auf überkommunalen Ebenen stattfinden, da die hohe Gemeindeautonomie eine freiwillige regionale Kooperation erschwert. Das bestehende Instrumentarium muss dabei konsequenter umgesetzt werden.
Zielgruppen: Bund und Kantone

3. Neue Instrumente für die Begrenzung des Siedlungsflächenwachstums und für eine stärkere Verdichtung nach innen einsetzen

Um das Siedlungsflächenwachstum konsequent zu begrenzen und eine stärkere Verdichtung nach innen zu fördern, sollten neue Steuerungsinstrumente – regulativer oder marktwirtschaftlicher Art – implementiert werden. Die Auswahl neuer Instrumente muss im Rahmen eines öffentlichen politischen Diskurses erörtert werden. Zu den möglichen Massnahmen zählen eine restriktivere kantonale Bewilligungspraxis, die Kontingentierung der Bauzonen, die Einführung einer Mehrwertabgabe bei Einzonungen, eine sozial verträgliche Variante des Flächenzertifikatehandels, der Erlass neuer, griffiger Bestimmungen zum Bauen ausserhalb der Bauzone sowie die Einführung flexibler Bauregeln in Einfamilienhauszonen, um eine Verdichtung der Bauten möglich zu machen.
Zielgruppen: Bund und Kantone

4. Die Koordination von Siedlungsentwicklung und Verkehrsplanung verbessern

Verkehrsintensive Einrichtungen sollen noch gezielter an den öffentlichen Verkehr angebunden werden. Um den herrschenden Standortwettbewerb aufzuheben, müssen die unterschiedlichen Praxen der Kantone vereinheitlicht werden. Weiter sind der Rückbau nicht mehr dringlich benötigter Verkehrswegen, eine stärkere Bündelung der Verkehrswege und eine ortsnahe Führung von Umfahrungsstrassen in Betracht zu ziehen.
Zielgruppen: Bund und Kantone

5. Die Stellung der Städte in der Agglomerationspolitik des Bundes stärken

In erster Linie müssen die Agglomerationsprogramme gestärkt und ins Raumplanungsgesetz aufgenommen werden. Um den urbanen Raum als Ganzes tatsächlich zu stärken, sind zudem die Städte und Agglomerationsverbände in der künftigen Agglomerationspolitik des Bundes stärker zu berücksichtigen. Sofern agglomerationspolitische Strategien weiterhin durch die Kantone als federführende Akteure formuliert und implementiert werden, erfährt der städtische Raum aufgrund des hohen Einflusses der ländlichen Gemeinden keine nennenswerte Stärkung.
Zielgruppe: Bund

6. Städtebauliche Qualitäten und sozialräumliche Aspekte aktiver steuern

Die innere Verdichtung muss stets unter städteplanerischen und architektonischen Gesichtspunkten erfolgen.

Die Kantone sollten den Gemeinden hierzu Anreize bieten, ihr planerisches Instrumentarium auch tatsächlich auszuschöpfen. Dazu gehört auch, dass ausreichend und «gute» Pärke erstellt werden. Die Gemeinden sollten sich ihre Partnerinnen und Partner bei neuen Bauvorhaben sorgfältiger aussuchen – gemeinnützige oder institutionelle Investoren verfügen über ein breiteres Nachhaltigkeitsverständnis und nicht nur über konventionelle Lifestyle-Vorstellungen. Die Diskussion der unterschiedlichen Wertehaltungen muss in einem partizipativen Prozess stattfinden. Den Besitzerinnen und Besitzern grösserer Liegenschaften sollen zudem Auflagen bezüglich einer nachhaltigen Bewirtschaftung gemacht werden.
Zielgruppen: Kantone und Gemeinden

Umgang mit sozialer Segregation in urbanen Räumen nachhaltig gestalten

7

Die zunehmende soziale Segregation in urbanen Räumen ist eine Tatsache. Die simple Aufwertung benachteiligter Quartiere wird diese Entwicklung allerdings nur verstärken. Gefordert ist daher eine Siedlungspolitik, die eine verstärkte Durchmischung möglich macht, aber nicht forciert.
Zielgruppen: Kantone und Gemeinden

Ein Nationalparkkonzept zum Schutz von Grünräumen in urbanen Gebieten entwickeln

8

Neben einer aktiven Verdichtung des Siedlungsraums ist auch der negativplanerische Ansatz zu diskutieren, der auf die Ausscheidung von Grünflächen anstatt auf die Festlegung von Siedlungsgebieten setzt. Wünschbar wäre die Entwicklung eines Nationalparkkonzepts für den urbanen Raum. So könnte die Siedlungsentwicklung über die Definition von Freihaltezonen nachhaltig gesteuert werden. Denkbar sind zudem eine Ausweitung des Bundesinventars der Landschaften und Naturdenkmäler von nationaler Bedeutung (BLN) und die Aufnahme schützenswerter Landschaften im urbanen Raum.
Zielgruppen: Bund und Kantone

Literatur

Ein umfassendes Literaturverzeichnis der einzelnen NFP 54-Projekte finden Sie ab Seite 211 sowie auf der beigelegten DVD.

Zusätzliche Literatur zu Kapitel 8:

1 United Nations, 2008; World urbanization prospects. The 2007 revision; Department of Economic and Social Affairs, New York.
2 Eisinger, A., Schneider, M. (Hrsg.), 2003; Stadtland Schweiz; Birkhäuser, Basel.
3 Bundesamt für Statistik (BFS), 2001; Bodennutzung im Wandel. Arealstatistik Schweiz; BFS: 14, Neuchâtel.
4 Bundesamt für Raumentwicklung (ARE), 2005; Raumentwicklungsbericht 2005; Bundesamt für Raumentwicklung, S. 90, Bern.
5 Ostrom, E., 1972; Metropolitan reform: propositions derived from two traditions; Social Science Quarterly 53, S. 474–493.
6 Kübler, D., 2003; «Metropolitan governance» oder: die unendliche Geschichte der Institutionenbildung in Stadtregionen; Informationen zur Raumentwicklung, 9 (8), S. 535–541; Savitch, H., Vogel R. K., 2009; Regionalism and urban politics; in: Davies, J. S., Imbroscio, D. L. (Hrsg.): The-ories of urban politics, S. 106–124, Sage, London.
7 Hoffmann-Martinot, V., Sellers, J., 2005; Conclusion: the metropolitanization of politics; in: Hoffmann-Martinot, V., Sellers, J. (Hrsg.): Metropolitanization and political change, Verlag für Sozialwissenschaften, Op-laden.
8 Baudirektion Kanton Zürich, 2007; Raumentwicklung; Raumbeobachtung Kanton Zürich, 25, S. 20, Zürich.
9 Tiebout, Ch. M., 1956; A Pure Theory of Local Government Expenditures; Journal of Political Economy, 44, S. 416–424.
10 Vatter, A., 1996; Politikwissenschaftliche Thesen zur schweizerischen Raumplanung der Nachkriegszeit (1950–1995); DISP, 127: S. 28–34.
11 Lefèvre, Ch., 1998; Metropolitan Government and Governance in Western Countries: A Critical Review; International Journal of Urban and Regional Research, 22 (1), S. 9–25.

12 Lowery, D., 1999; Answering the public choice challenge: a neoprogressive research agenda; Governance, 12 (1), S. 29–55.

13 Frey, B. S., Eichenberger, R., 1999; The new democratic federalism for Europe: Functional, Overlapping and Competing Jurisdictions; Edward Elgar, Cheltenham;
Frey, B. S., Eichenberger, R., 2001; Metropolitan governance for the future: functional overlapping competing jurisdictions (FOCJ); Swiss political science review, 7 (3), S. 124–130.

14 Blöchliger, H., 2005; Baustelle Föderalismus. Metropolitanregionen versus Kantone: Untersuchungen und Vorschläge für eine Revitalisierung der Schweiz; Avenir Suisse/Verlag NZZ, Zürich.

15 Fürst, D., 1997; «Weiche» versus «harte» Kommunalverbände: Gibt es Gründe für eine «härtere» Institutionalisierung der regionalen Körperschaften?; in: Seiler, G. (Hrsg.): Gelebte Demokratie, S. 131–157, Kohlhammer, Stuttgart.

16 Savitch, H., Vogel, R. K., 2000; Paths to new regionalism; State and local government review, 32 (3), S. 158–168.

17 Le Galès, P., 1998; Regulations and Governance in European Cities; International Journal of Urban and Re-gional Research, S. 482–506.

18 Kübler, D., Heinelt, H., 2005; Metropolitan Governance, Democracy and the Dynamics of Place; in: Heinelt, H., Kübler, D. (Hrsg.): Metropolitan Governance. Capacity, Democracy and the Dynamics of Place, S. 8–28, 10–11, Routledge, London/New York.

19 Tripartite Agglomerationskonferenz (Hrsg.), 2007; Der Weg zu einer ganzheitlichen Agglomerationspolitik. Möglichkeiten und Grenzen kantonaler Agglomerationspolitik; TAK, Bern.

20 Schenkel, W., 2001; Die Agglomeration im schweizerischen Föderalismus; Schweizerische Zeitschrift für Politikwissenschaft, 7 (4), S. 141–146.

21 Art. 50 Bundesverfassung

22 Kübler, D., 2006; Agglomerationen; in: Klöti, U., Knoepfel, P., Kriesi, H., Linder, W., Papadopoulos, Y., Sciarini, P. (Hrsg.): Handbuch der Schweizer Politik, S. 259–286, 279–280, NZZ Verlag, Zürich.

23 Haller, W., Karlen, P., 1999; Raumplanungs-, Bau- und Umweltrecht; Band I, 3. Auflage, S. 59–60, Schulthess Zürich.

24 Schweizerische Vereinigung für Landesplanung (VLP), 2004; Raumplanung in der Schweiz; online unter: www.vlp-aspan.ch, Stand: Oktober 2009: 2.

25 Schweizerischer Bundesrat, 2008; Strategie Nachhaltige Entwicklung: Leitlinien und Aktionsplan 2008–2011, Bericht vom 16. April 2008, S. 19–20, ARE, Bern.

26 Bassand, M., Compagnon, A., Joye, D., Stein, V., Güller, P., 2001; Vivre et créer l'espace public; Presses polytechniques et universitaires romandes, Lausanne.

27 Sieverts, T., 1997; Zwischenstadt: Zwischen Ort und Welt, Raum und Zeit, Stadt und Land; Vieweg, Braunschweig.

28 Brandl, A., Barman-Krämer, G., Unruh, P., 2007; Gestaltungsstrategien für den suburbanen Raum. Wissen-schaftliche Annäherung an seine stadträumlichen Qualitäten und Potenziale; DISP, 168 (1), S. 44–55: 44.

29 Zollinger, F., 2005; Handelbare Flächenzertifikate und die Schweizer Raumplanung; DISP, 160, S. 67–74: 67.

30 Bundesamt für Raumentwicklung (ARE), 2008; Bauzonenreserven sind zu gross und oft am falschen Ort; Medienmitteilung vom 23. Oktober 2008, online unter: http://www.are.admin.ch/dokumentation/00121/00224/index.html?lang=de&msg-id=22143, Stand: Januar 2010.

31 Fahrländer Partner, 2008; Bauzonen Schweiz. Wie viele Bauzonen braucht die Schweiz?; Schlussbericht vom 10. Oktober 2008, ARE, Bern.

32 Einig, K., 2005; Regulierung des Siedlungsflächenwachstums als Herausforderung des Raumordnungsrechts; DISP, 160, S. 48–57: 49.

33 Siehe z.B. Plüss, L., Kübler, D., 2010; Raumpolitik im Agglo-Mosaik; in: ETH Wohnforum – ETH Case (Hrsg.): Stand der Dinge: Leben in der S5-Stadt, Hier + Jetzt Verlag, Baden; Zollinger, F., 2005; Handelbare Flächenzertifikate und die Schweizer Raumplanung; DISP, 160, S. 67–74.

34 Plüss, L., 2008; Die Kantonsgrenze im Metropolitanraum Zürich. Eine Untersuchung der interkommunalen Zusammenarbeit in der Nutzungsplanung; DISP, 174 (3), S. 66–76.

35 Strittmatter, P., 2009; Chance verpasst – Ein Kommentar zum neuen Entwurf für ein Raumentwicklungsgesetz (REG); DISP, 176 (1), S. 16–18: 17.

36 Bundesamt für Raumentwicklung (ARE), 2010; Bauen ausserhalb der Bauzonen; online unter: http://www.are.admin.ch/themen/recht/00817/index.html?lang=de, Stand: Januar 2010.

37 Kanton Basel-Stadt und Kanton Basel-Landschaft, 2009; Bauen ausserhalb Bauzonen; Mitteilung zum Bericht «Raumbeobachtung. Bauen ausserhalb Bauzonen», online unter: http://www.umweltberichtbeiderbasel.ch/Bauen-ausserhalb-Bauzonen.190.0.html, Stand: Januar 2010.

38 Bundesamt für Raumentwicklung (ARE), 2006: Gebäude, Wohnungen und Bevölkerung ausserhalb der Bauzone. Auswertung der eidgenössischen Volkszählung 2000, Vergleich mit 1990, Teil 1; Bericht, S. 10, ARE, Bern.

39 Zollinger, F., 2005; Handelbare Flächenzertifikate und die Schweizer Raumplanung; DISP, 160, S. 67–74: 67.

40 Einig, K., 2005; Regulierung des Siedlungsflächenwachstums als Herausforderung des Raumordnungsrechts; DISP, 160, S. 48–57: 51.

41 Dieses Anwendungsbeispiel wurde ausführlich beschrieben in: Süess, A., Gmünder, M., 2005; Weniger Zersiedlung durch handelbare Flächennutzungszertifikate?; DISP, 160, S. 58–66.

42 Frey, R. L., Staehelin-Witt, E., Blöchliger, H., 1993; Mit Ökonomie zur Ökologie. Analyse und Lösungen des Umweltproblems aus ökonomischer Sicht; 2. Auflage, S. 83, Helbing & Lichtenhahn, Basel.

43 Art. 5 Abs. 1 des Bundesgesetzes über die Raumplanung.

44 Schweizerische Vereinigung für Landesplanung (VLP), 2010; Mehrwertabgabe – Ein unerfüllter Gesetzge-bungsauftrag; Inforaum, 1 (10), S. 3.

45 Schweizerische Vereinigung für Landesplanung (VLP), 2010; Fünf Gründe für die Einführung einer Mehr-wertabgabe; Inforaum, 1 (10), S. 4–5: 5.

46 Frey, R. L., Staehelin-Witt, E., Blöchliger, H., 1993; Mit Ökonomie zur Ökologie. Analyse und Lösungen des Umweltproblems aus ökonomischer Sicht; 2. Auflage, S. 96, Helbing & Lichtenhahn, Basel.

47 Zollinger, F., 2005; Handelbare Flächenzertifikate und die Schweizer Raumplanung; DISP, 160, S. 67–74: 67.

48 Seidl, I., Schultz, B., Gellrich, M., 2009; Flächenzertifikate. Ein Instrument zur Senkung der Flächeninanspruchnahme?; Wissenschaft & Umwelt, Interdisziplinär 12, S. 150–156: 150.

49 Schweizerischer Bundesrat, 2008; Strategie Nachhaltige Entwicklung: Leitlinien und Aktionsplan 2008–2011; Bericht vom 16. April 2008, S. 19–20: 19, ARE, Bern.

50 Strittmatter, P., 2009; Chance verpasst – Ein Kommentar zum neuen Entwurf für ein Raumentwicklungsgesetz (REG); DISP, 176 (1), S. 16–18: 17.

51 Bühlmann, L., 2007; Siedlungsentwicklung und Verkehr, oder: die Frage nach dem Huhn oder dem Ei; Präsentation an der enviro.07 vom 17. November 2007 in Wald (ZH): 5.

52 Schweizerischer Bundesrat, 2008; Strategie Nachhaltige Entwicklung: Leitlinien und Aktionsplan 2008–2011; Bericht vom 16. April 2008, S. 19–20: 19, ARE, Bern.

53 Schad, H., 2003; Raum und Verkehr entwickeln sich in Wechselwirkung; Forum Raumentwicklung, 2, S. 22–24: 23.

54 Kaufmann, V., Sager, F., 2006; The Coordination of Local Policies for Urban Development and Public Transportation in four Swiss Cities; Journal of Urban Affairs, 28 (4), S. 353–374: 360.

55 Sager, F., Kaufmann, V., Joye, D., 1999; Die Koordination von Raumplanung und Verkehrspolitik in urbanen Räumen der Schweiz: Determinanten der politischen Geographie, der politischen Kultur oder der institutionellen Struktur?; Swiss Political Science Review, 5 (3), S. 25–55: 247.

56 Tripartite Agglomerationskonferenz (Hrsg.), 2007; Der Weg zu einer ganzheitlichen Agglomerationspolitik. Möglichkeiten und Grenzen kantonaler Agglomerationspolitik; TAK, Bern.

57 Kübler, D., 2006; Agglomerationen; in: Klöti, U., Knoepfel, P., Kriesi, H., Linder, W., Papadopoulos, Y., Sciarini, P. (Hrsg.): Handbuch der Schweizer Politik, S. 259–286: 280, NZZ Verlag, Zürich.

58 Schweizerischer Bundesrat, 2006; Agglomerationspolitik des Bundes; Zwischenbericht 2006, S. 16–17; ARE, Bern.

59 Bundesamt für Raumentwicklung, (ARE), 2010; Agglomerationsprogramme Verkehr und Siedlung; online unter: http://www.are.admin.ch/themen/agglomeration/00626/01680/index.html?lang=de, Stand: Januar 2010.

60 Bundesamt für Raumentwicklung (ARE), 2009: Bundesrat legt weiteres Vorgehen für die Revision des Raumplanungsgesetzes fest; Medienmitteilung vom 21. Oktober 2009, online unter: http://www.are.admin.ch/dokumentation/00121/00224/index.html?lang= de&msg-id=29608, Stand: Januar 2010.

61 Bühlmann, L., 2007; Siedlungsentwicklung und Verkehr, oder: die Frage nach dem Huhn oder dem Ei; Präsentation an der enviro.07 vom 17. November 2007 in Wald (ZH): 7.

62 Schad, H., 2003; Raum und Verkehr entwickeln sich in Wechselwirkung; Forum Raumentwicklung, 2, S. 22–24: 23.

63 Strittmatter, P., 2009; Chance verpasst – Ein Kommentar zum neuen Entwurf für ein Raumentwicklungsgesetz (REG); DISP, 176 (1), S. 16–18: 17.

64 Plüss, L., Kübler, D., 2010; Raumpolitik im Agglo-Mosaik; in: ETH Wohnforum – ETH Case (Hrsg.): Stand der Dinge: Leben in der S5-Stadt, Hier + Jetzt Verlag, Baden.

65 Huissoud, T., Stofer, S., Cunha, A., Schuler, M., 1999; Structures et tendances de la différenciation dans les espaces urbains en Suisse; IREC-DA/EPFL, Lausanne.

66 Bassand, M., Compagnon, A., Joye, D., Stein, V., Güller, P., 2001; Vivre et créer l'espace public; Presses polytechniques et universitaires romandes, Lausanne.

67 Widmer, C., 2009; Aufwertung benachteiligter Quartiere im Kontext wettbewerbsorientierter Stadtentwicklungspolitik am Beispiel Zürich; in: Drilling, M., Schnur, O. (Hrsg.): Governance der Quartiersentwicklung. Theoretische und praktische Zugänge zu neuen Steuerungsformen, S. 49–67: 64, Verlag für Sozialwissenschaften, Wiesbaden.

68 Lees, L., 2009; Gentrification and Social Mixing: Towards an Inclusive Urban Renaissance?; Urban Studies, 45 (12), S. 2449–2470: 2463.

69 Kübler, D., 2006; Agglomerationen; in: Klöti, U., Knoepfel, P., Kriesi, H., Lindner, W., Papadopoulos, Y., Sciarini, P. (Hrsg.): Handbuch der Schweizer Politik, S. 259–286: 280, NZZ Verlag, Zürich.

70 Einig, K., 2005; Regulierung des Siedlungsflächenwachstums als Herausforderung des Raumordnungsrechts; DISP, 160, S. 48–57: 51.

71 Herzog, J.; in: Diener, R., Herzog, J., Meili, M., De Meuron, P., Schmid, Ch. und das ETH Studio Basel, 2006; Die Schweiz – Ein städtebauliches Portrait; S. 157, Basel, Birkhäuser.

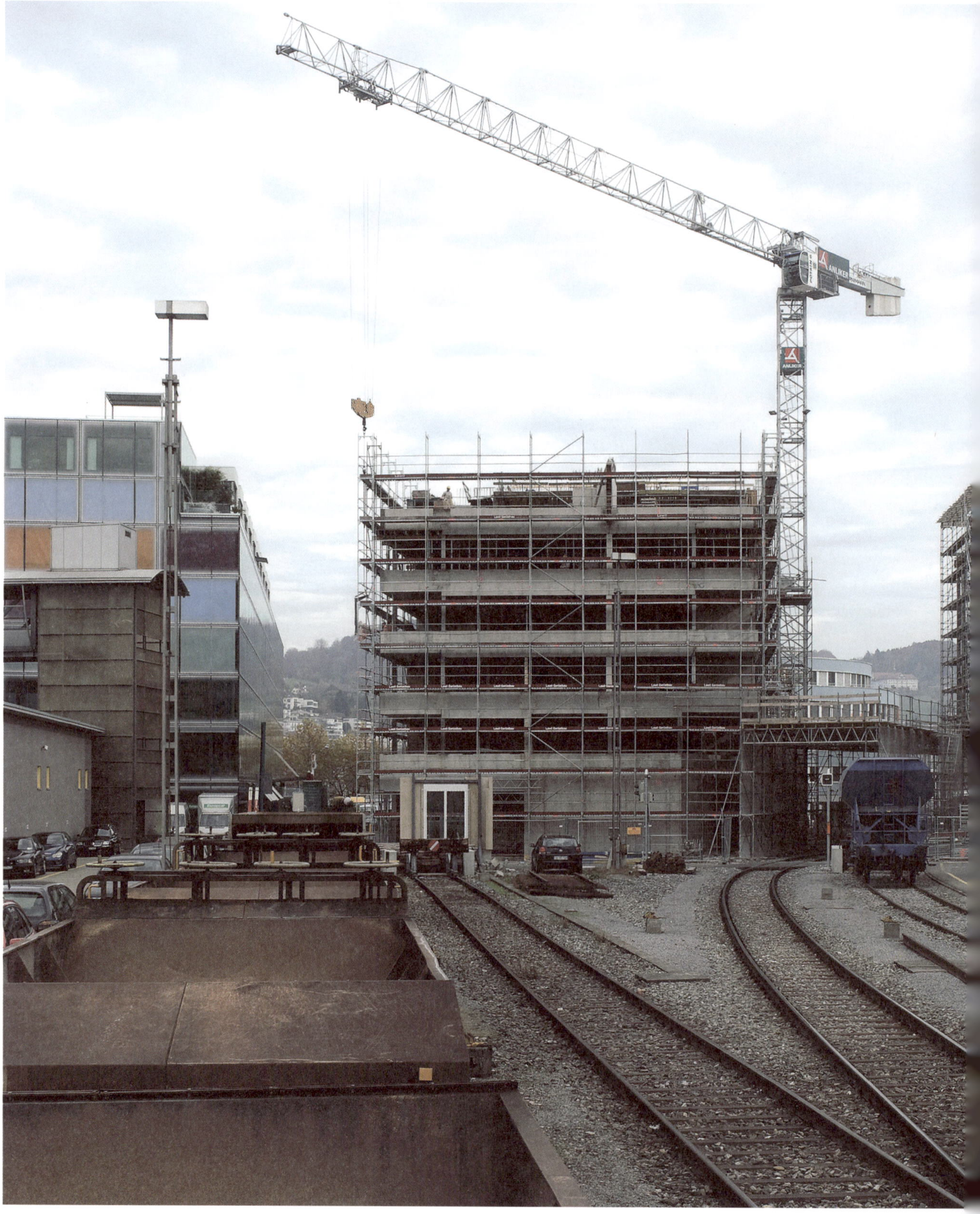

Literaturübersicht der NFP 54-Forschungsprojekte

Das nachfolgende Verzeichnis bietet eine Übersicht über die Publikationen des NFP 54, geordnet nach Projekten. Die mit ⇢ **DVD** gekennzeichnete Publikationen finden sich auf der beigelegten DVD.

Fokusstudien NFP 54

Cecchini, A., Hainard, F., 2011 (in Vorbereitung); Quelles méthodes pour analyser le développement durable de l'environnement construit ? Fokusstudie des Nationalen Forschungsprogramms 54 «Nachhaltige Siedlungs- und Infrastrukturentwicklung».

Froidevaux, M., Schneeberger, Y., Schuler, M., 2011 (in Vorbereitung); Sources d'approvisionnement des donnees et utilisation des statistiques par les chercheurs du PNR 54, Fokusstudie des Nationalen Forschungsprogramms 54 «Nachhaltige Siedlungs- und Infrastrukturentwicklung».

Grêt-Regamey, A., Neuenschwander, N., Backhaus, N., Tobias; S.; 2011; Landschaftsqualität in Agglomerationen, Fokusstudie des Nationalen Forschungsprogramms 54 «Nachhaltige Siedlungs- und Infrastrukturentwicklung», vdf-Verlag ETH Zürich, Zürich.

Schalcher, H.-R., Boesch, H.-J., Bertschy, K., Sommer, H., Matter, D., Gerum, J., Jakob, M., 2011; Was kostet das Bauwerk Schweiz in Zukunft und wer bezahlt dafür? Fokusstudie des Nationalen Forschungsprogramms 54 «Nachhaltige Siedlungs- und Infrastrukturentwicklung», vdf-Verlag ETH Zürich, Zürich.

ABWASSERMANAGEMENT

Adler, C., 2007; Market Potential of a Membrane Based Wastewater Treatment Plant for Decentralized Application in China. An economic evaluation of a potential large-scale product, Eawag, Dübendorf. ⇢ **DVD**

Binz, C., 2009; Die Entwicklungsdynamik der Membrantechnologie im chinesischen Abwassersektor. Eine Charakterisierung des technologischen Innovationssystems der Membrantechnologie in China, Eawag, Dübendorf.

Brögli, M., 2006; Die Schweizerische Siedlungswasserwirtschaft im Wandel: Mögliche Strategien für ein Ingenieurunternehmen, Eawag, Dübendorf.

Dominguez, D., Truffer, B., 2007; Zukunftsszenarien der Kläranlage Kloten/Opfikon, Endbericht, Cirus/Eawag, Dübendorf, S. 57.

Dominguez, D., Truffer, B., 2009; Abwasserwirtschaft – Strategische Planung, in: gwa, Nr. 9/2009, S. 727–734. ⇢ **DVD**

Dominguez, D., Truffer, B., Gujer, W., 2011; Tackling uncertainties in infrastructure sectors through strategic planning – The contribution of discursive approaches in the urban water sector, in: Water Policy, Vol. 13, S. 299–316.

Dominguez D., Worch, H., Markard J. et al., 2009; Closing the Capability Gap: Strategic Planning and Organizational Transformation in Infrastructure Sectors: Case Study Evidence from Swiss Wastewater Utilities, in: California Management Review, Vol. 51, Nr. 2, S. 30–50.

Dominguez, D., Worch, H., Truffer, B. et al., 2007; Überprüfung der Strategie der Arabern anhand von Zukunftsszenarien, Endbericht und Anhang, Eawag, Dübendorf.

Eherer, D., 2007; Eine Fallstudien basierte Untersuchung der Steuerung der schweizerischen und österreichischen Gemeinden und deren Planung in der Abwasserwirtschaft durch Kantone und Länder, Eawag, Dübendorf.

Herlyn, A., 2007; Zustand und Investitionsbedarf der Schweizer Abwasserentsorgung, in: Schweizer Gemeinde, 44, 11, S. 4.

Herlyn, A., 2007; Status quo der Schweizer Abwasserentsorgung. Kosten, Zustand und Investitionsbedarf, in: gwa, Nr. 3/2007, S. 171.

Herlyn, A., Maurer, M., 2007; Abwasserentsorgung: Zustand, Kosten und Investitionsbedarf. Was ARA und Kanalisation kosten, in: Umwelt Perspektiven, 01/2007, S. 1–3.

Jeuch, M., Bringolf, W., Bombardi, R. et al., 2007; Nachhaltige Strategieentwicklung für die Abwasserentsorgung im Klettgau. Schlussbericht. Eawag, Dübendorf.

Kastenholz, H., 2008; Regional Infrastructure Foresight Fallstudien, Evaluationsbericht, Empa, St. Gallen.

Klinke, A., 2008; Waters of change? Conceptual and Empirical Considerations on the Multilevel Water Governance in Switzerland, in: Journal of Environmental Management.

Kuonen, N., 2009; Veränderungsprozesse im Management öffentlicher Unternehmen, Eawag, Dübendorf.

Lehrmann, U., Schäfer, H., Steiner, M. et al., 2008; Nachhaltige Strategieentwicklung für die Abwasserentsorgung im Kiesental und Aaretal, Schlussbericht, Eawag, Dübendorf.

Markard, J., Truffer, B., 2008; Technological innovation systems and the multi-level perspective: Towards an integrated framework, in: Research Policy, Vol. 37, 4, S. 596–615.

Maurer, M., Herlyn, A., 2006; Zustand, Kosten und Investitionsbedarf der Schweizerischen Abwasserentsorgung. Schlussbericht, Eawag, Dübendorf.

Rotzeter, C., 2007; Potenzial dezentraler Abwassertechnologien für Randregionen, Eawag, Dübendorf.

Sartorius, C., 2008; Innovationssystemanalyse: Membranbasierte Kleinkläranlagen, Fraunhofer ISI, Karlsruhe.

Sebestin, J., Thum, K., Widmer, R. et al., 2007; Nachhaltige Strategieentwicklung für die Abwasserwirtschaft in der Region Neugut, Schlussbericht, Eawag, Dübendorf.

Störmer, E., 2006; Nachhaltige Strategieplanung für die kommunale Abwasserentsorgung. Zukunftssichere Strategien, in: Umwelt Perspektiven, 05/2006, S. 11–15.

Störmer, E., 2007; Nachhaltige Strategieplanung für die kommunale Abwasserentsorgung. Erste Erfahrungen mit einem neuen Planungsansatz, in: Umwelt Perspektiven, 05/2007, S. 12–16.

Störmer, E., 2008; Nachhaltige Planungen zur Erneuerung der Siedlungswasserwirtschaft in der Schweiz, Referat an der 64. VSA-Hauptmitgliederversammlung, vsa-Verbandsberichte, Nr. 579.

Störmer, E., 2008; Nachhaltige Strategieplanung für die regionale Abwasserwirtschaft. Umgehen mit Unsicherheiten und Komplexitäten in der Praxis, in: gwa, 06/2008.

Störmer, E., 2008; Handbuch zur nachhaltigen Strategieplanung in der Abwasserwirtschaft, in: Umwelt Perspektiven, 05/2008.

Störmer, E., 2008; Nachhaltige Strategieentwicklung für die Abwasserentsorgung im Klettgau. Schlussbericht, Eawag, Dübendorf.

Störmer, E., Ruef, A., Dominguez, D. et al., 2008; Zukunft denken: Abwasserwirtschaft strategisch planen. Eawag Jahresbericht 2007, S. 50–51.

Störmer, E., Ruef, A., Truffer, B., 2008; Regional Infrastructure Foresight, in: Giesecke, S., Crehan, P., Elkins, S., (Hrsg.): The European Foresight Monitoring Network. Collection of EFMN Briefs – Part 1., EU 23095 EN, Brussels, S. 453–456. **DVD**

Störmer, E., Truffer, B., Ruef, A. et al., 2008; Nachhaltige Strategieentwicklung für die regionale Abwasserwirtschaft, Handbuch zur Methode «Regional Infrastructure Foresight», EAWAG, Dübendorf. **DVD**

Störmer, E., Wegelin, C., Truffer, B., 2007; Lokale Systeme unter globalen Einflüssen langfristig planen – «Regional Infrastructure Foresight» als Ansatz zum Umgang mit Unsicherheiten bei Abwasserinfrastruktursystemen, in: Bora, A., (Hrsg.): Technology Assessment in der Weltgesellschaft, Edition Sigma, Berlin, Neue Folge Band 10, S. 123–131. **DVD**

Störmer, E., Messerli, P., Truffer, B., (in preparation); Infrastructure in Space reconsidered. Strategic infrastructure planning and regional development To be submitted to Environment and Planning A.

Störmer, E., Truffer, B., 2009; Decision making in inert infrastructure systems. Participatory Foresight and strategic planning for a sustainable transition of sanitation systems on the local level, in: Geographica Helvetica, Band. 64, Heft 2, S. 73–80.

Störmer, E., Truffer, B., Dominguez, D. et al., 2009; The Exploratory Analysis of Trade-Offs in Strategic Planning. Lessons from Regional Infrastructure Foresight, in: Technological Forecasting and Social Change, Vol. 76, S. 1150–1162.

Truffer, B., 2005; Siedlungswasserwirtschaft der Schweiz. Eine Szenarioanalyse, in: gwa, 09/2005, S. 695. **DVD**

Truffer, B., 2006; Nachhaltige Strategieplanung für die kommunale Abwasserentsorgung, in: gwa, 02/2006, S. 502.

Truffer, B., 2008; Society, technology, and region: Contributions from the social study of technology to economic geography, in: Environment & Planning A, Vol. 40, 4, S. 966–985.

Truffer, B., Störmer, D., Maurer, M. et al., 2010; Local Strategic Planning Processes and Sustainability Transitions in Infrastructure Sectors, in: Environmental Policy and Governance, Vol. 20, S. 258–269.

Wegelin, C., 2006; Innovationssysteme und Innovationsdynamik im Schweizerischen Abwassersektor – Untersuchung von Innovationsnetzwerken, Eawag, Dübendorf.

Alternde Gesellschaft

Acebillo, J., 2009; UrbAging: Designing urban space for an ageing society, Università della Svizzera Italiana, Mendrisio (internal report).

Acebillo, J., 2009a; Gli anziani e la città, in: Coscienza svizzera, Potenzialità e nuove sfide 2050, un'Insubria di anziani, una sfida per i nostri valori, Bellinzona, Coscienza svizzera.

Lorenzetti, L., 2010; Gli anziani e la città, (in)compatibilità, regolazioni sociali e ambiente costruito secoli XVI–XXI, Carocci, Rom.

Martinoni, M., 2011; Géro-urbanisme: penser la ville qui vieillit – comprendre la complexité pour mieux vivre au quotidien, Contribution pour le colloque INTA « Bien être et territoire : Politiques de prévention, sanitaire et sociale et de santé sur un territoire », 6–7 avril 2011, Saint-Quentin en Yvelines, France.

Martinoni, M., Sartoris, A., 2010; Criteri della città per gli anziani? Semplificare la complessità per agire concretamente, in: Lorenzetti, L.: Gli anziani e la città, in: compatibilità, regolazioni sociali e ambiente costruito secoli XVI–XXI, Carocci, Rom.

Martinoni, M., Sartoris A., Sassi, E., Molteni E., Acebillo, J., Schöffel, J., 2010; Urbaging – Gestaltung von Siedlungsräumen für eine alternde Gesellschaft – Kurzfassung Schlussbericht, i.CUP Università della Svizzera Italiania, Mendrisio, IRAP Hochschule für Technik Rapperswil, Dezember 2010. **DVD**

Martinoni, M., Sassi, E., Sartoris, A., 2009; UrbAging: When cities grow older, Editorial, in: Gerontechnology, Vol. 8, 3, S. 125–128.

Martinoni, M., Sassi, E., Sartoris, A., 2009; UrbAging™ – La città e gli anziani Manifesto italiano, français, deutsch, english. **DVD**

Martinoni, M., Sartoris, A., 2009; Criteria for the elderly people city? Simplify the Complexity to act in concrete terms, Paper presented at the international conference on globalism and urban change,

City Futures in a Globalising World, Madrid 4–6 June 2009, http://www.arc.usi.ch/index/icup/urbaging.htm. ⇢ **DVD**

Martinoni, M., Sassi, E., 2011; Urbaging – la città e gli anziani – tra opportunità e sfide, in: corso di pubblicazione.

Sartoris, A., Martinoni, M., 2008a; Urbaging NFP 54: Indagine presso la popolazione anziana di Lugano sull'utilizzo degli spazi pubblici all'aperto, IRAP Rapperswil, i.CUP Mendrisio, Juni 2008. ⇢ **DVD**

Sartoris, A., Martinoni, M., 2008b; Urbaging NFP 54: Schriftliche Befragung der älteren Bevölkerung zur Nutzung von städtischen Freiräumen und Grünanlagen in Uster, IRAP Rapperswil, i.CUP Mendrisio, Juni 2008. ⇢ **DVD**

Sassi, E., Molteni, E., 2010; Il progetto degli spazi pubblici nella città di per gli anziani. Gli esempi di svizzeri di Lugano e Uster, in: Lorenzetti, L.: Gli anziani e la città, (in)compatibilità, regolazioni sociali e ambiente costruito secoli XVI–XXI, Carocci, Rom, S. 227–244.

Sassi, E., Molteni, E., 2009; Design of Public Space the City of the Elderly. Paper presented at the international conference on globalism and urban change, City Futures in a Globalising World, Madrid 4–6 June 2009, http://www.cityfutures2009.com/PDF/28_Sassi_Enrico.pdf. ⇢ **DVD**

Torricelli, G.P., Martinoni, M., 2007; Altern im Tessin: Eine urbane Gesellschaft im Übergang, in: Forum Raumentwicklung, 2, ARE, Bern, S. 33.

Bahnareale

Della Casa, F., 2009; Ungenutzte Bahnareale – Chance für die Stadtentwicklung, in: Themenheft 01 des NFP 54, SNF, Bern.

Jaccaud, J.-P., Kaufmann, V., Lamunière, I. et al., 2008; Les friches ferroviaires urbaines en Suisse, un potentiel à conquérir, in: Géo-Regards: Revue neuchâteloise de géographie, No. 1.

Jaccaud, J.-P., Kaufmann, V., Lufkin, S. et al., 2009; Processus de densification des friches ferroviaires, in: Développement territorial: jeux d'échelles et enjeux méthodologiques OUVDD/UNIL, http://www.unil.ch/ouvdd/page57560.html.

Jaccaud, J.-P., Kaufmann, V., Lufkin, S. et al., 2009; Densification des friches ferroviaires urbaines, cahier 1, Laboratoire d'architecture et de mobilité urbaine LAMU-EPFL, Lausanne. ⇢ **DVD**

Jaccaud, J.-P., Kaufmann, V., Lufkin, S. et al., 2009; Densification des friches ferroviaires urbaines, cahier 2, Laboratoire d'architecture et de mobilité urbaine LAMU-EPFL, Lausanne. ⇢ **DVD**

Jaccaud, J.-P., Kaufmann, V., Lufkin, S. et al., 2009; Densification des friches ferroviaires urbaines, rapport final, Laboratoire d'architecture et de mobilité urbaine LAMU-EPFL, Lausanne. ⇢ **DVD**

Lamunière, I., Kaufmann, V., Jaccaud, J.-P., 2008; La Plaine – GE 011,2, PNR 54 Potentiel de densification des friches ferroviaires, Laboratoire d'architecture et de mobilité urbaine LAMU-EPFL, Lausanne. ⇢ **DVD**

Lamunière, I., Kaufmann, V., Jaccaud, J.-P., 2008; Genève La Praille – GE 02, PNR 54 Potentiel de densification des friches ferroviaires, Laboratoire d'architecture et de mobilité urbaine LAMU-EPFL, Lausanne. ⇢ **DVD**

Lamunière, I., Kaufmann, V., Jaccaud, J.-P., 2008; Genève Sécheron – GE 03, PNR 54 Potentiel de densification des friches ferroviaires, Laboratoire d'architecture et de mobilité urbaine LAMU-EPFL, Lausanne. ⇢ **DVD**

Lamunière, I., Kaufmann, V., Jaccaud, J.-P., 2008; Versoix – GE 04, PNR 54 Potentiel de densification des friches ferroviaires, Laboratoire d'architecture et de mobilité urbaine LAMU-EPFL, Lausanne. ⇢ **DVD**

Lamunière, I., Kaufmann, V., Jaccaud, J.-P., 2008; Nyon – VD 05, PNR 54 Potentiel de densification des friches ferroviaires, Laboratoire d'architecture et de mobilité urbaine LAMU-EPFL, Lausanne. ⇢ **DVD**

Lamunière, I., Kaufmann, V., Jaccaud, J.-P., 2008; Gland – VD 06, PNR 54 Potentiel de densification des friches ferroviaires, Laboratoire d'architecture et de mobilité urbaine LAMU-EPFL, Lausanne.
⇢ **DVD**

Lamunière, I., Kaufmann, V., Jaccaud, J.-P., 2008; Morges – VD 071,2, PNR 54 Potentiel de densification des friches ferroviaires, Laboratoire d'architecture et de mobilité urbaine LAMU-EPFL, Lausanne.
⇢ **DVD**

Lamunière, I., Kaufmann, V., Jaccaud, J.-P., 2008; Lausanne Ouest – VD 081-3, PNR 54 Potentiel de densification des friches ferroviaires, Laboratoire d'architecture et de mobilité urbaine LAMU-EPFL, Lausanne. ⇢ **DVD**

Lamunière, I., Kaufmann, V., Jaccaud, J.-P., 2008; Puidoux-Chexbres – VD 09, PNR 54 Potentiel de densification des friches ferroviaires, Laboratoire d'architecture et de mobilité urbaine LAMU-EPFL, Lausanne. ⇢ **DVD**

Lamunière, I., Kaufmann, V., Jaccaud, J.-P., 2008; Palézieux – VD 101,2, PNR 54 Potentiel de densification des friches ferroviaires, Laboratoire d'architecture et de mobilité urbaine LAMU-EPFL, Lausanne.
⇢ **DVD**

Lamunière, I., Kaufmann, V., Jaccaud, J.-P., 2008; Romont – FR 11, PNR 54 Potentiel de densification des friches ferroviaires, Laboratoire d'architecture et de mobilité urbaine LAMU-EPFL, Lausanne.
⇢ **DVD**

Lamunière, I., Kaufmann, V., Jaccaud, J.-P., 2008; Fribourg – FR 121-3, PNR 54 Potentiel de densification des friches ferroviaires, Laboratoire d'architecture et de mobilité urbaine LAMU-EPFL, Lausanne.
⇢ **DVD**

Lamunière, I., Kaufmann, V., Jaccaud, J.-P., 2008; Thörishaus – BE 13, PNR 54 Potentiel de densification des friches ferroviaires, Laboratoire d'architecture et de mobilité urbaine LAMU-EPFL, Lausanne.
⇢ **DVD**

Lamunière, I., Kaufmann, V., Jaccaud, J.-P., 2008; Bern – BE 14, PNR 54 Potentiel de densification des friches ferroviaires, Laboratoire d'architecture et de mobilité urbaine LAMU-EPFL, Lausanne.
⇢ **DVD**

Lamunière, I., Kaufmann, V., Jaccaud, J.-P., 2008; Ostermundingen – BE 15, PNR 54 Potentiel de densification des friches ferroviaires, Laboratoire d'architecture et de mobilité urbaine LAMU-EPFL, Lausanne. ⇢ **DVD**

Lamunière, I., Kaufmann, V., Jaccaud, J.-P., 2008; Gümligen – BE 16, PNR 54 Potentiel de densification des friches ferroviaires, Laboratoire d'architecture et de mobilité urbaine LAMU-EPFL, Lausanne.
⇢ **DVD**

Lamunière, I., Kaufmann, V., Jaccaud, J.-P., 2008; Zollikofen – BE 17, PNR 54 Potentiel de densification des friches ferroviaires, Laboratoire d'architecture et de mobilité urbaine LAMU-EPFL, Lausanne.
⇢ **DVD**

Lamunière, I., Kaufmann, V., Jaccaud, J.-P., 2008; Burgdorf – BE 18, PNR 54 Potentiel de densification des friches ferroviaires, Laboratoire d'architecture et de mobilité urbaine LAMU-EPFL, Lausanne.
⇢ **DVD**

Lamunière, I., Kaufmann, V., Jaccaud, J.-P., 2008; Olten – SO 19, PNR 54 Potentiel de densification des friches ferroviaires, Laboratoire d'architecture et de mobilité urbaine LAMU-EPFL, Lausanne.
⇢ **DVD**

Lamunière, I., Kaufmann, V., Jaccaud, J.-P., 2008; Däniken – SO 20, PNR 54 Potentiel de densification des friches ferroviaires, Laboratoire d'architecture et de mobilité urbaine LAMU-EPFL, Lausanne.
⇢ **DVD**

Lamunière, I., Kaufmann, V., Jaccaud, J.-P., 2008; Schönenwerd – SO 21, PNR 54 Potentiel de densification des friches ferroviaires, Laboratoire d'architecture et de mobilité urbaine LAMU-EPFL, Lausanne.
⇢ **DVD**

Lamunière, I., Kaufmann, V., Jaccaud, J.-P., 2008; Aarau – AG 22, PNR 54 Potentiel de densification des friches ferroviaires, Laboratoire d'architecture et de mobilité urbaine LAMU-EPFL, Lausanne.
⇢ **DVD**

Lamunière, I., Kaufmann, V., Jaccaud, J.-P., 2008; Lenzburg – AG 23, PNR 54 Potentiel de densification des friches ferroviaires, Laboratoire d'architecture et de mobilité urbaine LAMU-EPFL, Lausanne.
⇢ **DVD**

Lamunière, I., Kaufmann, V., Jaccaud, J.-P., 2008; Brugg – AG 24, PNR 54 Potentiel de densification des friches ferroviaires, Laboratoire d'architecture et de mobilité urbaine LAMU-EPFL, Lausanne.
⇢ **DVD**

Lamunière, I., Kaufmann, V., Jaccaud, J.-P., 2008; Turgi – AG 25, PNR 54 Potentiel de densification des friches ferroviaires, Laboratoire d'architecture et de mobilité urbaine LAMU-EPFL, Lausanne.
⇢ **DVD**

Lamunière, I., Kaufmann, V., Jaccaud, J.-P., 2008; Wettingen – AG 261,2, PNR 54 Potentiel de densification des friches ferroviaires, Laboratoire d'architecture et de mobilité urbaine LAMU-EPFL, Lausanne.
⇢ **DVD**

Lamunière, I., Kaufmann, V., Jaccaud, J.-P., 2008; Zürich – ZH 271,2, PNR 54 Potentiel de densification des friches ferroviaires, Laboratoire d'architecture et de mobilité urbaine LAMU-EPFL, Lausanne.
⇢ **DVD**

Lamunière, I., Kaufmann, V., Jaccaud, J.-P., 2008; Winterthur – ZH 28, PNR 54 Potentiel de densification des friches ferroviaires, Laboratoire d'architecture et de mobilité urbaine LAMU-EPFL, Lausanne.
⇢ **DVD**

Lamunière, I., Kaufmann, V., Jaccaud, J.-P., 2008; Wil – SG 29, PNR 54 Potentiel de densification des friches ferroviaires, Laboratoire d'architecture et de mobilité urbaine LAMU-EPFL, Lausanne.
⇢ **DVD**

Lamunière, I., Kaufmann, V., Jaccaud, J.-P., 2008; St. Gallen – SG 30, PNR 54 Potentiel de densification des friches ferroviaires, Laboratoire d'architecture et de mobilité urbaine LAMU-EPFL, Lausanne.
⇢ **DVD**

Lufkin, S., 2007; Potentiels de densification des friches ferroviaires en Suisse: Enjeux spécifiques, usagers futurs et stratégies urbaines, PACTE IEP, Grenoble, http://www.pacte.cnrs.fr/IMG/html_Controverses_Lufkin.html

Lufkin, S., 2007; Un projet pour le territoire suisse: Potentiel de densification des friches ferroviaires sur la ligne Genève-Saint-Gall, EPFL, Ecole doctorale Formes urbaines et sciences sociales, Lausanne.

Lufkin, S., 2009; Potentiel de denfication des friches ferroviaires périphériques, LAMU-EPFL, Lausanne.

Lufkin, S., 2009; Processus d'urbanisation des friches ferroviaires. Observatoire universitaire de la ville et du développement durable, UNIL, Lausanne .

BAUSTOFFZYKLEN

Kytzia, S., Seyler, C., 2009; Wie nachhaltig ist Zement?, in: Umwelttechnik Schweiz, Nr. 7-8, S. 10–12.

Kytzia, S., Seyler, C., 2009; Nachhaltigkeit von Zement, in: TEC21, 21, S. 14–16.

Seyler, C., Oetjen, L., Bader, H.-P. et al., 2007; Potentials for Mineral Construction Wastes as Secondary Resources in Switzerland: A Case Study on Concrete Wastes, R'07, 3rd–5th September, Davos, Switzerland.

BIODIVERSITÄT

Fontana, S., Sattler, T., Moretti, M., 2010; Biodiversità in città: l'avifauna di Lugano, Lucerna e Zurigo, in: Ficedula, 46, S. 2–13. ⇢ **DVD**

Fontana, S., Sattler, T., Moretti, M., (in review); How to manage the urban green to improve bird diversity and community structure, in: Landscape and Urban Planning.

Germann, Ch., Sattler, T., Obrist, M.K. et al., 2008; Xero-thermophilous and grassland ubiquist species dominate the weevil fauna of Swiss cities Coleoptera, Curculionoidea, in: Mitteilung der Schweizerischen Entomologischen Gesellschaft, Bd. 81, S. 141–154. ⇢ **DVD**

Gloor, S., Bontadina, F., 2009; Natur im Siedlungsraum, in: Ornis, 5/09, S. 4–11. ⇢ **DVD**

Home, R., Bauer, N. Lindemann-Matthies, P. et al., (in review); Latent Class analysis of the New Ecological Paradigm: Measuring the environmental worldview of Swiss residents, in: Journal of Applied Psychology.

Home, R., Keller, C., Nagel, P. et al., 2009; Selection criteria for flagship species by conservation organizations, in: Environmental Conservation, Vol. 36, No. 2, S. 139–148. ⇢ **DVD**

Home, R., Sattler, T., Hunziker, M. et al., (in review); Challenges and advantages in conducting inter- and transdisciplinary science to achieve effective implementation of scientific results, in: Environmental Conservation.

Home, R., Bauer, N., Hunziker, M., 2010; Cultural and Biological Determinants in the Evaluation of Urban Green Spaces, in: Environment and Behavior, Vol. 42, No. 4, S. 494–523. ⇢ **DVD**

Home, R., Bauer, N., Hunziker, M., 2007; Constructing Urban Green Spaces: An Application of Kelly's Repertory Grid, Swiss Federal Research Institute WSL, in: Tourism Review, Vol. 62, No. 3/4. ⇢ **DVD**

Home, R., Moretti, M., Sattler, T. et al., 2010; Biodivercity, a transdisciplinary approach to urban ecology, in: Macias, A.,: Mizgajski, A., (Hrsg.): Proceedings: Implementation of Landscape Ecological Knowledge in Practice. 1st IALE-Europe Thematic Symposium, Poznan, Polen, S. 134–139. ⇢ **DVD**

Ineichen, S., Bontadina, F., Gloor, S. et al., 2010; Lebensqualität im Siedlungsraum – Ein Garten mit 1001 Tieren, HOTSPOT, Heft 21, S. 21–22.

Ineichen, S., Contadina, F., Gloor, S. et al., 2010; Qualité de la vie en milieu urbain – Le jardin des 1001 animaux, HOTSPOT, Heft 21, S. 21–22.

Ineichen, S., Moretti, M. et al., 2010; Visionen für die Vielfalt. Biodiversität: Forschung und Praxis im Dialog, Informationen des Forum Biodiversität Schweiz, HOTSPOT, Heft 21. S. 10. ⇢ **DVD**

Kouakou, D., Sattler, T., Obrist, M. et al., 2008; Recent Swiss records of rare bee species Hymenoptera, Apidae: with two species new to Switzerland, in: Mitteilung der Schweizerischen Entomologischen Gesellschaft, Bd. 81, S. 191–197. ⇢ **DVD**

Moretti, M., 2010; Biodiversität und Stadtgrün: Schlüssel zur Stadt von morgen, Editorial, in: Focus, Nr. 8/2010, Schweizerischer Städteverband, Bern. ⇢ **DVD**

Sattler, T., Borcard, D., Arlettaz, R. et al., 2010; Spider, bee and bird communities in cities are shaped by environmental control and high stochasticity, in: Ecology, Vol. 91, No. 12, S. 3343–3353. ⇢ **DVD**

Sattler, T., Duelli, P., Obrist, M.K. et al., 2010; Response of arthropod species richness and functional groups to urban habitat structure and management, in: Landscape Ecology, Vol. 25, No. 6, S. 941–954. ⇢ **DVD**

Sattler, T., Duelli, P., Obrist, M.K. et al., (in revision); Urban arthropod communities: added value or just a blend of surrounding biodiversity?, in: Landscape and Urban Planning.

Sattler, T., Obrist M.K., Arlettaz, R. et al., (in preparation); Variation partitioning of environmental and spatial variables of urban bats.

Sattler, T., 2011; BiodiverCity – Fledermausfauna in unseren Städten, in: Fledermaus-Anzeiger, Nr. 91, S. 4–5. ⇢ **DVD**

Vandewalle, M., Bello, F., Berg, M.P. et al., 2010; Functional traits as indicators of biodiversity response to land use changes across ecosystems and organisms, in: Biodiversity and Conservation, Vol. 19, No. 10, S. 2921–2947. ⇢ **DVD**

Vilisics, F., Bogyó, D., Sattler, T. et al., (in review); Community composition and distribution of decomposer species in urban areas of Switzerland, in: North-Western Journal of Zoology.

DEMOGRAFIE

Arend, M., 2007; Die Stadt im soziodemografischen Wandel, in: Forum Raumentwicklung, 02/2007, ARE, Bern, S. 12. ⇢ **DVD**

Arend, M., 2008; Forschungsbericht: Veränderungen in der Zusammensetzung der Wohnbevölkerung in Quartieren der Schweizer Städte im Zeitraum zwischen 1970 und heute, Michal Arend Research Solutions MARS, Zollikon. ⇢ **DVD**

Arend, M., 2008; Innovative Projekte und Massnahmen im Zusammenhang mit dem soziodemografischen Wandel in europäischen Städten, Michal Arend Research Solutions MARS, Zollikon. ⇢ **DVD**

Arend, M., 2009; Forschungsbericht: Soziodemografischer Wandel in Schweizer Städten, SDWISS, Schlussbericht über übrige Arbeiten des AP1 Statistische Analysen, Michal Arend Research Solutions MARS, Zollikon. ⇢ **DVD**

Schuler, M., Walser, O., 2008; Les villes-centres Suisses dans une nouvelle phase de restructuration demographique, CEAT EPEF, Lausanne. ⇢ **DVD**

Weiss-Sampietro, T., 2008; Wahrnehmung und Einschätzung zum soziodemographischen Wandel aus der Sicht der Verwaltung der 17 grössten Schweizer Städte, Institut für Nachhaltige Entwicklung INE, Zürcher Hochschule, Winterthur. ⇢ **DVD**

DEZENTRALE ENERGIEVERSORGUNG

Boehnke, J., 2007; Business Models for Micro CHP in Residential Buildings, Dissertation, Universität St. Gallen.

Boehnke, J., 2008; Business Models for Distributed Energy Technologies. PhD Thesis, University of St. Gallen.

Boehnke, J., Wüstenhagen, R., 2007a; Business Models for Distributed Energy Technologies – Evidence from German Cleantech Firms, Paper presented at the Academy of Management Annual Meeting, Philadelphia PA, USA.

Boehnke, J., Wüstenhagen, R., 2007b; Business Models for Sustainable Energy – Evidence from the German Solar Thermal & CHP Markets, paper presented at the 9th IAEE European Energy Conference «Energy Markets and Sustainability in a Larger Europe», Firenze Italy, Juni 2007, (Kurzversion von Boehnke, J., Wüstenhagen, R., 2007a).

Burkhalter, A., Känzig, J., Wüstenhagen, R., 2007; Kunden wünschen erneuerbare Energien, in: Neue Zürcher Zeitung, 10.10.2007, S. 19.

Burkhalter, A., Känzig, J., Wüstenhagen, R., 2007; Kundenpräferenzen für Stromprodukte – Ergebnisse einer Choice-Based-Conjoint-Analyse, in: Martinuzzi, A., Tiroch, M., (Hrsg.): Umweltwirtschaft – International, Interdisziplinär und Innovativ, Beiträge zur Tagung der Kommission Umweltwirtschaft im Verband der Hochschullehrer für Betriebswirtschaft e.V., 3.–5. Oktober 2007 an der Wirtschaftsuniversität Wien.

Fachstelle Umwelt und Energie St. Gallen, 2007; Wärmebranche stützt Energiekonzept 2050, Medienmitteilung, 7. September 2007.

Iseli, D. et al., 2007; HSG Impuls-Workshop zum Thema «Zukunft Solarthermie», Pressemappe zum Workshop vom 16. Januar 2007, Lokremise St. Gallen.

Kaenzig, J., 2007; Wohnen verursacht ein Viertel der Umweltbelastung, Interview, in: Wohnen extra, Ausgabe April, S. 2–3.

Kaenzig, J., Boehnke, J., Wüstenhagen, R., 2006; Micropower in residential buildings, Poster presented at the Swiss Global Change Day 2006.

Kaenzig, J., Jolliet, O., 2007; Prioritizing sustainable consumption patterns: Key decisions and environmental gains, in: International Journal of Innovation and Sustainable Development, Vol. 2, No. 2, S. 140–154.

Kaenzig, J., Wüstenhagen, R., 2006; Understanding strategic choices for sustainable consumption: the case of residential energy supply, in: Charter, M., Tukker, A., (Hrsg.): Sustainable Consumption and Production: Opportunities and Challenges, 2006. Conference of the Sustainable Consumption Research Exchange SCORE: Network, Wuppertal, Deutschland, S. 349–364, http://www.score-network.org.

Kaenzig, J., Wüstenhagen, R., 2008a; Marketing Micropower: Evidence from Focus Groups with Swiss Homeowners, THEXIS under review (revised version of Kaenzig, J., Wüstenhagen, R., 2006).

Kaenzig, J., Wüstenhagen, R., 2008b; The effect of life-cycle cost information on consumer investment decisions for eco-innovation, paper presented at the SCORE Conference on Sustainable Consumption and Production, 10–11 März 2008, Brussels, Belgium.

Karrer, B., 2006; Customer Value dezentraler Energieversorgung – Relevante Leistungsattribute von BHKW und deren Implikationen fürs Marketing, IWÖ-Discussion Paper No. 118, Universität St. Gallen, S. 56.

Vetere, S., 2008; Conjointanalytische Untersuchung der Kundenpräferenzen im Business-to-Business Marketing für Solarthermie, Master Thesis, Universität St. Gallen.

Wellstein, J., 2007; Sonnendächer – dringend gesucht, in: Kommunalmagazin, 5/2007, S. 11–12, in: Wüstenhagen, R., (Hrsg.): Venturing for sustainable energy, cumulative postdoctoral thesis, Universität St. Gallen.

Wüstenhagen, R., 2007; Venturing for Sustainable Energy, Habilitation Synopsis Paper, Universität St. Gallen.

Wüstenhagen, R., Boehnke, J., 2006; Business Models for Sustainable Energy, in: Andersen, M.M., Tukker, A., (Hrsg.): Perspectives on Radical Changes to Sustainable Consumption and Production SCP, proceedings of the Workshop of the Sustainable Consumption Research Exchange SCORE!: Network, 20–21 April 2006, Kopenhagen, Dänemark, http://www.scorenetwork.org.

Wüstenhagen, R., Boehnke, J., 2008; Business Models for Sustainable Energy., in: Tukker, A., Charter, M., Vezzoli, C. et al., (Hrsg.): System Innovation for Sustainability 1: Perspectives on Radical Changes to Sustainable Consumption and Production, Sheffield UK, (revised version of Wüstenhagen, R., Boehnke, J., 2006).

Wüstenhagen, R., Boehnke, J., Kaenzig, J., 2006; Micropower in residential buildings – an analysis of customer preferences and business models, in: Erdmann, G., (Hrsg.): Securing Energy in Insecure Times: International Association for Energy Economics. Proceedings of the IAEE International Conference, June 7–10, 2006. Potsdam.

EDGE CITY

Angélil, M., 2006; Indizien – Zur politischen Ökonomie urbaner Territorien, ETH Zürich, Niggli Verlag, Zürich.

Angélil, M., 2007; Edge City X-Change: Morphogenesis and sustainability within peripheral territories of the contemporary urban environment, Werkzeuge urbaner Morphogenese, Zwischenbericht, NSL Netzwerk Stadt und Landschaft, ETH Zürich, Zürich.

Angélil, M., 2011; Communicating Strategies, in: Lorenz, Th., Schaub, P. (eds.): Mediating Architecture, Architectural Association, London.

Angélil, M., Martin, M., Cabane, P. et al., 2008; Werkzeuge urbaner Morphogenese, Strategien zur Entwicklung zeitgenössischer urbaner Territorien, Schweizerischer Nationalfonds, NFP 54, ETH Zürich, Zürich. **DVD**

Einfamilienhaus

Bosshard, M., Luchsinger, C., Weiss, T., 2008; Einfamilienhauswirklichkeit als Chance, in: Collage, Heft 1.

Bosshard, M., Kurath, S., Weiss, T., 2009; Nachhaltigkeit in der Praxis des Städtebaus, in: Werk, Bauen + Wohnen, Heft 12.

Kramer, Ch., 2008; Transluzenz: Erprobung eines optischen Phänomens als städtebauliches Werkzeug am Beispiel der verdichteten Einfamilienhaussiedlung, Zentrum Urban Landscape, Dept. Architektur, ZHAW, Winterthur.

Kurath, S., 2006; Das EFH als (peri)urbane (Wohn)zelle, in: zhwinfo, Bauhochschule Winterthur, Winterthur.

Kurath, S., 2006; Einfamilienhaus und Nachhaltigkeit – Ein Widerspruch?, in: Schweizer Baublatt, Nr. 57/58.

Kurath, S., 2006; Die Unschuld des Einfamilienhauses, in: tec21, Nr. 31/32.

Kurath, S., 2007; Komplexe Einheit – Das Einfamilienhaus im periurbanen Umfeld, in: archithese, Nr. 3.

Reiser, J., 2009; Entwicklung von Einfamilienhausquartieren. Drei Fallstudien im Kanton Zürich, Geographisches Institut der Universität Zürich, Wirtschaftsgeographie, Zürich.

Weiss, T., 2010; Strategien für eine nachhaltige Entwicklung von Einfamilienhaussiedlungen, in: Themenheft 02 des NFP 54, SNF, Bern, S. 46. ⤏ **DVD**

Entscheidungslogik

Merzaghi, F., Wyss, M., 2009; Comment une friche ferroviaire se transforme en quartier durable: Le quartier Écoparc à Neuchatel en Suisse, in: VertigO, Vol. 9, No. 2. ⤏ **DVD**

Pfister, P., 2008; Le développement durable: diffusion, représentations et pratiques en matière de mobilité durable. Le cas des Hôpitaux Universitaires de Genève HUG, Institut de Sociologie, Université de Neuchâtel. Neuchâtel.

Wyss, M., 2008; La construction de l'action publique dans les projets d'aménagement en faveur de la mobilité douce. Contextes, outils et procédures à Genève et à Crans-Montana, in: Clochard, F., Rocci, A., Vincent, S., (Hrsg.): Automobillités et Altermobilités. Quels changements?, L'Harmattan, Paris, S. 43–55.

Wyss, M., 2008; Développement durable et action locale, un projet pilote dans une station des Alpes Suisses, in: Actes du Colloque international Environnement et politiques, Université de Toulouse-Le Mirail, S. 337–348.

Wyss, M., 2008; Le bâti dans les vallées du Locarnese, Rapport de synthèse des discussions dans le Focus Group, Tessin 10. und 24. November 2007, Institut de Sociologie, Université de Neuchâtel, Neuchâtel.

Wyss, M., 2008; Le projet «Ecomobilité à la Cluse-Roseraie» à Genève. Une action publique en faveur de la mobilité douce dans un quartier fortement soumis à la pression de l'auto-mobilité, Institut de Sociologie, Université de Neuchâtel, Neuchâtel.

Wyss, M., 2008; Le «Programme d'action Environnement et Santé» dans la région du Haut Plateau de Crans-Montana. Un arrangement d'action publique interactif et négocié en faveur d'une mobilité alternative et d'un aménagement durable de la station, Institut de Sociologie, Université de Neuchâtel, Neuchâtel.

Wyss, M., 2008; Le projet Parc National du Locarnese PNL, Un projet d'aménagement du territoire où se confrontent les enjeux du paysage, in: Institut de Sociologie, Université de Neuchâtel, Neuchâtel.

Wyss, M., 2010; La rhétorique du développement durable à l'épreuve des projets locaux: le cas de l'aménagement du territoire dans les régions de montagne, Institut de Sociologie, Université de Neuchâtel, Neuchâtel.

Wyss, M., Merzaghi, F., Nedelcu, M. et al., 2010; De l'utopie au faire. De la friche ferroviaire au quartier Ecoparc à Neuchâtel, Editions Alphil-Presse Universitäten Schweiz, Neuchâtel.

Güterverkehr

Allen, J., Thorne, G., Browne, M., 2007; Praxisleitfaden für den städtischen Güterverkehr, BESTUFS. ⋯> **DVD**

Haefeli, U., Matti, D., 2009; Analyse Funktionen/Merkmale Logistik- und Transportinfrastruktur: Ergebnisse Online Befragung von Güterverkehrsakteuren, Interface, Rapp Trans AG, IRL ETH Zürich, Zürich.

Moreni, G., 2009; Nachhaltige Güterversorgung und -transporte in Agglomerationen: Szenarien für die künftige Entwicklung, Rapp Trans AG, Zürich.

Ruesch, M., 2009; Nachhaltige Güterversorgung und -transport in Agglomerationen: Handlungsbedarf und Strategien, in: Strasse + Verkehr, 4.

Ruesch, M., 2009; Aktionspläne für einen nachhaltigen Güterverkehr in Agglomerationen, Rapp Trans AG, Zürich.

Ruesch, M., 2009; Nachhaltige Güterversorgung und -transporte in Agglomerationen: Massnahmenblätter, Rapp Trans AG, Interface, IRL ETH Zürich, Zürich.

Ruesch, M., 2010; Sustainable Goods Supply and Transport in Conurbations: Strategies and Measures in Switzerland, in: Taniguchi E., Thompson, R.G., (Hrsg.): City Logistics VI, 15.

Ruesch, M., 2010; Handlungsbedarf, Stossrichtungen und Lösungsansätze für eine nachhaltigere Güterversorgung in Schweizer Agglomerationen, in: Collage, Heft 2, S. 7. ⋯> **DVD**

Ruesch, M., Hegi, P., 2007; Analyse der Güterverkehrsstruktur und der sozioökonomischen Struktur der Agglomerationen sowie deren Entwicklung, Rapp Trans AG, Zürich.

Ruesch, M., Hegi, P., 2007; Aktualisierung Mengengerüst Güterverkehr Wirtschaftsraum und Kanton Zürich, Rapp Trans AG. Zürich.

Ruesch, M., Hegi, P., Haefeli, U. et al., 2009; Sustainable Goods Supply and Transport in Conurbations: Freight Patterns and developments in Switzerland, in: Taniguchi, E., Thompson, R.G., (Hrsg.): City Logistics V., S. 15. ⋯> **DVD**

Rütsche, Ph., 2010; Raumplanerische Lösungsansätze zur Verbesserung der Güterversorgung in Agglomerationen, in: Collage, Heft 2, S. 14. ⋯> **DVD**

Immobilienbewertung

Baranzini, A., Schaerer, C., Ramirez, J. et al., 2006; Feel it or Measure it. Perceived vs. Measured Noise in Hedonic Models, Haute école de gestion de Genève, Genf.

Baranzini, A., Schaerer, C., 2007; A Sight for Sore Eyes: Assessing the Value of View and Landscape Use on the Housing Market, Haute école de gestion de Genève, Genf.

Baranzini, A., Ramirez, J., Schaerer, C. et al., 2007; Using the hedonic approach to value natural land uses in an urban area: An application to Geneva and Zurich, in: Economie publique/Public Economics, 20, 1, S. 147–167.

Baranzini, A., Ramirez, J., Schaerer, C. et al., 2008; Introduction, in: Baranzini, A. et al., 2008: Hedonic Methods in Housing Markets – Pricing Environmental Amenities and Segregation, Springer Verlag, New York, S. 1–12.

Baranzini, A., Ramirez, J., Schaerer, C. et al., 2008; Hedonic Methods in Housing Markets – Pricing Environmental Amenities and Segregation, New York.

Baranzini, A., Ramirez, J., Schaerer, C. et al., 2008; Do Foreigners Pay Higher Rents for the Same Quality of Housing in Geneva and Zurich?, in: Swiss Journal of Economics and Statistics, Vol. 144, IV, S. 703–730. ⋯> **DVD**

Baranzini, A., Ramirez, J., Schaerer, C. et al., 2008; Introduction to this Volume: Applying Hedonics in the Swiss Housing Markets, in: Swiss Journal of Economics and Statistics, 144, IV, S. 543–559. ⇢ **DVD**

Infanger, L., 2007; Travail de diplôme HES: La détermination d'un loyer dans le canton de Genève. Haute école de gestion de Genève, Genf.

Schaerer, C., 2008; PhD Thesis: Assessing Environmental Amenities and Testing for Discrimination in Housing Markets Using Hedonic Price Models, Thesis Nr. 4186, EPFL, Lausanne. ⇢ **DVD**

Schaerer, C., Baranzini, A., 2008; Where and How Do Swiss and Foreigners Live? Segregation in the Geneva and Zurich Housing Markets, Haute école de gestion de Genève, Genf.

Schaerer, C., Baranzini, A., Thalmann, P. et al., 2008; Assessing the Impacts of Discrimination and Prejudice in the Geneva and Zurich Housing Markets, Haute école de gestion de Genève, Genf.

Schaerer, C., Baranzini, A., Ramirez, J. et al., 2008; Assessing the Impacts of Discrimination and Prejudice in the Geneva and Zurich Housing Markets, Draft, unveröffentlicht.

Schaerer, C., Baranzini, A., Thalmann, P., 2010; Using Measured Instead of Perceived Noise in Hedonic Models, in: Transportation Research Part D: Transport and Environment, Vol. 15, No. 8, S. 473–482. ⇢ **DVD**

Institutionelle Regime

Hassler, U., Kohler, N., Rach, M. et al., 2009; Institutional Regimes for Sustainable Collective Housing, Volkswohnung GmbH Karlsruhe, Nassauische Heimstätte Frankfurt, IDHEAP, Chavannes-près-Renens, Lausanne. ⇢ **DVD**

Nicol, L., 2009; Institutional Regimes for Sustainable Collective Housing, The Müllerwis/Seilerwis Housing Stock, Greifensee, Zürich, IDHEAP, Chavannes-près-Renens, Lausanne. ⇢ **DVD**

Nicol, L., 2009; Institutional Regimes for Sustainable Collective Housing, La Société Coopérative d'Habitation Lausanne, IDHEAP, Chavannes-près-Renens, Lausanne. ⇢ **DVD**

Nicol, L., 2009; Institutional Regimes for Sustainable Collective Housing, Dissertation, Universität Lausanne, Lausanne. ⇢ **DVD**

Nicol, L., Knoepfel, P., 2010; Integrated Management of Housing Stocks: Asking the right questions to ensure the sustainable development of housing stocks, IDHEAP, Chavannes-près-Renens, Lausanne. ⇢ **DVD**

Subirats, J., Hernández, A., García, A., 2009; Institutional Regimes for Sustainable Collective Housing, Public Housing Stocks in the City of Terrassa Catalonia: Can Tussell and Can Vilardell, IDHEAP, Chavannes-près-Renens, Lausanne. ⇢ **DVD**

Klimatisierung

Piot-Ziegler, C., Gerber, P., 2008; Perspectives psychologiques de la surchauffe estivale, Résultats d'un questionnaire d'enquête d'entretiens qualitatifs et d'un focus groupe, annexé au rapport final scientifique PNR 54 «Explosion of energy demand for air cooling in summer: perspectives and solutions (EEDACS)», Planair SA, 4054-107126. ⇢ **DVD**

Robinson, D., Haldi, F., 2008; On the behaviour and adaptation of office occupants, in: Building and environment, Vol. 43, No. 12, S. 2163–2177. ⇢ **DVD**

Robinson, D., Haldi, F., 2008; Model to predict overheating risk based on an electrical capacito analogy, in: Building and environment, Vol. 40, No. 7, S. 1240–1245. ⇢ **DVD**

Lebensstile

Bügl, R., Leimgruber, C., Hüni, G.R. et al., 2009; Sustainable property funds: financial stakeholders' views on sustainability criteria and market acceptance, in: Building Research & Information, Vo. 37, S. 246–263. ⇢ **DVD**

Bügl, R., Loukopoulos, P., Scholz, R.W., 2006; Identifying and assessing the influence of real estate investors' self-conceptions and beliefs for sustainable urban development and form, presented at the 11th International Conference on Travel Behaviour Research, 16–20 August 2006, Kyoto, Japan.

Bügl, R., Scholz, R.W.; What can we learn from lifestyle research for sustainable urban living?, (Manuskript eingereicht).

Bügl, R., Scholz, R.W., Kriese, U. et al., 2008; Key stakeholders are featuring social infrastructure and lifestyles of residential target groups: Sustainable development of new city areas Basel-Erlenmatt, in: Daub, C.H., Burger, P., Scherrer, Y., (Hrsg.): Creating values for sustainable development: Proceedings of the 2nd International Sustainability Conference, 21–22 August 2008, Basel, S. 238–240.

Bügl, R., Stauffacher M., Kriese, U. et al.; Identifying stakeholders' views on urban transformation: desirability, utility, and probability assessments of scenarios, (Manuskript eingereicht).

Bügl, R., Kriese, U., Scholz, R.W. et al., 2009; Transforming a former railways freight yard into a modern and sustainable mixed urban district: The case of Erlenmatt in the Canton of Basel-Stadt, in: The Alliance for Global Sustainability AGS, (Hrsg.): Urban futures: the challenge of sustainability, abstracts book annual meeting, Zürich, S. 26–29, 77.

Bügl, R., Leimgruber, C., Hüni, G.R. et al., 2007; Empirically validated criteria for sustainable real estate funds, presented at the «Environmental Psychology Conference 2007», 9.–12. September 2007, Bayreuth, Deutschland.

Kriese, U., Bügl, R., Scholz, R.W.; Market Actors' Views on Urban Family Living: Informing Urban Planning and Place Marketing in Preparation for Urban Transitions, (Manuskript eingereicht).

Kriese, U., Scholz, R.W.; Lifestyle ideas of house builders and housing investors, (Manuskript eingereicht).

Kriese, U., Scholz, R.W., 2011; The Positioning of Sustainability within Residential Property Marketing, in: Urban Studies, Vol. 48, No. 7, S. 1503–1528.

Kriese, U., 2008; Investorenlogik und nachhaltiges Immobilieninvestment – ein Widerspruch?, in: Schmitt, G., Selle, K., (Hrsg.): Bestand? Perspektiven für das Wohnen in der Stadt, Verlag Dorothea Rohn, Dortmund.

Kriese, U., 2010; Investors construct lifestyles: The environmental science perspective. Diss. Nr. 18802, ETH Zürich.

Scholz, R.W., Bügl, R., Hüni, G.R. et al., 2008; Behavioral finance of sustainable real estate funds: Modeling market acceptance by cognitive drivers, socio-demography, and institutional context, in: Daub, C.H., Burger, P., Scherrer, Y., (Hrsg.): Creating values for sustainable development: Proceedings of the 2nd International Sustainability Conference, 21–22 August 2008, Basel, Schweiz, S. 104–106.

Scholz, R.W., Bügl, R., Hüni, G.R. et al., 2009; The importance of social criteria for responsible property investment: A Swiss view on the market success of sustainable real estate funds, presented at the European Real Estate Society (ERES) Conference 2009, 24.–27. Juni 2009, Stockholm, Schweden.

MOBILITÄTSVERHALTEN

Brunner, B., 2008; Moving towards sustainability? The consequences of residential relocation for mobility and the built environment – methodological aspects of our experimental intervention study, Paper presented at the ISCTSC-Conference, Annecy, Mai 2008. **DVD**

Haefeli, U., Brunner, B., 2009; Mobilitätsberatung für Neuzuzüger, in: Schweizer Gemeinde, Heft 7, S. 28–29. **DVD**

Privatinvestoren

Theurillat, T., Crevoisier, O., 2009; La privatisation du financement et la durabilité des infrastructures urbaines en Suisse, GRET Université de Neuchâtel, Neuchâtel, Schweiz.

Theurillat, T., 2007; Développement urbain et processus de financement: chances ou risques?, in: Collage, Heft 5, S. 11–13. **DVD**

Theurillat, T., 2009; Le développement durable, un antidote à la crise financière?, in: La Revue économique et sociale, Vol. 67, No. 2, S. 167–172. **DVD**

Theurillat, T., Crevoisier, O., 2010; La durabilité d'un objet urbain financiarisé: le cas de Sihlcity à Zurich, GRET Université de Neuchâtel, Neuchâtel. **DVD**

Theurillat, T., 2010; La ville négociée: entre financiarisation et durabilité, GRET Université de Neuchâtel, Neuchâtel. **DVD**

Theurillat, T., 2010; The negotiated city: between financialisation and sustainability, GRET Université de Neuchâtel, Neuchâtel. **DVD**

Theurillat, T., Crevoisier, O., 2011; Durabilité et ancrage du capital: négociations autour de deux grands projets urbains en Suisse, Working paper 2, MAPS, Université de Neuchâtel, Neuchâtel. **DVD**

Theurillat, T., Crevoisier, O., 2011; Sustainability and the anchoring of capital: negotiations surrounding two major urban projects in Switzerland, GRET Université de Neuchâtel, Neuchâtel. **DVD**

Risikomanagement

Birdsall, J., 2008; The Responsive Approach: an Integrated Socially-Sustainable Technically-Optimal Decision Model, EPFL Lausanne.

Birdsall, J., Hajdin, R., 2008; Vulnerability Assessment of Individual Infrastructure Objects Subjected to Natural Hazards, Tenth International Conference on Bridge and Structure Management October 20–22, 2008 Buffalo, New York, in: Transportation Research, Circular E-C128, S. 339–355. **DVD**

Birdsall, J., Hajdin, R., Adey, B., 2010; Integration of Risk in the Management of Transportation Infrastructures, in: Structure and Infrastructure Engineering.

Erath, A., Birdsall, J., Axhausen, K. et al., 2009; Vulnerability Assessment of the Swiss Road Network, in: Transportation Research Record, Vol. 2137, S. 118–126.

Siedlungsentwicklung

Perlik, M., Wissen Hayek, U., Schuler, M. et al., 2008; Szenarien für die nachhaltige Siedlungs- und Infrastrukturentwicklung in der Schweiz 2005–2030, Nationales Forschungsprogramm NFP 54 «Nachhaltige Siedlungs- und Infrastrukturentwicklung», Zürich. **DVD**

Schmid, C., 2008; Siedlungsraum Schweiz, Quo vadis?, ETH Globe, Nr.1/08, http://www.ethz.ch/about/publications/globe/archive/globe/eth_globe_08_01_mobil.pdf.

Wissen Hayek, U., Jaeger, J., Schwick, C. et al., 2010 (in press); Measuring and assessing urban sprawl: What are the remaining options for future settlement development in Switzerland for 2030?, in: Applied Spatial Analysis and Policy. **DVD**

Soziales Kapital

Drilling, M., Weiss, S., (in preparation); Soziale Nachhaltigkeit im Siedlungsbau, in: Raum und Umwelt, VLP-ASPAN, Beilage 3/2012.

Drilling, M., (in review); Planning Sustainable Cities: Why Environmental Policy needs Social Policy, in: Wallimann, I., (Hrsg.): Environmental Policy is Social Policy – Social Policy is Environmental Policy, Syracuse University Press, Syracuse.

Drilling, M., (in review); Soziale Nachhaltigkeit, in: Mändle, E., (Hrsg.): Wohnungs- und Immobilienlexikon, Hammonia Verlag, Braunschweig.

Drilling, M., Schnur, O., (in review); Nachhaltige Quartiersentwicklung. Zur Wirkkraft eines normativen Konzeptes, VS-Verlag, Wiesbaden.

Drilling, M., 2010; Verstetigung in der nachhaltigen Quartiersentwicklung. Eine Analyse aus Sicht der Urban Regime Theory, in: Geographica Helvetica, Bd. 64, Heft 4, S. 208–217.

Drilling, M., 2009; Das Soziale in der Stadt: Strategien seiner Erschliessung und Verstetigung, in: Collage, Nr. 5, S. 11–14.

Drilling, M., 2009; Auf dem Weg zu kreativen Milieus nachhaltiger Quartierentwicklung. Der Ideenwettbewerb «St. Johann denkt». Fallstudie im Forschungsprojekt «Soziales Kapital und nachhaltige Quartierentwicklung», FHNW, Basel. **DVD**

Drilling, M., 2008; Die Metapher vom Raum als soziale Landschaft: Perspektiven zur Überwindung der Dichotomie von Quartierkonzeptionen, in: Schnur, O., (Hrsg.): Quartiersforschung: zwischen Theorie und Praxis, Wiesbaden, S. 55–68.

Drilling, M., Oehler, P., 2010; Quartier, in: Reutlinger, C. et al., (Hrsg.): Räumliche Begriffe in der Sozialen Arbeit, VS-Verlag, Wiesbaden.

Drilling, M., Schnur, O., 2009; Governance der Quartiersentwicklung. Theoretische und praktische Zugänge zu neuen Steuerungsformen, VS-Verlag, Wiesbaden.

Drilling, M., Sartoris, A., 2008; Quartierprofil St. Johann Basel: Teilbericht, FHNW, Basel. **DVD**

Page, R., 2009; Von der Lärmschutzmassnahme zur nachhaltigen Quartierentwicklung. Das Beispiel der Geleiseüberbauung «Couverture des voies CFF de Saint-Jean, Genf», Fallstudie, FHNW, Basel. **DVD**

Page, R., Sartoris, A., 2008; Quartierprofil Les Delices/La Prairie Genf: Teilbericht, FHNW, Basel. **DVD**

Page, R., Sartoris, A., 2008; Quartierprofil St. Jean Genf: Teilbericht, FHNW, Basel.

Sartoris, A., Page, R., Drilling, M., 2007; Quartierprofil Basel: Bruderholz, FHNW, Basel. **DVD**

Schnur, O., Drilling, M., 2011; Quartiere im demographischen Umbruch. Beiträge aus der Forschungspraxis. VS-Verlag, Wiesbaden.

Schnur, O., Drilling, M., 2009; Governance – ein neues Zauberwort auch für die Quartiersentwicklung?, in: Drilling, M., Schnur, O., (Hrsg.): Governance der Quartiersentwicklung. Theoretische und praktische Zugänge zu neuen Steuerungsformen, VS-Verlag, Wiesbaden, S. 7–21

Schürch, B., 2009; Gesundheit im Kontext nachhaltiger Quartierentwicklung. Erkenntnisse aus einem schweizerischen «Brennpunktquartier», in: MMS Bulletin, Nr. 110, S. 13–18.

Schürch, B., 2009; Durch integrierende Konzeptionen zur nachhaltigen Quartierentwicklung. Das Projekt «Nachhaltige Quartierentwicklung ‹BaBeL› Basel-/Bernstrasse in Luzern», Fallstudie. **DVD**

Schürch, B., 2009; Quartierentwicklung by opportunity: Der Quartierverein Bramberg/St. Karli. **DVD**

Schürch, B., Sartoris, A., 2008; Quartierprofil Bramberg St. Karli Luzern, Teilbericht.

Schürch, B., Sartoris, A., 2008; Quartierprofil Basel-Bernstrasse Luzern, Teilbericht. **DVD**

Weiss, S., Drilling, M., Blumer, D., 2010; Von der Barrierefreiheit für behinderte Menschen zum «Design für Alle» in der nachhaltigen Siedlungsentwicklung und Stadtplanung, in: Geographica Helvetica, Band 65, S. 257–268.

Stadtökosysteme

Filchakova, N., Robinson, D., Scartezzini, J.-L., 2007; Quo vadis thermodynamics and the city: a critical review of applications of thermodynamic methods to urban systems, in: International Journal of Ecodynamics, Vol. 24, No. 4, S. 222–230. **DVD**

Flichakova, N., 2009; Ecosystemic modelling of urban metabolism, EPFL, Lausanne.

Kaempf, J., Robinson, D., 2007; A simplified thermal model to support analysis of urban resource flows, in: Energy and Buildings, Vol. 39, No. 4, S. 445–453. **DVD**

Kaempf, J., Robinson, D., 2008; A hybrid CMA-ES and DE optimisation algorithm with application to solar energy potential, in: Applied Soft Computing, Vol. 9, No. 2, S. 738–745. **DVD**

Kaempf, J., Montavo, M., Bunyes, J. et al., 2009; Optimisation of buildings' solar irradiation availability, in: Solar Energy, Vol. 84, No. 4, S. 596–603. **DVD**

Kaempf, J., Robinson, D., 2009; Optimisation of building form for solar energy utilisation using constrained evolutionary algorithms, in: Energy and Buildings, Vol. 42, No. 6, S. 807–814. **DVD**

Kaempf, J., Robinson, D., 2009; Optimisation of urban energy demand using an evolutionary algorithm, EPFL, Lausanne. **DVD**

Page, J., Robinson, D., More, l.N. et al., 2008; A generalised stochastic model for the simulation of occupant presence, in: Energy and Buildings, Vol. 40, No. 2, S. 83–98. **DVD**

Page, J., Robinson, D., Scartezzini, J.-L., 2007; Stochastic Simulation of occupant presence and behaviour in buildings, EPFL, Lausanne. **DVD**

Robinson, D., Cambell, N., Gaiser, W. et al., 2007; SUNtool – a new modelling paradigm for simulating and optimising urban sustainability, in: Solar Energy, Vol. 81, No. 9, S. 1196–1211. **DVD**

Robinson, D. (ed.), 2011; Computer Modelling for Sustainable Urban Design: Physical Principles, Methods and Applications, earthscan, London.

Robinson, D., 2009; Urban level performance prediction, in: Hensen, J.L.M., Lamberts, R., (Hrsg.): Building performance simulation for design and operation, London.

Robinson, D., 2006; Urban morphology and indicators of radiation availability, in: Solar Energy, Vol. 80, No. 12, S. 1643–1648. **DVD**

Stadtpark

Bühler, E., 2007; Sustainable Public Places. Symposium IGU Commission on Gender and Geography, Zürich.

Bühler, E., 2009; Öffentliche Räume und soziale Vielfalt. Einführung zum Themenheft Public spaces and social diversity, Editorial to the special issue, in: Geographica Helvetica, Band 64, Heft 1, S. 5–7.

Bühler, E., Kaspar, H., Ostermann, F. et al., 2009; Sozial nachhaltige Parkanlagen, Forschungsbericht, vdf-Verlag ETH Zürich, Zürich.

Kaspar, H., 2009; Planning, design and use of the public space Wahlenpark Zurich, Switzerland functional, visual and semiotic openness, in: Geographica Helvetica, Band 64, Heft 1, 21–29.

Kaspar, H., Bühler, E., 2006; Räume und Orte als soziale Konstrukte, Plädoyer für einen verstärkten Einbezug sozialer Aspekte in die Gestaltung städtischer Parkanlagen, in: RaumPlanung, Nr. 125, S. 91–95.

Kaspar, H., Ostermann, F., Timpf, S. et al., 2006; Socially sustainable space appropriation in urban parks, in: 4th Swiss Geoscience Meeting, Book of Abstracts, GEOforumCH, Bern.

Ostermann, F., 2007; Modelling Space Appropriation in Public Parks, in: Wachowicz, M., Bodum, L., (Hrsg.): AGILE 2007 Proceedings, Aalborg.

Ostermann, F., Timpf, S., 2007; Evaluating Sustainable Space Appropriation in Public Parks, in: Schenk, M., Popovich, V., Benedikt, J., (Hrsg.): CORP 2007, Proceedings, Wien, S. 239–246.

Ostermann, F., Timpf, S., 2009; Use and Appropriation of Space in Urban Public Parks. GIS Methods in Social Geography, in: Geographica Helvetica, Band 64, Heft 1, S. 30–36.

Timpf, S., Ostermann, F., 2006; Claiming personal space in public parks, in: Raubal, M., Miller, H.J., Frank, A. et al., (Hrsg.): Geographic Information Science – Extended Abstracts of the 4th International Conference, Münster, Deutschland, IfGI prints 28, Verlag Natur & Wissenschaft, Solingen, S. 369–372.

STADTRÜCKKEHRER

Rérat, P., 2008; Reconstruire la ville en ville numéro spécial, in: Géo-Regards: revue neuchâteloise de géographie, 1, Editions April, S. 125.

Rérat, P., 2008; Reconstruire la ville en ville: tendances et enjeux, in: Géo-Regards: revue neuchâteloise de géographie, 1, Editions April, S. 5–24. **DVD**

Rérat, P., 2008; Densifier la ville, repenser les couronnes …, Les Urbanités, dossier sur la densification, http://urbanites.rsr.ch.

Rérat, P., 2009; Entre étalement urbain et retour en ville: l'évolution démographique et l'attractivité résidentielle de la ville de Neuchâtel, thèse de doctorat, Université de Neuchâtel, Neuchâtel.

Rérat, P., 2009; La fin de l'étalement urbain?, in: traces 7: dossier consacré aux zones villas, S. 22–24, in: Bulletin de l'ARPEA, No. 242, S. 46.

Rérat, P., 2010; Habiter la ville, évolution démographique et attractivité résidentielle d'une ville-centre, éditions alphilpresses universitaires suisses, Neuchâtel.

Rérat, P., 2011 (in Vorbereitung); Housing, compact city and sustainable development: some insight from recent urban trends in Switzerland, in: International Journal of Housing Policy. **DVD**

Rérat, P., 2011(in Vorbereitung); The new demographic growth of cities. The case of reurbanization in Switzerland, in: Urban Studies. **DVD**

Rérat, P., Lees, L., 2011; Spatial capital, gentrification and mobility: evidence from Swiss cities», Transactions of the Institute of British Geographers, 36, 1, S. 126–142. **DVD**

Rérat, P., Besson, R., Piguet, E. et al., 2009; Résider en ville, in: Pattaroni, L., Rabinovitch, A., Kaufmann, V. et al. (èd.): Habitat en devenir: enjeux territoriaux, politiques et sociaux du logement en Suisse, Presses polytechniques et universitaires romandes, S. 25–51.

Rérat, P., Piguet, E., Söderström, O., 2009; L'attrait retrouvé des villes suisses, in: Le Temps, 8. Januar 2009.

Rérat, P., Piguet, E., Besson, R. et al., 2008; Les âges de la ville. Mobilité résidentielle, parcours de vie et attractivité des villes suisses, in: Geographica Helvetica, Band 63, Heft 4, S. 261–271. **DVD**

Rérat, P., Söderström, O., 2008; De la litanie sur la « communication » et la « participation » à la conduite de projet, Cahiers de l'ASPAN-SO, Jg. 28. Nr. 2, S. 5–6.

Rérat, P., Söderström, O., Piguet, E., 2010; New forms of gentrification special issue, in: Population, Space and Place, Vol. 16, No. 5, S. 335–343.

Rérat, P., Söderström, O., Besson, R. et al., 2008; Une gentrification émergente et diversifiée: le cas des villes suisses, in: Espaces et sociétés, No. 132-133, S. 39–56. **DVD**

Rérat, P., Söderström, O., Piguet, E. et al., 2010; From Urban Wasteland to New-build Gentrification: the Case of Switzerland, in: Population, Space and Place, Vol. 16, No. 5, S. 429–442. **DVD**

Untergrund

Blunier, P., 2009; Méthodologie de gestion durable des ressources du sous-sol urbain, Geolep. Lausanne.

Blunier, P., Maire, P., 2006; Les ressource du sous-sol urbain: Le cas de Mexico City. Lausanne.

Blunier, P., Parriaux, A., 2008; Deep City: toward combined uses of the urban underground resources, in: 10th EGU conference proceedings, Wien.

Blunier, P., Parriaux, A., Maire, P. et al., 2007; Systemic Approach of urban inderground resources exploitation, in: Kaliampakos, D., Benardos A., (Hrsg.): Underground Space: expanding frontiers. 11th Acuus. Athen, S. 43–48.

Maire, P., 2009; Acceptabilité humaine de l'espace souterrain, EPFL, Lausanne

Parriaux, A., 2006; Deep City project: a new philosophy for a sustainable urban underground resources management, Bern.

Parriaux, A., 2008; Le souterrain espace d'avenir, Monaco.

Parriaux, A., Blunier, P., Maire, P. et al., 2010; Projet Deep City, Ressources du sous-sol et développement durable des espaces urbains, EPFL, Lausanne. ⇢ **DVD**

Parriaux, A., Blunier, P., Maire, P. et al., 2007; The Deep City project: A global concept for a sustainable urban underground management, in: Kaliampakos, D., Benardos, A. (Hrsg.): Underground Space: expanding frontiers. 11th Acuus. Athens, S. 255–260.

Parriaux, A., Kaufmann, V., Tacher, L. et al., 2006; Underground resources and sustainable development in urban areas, in: IAEG 2006: Engineering Geology for tomorrow's cities Proceedings, London.

Parriaux, A., Schuler, M., Dekkil, G. et al., 2008; Proposition d'intégration du sous-sol dans la loi sur l'aménagement du territoire, Geolap – Ceat, Lausanne.

Poux, A., 2008; Construire en souterrain: une solution avantageuse pour l'environnement ?, Ecole centrale de Nantes, Lausanne.

Urbanes Wohnen

Andrégnette, S., 2007; Un habitat durable pour les familles dans le cadre suburbain. MAS en Architecture et Développement durable, EPFL, Lausanne.

Brändle, S., 2007; Motive für städtisches Wohnen von Familien in Bern, Institut für Soziologie, Universität Bern, Bern.

Pattaroni, L., Thomas, M.-P., Kaufmann, V., 2009; Habitat urbain durable pour les familles, Cahier du Lasur, No. 15.

Pattaroni, L., Rabinovich, A., Kaufmann, V., 2009; Habitat en devenir, Lausanne.

Phildius, J., 2009; Quel modèle pour un écoquartier à Genève? Travail de diplome en architecture, EPFL, Lausanne.

Thomas, M.-P., Pattaroni, L., 2009; Residential choices of families with children in Switzerland: the influence of lifestyles, Conference Paper, Conference on Family, Migration and Housing, Amsterdam, April 2–3 2009.

Pattaroni, L., Kaufmann, V., 2009; Le logement une facette de l'habitat, in: Le Courrier, Ausgabe vom 09.02. 2010.

Kaufmann, V., 2009; La villa, un choix familial, in: tracés, No. 7, Lausanne. ⇢ **DVD**

Thomas, M.-P., Pattaroni, L., 2009; Modes de vie et pratiques modales des familles en Suisse., in: Ville et transport, Vol. 477, S. 34–37. ⇢ **DVD**

Pattaroni, L., Thomas, M.-P. Kaufmann, V., 2010; Un habitat urbain durable pour les familles avec enfants, in: Collage, Nr. 4, S. 8–11. ⇢ **DVD**

Les plateformes de l'Adeus 2010; Evolution des vies, transformation des territoires, Intervention de Luca Pattaroni pour le Lasur, PNR54. **DVD**

Thomas, M.-P., 2011; En quête d'habitat: choix résidentiels et différenciation des modes de vie familiaux en Suisse, Thèse de doctorat, EPFL, Lausanne.

Thomas, M.-P., Pattaroni, L., Kaufmann, V., 2011; Modes de vie, mobilité et organisation quotidienne des familles: Quelles relations avec les choix résidentiels?, in: Les interactions entre mobilités quotidienne et résidentielle à l'épreuve des nouvelles pratiques sociales, Presses Universitaires de Rennes, Lausanne.

Thomas, M.-P., Pattaroni, L., 2012; Choix résidentiels et différenciation des modes de vie des familles de classes moyennes en Suisse, L'espace des classes moyennes, Espaces et Sociétés.

Thomas, M.-P., 2011; Differentiation in lifestyles and residential choices of families in Switzerland, Paper, European Network Housing Research, 5–8 Juli, 2011. **DVD**

Urbanität

Andrieu, D., 2007; L'archipel français. Les votes de 2007, indicateurs d'une nouvelle configuration de l'espace français, in: Espaces-Temps.net, http://www.espacestemps.net/document2861.html.

Lévy, J., 2006; Se penser urbains, in: tracés, No. 3, S. 5–8.

Lévy, J., 2006; Quel genre d'espace voulons-nous vraiment habiter?, in: Collage, Nr. 1, S. 22–23.

Lévy, J., 2006; Une société locale de 11 millions d'habitants, in: Urbanisme, Hors-série No. 29, S. 26.

Lévy, J., 2007; Regarder, voir. Un discours informé par la cartographie, in: Annales de la Recherche Urbaine, No. 102, S. 131–134.

Lévy, J., 2007; La carta, uno spazio da costruire, in: Casti, E. (Hrsg.): Cartografia e progettazione territoriale, Dalle cate coloniali alle carte di piano, Novara, S. 42–61.

Lévy, J., 2008; Looking and Seeing: A Theory Built on Mapping Results trad. angl. de Lévy, J., 2007:, in: Annales de la Recherche Urbaine, No. 102, S. 131–140.

Lévy, J., 2008; Ville pédestre, ville rapide, in: Urbanisme, No. 359, S. 57–59. **DVD**

Lévy, J., 2008; L'invention du Monde – Une géographie de la mondialisation, SciencesPo., Paris.

Lévy, J., 2008; The City is Back, Aldershot. **DVD**

Lévy, J., 2008; Le paysage à contre-pied/Die getäuschte Landschaft, in: André, Y. (Hrsg.); Paysages occupés, S. 63–69, Gollion.

Lévy, J., 2009; Commencer par les fins. La complexité fondatrice du social, in: Nouvelles Perspectives en Sciences Sociales, Vol. 4, No. 2, S. 13–34.

Lévy, J., Ourednik, A., 2011; La ville qu'ils veulent, la ville qu'ils font, in: Urbanisme, No. 378. **DVD**

Ourednik, A., 2007; Mécanismes rétroactifs de ségrégation, entre une société urbaine et son espace: Un modèle basé agents, in: Revue Internationale de Géomatique, Vol. 17, No. 2, S. 183–206.

Ourednik, A., 2009; L'habitant et la cohabitation dans les modèles formels de l'espace habité, Thesis, EPFL, Lausanne.

Ourednik, A., Dessemontet, P., 2007; Interaction maximization and the observed distribution of urban populations: An agent-based model of humanity's metric condition, in: European Colloquium on Theoretical and Quantitative Geography, Proceedings, S. 291–296.

Stock, M., 2006; L'hypothèse de l'habiter poly-topique, in: Espaces-Temps.net, http://www.espacestemps.net/document1853.html.

Stock, M., 2007; European Cities: Towards a Recreational Turn?, in: Hagar. Studies in Culture, Polity and Identities, Vol. 7, No. 1, S. 115–134.

Stock, M., Duhamel, P., Knafou, R., 2007; Mondes urbains du tourisme, Paris.

WÄRMEINSEL

Krpo, A., 2009; Development and application of a numerical simulation system to evaluate the impact of anthropogenic heat fluxes on urban boundary layer climate, Thesis, EPFL, Lausanne. **DVD**

Krpo, A., Clappier, A. et al., 2010; On the Impact of Anthropogenic Heat Fluxes on the Urban Boundary Layer: A Two-Dimensional Numerical Study, in: Boundary-Layer Meteorology, Vol. 136, No. 1, S. 105–127.

Pantet, S., 2009; Implémentation d'une méthode de splitting directionnel pour la résolution de l'équation acoustique dans le modèle FVM, EPFL, Lausanne.

Rasheed, A., 2009; Multiscale modelling of urban climat, Thesis, EPFL, Lausanne. **DVD**

Rasheed, A., Robinson, D., Clappier, A. et al., 2011; Representing complex urban geometries in mesoscale modelling, in: International Journal of Climatology, Vol. 31, No. 2, S. 289–301.

Roches, A., 2008; Développement d'un préprocesseur de modèle météorologique, EPFL, Lausanne.

Salamanca, F., Krpo, A., Clappier, A. et al., 2010; A new building energy model coupled with an urban canopy parameterization for urban climate simulations-part I. formulation, verification, and sensitivity analysis of the model, in: Theoretical and Applied Climatology, Vol. 99, No. 3-4, S. 331–344.

WISSENSDIFFUSION

Bruppacher, S., 2009; Wie entscheiden private Bauherrschaften?, in: Tec21, 22, S. 19–22. **DVD**

Grösser, S.N., 2006; Learning by Doing. Towards the Development of a Group Model Building Framework. Nijmegen, Netherlands. **DVD**

Grösser, S.N., 2009; Diffusion of Innovations, Dissertation, Universität St. Gallen, St. Gallen.

Grösser, S.N., Ulli-Beer, S., 2008; Long-Term Innovation Diffusion in the Building Construction Industry: Empirically Based Theory Building, Proceedings of the 26th System Dynamics Conference, Athen, S. 10.

Grösser, S.N., Ulli-Beer, S., Bruppacher, S., 2008; DeeB-Forschungsprojekt: Bericht dritter Workshop IKAÖ, Universität Bern, Bern.

Grösser, S.N., Ulli-Beer, S., Bruppacher, S., 2009; Forschungsprojekt Diffusionsdynamik energieeffizienter Bauten: Ergebnisse, Handout Abschlussworkshop 14. Januar 2009. IKAÖ, Universität Bern, Bern. **DVD**

Grösser, S.N., Bruppacher, S., 2007; Decisions in the Construction Planning Process: Development of a Dynamic Model about Individual's Energy Efficiency Intention over Time. Bosten, USA. **DVD**

Grösser, S.N., Tschanz, A., Ulli-Beer, S. et al., 2006; DeeB-Forschungsprojekt: Bericht zweiter Workshop IKAÖ, Universität Bern, Bern.

Grösser, S.N., Ulli-Beer, S., 2009; What mechanism govern the dissemination of energy efficient technologies? The case of the diffusion of housing designs, in: Energy Policy, (submitted).

Grösser, S.N., Ulli-Beer, S., Mojtahedzadeh, M., 2006; Diffusion Dynamics of Energy Efficient Building Technologies: A Preliminary Model for a Swiss Federal Research Project Aiming at Sustainable Development, Nijmegen, Netherlands. **DVD**

Grösser, S.N., Ulli-Beer, S., 2007; The Structure and Dynamics of the Residential Building: Which Mechanisms Determine the Development of the Building Stock? ⇢ **DVD**

Kaufmann-Hayoz, R., Bruppacher, S., Harms, S. et al., 2010; Einfluss und Beeinflussung externer Bedingungen umweltschützenden Handelns, in: Linneweber, V. et al., (Hrsg.): Enzyklopädie der Psychologie. Themenbereich C, Theorie und Forschung, Serie 9: Umweltpsychologie, Bd. 2, S. 697–733, Göttingen.

Lauper, E., 2009; Schlüsselfaktoren energierelevanter Entscheidungen privater Bauherren: Überprüfung eines sozialpsychologischen Handlungsmodells, Schriftenreihe Studentische Arbeiten IKAÖ, Universität Bern. ⇢ **DVD**

Lauper, E., Bruppacher, S., Kaufmann-Hayoz, R., 2011; Energy-relevant behavior in the construction of private buildings: Testing a social psychological model, in: Journal of Environmental Psychology, (in press).

Müller, M.O., Stämpfli, S., Dold, U. et al., 2011; Energy autarky: A conceptual framework for sustainable regional development, in: Energy Policy, (in press).

Müller, M.O., Ulli-Beer, S., 2008; Diffusionsdynamik energieeffizienter Renovationen. Akteursanalyse. Bericht erster Workshop 20. Juni 2008, Arbeitspapier IKAÖ, Nr. 2. ⇢ **DVD**

Müller, M.O., Ulli-Beer, S., 2008; Modelling the Diffusion Dynamics of a new Renovation Concept. Proceedings of the 26th System Dynamics Conference, Athen. ⇢ **DVD**

Müller, M.O., Ulli-Beer, S., 2010; Policy Analysis for the transformation of Switzerland's stock of buildings. A small model approach, Proceedings of the 24th System Dynamics Conference, Seoul, Korea. ⇢ **DVD**

Müller, M.O., Ulli-Beer, S., 2011; A Feedback Perspective on the Diffusion of Energy-Efficient Renovations. Paper submitted to the 29th System Dynamics Conference, Washington DC, (under review).

Müller, M.O., Ulli-Beer, S., Grösser S., 2011; How do we know whom to include in collaborative research? Towards a method for the identification of experts, in: Journal of Operational Research, (in press).

Müller, M.O., 2007; Towards a Conceptualization of the Diffusion of Energy-Efficient Renovations in Switzerland's Built Environment, PhD Colloquium at the 24th System Dynamics Conference, Boston, USA.

Müller, M.O., 2011; How can the Diffusion of Energy-Efficient Renovations be Accelerated? Thesis to be submitted to the University of St. Gallen in Summer 2011, St. Gallen.

Ulli-Beer, S., 2011; Energy Transition Management: Dynamics of socio-technological transformation processes toward sustainability, Universität St. Gallen, St. Gallen.

Ulli-Beer, S., Bruppacher, S., Grösser, S.N. et al., 2006; Understanding and accelerating the diffusion process of energy-efficient buildings: Introducing an action science venture. ⇢ **DVD**

Ulli-Beer, S., Gassmann, F., Bosshardt, M. et al., 2010; Generic structure to simulate acceptance dynamics, in: System Dynamics Review, Vol. 26, No. 2, S. 89–116.

WORTGEBRAUCH

Debarbieux, B., 2004; De l'objet spatial à l'objet géographique, in: Debarbieux, B., Fourny, M.-C., (éd.): L'effet géographique: construction sociale. Appréhension cognitive et configuration matérielle des objets géographiques, MSH-Alpes, Grenoble.

Debarbieux, B., Schaffter, M., 2008; Y a-t-il une question périurbaine ?, in: Loudiyi, S., (éd.): Territoires périurbains et gouvernance, perspective de recherche, Montréal, S. 13–21. ⇢ **DVD**

Debarbieux, B., Lardon, S., 2003; Les figures du projet territorial, Ed. de l'Aube, Datar, La Tour d'Aigues.

Debarbieux, B., 2012; Territorialités réflexives: spatialités et catégories chapter on the topic.

Giacomel G., Schaffter, M., 2009; Quelle pertinence pour les catégories « ville » et « campagne » dans les langages et discours contemporains autour de projets d'aménagement? L'exemple du Piano di Magadino canton du Tessin, Suisse, in: Actes du colloque, Périphéries urbaines entre normes et innovations, Les villes du sud de l'Europe, Bordeaux, 11.–14. Juni 2008. ⇢ **DVD**

Schaffter, M., Fall, J., Debarbieux, B., 2010; Unbounded boundary studies and collapsed categories: rethinking spatial objects, in: Progress in Human Geography, Vol. 34, No. 2, S. 254–262. ⇢ **DVD**

Schubarth, C., Schaffter, M., Giacomel, G. et al., 2009; Geografische Objekte in der Kontroverse: wie Stadt das Ende von Stadt überleben. Prévu, in: disP, NSL – Netzwerk Stadt und Landschaft, ETH Zürich, Zürich. ⇢ **DVD**

Schubarth, C., 2007; Qui et quoi est diffus, dans la ville diffuse? Nommer l'étalement urbain contemporain, in: GEA, No. 22, associazione dei geografi, Bellinzona. ⇢ **DVD**

Zersiedelung

Jaeger, J., Bertiller, R., 2006; Aufgaben und Grenzen von Messgrössen für die Landschaftsstruktur – das Beispiel Zersiedelung, in: Tanner, K.M., Bürgi, M., Coch, T., (Hrsg.): Landschaftsqualitäten, Haupt Verlag, Bern/Suttgart/Wien, S. 159–184. ⇢ **DVD**

Jaeger, J., Bertiller, R., Schwick, C. et al., 2007; Wie lässt sich die Zersiedelung der Landschaft eindämmen?, Newsletter NFP 54, Ausgabe 1, S. 3–4. ⇢ **DVD**

Jaeger, J., Bertiller, R., Schwick, C. et al., 2007; Weiterhin steigende Zersiedelung der Schweiz: Wie lässt sich eine Trendwende erreichen?, in: Geomatik Schweiz, Jg. 105, Heft 3, S. 114. ⇢ **DVD**

Jaeger, J., Bertiller, R., Schwick, C., 2007; Fortschreitende Zerschneidung und Zersiedelung der Landschaften in der Schweiz – unaufhaltsam?, in: Schweizerische Akademie der Geistes- und Sozialwissenschaften (SAGW) (Hrsg.): Wohnen in der Metropole Schweiz. Lässt sich Urbanisierung planen?, Bern, S. 73–88. ⇢ **DVD**

Jaeger, J., Bertiller, R., Schwick, C. et al., 2007; Die Zersiedelung der Landschaft, in: GeoAgenda, Band 14, Heft 2, Heft 2, Vol.14, S. 4–8. ⇢ **DVD**

Jaeger, J., Bertiller, R., Schwick, C. et al., 2008; Landschaftszersiedelung Schweiz – Quantitative Analyse 1935 bis 2002 und Folgerungen für die Raumplanung. Wissenschaftlicher Abschlussbericht. NFP 54, Zürich.

Jaeger, J., Bertiller, R., Schwick, C. et al., 2010; Suitability criteria for measures of urban sprawl, in: Ecological Indicators, Vol. 10, No. 2, S. 397–406. ⇢ **DVD**

Jaeger, J., Bertiller, R., Schwick, C. et al., 2010; Urban permeation of landscapes and sprawl per capita: new measures of urban sprawl, in: Ecological Indicators, Vol. 10, No. 2, S. 427–441. ⇢ **DVD**

Jaeger, J., Schwick, C., 2010; Messbare Kriterien für die Zersiedelung, in: GAIA, Band 19, Haft 4, S. 303–307, www.gpe.concordia.ca/about/facultystaff/jjaeger.php.

Jaeger, J., Schwick, C., Bertiller, R. et al., 2008; Landschaftszersiedelung Schweiz – Quantitative Analyse 1935 bis 2002 und Folgerungen für die Raumplanung, Final Scientific Report, NFP 54. ⇢ **DVD**

Nobis, M.P., Jaeger, J., Zimmermann, N.E., 2009; Neophyte species richness at the landscape scale under urban sprawl and climate warming, in: Diversity and Distributions, Vol. 15, No. 6, S. 928–939. ⇢ **DVD**

Roth, U., Schwick, C., Spichtig, F., 2010; Zustand der Landschaft in der Schweiz. Zwischenbericht Landschaftsbeobachtung Schweiz LABES, in: Umwelt-Zustand, Nr. 1010, Bundesamt für Umwelt, Bern. ⇢ **DVD**

Schwick, C., Jaeger, J., 2010; Zersiedelung und ihre Ausprägungen in der Schweiz aus raumplanerischer Sicht: Quantitative Analyse 1935–2002. Abschlussbericht zum Forschungsauftrag 09010 im Auftrag des Bundesamtes für Raumentwicklung (ARE) unter Beteiligung des NFP 54, Zürich und Montréal.

Schwick, C., Jaeger, J., 2011; Zersiedelung und ihre Ausprägungen in der Schweiz aus raumplanerischer Sicht, Quantitative Analyse 1935–2002, in: ARE-Expertenbericht, Schweizerisches Bundesamt für Raumentwicklung (ARE), Bern.

Schwick, C., Jaeger, J., 2011; Le mitage en Suisse et ses conséquences du point de vue de l'aménagement du territoire. Analyse quantitative 1935–2002, Rapport de recherche, Office fédéral du développement territorial (ARE), Bern.

Schwick, C., Jaeger, J., Bertiller, R. et al., 2010; Zersiedelung der Schweiz – unaufhaltsam? Quantitative Analyse 1935 bis 2002 und Folgerungen für die Raumplanung, in: Bristol-Schriftenreihe, Haupt-Verlag, Bern/Stuttgart/Wien. **DVD**

Schwick, C., Jaeger, J., 2011; Landschaftszersiedelung – Merkblatt für die Praxis, WSL Birmensdorf.

Wissen Hayek, U., Jaeger, J., Schwick, C. et al., 2011; Measuring and assessing urban sprawl: What are the remaining options for future settlement development in Switzerland for 2030?, in: Applied Spatial Analysis and Policy, accepted for publication. **DVD**

Weitere Publikationen des Nationalen Forschungsprogramms «Nachhaltige Siedlungs- und Infrastrukturentwicklung» (NFP 54)

Elisabeth Bühler, Heidi Kaspar, Frank Ostermann

Sozial nachhaltige Parkanlagen

2010, 184 Seiten, zahlreiche Fotos und Grafiken, z.T. farbig, Format 16 x 23 cm, broschiert
ISBN 978-3-7281-3309-0
auch zum freien Download (Open Access)

Öffentlichen Parkanlagen wird zu Recht ein hohes soziales Nachhaltigkeitspotenzial zugeschrieben. Als naturnahe Grün- und Freiräume leisten sie einen wichtigen Beitrag zur Lebensqualität in urbanen Siedlungsräumen. Als öffentliche Räume sind sie in heutigen demokratischen Gesellschaften grundsätzlich für alle zugänglich und weisen dadurch ein hohes soziales Integrationspotenzial auf. Die normative Richtlinie allgemeiner Zugänglichkeit bedeutet allerdings nicht, dass de facto keine Ausgrenzungsprozesse in öffentlichen Grünräumen stattfinden.

Die vorliegende Studie untersucht, wie Stadtzürcher Quartierparks von Besucherinnen und Besuchern genutzt und wahrgenommen werden und fragt nach gesellschaftlichen Ein- und Ausschlussprozessen. Die Ergebnisse zeigen auf, inwiefern dem Ziel sozialer Nachhaltigkeit Rechnung getragen wird und wo sich Verbesserungsmöglichkeiten eröffnen.

vdf Hochschulverlag AG an der ETH Zürich, VOB D, Voltastrasse 24, CH-8092 Zürich
Tel. +41 (0)44 632 42 42, Fax +41 (0)44 632 12 32, verlag@vdf.ethz.ch, www.vdf.ethz.ch

Hans-Rudolf Schalcher, Hans-Jakob Boesch, Kathrin Bertschy, Heini Sommer, Dominik Matter, Johanna Gerum, Martin Jakob

Was kostet das Bauwerk Schweiz in Zukunft und wer bezahlt dafür?

2011, 236 Seiten, zahlreiche Abbildungen, durchgehend farbig, Format 20 x 24 cm, broschiert
ISBN 978-3-7281-3397-7
auch zum freien Download (Open Access)

Das «Bauwerk Schweiz» mit seiner technischen Infrastruktur und dem Gebäudepark bildet den unverzichtbaren Unterbau von Gesellschaft und Wirtschaft. Mit einem aktuellen Wiederbeschaffungswert von rund 2380 Milliarden Franken für Infrastruktur und Wohnbauten stellt es einen enormen Wert dar. Allein die Unterhalts- und Erneuerungskosten belaufen sich in den kommenden zwei Jahrzehnten auf jährlich 65 Milliarden Franken oder 12 Prozent des Bruttoinlandprodukts.

Dieser Band bietet erstmals eine verlässliche Gesamtschau zum Wert der heute vorhandenen Infrastruktursysteme und Wohnbauten sowie des absehbaren Erhaltungs- und Erweiterungsbedarfs der kommenden zwei Jahrzehnte. Zudem werden die aktuellen Finanzierungsmechanismen für die Erhaltung und Erweiterung der Infrastrukturanlagen und des Wohnungsbestands kritisch durchleuchtet, allfällige Finanzierungslücken identifiziert und alternative Finanzierungsquellen aufgezeigt.

vdf Hochschulverlag AG an der ETH Zürich, VOB D, Voltastrasse 24, CH-8092 Zürich
Tel. +41 (0)44 632 42 42, Fax +41 (0)44 632 12 32, verlag@vdf.ethz.ch, www.vdf.ethz.ch

Aurèle Parriaux, Pascal Blunier, Pierrick Maire, Guillaume Dekkil, Laurent Tacher

Projet Deep City

Ressources du sous-sol et développement durable des espaces urbains

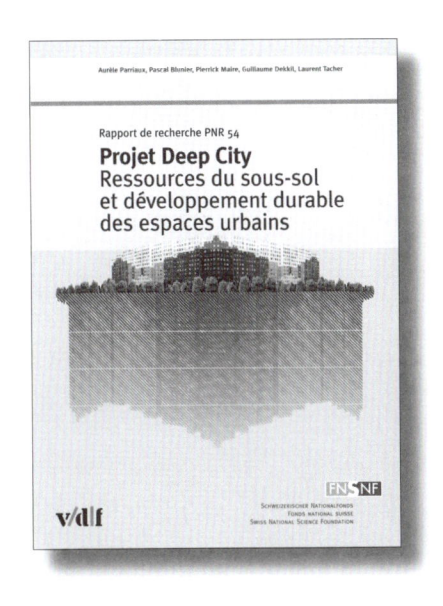

*2010, 112 Seiten, zahlreiche Abbildungen, z.T. farbig,
Format 16 x 23 cm, broschiert
ISBN 978-3-7281-3332-8
auch zum freien Download (Open Access)*

Considérer le sous-sol de manière holistique permet de développer des synergies entre ses différents usages et de prévenir les conflits. La démarche sectorielle qui prévaut encore aujourd'hui n'autorise pas cette synthèse et conduit à un gaspillage difficilement réparable du sous-sol et inhibe un développement harmonieux de la ville en surface.

Le projet Deep City propose une méthodologie basée sur un changement de paradigme: il tend à abandonner une gestion «des besoins aux ressources» au profit d'une gestion «des ressources aux besoins», seule compatible avec un développement durable. Pour mettre en place cette nouvelle gestion, il faut introduire un aménagement du territoire à trois dimensions et non plus à deux comme aujourd'hui. Des propositions sont faites pour que cette notion soit incluse dans la Loi. Les applications de cette méthodologie dépassent beaucoup la Suisse et rendront services aux grandes zones urbaines de par le monde.

vdf Hochschulverlag AG an der ETH Zürich, VOB D, Voltastrasse 24, CH-8092 Zürich
Tel. +41 (0)44 632 42 42, Fax +41 (0)44 632 12 32, verlag@vdf.ethz.ch, www.vdf.ethz.ch

Adrienne Grêt-Regamey, Noemi Neuenschwander, Norman Backhaus, Silvia Tobias

Landschaftsqualität in Agglomerationen

*2012, ca. 92 Seiten, zahlreiche Abbildungen,
durchgehend farbig, Format 20 x 24 cm, broschiert
ISBN 978-3-7281-3403-5
erscheint im 1. Quartal
auch zum freien Download (Open Access)*

Die Alltagslandschaften in den Agglomerationen müssen unterschiedlichste Bedürfnisse erfüllen. Ihre Attraktivität wird dabei wesentlich von der Erreichbarkeit aller Orte, einer polyzentrischen Siedlungsstruktur mit kurzen Wegen sowie dem freien Zugang und der vielfältige Nutzbarkeit der öffentlichen Freiräume bestimmt.

In der vorliegenden Fokusstudie wurden 13 Projekte des NFP 54 ausgewertet, die sich mit Aspekten der Lebensqualität in Agglomerationen befassten. Die untersuchten Studien erbrachten neue Erkenntnisse insbesondere hinsichtlich nachgefragter Informationsleistungen, Habitatleistungen und Trägerleistungen.

vdf Hochschulverlag AG an der ETH Zürich, VOB D, Voltastrasse 24, CH-8092 Zürich
Tel. +41 (0)44 632 42 42, Fax +41 (0)44 632 12 32, verlag@vdf.ethz.ch, www.vdf.ethz.ch

Amaranta Cecchini, François Hainard

Quelles méthodes pour analyser le développement durable de l'environnement construit ?

Analyse des méthodes des sciences humaines et sociales dans les projets de recherche du PNR 54

Fokusstudie NFP 54
2012, ca. 40 Seiten, mit Grafiken, Inhalt zweifarbig,
Format 20 x 24 cm, broschiert
ISBN 978-3-7281-3380-9
erscheint im 1. Quartal
auch zum freien Download (Open Access)

L'analyse du développement durable de l'environnement construit associe une grande diversité de méthodes dans une approche mixte et le plus souvent interdisciplinaire, voire transdisciplinaire. Cette recherche, qui porte sur les vingtcinq projets «sciences humaines et sociales» du PNR 54 «Développement durable de l'environnement construit», vise à comprendre, d'une part, comment les différentes méthodes sont choisies et agencées de manière à répondre aux objectifs de recherche. De l'autre, elle cherche à mettre en lumière quels autres facteurs, notamment institutionnels, en influencent le choix et l'utilisation.

Tant pour le choix que pour l'utilisation des méthodes, l'orientation «recherche appliquée» et l'inter- ou la transdisciplinarité du PNR jouent un rôle central. Elles encouragent un rapport pragmatique aux outils de la recherche, favorisent les métissages méthodologiques et l'adoption de techniques participatives et enfin confrontent les chercheurs à deux grands défis: d'une part, la remise en question et le renouvellement de la démarche scientifique et, d'autre part, une réflexion méthodologique sur des processus de recherche unissant des chercheurs issus de disciplines et d'orientations diverses, ainsi que différents acteurs sociaux.

vdf Hochschulverlag AG an der ETH Zürich, VOB D, Voltastrasse 24, CH-8092 Zürich
Tel. +41 (0)44 632 42 42, Fax +41 (0)44 632 12 32, verlag@vdf.ethz.ch, www.vdf.ethz.ch